马洪文集

第四卷

中国社会科学出版社

作者像

作者简历

马洪，1920年5月18日出生于山西省定襄县待阳村。原名牛仁权，1938年春在延安时改名马洪。曾用名牛黄、牛中黄。

他出身贫寒，13岁时被当地小学聘为教员，开始自食其力。他自学中学课程，并协助当地著名爱国人士、族人牛诚修先生修订《定襄县志》。从那时起，他阅读了大量书籍，开始接触进步思想。九一八事变和一二•八事变爆发后，他参加了学生的抗日示威游行和集会，爱国思想日益浓厚。1936年年初，马洪经人介绍到太原同蒲铁路管理处（局）工作，先当录事（即文书），后考入同蒲铁路车务人员训练班（半工半读）。在此期间，他当过售票员、行李员、运转员等。他努力自修学业，阅读进步书刊，不断开阔眼界。

1936年冬，马洪参加了"牺盟会"，积极参与同蒲铁路职工的抗日救亡工作。1937年冬，太原失守，他跟随同蒲铁路局迁到侯马。11月，在侯马加入中国共产党，时年17岁。由于他工作努力，具有出众的组织才能，被推选为同蒲铁路总工会的负责人之一。他在同蒲铁路沿线的各段站建立和发展工会组织，展开对敌斗争，并参与统一战线的工作。

1938年，马洪到延安，先后在中央党校和马列学院学习和工作。抗日战争胜利后，马洪从延安被派往东北，在中共中央东北局工作。新中国成立以后，曾任东北局委员、副秘书长。后调任国家计划委员会委员兼秘书长。因受"高饶事件"的牵连，被下放到北京市第一和第三建筑公司工作。后又担任国家经济委员会政策研究室负责人。

1978年后，历任中国社会科学院工业经济研究所所长、中国社会科学院副院长。

1982年后，任中国社会科学院院长、国务院副秘书长、国务院技术经济研究中心总干事。同时兼任国家机械工业委员会副主任、国家计划委员会和国家经济体制改革委员会顾问、国家建委基本建设经济研究所所长。

1985年，任国务院经济技术社会发展研究中心（后更名为国务院发展研究中心）主任。1993年改任名誉主任。并任中国社会科学院研究生院教授、博士生导师，被北京大学、清华大学、中国人民大学、复旦大学、南开大学等学校聘为教授及上海交通大学聘为名誉教授。

国务院技术经济研究中心

马洪手迹

目　录

社会调查与社会学[*]

今天我主要同大家讨论关于社会调查问题。这个工作，我做过一点，但是没有把它同纯粹的社会学联系起来，而是当做一般的社会科学看待的，或者也可以称之为广义的社会学吧。我参加的社会调查，时间较长的有3次。第一次是1941年冬天，在党中央提出关于加强调查研究的决定以后，我和一些同志陪同当时中央的负责人之一的张闻天同志，到晋绥和陕甘宁地区一些地方做了一年半的调查。第二次是在1960年冬天，也就是毛泽东同志提出大兴调查研究之风，解决我们当时经济上遇到的困难，要各个部门制定一些具体的政策和条例的时候。我在李富春、薄一波同志的领导下，到北京第一机床厂做了半年多的调查。后来制定的"工业七十条"中的不少内容是通过那次调查研究出来的。第三次调查是粉碎"四人帮"以后，从1977年夏季到1978年夏季，在大庆做了一年的调查。蹲在一个地方或单位，进行长时间的比较系统的调查就这三次。至于几天、十几天、几十天的调查是经常进行的。

我想首先指出这样一点：我们的党刚刚庆祝了建党的60周年纪念日，60年来，我们的党是一贯重视社会调查研究的。从最近党的十一届六中全会《关于建国以来党的若干历史问题的决议》中可以看出，我们党的路线、方针、政策、策略，凡是经过周密的系统的社会调查研究制定出来

---

* 这是作者1981年7月所作的一次报告。

的，凡是符合我国国情、符合最广大人民群众的当前利益和长远利益的时候，也就是把马克思列宁主义的普遍真理同中国革命的具体实践相结合的时候，这种路线、方针、政策和策略就是正确的，都取得了成功。与此相反，凡是没有经过认真的调查研究，不适合中国的国情，不符合中国最广大人民群众的当前利益和长远利益，没有实现马克思列宁主义的普遍真理和中国革命的具体实践相结合的时候，这种路线、方针、政策和策略就是错误的，都导致了革命的失败。

从党的历史来看，在新民主主义革命时期，我们之所以能够转败为胜，取得全国的胜利；在由新民主主义到社会主义转变的年代里，我们对生产资料私有制的社会主义改造之所以能够取得巨大的成功，都是对中国社会做了周密的系统的调查研究，实事求是地提出了正确的路线、方针、政策、策略，并且动员了最广大的人民群众、党员和干部来贯彻执行的结果。在这方面毛泽东同志是我们的典范。从第一次国内革命战争时期他写的《湖南农民运动考察报告》起，到第二次国内革命战争时期他写的《反对本本主义》、《兴国调查》、《长岗乡调查》、《才溪乡调查》和抗日战争时期写的《〈农村调查〉的序言和跋》，以及1941年由他组织起草的中共中央《关于加强调查研究的决定》，都是这方面的代表作。抗日战争时期，在延安相继成立的政治研究室、经济研究室、文化研究室、党务研究室、敌伪研究室，以及把延安的马列学院改为中央研究院，等等，都是为了开展社会调查所采取的具体措施。不仅党中央在延安这样做，而且党中央指示其他解放区凡是有条件的地方，都要广泛地开展社会调查工作。

毛泽东同志曾经说过，领导机关的责任，就是要了解情况，制定政策，使用干部。怎样了解情况呢？他说：要了解情况，唯一方法是向社会作调查，调查社会各阶级的生动情况。对于担负指导工作的人来说，有计划地抓住几个城市、几个乡村，用马克思主义的基本观点，即阶级分析的方法，作几次周密的调查，乃是了解情况最基本的方法。只有这样，才能使我们具有对中国社会问题的最基本的知识①。毛泽东同志还说，调查就

---

① 《毛泽东选集》第三卷，人民出版社1953年版，第809—810页。

像十月怀胎，解决问题就像一朝分娩。调查就是解决问题，社会经济调查，是为了得到正确的阶级估量，以便得出正确的阶级斗争的策略。他有一句名言："没有调查就没有发言权"，这是很有道理的。"文化大革命"之所以是错误的，之所以遭到了失败，原因固然很多，其中的一个重要原因，就是违反了这个道理。党的十一届六中全会通过的《关于建国以来党的若干历史问题的决议》里面分析了"文化大革命"的错误，分析了产生这种错误的直接原因，还讲了它的复杂的社会历史原因，其中就讲到："我们党过去长期处于战争和激烈阶级斗争的环境中，对于迅速到来的新生的社会主义社会和全国规模的社会主义建设事业，缺乏充分的思想准备和科学研究。"这里说的科学研究就包括了对社会的调查研究。

过去我们党的领导机关长期生活在农村，对农村的情况还是比较熟悉的。但是，如果生活在农村，对农村不进行系统调查研究的话，也还是不能真正了解农村的。比如，我是在农村出生和长大的，在 14 岁以前我一直生活在农村，但当时我并不真正了解农村。只是在 1941 年冬天，我到晋绥边区的兴县地区和陕甘宁边区的米脂县、绥德市等地，进行过一年半的农村和小城镇的社会调查，经过这些调查之后，我才对中国的农村和小城镇有了一点认识。我们这次调查，写了几个调查报告：《神府贺家川调查》、《晋西北的兴县调查》、《米脂县杨家沟调查》和《绥德市的调查》，等等，其中《米脂县杨家沟调查》曾经在延安出版过。新中国成立后，1957 年三联书店出版社重版过。最近人民出版社又重版了这本书。我们这次调查，基本上是按照毛泽东同志所指出的方法进行的，同时也参考了恩格斯《英国工人阶级的状况》和有关调查研究方面的书籍。基本方法，是运用辩证唯物主义和历史唯物主义的方法。由于当时处在激烈的阶级斗争和战争环境中，所以当时采用的方法，主要是以阶级斗争作为主线，来进行调查研究的。这是当时唯一正确的方法。

我从这次调查中，才真正开始认识了中国农村和小城镇的面貌及其实体，才真正开始了解地主阶级及其与农民的关系。

我参加调查了米脂县杨家沟这个村庄最大的特点，是丰者田连阡陌，贫者无立锥之地。地主与农民的阶级对立，以及地主阶级内部的种种矛盾，在这里都表现得淋漓尽致。当然，我们这次调查主要的还不是地主阶级内部矛盾的那些方面，而是地主阶级和农民阶级的关系。通过这次调查，哪些是地主，哪些是雇农，哪些是贫农，哪些是中农，他们的阶级关系是怎样的，也就一清二楚了。

毛主席说过，你要了解农村，你就得解剖麻雀，就是说要调查几个村庄。这样，就会有比较深刻全面的了解。当然南方和北方不同，平原和山地不同，你要了解全部情况，对不同地区的农村要选择不同的典型进行调查，这就是我们现在所说的抽样调查。但是一定的典型可以代表和它相似的类型，不能抓到一个典型，就认为可以代表所有的方面。

这次社会调查，在我的政治生活中是一次重要的经历。通过这次调查，使我进一步认识了党的路线、方针、政策的理论基础和它的客观依据，从而提高了自己执行路线、方针、政策的自觉性。

在 1945 年日本投降以后，我在热河地区工作了 3 年多，主要是搞土地改革，那时也对热河农村做过一些社会调查，仍然是用阶级分析的方法，也就是以地主和农民的阶级矛盾和斗争作为主线。因为那时的任务是搞土地改革，土地改革就是要解决这个基本矛盾。因此也就要围绕这个矛盾来进行社会调查。

1948 年夏我调到哈尔滨，在东北局工作。1948 年 11 月 2 日随军进入沈阳，接着不久，全国就解放了。从这以后，我虽然也在几个工厂蹲过几次点，对沈阳市也做过一些调查，但都不够系统。

在 1958 年总路线提出以后，轻率地发动了"大跃进"和人民公社运动，给国民经济带来了极大的困难。毛泽东同志察觉到犯了"左"的错误，所以在 1960 年年底号召全党要大兴调查研究之风，要通过调查研究，制定各条战线上的具体政策和条例。后来搞的农业六十条、工业七十条、科技十四条、教育六十条，等等，都是通过调查而制定的。

1960 年年底由李富春和薄一波同志领导，我带一个调查组，到北京第一机床厂做了半年的调查。后来由邓小平同志主持，经过中央讨论通过的工业七十条，有许多素材，就是来源于那次调查。这些调查报告在1961 年初夏，曾陆续由北京市委办公厅在内部刊印过。1980 年由中国社会科学出版社以"北京第一机床厂调查"的名义公开出版了。"文化大革命"对工业七十条进行了多次批判，但实践证明它的基本观点是正确的，因为它来源于客观实际。

这个调查是以党的"八大"决议的精神为依据的，就是认为社会主义制度在我国已经基本上建立起来了，国内的主要矛盾已经不再是工人阶级和资产阶级的矛盾，而是人民对于经济文化迅速发展的需要同当前经济文化不能满足人民需要的状况之间的矛盾。因此，这次调查不是从以阶级斗争为主线的观点出发，而是依据马列主义的基本立场、观点、方法去分析生产力、生产关系和上层建筑诸方面所存在的问题，并提出相应的解决办法。这种正确方法，在"文化大革命"中也受到了批判，但是真理总归是正确的。正如党的十一届六中全会的决议分析产生"文化大革命"的社会历史原因时指出："从领导思想上来看，由于我们党的历史特点，在社会主义改造基本完成以后，在观察和处理社会主义社会发展进程中出现的政治、经济、文化等方面的新矛盾、新问题时，容易把已经不属于阶级斗争的问题看做是阶级斗争，并且面对新条件下的阶级斗争，又习惯于沿用过去熟悉而这时已不能照搬的进行大规模急风暴雨式群众性斗争的旧方法和旧经验，从而导致了阶级斗争的严重扩大化。"这就是说，在新的历史时期，对工厂调查研究不能再以阶级斗争为纲去进行。我们没有这样去调查，"文化大革命"中就说我们是"修正主义"，这当然是十分错误的。因为我们并没有离开马克思主义的理论指导，相反，正是按照马克思主义的基本观点、方法去进行调查的，但不是以阶级斗争为主线。我看这个问题也是我们今后做社会调查时需要认真研究的一个重要问题。当然，这绝不是说，我们今后分析问题就不需要运用阶级分析的方法，而是说不能把我国任何社会现象都拉到阶级斗争上去。在这方面，我们要进行反对"左"的和右的两种倾向的斗争。

这里我们想简单介绍一下在北京第一机床厂的调查情况。《北京第一机床厂调查报告》一书目录的顺序是从工厂到车间、工段、小组和个人。但调查时的次序是倒过来进行的。我们一进厂就直接下到班组去，和工人一道劳动，互相谈心，直接了解广大生产者和基层干部迫切的呼声。这样就为我们全面调查打下了良好的基础。我们首先对 13 位工人和基层干部进行调查，不仅是他们本人，还包括他们的家属。我们和他们谈话的范围是极其广泛的，他们的生活，他们对各种社会问题的看法，包括政治问题、经济问题、社会问题、家庭问题、婚姻问题，各种各样的问题都谈。这些东西并不都是阶级斗争，有些只是反映了阶级斗争，我们并没有去进行急风暴雨式的群众性的阶级斗争。这些只能说明，在那一段困难时期，各种各样的思想都对我们的工人有所影响，我们应该根据新的情况开展我们的思想政治工作，把他们引导到正确的道路上来。通过这些调查，也暴露了我们某些思想政治工作脱离实际，对实际问题不解决，对具体的思想问题不解决，光是干巴巴地给工人讲一些抽象的政治口号，是不能解决职工中存在的思想问题的。我们通过和那 13 位工人促膝谈心，问问他们的爱人、孩子的情况，他们的工作上和生活上的困难，这样我们就了解到许多社会情况。从这些工人谈话中，我们了解到班长、工段长、车间主任、车间支部书记、厂长、党委书记是怎样的情况，调查了这 13 位工人之后，接着就调查了两个生产小组（这 13 位工人大部分在这两个生产小组工作），而后又调查了领导这两个小组的工段，然后又调查了领导这个工段的车间。这个车间共有 6 个工段。我们调查的是一个主要的工段，即大件工段。在这样由下而上逐级调查的基础上，我们对全厂进行了调查。全厂有 7 个车间，17 个科室，共有职工 6173 人，我们花了半年多的时间，写了这份调查报告。

再一次就是 1977 年夏季到 1978 年夏季，在大庆做了一年调查。参加调查的同志一起合写了两本书：一本是《对大庆经验的政治经济学考察》，另一本是《大庆工业企业管理》。

现在我们处在拨乱反正、继往开来的重要历史时期，实际生活向我们社会学者提出了一系列问题，要我们进行调查研究并给予正确的回答。党的六中全会的决议号召全国人民，要把我国建设成为现代化的、高度民主的、高度文明的社会主义强国。1981 年 3 月 8 日，胡耀邦同志找我们几个人谈话，提出要我们研究如何建设中国式的社会主义的物质文明和精神文明问题。他说，中国式的社会主义的物质文明和精神文明是什么样的，要具体化。五年以后、十年以后、五十年以后中国的物质文明和精神文明的具体内容是个什么样子？应当进行系统的研究。胡耀邦同志提出的问题有很多内容是需要我们社会学者来研究解答的。他要我们写有关这个问题的文章，在 1981 年第 14 期《红旗》上发表的文章题目是《满足人民的需要是社会主义建设的崇高使命》，就是根据胡耀邦同志指示而写的一个"开篇"。这篇文章只提出了问题，还没有很好地回答问题。因为这个问题的确是要经过系统的调查研究之后才能回答的。我们如果不能讲出社会主义的高度物质文明和精神文明的内容，怎么能够很好地动员广大群众为建设社会主义的伟大事业而斗争呢？最近国务院领导同志找我们几个人座谈时，指出：我们要搞四个现代化，不能只有一个抽象的口号，四个现代化也要具体化。他很赞成胡耀邦同志提出的上述问题，希望社会科学工作者很好地研究这个问题，并向群众进行宣传，不这样做，资本主义那一套就会乘虚而入。他说有些青年把西方的一些不好的东西作为追求的目标有一个原因，就是还没有一个具体的崇高的目标，来鼓舞他们、吸引他们为之英勇奋斗。

我们不能只注重物质文明建设而忽视精神文明建设。二者当然是相互作用的，但并不是一定要在建立起高度的物质文明之后才能有高度的精神文明。在延安时期并没有高度的物质文明，但大家有很高的理想，很好的同志关系，每个人的精神是很愉快的，是非常乐观的，根本没有被当时的物质困难所吓倒。所以在一定条件下，精神力量还是有很大的作用的，不能够否定这方面的作用。这里就有一个引导问题，即指导思想问题，建设社会主义精神文明，一定要以马列主义、毛泽东思想为指导。

我们社会学者有一个庄严的历史任务，就是要把群众引向正确的方向。在历史发展方向上要引导，在社会生活中也要引导。1981 年春节前我到上海宝山钢铁厂进行调查时，有位年轻的汽车司机同志向我们反映，上海的青年结婚起码要花 3500 元钱。他说这仅是男方要花的钱，还不包括女方。许多青年对此都感到是一个沉重的负担，但也逃脱不了这一套。工厂里号召共产党员、共青团员集体结婚，这当然是好事情。但集体结婚仪式举行之后，还是要另搞上面那一套。而要搞上面那一套，就要背十年的债,大家都为此感到苦恼。这位司机同志对我说,这个问题,社会科学院是不是可以向社会呼吁一下,帮助我们青年解脱这个苦恼。我看这就是一个社会学要解决的问题。我认为这位青年提出的要求是非常合理的。所以我向上海市委负责同志提了这个意见,也给北京市的有关同志提了这个意见,向我们社会科学院的有关同志提了这个意见,今天再向同志们呼吁一下这个问题,那么,这种风气是从哪里来的呢?这里就有个如何引导的问题,没有物质生产的现代化,能否先来一个生活现代化,这是一个需要向群众说明的问题。现在大城市的有些大百货公司的橱窗广告,大肆宣传家庭生活用具的现代化,替外国电器公司做广告招徕顾客。这也是青年不惜举债来追求所谓生活现代化的一个重要原因。不久前我们会见了一位加拿大籍的华人,他说,你们百货大楼陈设的松下电器公司的商品广告所收的费用,和你们把这些东西摆在那里宣传对社会造成的损失相比,真是得不偿失,损失太大了。他说,在资本主义社会,也并不是每个家庭都有那些东西。这里的关键是如何引导的问题。同志们能不能做个调查,看看青年理想的家庭是个什么样子。现在有些青年喜欢骑个嘉陵牌摩托车去兜风,这当然是无可厚非的。但是骑嘉陵摩托车,并不如骑自行车好。我不是提倡人们倒退,而是说要正确地对待资本主义的文明。例如,资本主义的所谓"汽车社会"(即普遍使用小汽车),我们就不应当学。现在资本主义小汽车已经成为一大问题。汽油供应、找停车场、城市交通安全和污染,等等,都是随之而来的问题。大家都为之苦恼,但是谁都无法摆脱这种苦恼,因为它已经"社会化"了。那么,我们为什么还要步他们的后尘呢?好多美国、日本的朋友都劝告我们,千万不要像他们那样发展小汽车,宁愿多发展一些大的公共汽车和民航飞机。最近,我向几位访问我国的美籍华人出了个题目,要他们回去写一篇东西,说说他们的物质文明,有哪些是我们可以学的,哪些是我们不能学也不应当学的,是他们在美国也感到厌恶的东西。我说你们写写这样的东西,对我们特别是某些青年人是很有用的。

　　资本主义精神文明是很糟糕的。前年我去美国访问,亲眼看见了他们的许多社会问题,例如,种族问题、老年人问题、社会公害问题、家庭问题，等等。这类精神文明我们能接受过来吗？他们自己都认为已经走到死胡同里去了，我们还能学吗？

我们是社会主义国家，有悠久的历史和灿烂的文化，我们有自己的很好的东西，可以有选择地继承和发扬来创造出高度的精神文明。我们当然要汲取外国先进的对我们有用的东西，但不能照搬，不能好的坏的一起端过来。我们现在提倡的"五讲"、"四美"就很好嘛！

我们研究社会学的同志，不要因为阶级斗争已不是我们调查研究的主题，就认为没有什么可以调查研究的东西了。我看需要研究的社会问题还是很多的。资产阶级社会学的抽样法、统计法等作为社会调查的方法，在某些方面是值得我们借鉴的。但是美国社会学并不能解决我们社会的根本问题。根本问题不是方法问题，比方法问题更重要的是立场问题，一般来说方法常常是由立场决定的。对我们来讲，就是要用马克思主义的立场、观点、方法来分析和解决社会学中的问题。

摆在我们面前的光荣任务，就是要实现社会主义的现代化，要建设中国式的社会主义的学者应该作出自己的贡献。要贡献，就要做系统的、周密的、科学的社会调查。这个社会调查不是无目的的。新中国成立前，我们的调查是为了抗日、救国，为了打败蒋介石，建设新中国。新中国成立后，我们曾为了进行三大改造进行社会调查，现在则是为了社会主义经济建设，为了建设中国式的社会主义物质文明和精神文明这个总目标而进行调查。

米脂县杨家沟调查[*]

出版说明

　　本书是 1942 年秋冬在陕北米脂县杨家沟村所做的一份农村地主经济典型调查的报告。这次调查是在当时的中共中央政治局委员、中央书记处书记兼中央宣传部部长张闻天同志亲自领导、组织和参加下进行的。他本人当时曾长时间访问当地和周围的农民和基层干部，也多次与地主阶级中的各种人物谈话，还找了不少出身于这些地主家庭中但很早就参加了革命的同志谈话。同时他还亲自翻阅和核算了近百年的大量的地租、商业、高利贷账簿。这份调查报告也是自始至终在他的指导、计划和亲自参与下完成的。报告初稿起草人是马洪同志，全文由张闻天同志反复修改、补充后定稿。参加调查、收集和整理资料全过程的还有刘英、马洪、许大远等同志。

　　杨家沟是全国罕见的一个地主经济条件集中的村庄。本书着重叙述该地区一个特别集中的马姓地主集团的剥削情况，尤其是其中马维新一家的情况。书中对如何以地租剥削为基础，同高利贷和商业剥削结合在一起，

　　* 这是由张闻天领导和组织，由马洪撰写初稿的一份陕北农村地主经济典型调查的报告，1943 年延安出版。1980 年 8 月由人民出版社出版。

对农民进行残酷剥削和掠夺土地，以至如何对中小地主进行弱肉强食的土地兼并的情况，都提供了大量翔实可靠的材料。像这样一个典型翔实的同类性质的调查和报告，在我国是少见的。

杨家沟在 1940 年即已成为解放区。当地地主家庭的子女，也有不少人早就参加了革命。书中所涉及的一些人物，有的早已成为国家工作人员，或者早已成为革命政权的拥护者。本书在 1957 年曾小量出版，此次重新出版的目的，旨在为学术界提供一份研究资料，同时也用以纪念我党优秀的老一辈无产阶级革命家张闻天同志。对当地原属地主阶级中的人物，自应完全遵照党中央当前的政策对待，而不应受到本书的任何影响。

一 杨家沟鸟瞰

陕甘宁边区的杨家沟，以有"马光裕堂"（一个地主集团的代号）而闻名陕北。这个村庄，属于米脂县（现属陕西省）河岔区的第六乡，共有 6 个自然村，271 户，距米脂城 40 里，吉镇 40 里，四十里铺 40 里，桃花峁镇（桃镇）15 里。

这个村庄的居民都住在杨家沟东西两边的半山上，沟的西山上有"扶风寨"，大部分地主的宅院都在寨内。据地主们说，这个寨子原是为了

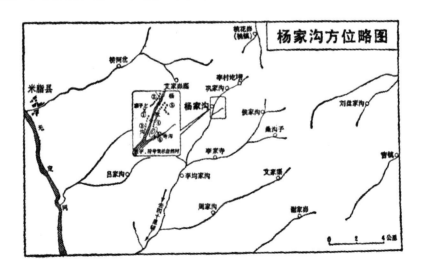

杨家沟方位略图

防备"回乱"在同治六年建成的。在土地革命年代,这里的地主集团却借这个寨子而得以维持了他们的封建统治。

杨家沟的主要特点是"富者地连阡陌,贫者无立锥之地"。富者都是马族"光裕堂"的"大户",贫者就是"光裕堂"以外的绝大多数小户。但是,近几十年来,"光裕堂"的各大户也已开始分化成大地主、中地主和小地主。有个别的小地主已经最后破产,开始劳动生活了。小户方面,也有一部分由于人民政府实施减租减息的政策,逐步地改善了他们的生活。

二 杨家沟的地主集团——"马光裕堂"

杨家沟的地主阶级共有 55 户,其中除有 4 户小地主外,都属于"马光裕堂"的分支。这个马姓地主集团的创始人,名叫马嘉乐,"光裕堂"就是他的堂号。他靠放高利贷、兼并土地而起家。"崇盛西"就是他一手创办的第一个放高利贷的"字号"(这种所谓"字号",就是专门经营高利贷和出租土地业务的商店。借高利贷的人,主要以土地做抵押,到期还不起利息时,土地即归债权人所有,由债权人出租这些土地,收取地租)。

马嘉乐有 5 个儿子,即鸣珂、鸣琴、鸣盛、鸣銮、鸣凤。当时分家,每人分到土地 1000 余垧(这里的每垧地约等于 3.5 市亩)买地和典地(所谓"买地"就是所有权完全归本主的土地;所谓"典地"就是放高利贷典押来的土地,尚未"买死",出典的人,如还清债务时,还可赎回,但真正能够赎回的很少),金条 2 根,银元宝 80 个,另外还有许多经营高利贷"放账置地"的字号。

今将 5 个门子的家谱,列图如下:

(凡名字被框起来的,均为已去世人物)

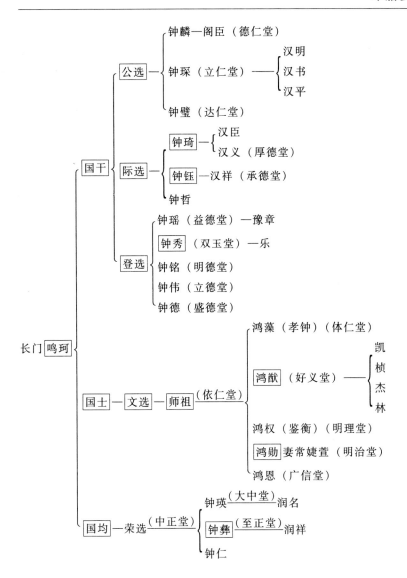

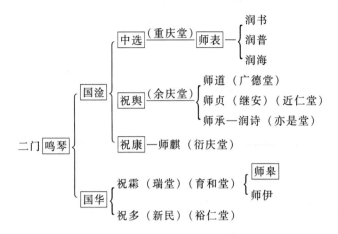

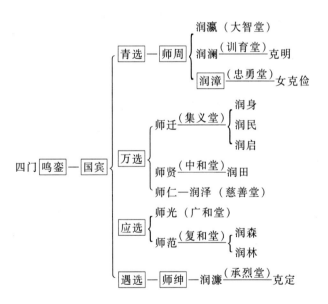

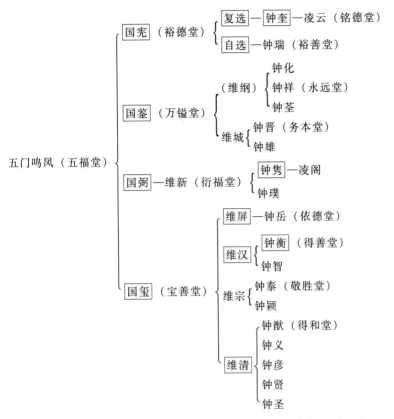

现在把上面 5 个门子各户近况，加以简单的叙述。

（一）长门马国干（老大）的后代[①]

1. 马阁臣（钟麟），堂名德仁堂。现年 59 岁。他的儿子已迁往庄西十余年，另立家室。马阁臣家现有一妻，一媳。占有土地 100 余垧。本人是清朝的"文秀才"。曾做过买卖，做过税收官吏。现在米脂县政府担任建设科副科长。有抽大烟的嗜好。

2. 马钟琛，堂名立仁堂。年 47 岁，曾在本村小学念过书。现在家管理家务。长子汉明在米脂县城女子小学当教员，二子汉书在绥德县城小学

---

① 马国干原有典、买土地 1600 余垧，有 3 个儿子，每人分到土地 500 余垧，大儿子名公选，是个"文秀才"，一生在家过地主生活；二儿子名际选，经营"赶骆驼"（运输）的生意赔了本，典出了不少的土地；三儿子名登选，也是个"文秀才"，当过葭县县长，后来就在家中过地主生活。分家、抽大烟、生意赔本三者，是这一系大地主的后代转变为小地主的主要原因。

当教员，三子汉平在本村小学念书。此外，家中有妻一人，两个儿媳妇，两个孙子，共7个人。现有土地60余垧，1940年典出11垧，1941年典出24垧，1942年典出3垧，但在同年利用货币跌价的机会赎回了35垧。

3. 马钟璧，堂名达仁堂。曾在"北平大学"念过两年书。现在国民党统治区的榆林县政府工作。全家均在榆林。有土地85垧。

4. 马汉义，堂名厚德堂。35岁，绥德师范毕业。曾在国民党的"陕北地方银行"做过事，现在家闲住。有妻一，小孩三。有土地45垧。

5. 马汉臣，现不在家，占有土地和马汉义相同。

6. 马汉祥，堂名承德堂。现在"店头"小学教书，妻在米脂中学教书。本人及母亲都吸鸦片。原分到60余垧土地，现只剩20余垧。

7. 马钟哲，夫妻二人，都留学日本未归。村内传说，他当了汉奸。家中财产由马汉祥代管，占有土地约60垧，都典出去了。

8. 马钟瑶，堂名益德堂。长子马豫章在延安。次子（继母所生）马彦，在米脂县女子小学教书。家有妻、大儿媳、孙子各一人，二儿媳在米脂中学教书。原分得土地83.5垧，现只有53垧，内伙种（见十二"安伙子"一章）出14.5垧，典出12垧，还主要是乘1941年货币跌价的机会赎回来的。本人过去吸食鸦片，现在已不经常吸食。

9. 马乐，堂名双玉堂。本人参加八路军，近年来无消息。家中只有母亲高氏，吸食鸦片很厉害。年年出卖土地，现只有土地44垧。

10. 马钟铭，堂名明德堂。过去曾在旧军队中当过营长，现在西安经商。家有一妻一女，妻吸食大烟，女在米脂中学读书，约有土地48响。

11. 马钟伟，堂名立德堂。曾在太原农业专门学校读过两年书。1931年起做过"走水生意"（就是一般所说的"行商"），开始挣钱，以后赔钱，把土地都典出去了。本人吸食鸦片，现在还做行商。目前有土地51垧，内有伙种土地13垧。家有2个男孩，1个在米脂中学读书，1个还小；3个女孩，1个过继给马钟铭家，1个在米脂中学读书，1个小的在家。

12. 马钟德，堂名盛德堂，为继母所生。今年24岁，在西安电报局工作。家中只有64岁老母一人，吸食鸦片很厉害。分到的家产已经快

"吸食"光了。

（二）长门马国士（老二）的后代①

13．马孝钟（鸿藻），堂名体仁堂。在西安事变前，曾任西安高级中学校长。事变后，至今无消息。家中有妻子两人。子在小学念书。有土地560垧。去年收租子167石。

14．马凯，堂名好义堂。父名鸿猷，已死，原有土地555垧。1941年收租子161石。最近马凯四个兄弟及母亲以五份分了家。他的三个兄弟叫马桢、马杰、马林。本人25岁，榆林中学毕业，现在家吸食鸦片。马桢在西安读书，分家后，马凯只有土地100垧左右了。

15．马鸿权，堂名明理堂。曾在国民党统治区的榆林专署神木县政府做工程师。妻及四子，今年回家。妻为东北人，高级师范毕业，原在榆林女子师范教书。有"买地"452.5垧，"典地"61.5垧，"典出"41垧，去年收租147.5石。现有"伙种"地17垧。

16．马鸿勋，堂名明治堂。已死。妻名常婕萱，现年38岁。原在米脂市妇女救国会工作，现因子女关系，回家管理家务，有两子一女。1941年有土地290垧，收租116石。

17．马鸿恩，堂名广信堂。在"北平师大"体育系念过书。年39岁。家内只夫妻两人，均吸食鸦片。有土地301.5垧。去年收租89.8石。典出土地35垧。现有"伙种"地13垧。

（三）长门马国均（老三）的后代

18．马荣选，堂名中正堂。现年75岁（马家一般人称之为五老爷）。杨家沟的家长。1912年曾任靖边县县长。有三子，长子钟瑛，二子钟彝已故，三子钟仁，7岁。长子、二子已分出另居。本人与第三子同居。他有女12个。5个已出嫁。六女（庄卿）在兰州公共卫生所工作。八女

① 马国士是杨家沟的名人。曾做过甘肃直隶州循化同知、安西州知州。告休回家后，适值"回乱"，由他发起建筑"扶风寨"。他在荒年时曾大批买进土地。他只有一个儿子名叫马文选，文选只有一个儿子名叫师祖。在马国士家全盛时期，曾收租1000石以上（粗粮，每石约合300市斤），占有土地3500垧。并且有"字号"：崇德号、崇裕号、崇义号、崇信号、崇实号、崇仁号等。曾是光裕堂中的"首富"。马师祖有5个儿子，即上表所列的五家。现土地分散，"字号"均已倒闭，正处在急剧的衰落过程中。

（娴卿）在延安工作。九女（尊卿）在米脂女子学校教书。十女（谦卿）在米脂中学读书。十一、十二女均在本村小学读书。有土地312垧，本村"伙种"地32.5垧。

19. 马钟瑛，堂名大中堂。有"买地"275垧，"典地"4垧。典出地50.5垧。58岁。有妻，二子，二媳，一女。

20. 马高孝慈，堂名至正堂。子马润祥在外。有"买地"303垧，"典地"21垧，典出地109.5垧。

（四）二门马国淦的后代

21. 马润书，堂名重庆堂。大学毕业。现在西安经商。一弟润普在蒋军胡宗南部工作。二弟润海在四川炮兵工厂工作。家内由润书母亲当家。有一弟一妹在国民党统治区的镇川米脂中学读书。有"买地"471.5垧，"典地"47垧，典出地16垧。

22. 马师道，堂名广德堂。44岁。小学毕业。长子马润杰，在国民党统治区的汉中县银行当会计主任。次子及女在本村小学读书。有地197.5垧。

23. 马继安（师贞），堂名近仁堂。53岁。上海南洋中学肄业，西安宏道实业学校毕业。长子润文在四川泸县兵工厂工作，次子润泉在西安合作人员训练班读书，三子润水在绥德师范当教员，四子在家务农，五女于榆林女子师范肄业。有土地350.5垧，"典地"39垧，典出地11垧。

24. 马师承（崇光），堂名亦是堂。据说现居兰州，久已不回家了。子润诗在国民党统治区的榆林中学读书，妻曾于米脂女子学校肄业。有地211.5垧，典出14.5垧。

25. 马师麒，堂名衍庆堂。25岁。在本村扶风小学教书。妻一，姐一，妹一，子一，女一。有地499.5垧，"典地"39垧，典出地157垧。

（五）二门马国华的后代

26. 马祝霖（瑞唐），堂名育和堂。光绪二十四年进学。在东京实科学校念过书。光绪三十三年在绥德师范教过书。长子已故。次子师伊，美国康奈尔大学毕业，现在四川泸州二十三兵工厂当技师。一女在榆林女子师范教书。一女亦在四川。只有本人一人在家，管理家务。有地1179垧，

"典地" 77 坰，典出地 34 坰。

27. 马新民，堂名裕仁堂。在同济大学工科念过书。有三个儿子，两个儿子在榆林高中读书，一个小儿子在本村小学读书。本人 53 岁。妻一人。有"买地" 1107 坰，典出地 74 坰。现任陕甘宁边区参议员，兼扶风小学校校长。

按：马鸣琴有两子，一名国华，为拔贡。一名国淦。国淦的次子祝舆，曾做过葭县知事，办过延长石油厂。三子祝康为举人，任过教官。

（六）三门马国栋的后代①

28. 马师儒（字亚堂），堂名树德堂。其父马祝龄于去年去世后，三兄弟分了家。亚堂，德国留学生，现任城固西北联大文学院院长。全家在外，有土地 353.5 坰。三家财产均由马继安代管。

29. 马师亮，堂名崇德堂。美国留学生，现在四川大学当教授。妻一人在家。余均在外。有土地 334.5 坰。

30. 马师尚，堂名尚德堂。日本留学生，在天津纺织工厂当经理，全家在外。有土地 334 坰。

31. 马祝年（马家一般人称之为七老爷），堂名三余堂。曾在"北平师范大学"体育系肄业一年。34 岁，一妻一女。吸食鸦片。在家闲住。有土地 1297 坰。

（七）四门马国宾的后代②

32. 马润瀛，堂名大智堂。52 岁。妻二人，女四人，大女二女均在米脂中学。无子。有土地 198.5 坰，旧政府时代当过保长。吸食鸦片。

33. 马润澜，堂名训育堂。扶风小学教员。50 岁，妻一人。长子马克明，绥德师范毕业，榆林保安队任职数年。现在家，吸食鸦片。次子马克敏，榆林中学毕业，在米脂女子学校教书。三子已故。四子马克前参加了八路军，未通消息。五子马克进，哑巴，在家劳动。有二媳，二孙男，二孙女。有土地 152 坰，典出 20 坰。

---

① 三门人口最不旺。祝龄系次门子过继来的。祝年为国栋后妻所生。寡妇至今尚存，同祝年同居一起。
② 国宾进士出身，在山西做过县长。三子应选，当过南郑教官。青选子名师周，为拔贡。遇选子名师绅，为秀才。

34. 马克俭（女），堂名忠勇堂。父已死。母尚存，吸食鸦片。克俭在扶风小学教书，近同本区区政府自卫军营长青年农民刘树忠结婚。有土地80垧。

35. 马润身，40岁。职业中学毕业。现在西安。一女在米脂中学读书。有土地70垧，内"伙种"地10垧。

36. 马润民，32岁，榆林中学毕业，妻一。在家。有土地60垧。内"伙种"地13垧。

37. 马润启，17岁。一母。姐在榆林女子师范读书。本人在国民党统治区的镇川米脂中学读书。有土地70垧，内"伙种"地8垧。

38. 马润泽，堂名慈善堂。34岁。绥德师范毕业。在家。有土地102垧，内"伙种"地13垧。一妻，四子，一女。

39. 马师贤，堂名中和堂。52岁。一妻，一子，一媳，三女，二孙男，一孙女。大女马润宏在扶风小学教书。有土地200垧，典出55垧。本人在家，参加一半劳动。

40. 马师光，堂名广和堂。56岁。一妻，七子，二媳，三女，二孙男，三孙女。吸食鸦片，有土地316垧，"典地"8垧，出典62垧。住寺沟。

41. 马师范，堂名复和堂。50岁。一妻，六子（大子润森，次子润林，三子润荣，四子润亭，五子全福，六子牛儿），二媳，一女，孙男二，孙女三。吸食鸦片。有土地316垧。大子曾在八十六师当军医。住寺沟。

42. 马润濂，堂名承烈堂。一妻，五子（大子克昌、次子克定，参加八路军，三子克健、四子克杰，在米脂中学，五子克信，尚幼），二媳，五女（一个在米脂中学，三个在米脂城内女子学校），三个孙男。本人曾当过保长。因贪污，受过处罚。有土地441垧。吸食鸦片。住寺沟。

（八）五门马国宪的后代

43. 马凌云，堂名铭德堂。在云南国民党部队中做军需工作，榆林中学毕业。妻高芝祥，小学毕业，县参议员，现在西安。一子，二女。母（高正玉）当家。有土地123垧。

44. 马钟瑞，堂名裕善堂。53 岁。曾在农业专科学校毕业。次子凌魁，榆林中学毕业，现在榆林八十六师自卫队工作。二子三女均在扶风小学读书。二媳。孙男二，孙女一。母吸食鸦片。有土地 120 垧。

（九）五门马国鉴的后代

45. 马钟化，36 岁，一父，一祖母，一妻，四子，二女。父名维纲，因经商失败，得精神病。有土地 35 垧。

46. 马钟祥，在米脂高仲谦（高仲谦是国民党派驻米脂的县长，陕甘宁边府和当地人民不承认他）处工作，全家均在米脂。有土地 35 垧。

47. 马钟荃，在国民党军八十六师军需处工作，有土地 35 垧。

48. 马维城，堂名务本堂。一妻，二子。吸食鸦片。土地已卖尽。妻子在娘家住。家中只剩两孔石窑。

（十）五门马国弼的后代

49. 马维新，堂名衍福堂。秀才。一妻，一子，一孙，一媳，八女（有四女已出嫁）。有土地 1175.5 垧。现任河岔区区长。

（十一）五门马国玺的后代

50. 马钟岳，堂名依德堂。高小毕业。一妻。一子马凌高在国民党统治区的镇川米脂中学读书。女 6 个。长女今年出嫁。其他在扶风小学读书。有土地 150 垧，内"伙种"地 28 垧。

51. 马高氏（贞卿）。夫马钟衡，因经商失败，服毒自杀。有一子，一女。子在扶风小学，女在米脂中学。有 6 妹，5 个已出嫁，六妹在米脂中学。弟钟智，在小学读书。有土地 100 余垧。

52. 马维宗，60 岁。吸食鸦片。一妻。长子钟泰，曾在"北大"生物学系肄业。现在家管理家务。二子钟颖，在西安电政处工作。一媳，孙女四，孙男一。女淑良在米脂中学读书。有土地 100 余垧。

53. 马钟猷。22 岁，榆林中学毕业。现在陕西洋县银行任职。家务由其妻申秀贞料理。二弟马钟义，米脂中学毕业，现在家闲住。三弟钟彦，米脂中学肄业。四弟、五弟在扶风小学读书。大妹已嫁，二妹在扶风小学读书。有土地 110 余垧。母马常氏尚在。

马光裕堂这个地主集团，现在已分成了上面所列的 53 户，他们共占有"买地"13977.5 垧。实际上要超过这个数目，因为有不少地主在调查时不肯说出真话。

下面是杨家沟的伙计们（"长工"和佃户）给"马光裕堂"各户所编的一首歌谣，已经流传了好多年，它描绘出了各"堂号"的形形色色，现在抄录在下面：

能打能算衍福堂　　瘸子宝贝衍庆堂

说理说法育仁堂　　死牛顶墙（形容他为人固执）义和堂

有钱不过三多堂　　跳天说地复元堂（马润瀛）

平平和和中正堂　　人口兴旺依仁堂

倒躺不过胜德堂　　太阳闪山（形容他起床晚）竣德堂

骑骡压马裕仁堂　　恩德不过育和堂

瘦人出在余庆堂　　冒冒张张裕德堂

大斗小秤宝善堂　　眼小不过万镒堂

婆姨当家承烈堂　　球毛鬼胎（形容他为人小气）庆和堂

三　"光裕堂"以外的"小户"

杨家沟（包括"寺沟"），除马光裕堂各堂号地主以外，还有 220 户居民。这 220 户居民的成分如表 1 所示：

表 1

小地主	掌柜	中农	贫农	雇农	工人	小商人	贫民	游民	其他
4	6	1	104	32	51	7	8	3	4

表 1 中 4 户小地主，也姓马，但不是属于"光裕堂"一系。这 4 户小地主中较大的首先为马沛云，拥有土地 100 垧，他原是桃花峁镇冯家沟人，1938 年迁来杨家沟居住，土地在冯家沟全部租出，全家靠地租过活。其次为马师林，在本村和外村共占有土地 60 垧，收十二三石租。再次为马师宗，在本村和外村占有土地 55 垧，出租和"伙种"，有一子在延安

经商。最后为马瑞铭，即米脂名流马济川之父，书香门第，今已破落。现占有土地 13 垧，均"伙种"，父子两人当小学教员。

掌柜，是地主集中地区的一个较特殊的阶层。他们仰鼻息于地主，凌驾于农民之上，但本身也是薪水生活者。掌柜的经济地位有好有坏。如上表中 6 户掌柜：高长泰为"好义堂"的掌柜，本人自有土地 80 垧，均出租，实际上是个小地主。马汝雄自有地 8 垧，亦出租，为"中正"、"至正"两个堂号的掌柜，很有手段，常常刻薄农民自肥。李鸿奎为衍庆堂的掌柜，自己无地，靠薪水生活。也有经济地位低劣的，如周自海，为明治堂（常婕萱）的掌柜，同时租种"东家"的 12 垧土地。以上 5 户，都是马光裕堂的掌柜；另有一户高文祥，则在外村雷家坪的地主家当掌柜。

杨家沟的主要阶级，除地主之外，便是广大的农民。约有 137 户（这数字有伸缩性：因为有的农民转化为工匠、贫民、游民等未计入内；如果算入，均有 180 户左右）。

全村没有富农，可称为中农的也仅一户，其他都是贫农。中农马师禹，一家六口，有两个劳动力，喂一头，种"买地" 12 垧，不租种土地，兄弟兼做木匠，住着自己的窑洞（房屋），勉强可以自足。除马师禹以外，再没有自己占有土地超过 5 垧的农户。在 104 户贫农中，有 10 多户生活较好一些，每户占有土地 4—5 垧，喂一头半头驴，又租种地主的一些土地，或者兼匠工，如马守宪、刘成万、马瑞章、马汝奎、马守训、马守典、蒋有德、蒋有才、刘凤玉、王有泉、王公堂等，比较起来，可以算做上等贫农。其余每户占有土地 1—2 垧的也是少数。大多数则是租种、伙种、安种（见十二安伙子一章）地主土地的佃贫农——全村 137 户农民中，有 94 户佃农，即有 69% 的农民，是受地主剥削的佃农。

雇农 32 户，占全体农户的 23.36%。雇农有两种，一种是长工，即"伙计"，共 16 户，见表 2。

以上 16 户长工中，15 户是马光裕堂的伙计（光裕堂伙计不止于此，此外都是雇的外村人）。只有"寺沟"李仁圣的"主家"（东家）是小贩米文昌，米常走延安、榆林做行商，终年不着家，家中租种土地 10 垧，雇了李仁圣半个长工来种。

表 2

雇主	长工	雇主	长工
育和堂	高明德	裕仁堂	马师友
大中堂	李树亮	广信堂	王有桂
重庆堂	刘俊贵	好义堂	王高儿
中正堂	窦具发	至正堂	姬正亭
衍福堂	张有福	忠勇堂	李思存
训育堂	刘俊亮	复和堂	郭俊丰
近仁堂	窦具海	敬胜堂	张克勤
大智堂	蒋玉德	米文昌	李仁圣

上列 16 户长工，从高明德至张有福，以及寺沟李仁圣，共 6 人，都是支取工资的劳动者，全靠出卖劳动力维持生活，自己不另种地。其余 10 人，则一面当伙计替"主家"做活，同时伙种（有一户是安种）主家若干土地。其中多数是伙种 4 垧或 5 垧土地（往往是很坏的土地），收获对分，就算工资。有的伙种很多土地，如马师友，就伙种"主家"土地 18 垧之多，那是因为和"主家"的关系比较"特殊"的缘故。

第二种雇农，是短工，共有 16 户。这是些无地可种，专靠打短工为生的农民，其中也有些虽然租种或伙种一二垧土地，但仍以做短工为主。短工的主顾，主要是那些自种一些土地的地主，和种地较多而劳动力不足的农民。一般农民种地少，雇短工的很少。甚至他们自己还抽空给人做短工，在 104 户贫农中，有 21 户是在给自己种地之外，还经常给人做短工的。

杨家沟 220 户居民中，工人有 51 户，大多数是手工工匠。工厂工人不多，仅马师弼等 5 人（内有一女工），在榆林、绥德、石湾纺织工厂做工。有一户是染工（杨家沟有两处染坊，是马汝珍和冯仰清经营的。马以染布为主业兼种土地，冯以种地为主兼染布匹；这个调查把马、冯两户都列为贫农）。另外是一些在本乡无法谋生，走南路（指延安附近各县）糊口的打杂工人。除此以外，尽是匠工，如表 3 所示。

表3

石匠	木匠	泥匠	鞋匠	粉匠	共计
16	16	4	2	1	39

这些匠工，都是农民出身。有的是半做匠工，半种土地；有的本是佃户，因租不到土地，改业为工。杨家沟土地少和过着寄生生活的人多，是他们存在的条件之一。但是，在农村里，他们的"活"不多，故多有往外路跑的。上列39个工匠，有10个常年在外谋生；较远的，有去延安的4人，去清涧的3人；较近的，是在别的村镇：如文安驿1人，冷窑子1人，流曲峪1人。

小商人7户，是连以小贩为主业的人也算在内。其中有3户居住在外乡，如马树模在镇川开店，杨树人在延安开店，米文昌在榆林、延安之间做行商。有4户（杨永和、马汝祥、高余忠、马志棠）则在本乡贩炭卖肉，偷偷贩运鸦片。

贫民8户，均无土地。他们有的是杀猪宰羊的屠户，有的是医生，有的是吹鼓手（乐者），有的调弦子说书，有的当本村小学校校役，有的卖些挂面，有的掏挖一块块空地，勉强度日。游民3户，是烟民、小偷、赌徒。其他有抗战军人家属3户：两户的主人在外当兵，一户的丈夫已经阵亡，家中只有寡妇种着10垧土地。另两户是公务人员：一户是县务委员会主任马继棠，一户是区政府（联保）书记员郭伯荣。

杨家沟农民最多，而农民则大都没有土地。

全杨家沟，除"堂号"地主以外，自己有土地的，只有47户，共占有457.5垧土地；内有50—100垧者3户，是小地主；有10垧以上者3户；5垧以上者10户；其余都只有一二垧土地。若将4户小地主、2户"掌柜"所占有的316垧土地除去，那么，只有41户的农民，占有141.5垧的地。平均起来，这41户农民，每户不过3.5垧土地。

因此，少数农民，积了几个钱，便典地来种，有3户典地10垧：

王喜采典有衍庆堂土地1垧

杨秀林典有至正堂土地4垧

姜好文典有重庆堂土地 5 垧

此外，多数无地和少地的农民是靠租种、伙种、安种地主的土地来谋生的，计：

租种土地者 93 户　租种地 573 垧

伙种土地者 56 户　伙种地 522 垧

安种土地者 21 户　安种地 325 垧

农民租种、伙种、安种的土地共有 1104 垧，其中绝大多数是马光裕堂各地主的土地，共 742.5 垧。其余 361.5 垧则是本村别的小地主或个别不种地村民的土地，列表 4 如下：

按：表 4 有一户工人伙出的是"典地"4 垧，两户工人是将租种土地 15 垧转伙出去，其余都是自有土地，列表 4 如下：

表 4

租出伙出者	小地主	掌柜	小商人	抗属	外出工人
户数	4	2	2	3	5
土地	228 垧	88 垧	3.5 垧	12 垧	30 垧

小地主与"抗属"，是因为自己没有劳动力，掌柜、小商人、工人是因为另有专业，故将土地租出伙出。另外，也有些小贩、工人，并不租出伙出土地，而是雇人种的，如"寺沟"米文昌，是流动小贩，家中租地 10 垧，雇了半个长工来种。马师耀、马宣行是木匠、石匠，都在清涧做活，一个雇短工租种地 3 垧，一个雇短工种自有土地 1.5 垧。王有桂、李思存都在"堂号"当伙计，但却各雇短工耕种伙种的土地 13 垧。

杨家沟农民缺乏土地，但劳动力却是富裕的。全保（乡）220 户，共有 280 个男劳动力。平均每户农民约有一个半男劳动力。而现在全村农民所使用的土地总共不过 1561.5 垧，平均每一劳动力使用的土地不足 5.5 垧。

杨家沟的耕畜较少。除"堂号"以外，只有 33 户共养驴 25 头。多数是两户合喂一头，独喂的少。牲畜少，和土地不足有关。土地少就无须大的畜力，故养牛的更少，全村仅有两头牛，一头还是 3 户合喂的。

农民大都没有窑（房屋）住。除"堂号"以外，仅有 69 户自己有窑 120 眼。大抵是土窑，简陋湫隘，和"堂号"的石窑大院相比，真是天上地下。有 151 户即 2/3 的农民没有窑，只能向地主们租赁来住。

农民的副产主要是养羊。有 25 户农民共养羊 198 头。猪少，仅一户养一口。

"堂号"以外，共有人口 963 人，内男 507 人，女 456 人。内有外出者 83 人，计：延安 56 人，延川 2 人，清涧 3 人，绥德 2 人，吴堡 1 人，榆林 2 人，本县各镇 5 人。在外当兵 4 人（重庆 1 人，蒋军八十四师 1 人，八十六师 2 人）。以上都是长年在外的。此外还有在农闲时跑延安的 8 人。外出的人中去延安学习和工作的最多。"跑南路"，已成这里农民的口头禅。

四　杨家沟地主集团的代表人物
——马维新小传

马维新是现时杨家沟地主集团实际上的代表人物。他的思想赤裸裸地代表着地主阶级的利益。他没有新名词做装饰品，也不玩弄政客的手腕。一切对他有利的，他就认为合理，一切对他不利的，他就认为不合理。他的一切行动都服从于他的地主经济的利益。他对农民的一切剥削，都认为是当然的，毋庸置疑的。他从 18 岁起一直到现在，管理着他的经济，并且发展了他的经济。这里，旧政权虽然是他的好帮手，但是他善于剥削则是远近闻名的。

但是，人民政权建立后的新的形势，使他发展着的经济碰壁了。他对于这种新的形势缺乏了解，他对这种形势感到不满，但又无能为力。他的内心中相当苦闷，他看不到自己的前途，他不知道自己的出路在哪里。他没有办法，只有尽量挣扎，维持现状。

马维新字铭三，生于光绪十二年九月十六日。从 9—17 岁，专心攻书，甚事不管。书房里请的，都是"好"先生。他记得有一个是姓杜的，一个就是米脂县有名的高庆熙先生。当时书房内有 10 多个学生。先生每年领薪金 50 余吊，由学生家属公摊。先生饮食，由先生自理。

他的祖父马鸣凤于光绪三年去世。据谈，那一年是大荒年，饿死了不少的人。

鸣凤生了 4 个儿子，都未考中秀才，在家内料理家务。光绪十年，4 个兄弟分家。马维新的父亲马国弼，当时分到"买地"354.5 垧。国弼生了 3 个男的，只留下他一人，他的 4 个妹妹，一个还是过继来的。一个妹妹嫁给米脂城里的冯社臣（地主）家，家境还可以。一个嫁给安志乐家，一个嫁给高照炎家，这两家是破落地主，经常需要他接济。

他于 17 岁进学，因国弼年老，又是独子，故他不再出门进取功名。18 岁起，他即代替他的父亲管理家务。今年 57 岁，共管家 39 年。

妻冯氏，生男 2 人，生女 8 人。大女淑銮，嫁给米脂城里的高家。二女淑馨，现为李景波同志妻。三女淑英，嫁给八十四师的尹营长。四女淑仪、五女淑德现均在陕西城固西北联大读书。六女淑性（安志文同志妻），七女淑质，八女淑行，现均在米脂中学。长子钟隽，生于 1913 年，于 1937 年在江阴抗战中牺牲。媳生孙儿凌阁一人。二子钟璞，生于 1931 年，较凌阁大两岁。次子、孙子，现均在本村小学念书。

他的曾祖父马嘉乐，祖父马鸣凤的遗产，除土地外，还有字号"崇盛西"、"崇元号"。"崇盛西"（在米脂县城内）创办于道光十三年，原有本钱 2000 串。其中马嘉乐入本钱 1000 串，作股本二分，姜安邦入本钱 1000 串作股本二分，其他绅曰谢身份股一份，李崇元身份股半份，李逢源身份股一份。这是一种专门放高利贷，并且经过高利贷典买土地的地主的经济组织。在光绪九年，已放出高利贷 2765 串，典买土地支出钱 21301 串。"崇元号"（在吉镇店）创办于光绪二十五年，本钱 10000 串，作银股十分。马国宪出本银 3000 串，作银股三分；马国鉴出本银 2500 串，作银股二分半；马国弼出本银 2000 串，作银股二分；马国玺出本银 2500 串，作银股二分半。艾丕绅为经理，作身份股一份。这个字号的性质同"崇盛西"一样。但据马维新谈，只有"崇盛西"挣了钱，而"崇元号"经营得不好。

马国弼在分家后，于光绪十一年独创"崇义长"于本村。资本银2000串，作银股二分，经理冯世富作身份股一份。这个字号本钱太小，借用别人的600两银子放账，又做些贩卖杂货及贩运粮食的生意，均未挣钱。这个"字号"的经理冯世富，是个一字不识但却十分机灵的人，绰号"毛鬼神"，米脂商人都知道他。他社会关系很多，会钻营，家庭妇女有点"体己钱"，也要找他放点账，挣点利息。"崇义长"于马维新开始当家后，即结束了。

在马国弼当家时期，因家用少而收租多，以积蓄买进了375垧土地。买进土地的时间，主要是在光绪十八年及二十六年、二十七年。光绪十八年为大荒年，二十五年为半荒年，二十六年为大荒年，当时人民饥饿不堪，争着卖地、典地，地价便宜，每垧地不到10串钱。据马维新说，那时如果能放手买地，还可以买进更多的地。因为在这种困难时期，农民究竟活命要紧，土地是次要的。他家的许多"典地"，也是在这个时期变成了"买地"的。

光绪二十四年，米每斗价200余文。但在二十六年则每斗涨到2400文（合银1.4两）。俗话有"米价过串，人要死一半"。米价如此昂贵，即表示当时情况之严重。糠是当时农民们的上等食品了。

在国弼当家时，家里"安"了三个伙子，种80—90垧地，喂三个牲口，雇一个拦羊的，一个出门的，一个老汉，一个掌柜，一个做饭的妇女。小孩哺养，均雇用奶妈。他有置办东西的嗜好，家里经常雇用各种匠人。当时工资便宜，粮食也便宜，故置办各种物件，也并不花很多钱。

同治年间，均使用制钱（皇制），到光绪年间，开始使用帖子（即纸票）。"崇义长"曾发行过帖子，但未敢放手发。因此事固然有利，但亦有害。如果钱价一落，发帖子就会受害，如使用帖子的人，凭帖子来兑换好钱，那就会对付不了。故"崇盛西"、"崇元号"均未发行过帖子。

自光绪二十七八年起，一天一天感觉到金融的周转不灵，"字号"经营，日益困难。马维新自光绪二十八年管理家务后，不大经手字号里的事情。宣统元年，"崇盛西"、"崇元号"相继停业。但正从那时起，开始了马维新的"红运"时期。因光绪二十六年大荒年，粮价一度高涨之后，又大大地跌落了。这一方面因钱缺钱贵；另一方面也因为当时地多人少，粮食生产过剩。自宣统元年至 1916 年，一斗米只值 240 文。租户家里到处放满谷子，甚至地主驮租可以自己去装，租户不问。马维新当时即将粮食屯起不卖。直到 1917 年粮价开始上涨，他始将粮食大批卖出，挣到不少钱。

自宣统元年起至 1917 年止，马维新奔走于米脂与吉镇之间。逢二、逢七是吉镇的集，逢五、逢十是米脂的集。他十天走一次米脂、一次吉镇，真是风雨无阻。主要就是熟悉粮食、银钱市价，做"倒换"钱、粮的买卖。一两银子，相差一二分的生意就做。当时，在他看来，一两银子挣一二分的利，就算是一件大事。这种银钱的差额不但存在于米脂与吉镇之间，即使在一个市镇上，也是有的。如上午与下午，银粮市价，就有差别，就可于中取利。因钱的分量比较少，便于携带，故钱的兑换比较容易，粮食倒换比较麻烦些。但是，倒卖粮食的事情也是经常进行的。照例于粮价便宜时买进粮食。买粮食时并不一定要从他人的粮食仓窑运到自己仓窑内，只要向粮食商说定需要粮食的一定数量，讲定粮价，讲定粮食何时起运，钱何时交付就行了。在约定时期以前，他可以在粮价有利时从粮食商的仓窑内出卖他所订购的粮食。但因当时粮贱粮多，仓窑缺乏，如到约定时期不能卖出时，则必须从他人仓窑内运出。至于粮食定期付钱的办法，在这里同别处一样，也叫"标期"。照习惯，这里每年有五次标期，即春标、夏标、秋标、冬标与年标。春标在正、二、三月，夏标在四、五、六月，秋标在七、八、九月，冬标在十、十一月，年标在十二月。粮食买卖，都在春、夏、秋三标之内。在标期内所欠粮款，都不生利，依习惯，这种欠款，即使过了期，也不取利。但在银两的定期贷款上则不同。凡约定到一定时期必须还清的"揭账"（记载高利贷的账），在一定时期内亦需付利。这叫做"宝标"，到了标期，本利均需付清。这种放款完全靠信用，靠口头约定，靠一句话，没有什么抵押品。

一般来说，春天为黑豆价格上涨时期，因为这时牲口、骆驼均需黑豆。到了 4 月后青草上来，牲口放青，黑豆价格就下降了。

马国弼于 1918 年 4 月去世。他在世时总是教导儿孙等，要"死坐死吃"，"不要挣钱"，"只有财撵人，不能人撵财"。这就是说，放账收租，典地买地最是稳当，投机取巧，非尔辈所长。发财挣钱，大半靠时运，没有时运，虽挣无益。马维新亦尝以此劝告弟兄，据他说，但凡不听他劝告者，结果都遭失败。马维汉就是一个很好的例子。他当时见贩卖洋烟有利可图，就从事于此，开始还发了一点财，但到后来亏本四五千元，不得下台，大儿马钟衡因此服毒自杀，家产亦从此大减。马钟瑞家做杂货生意也赔了本。马维纲的精神病，就是从此得来的。他说"米脂人，不能做普通的买卖，只有放账置地的事情还比较适宜"。在普通买卖方面绥德人似乎比较精明，经营得好。他们同山西人有点相似。但做买卖用人不当，常常是失败的主要原因。

1917 年，马维新开始大量"典地"，当时地价很便宜，一垧地值 6 两银子。"崇德厚"也在那一年创立。

崇德厚的"底子"，原是"崇盛西"、"崇元号"分来的，共有荒本钱（毛本）8756 串，实有本合 5600 串，作银股 7 份，另外李荣升为经理，作身份股一份，地址在吉镇。这个字号在吉镇一直经营到 1926 年。

自 1927 年后，马维新见到情况不利，即开始紧缩，"崇德厚"亦于该年在吉镇结束，转移到杨家沟。但"崇德厚"的营业，仍然向上发展，一直到 1933 年达到了它的最高峰。1934 年起开始"闹红军"，从此"崇德厚"的营业逐渐衰退。到 1938 年最后结束了。

马维新在他的全盛时代（1933 年），有"买地" 1103 垧，"典地" 573 垧，共有"典地"、"买地" 1676 垧，收到租粮 674 石。他善于囤积居奇，在粮价低落时积起不卖，在粮价高涨时则大批卖出，他善于利用机会提高租额。他除经过"崇德厚"放账置地外，还经过自己的"堂号"放账置地。他对租户、债户的交租交息，毫不留情，稍有迟误，即"依约办理"。据说"大斗进，小斗出"、"大秤进，小秤出"为他家公开秘密。他家的掌柜，也都是比较厉害的人物。

他治家极精明，不任意花钱。只在子女求学费用上，他不惜大量支出。他个人无抽烟喝酒嗜好，早起早睡，终日忙碌。因此，在他当家时期，差不多每年收支相抵均有盈余，使他能够不断地以此做放账置地的资本。所以他的经济一直到 1933 年均在向上发展的过程中。当时，他是杨家沟"口不让人，钱不让人"的骄子。但自 1934 年"闹红军"的时代起，情形就逐渐改变了。

1934 年，在杨家沟附近红军游击队开始活跃，杨家沟的地主恐慌万状，马维新等就商定从绥德去请兵保护，当年 11 月绥德派来了一个连，连长姓许，驻在杨家沟，保护了地主的统治。此连驻在杨家沟寨子上将近两年（1935 年 8 月撤走），专做组织保甲，训练常备队、后备队、预备队、压迫农民的工作。马维新曾经是当时的寨头，民团团长，一切寨上的、团上的事情，都由他负责。为了保护地主的生命财产，马维新当时曾经出了很大的力量。

自抗战开始后，马维新对八路军、共产党的恐怖情绪慢慢减少了。他逐渐同新政权的人物表示接近，他甚至不反对他的两个女儿同公开的共产党员结婚。凡公家负担必须担负的，他也不敢公开反抗。他对新政权的减租减息的法令虽不满意，虽然尽量设法不执行，但他并不做反对新政权的政治活动。今年在政府三令五申之后，他仍然执行了减租法令，虽然心上口上是不愿意的。去年村选，强调各阶级合作，他被选为保长，今年下半年保长改选马瑞长，他被调为联保主任（区长）。凡他能做的事情，他在表面上是认真的、热心的。

但马维新的立场始终是地主立场，他也从不掩盖他自己的立场。他总希望他的立场能为各方面考虑，能为上级所采纳。

最近有人问他对新政府的意见时，他慨然地说："对现在政府的事情，咱们不能讲什么，讲也不过是地主的话。现在的事情不好办了，人家不交租，也没办法。政府交租法令固然好，但是办不通。但要办通也不难。政府只要规定'如不能照章交租，地主即可倒动（收回）土地'这一条，就行了。其实政府尽可不干涉这类事情，也不必规定什么法律，一切让地主自由处理，事情就会办好的。现在人心是越来越不如从前了。'谷子越大越没货，地主越大越有过。'咱还有什说的呢！"

这当然是赤裸裸的地主的话。

五　马维新的"买地"

马维新的现有土地,可分两种:一种是从祖父马鸣凤、父亲马国彌直接继承下来的"老产",一种是经过他手购买来的新产。在祖传老产中,也分两种:一种是分家时直接继承来的,一种是合股的字号"崇盛西"、"崇元号"于宣统元年结束后分过来的。在他自己的新产中,也是如此,一种是他直接购买来的,一种是经过他独自经营的字号"崇德厚"转交过来的。

马国彌于光绪十年同他的三个兄弟分了家。他从他父亲马鸣凤手里继承来的土地,共有 345.5 垧。经过马国彌自己购买的土地,共有 378.5 垧。宣统元年,"崇盛西"、"崇元号"结束时,又分来土地 128 垧。所以在马维新手里,共有"祖产"825 垧。

马维新是马国彌的独子。他从光绪二十八年起,即开始管家。他从那时起,积极经营到现在为止,一共购买了 381 垧地,里边有由"崇德厚"转来的 136.5 垧,在这 381 垧土地中提出给五福坟会(即致祭马国彌五兄弟的坟墓时的集会)的 7 垧,送给其妹的 2 垧,送给二女儿的(即李景波妻)20.5 垧,受土地革命影响而被"划分"(即被没收)的 5 垧。马维新现在实有土地 1175.5 垧。

为明了起见,今将马维新家历年土地占有的变化列表 5 如下。

从表 5 可以看出,自(光绪十年)1871 年马国彌分家起到现在止,差不多每年都买进土地,但各年买地的数量却是很不平衡的。特别可以注意的是 1934 年、1935 年没有买地。从 1940 年起马维新兼并土地的过程显然已经停止了。这是因为 1934 年、1935 年闹土地革命,而 1940 年起,八路军在这里最后驱逐了国民党反动派何绍南(何绍南是蒋介石政权委任的绥德专员公署的专员。随着何绍南的被赶走,在整个绥德分区,包括米脂县在内,就建立了人民民主的政权),建立了人民民主政权。

表5　　　　　　　　　　　马维新土地占有变化

年份	买进土地（垧）	分出土地	现有土地
1884 年前 （光绪十年）	祖上买来 354.5 附：崇盛西、崇元 号分来 128		
1884—1893 年 （光绪十年至十九年）	103.5		
1894—1903 年 （光绪二十年至二十九年）	275		
1904—1913 年 （光绪三十年至民国二年）	35		
1914—1923 年		7（提五福坟会）	
1924—1928 年	71		
1929—1933 年	136		
1934 年			
1935 年			
1936 年	27.5		
1937 年	17.5		
1938 年	31	2（划分给其妹）	
1939 年	31	5 分给其二女 1939 年冬划	
1940 年		20.5	
1941 年			
总计	1210	34.5	1175.5

　　马维新虽集中有 1175.5 垧土地，但他的地却是分散在各个不同的村子里。即使在一个村子内，也是分成一小块一小块的。今将其各村土地分布情形及其块数，列表 6 如下：

表 6　　　　　　　　　　　　**各村土地分布及块数**

村　名	离本村距离	土地垧数	土地块数
杨家沟本村		145.5	28
巩家沟	东北 2 里	7	1
艾家峁底	西北 10 里	53	10
侯家沟	东南 10 里	117	16
李家寺	东南 10 里	302.5	38
周家沟	东南 25 里	95.5	19
新舍窠	东 40 里	24	3
刘盘家沟	东 40 里	26.5	4
吕家沟	西南 20 里	88.5	19
李村圪坮	东北 3 里	10	1
朱马家崄	西北 20 里	10	6
李均家沟	南 15 里	17	6
元儿塌	20 里	27	8
背道里	东 40 里	58.5	18
桑沟子	东北 15 里	6	2
艾家渠	东南 20 里	20	1
桃花峁	东北 15 里	15	4
西张家坪儿	70 里	16	2
何家石碣	西 45 里	22	2
申家崄	北 35 里	36	4
谢家峁	东 30 里	5	1
圪柳咀	东 40 里	47.5	10
宽坪上	北 30 里	25	5
共计 23 个村子		1175.5 垧	208 块

　　从表 6 可以看出，马维新的土地分布在 23 个村子内①。各个村子从最少的 6 垧（桑沟子）到最多的 302.5 垧。其距离从最近的本村，到最远的 45 里地的"何家石碣"。我们如以杨家沟为轴心，以 45 里为半径，画一圆形，则他的土地就多在这个圆圈里了。比较起来，他的地在距离上说来，算是最集中、最近便的了。在 10 里以内，他就有地 628 垧，占他所有土地的一半以上。

---

　　① 村子的多少，平常以佃户住地而转移，有的佃户从这个村子移居到另一村子，则其土地亦从这个村子登记到另一个村子的簿子上。但这种转移，不会很远，因太远了，种地就不方便。

从表 6 又可看出，马维新的 1175.5 垧土地，一共分成 208 块（其中有一小部分，一块内还包含有数小块）。即每块平均为 5.5 垧，最大的土地没有超过 27 垧的（李家寺的一块地），平常均在 1.2—7.8 垧之内。可见他的土地还是非常分散的。这是同他的土地是从各户手里零星兼并来的事实相适应的。

从 1924 年起，马维新的买地，主要是从本家破落的地主手里兼并来的。他的亲叔父、亲伯父，他的堂兄弟，因为贩卖鸦片、经营杂货、赶牲口、抽大烟而赔本卖地。在马维新所买土地中，有 318.5 垧是从他们手里买来的。据马维新讲：这些土地的"垧"，比平常的要大，地质又比较好，打租子又多。故他以取得这些土地作为自己买地的方向。而且，他说，这还是他父亲的遗嘱（所谓"好水不落外人地"）。

我们还研究了杨家沟的另一个大地主马瑞唐的买地情况。他于 1920 年同马新民（边区参议员）分了家。他一共有买地 1179 垧，其中直接由分家分来的有 858 垧，共有 138 块，平均每块 6 垧。于 1926 年从字号"崇盛东"分来的买地有 169.5 垧，共有 40 块，每块平均 4 垧。同年由"昶记"分来买地一块，共 4 垧。于 1928 年由字号"义盛马"分来买地 84 垧，共 14 块，平均每块 5.8 垧。他分家后自买土地 58.5 垧，共有 14 块，平均每块 4.2 垧。总计他共有 1179 垧地，分成 207 块，每块平均为 5.7 垧，同马维新的每块 5.5 垧相差不远。

但马瑞堂的土地分布的情形比马维新的还要分散些。他的 1179 垧买地，一共分布在 32 个村子内。其中有一个最远的村子（马家渠）距杨家沟有 50 里。但其他村子也均在 45 里的半径内。

马瑞堂于 1940 年 2 月还在白家沟买了 3 垧地，但从此之后，他的买地活动也停止了。

马维新以及杨家沟其他地主，过去买地资本的来源，主要有二：一是由于收得租子除支出外，还有剩余，用来买地；二是经过高利贷而掠取土地，后者是最主要的方法。商业上的活动主要为粮食的"倒卖"。

六　马维新的"典地"

马国弼从他父亲马鸣凤手里，除分得 345.5 垧买地外，还分得 481 垧 "典地"。这些"典地"都是经过放高利贷来的。开始是"指地揭钱"（也有指窑、指房、指驴、指马、指牛、指树、指工的），在不能清还本利时，即将地出典（所谓"撩地"）。这是马维新家典地的主要来源。但也有因为用钱紧急，直接将土地出典的。典地的最后结果不外三种：一种是原主有钱时赎回；另一种是无钱回赎，长期由典主"管业耕种"；第三种则是典地转为买地，原主将典地卖绝。所谓"管业耕种"者，即是原主将土地的使用权让给典主。典主在取得土地使用权后，一般的仍然将土地租出，收租子。有时租种典地的租户，仍然是土地的原主，这实际上，不过是债务人以租子的形式来清偿债款的利息而已。

今将马维新家历年土地典入、被赎及变典地为买地的数字，列表 7 如下：

表 7　　　　　　　　　　历年典地变化

年份	原有典地	新典地	合计	被赎	典地转为买地	实存典地
1884 年（光绪十年）前	481[1]					
1911 年（宣统二年）前	481	416.7	897.7	586.5	235.5	311.2
1921 年前	311.2	370.5	681.7	357.5		324.2
1931 年前	324.2	450.0	774.2	338.5		435.7
1932 年	435.7	70	505.7	—	—	505.7
1933 年	505.7	99.5	601.2	27.5	—	573.7
1936 年	573.7	96.5	670.2	204.0	—	466.2
1937 年	466.2	—	466.2	3	—	463.2
1938 年	463.2	45.5	508.7	93	31	415.7
1939 年	415.7	24.5	440.2	60.5	31	379.7
1940 年	379.7	6.0	385.7	1.5	—	384.2
1941 年	384.2	—	384.2	238.0		146.2

[1] 这是分家时分到的典地。

从表 7 可以看到, 宣统二年前马维新有典地 897.7 垧, 被出典人赎去的有 586.5 垧, 由"典地"转为"买地"的, 有 235.5 垧。这就是说, 在变化着的典地中, 有 26%的典地变成了买地。同样的比例, 在 1912—1921 年为 23.64%, 在 1922—1931 年为 49.63%, 在 1938 年一年内, 为 33.33%, 在 1939 年内为 51.24%。从光绪十年来马维新家共买土地 736 垧中, 从"典地"转变为"买地"的有 550 垧, 占全部买地的 74.72%。如果把"字号"分来的 128 垧土地也加在内, 则"典地"转变为"买地"的占 63.64%。可见, 马维新家大部分买地, 是从"典地"转变来的。而"典地"绝大多数, 是依靠高利贷取得的, 所以高利贷实为马维新家集中土地的一个主要手段, 这是所有杨家沟的地主们所公认的事实。

从上表又可看出, 自 1932 年起, "典地"转变成"买地"的很少。其原因是同前面所说买地的一般减少相同的。主要是"土地革命"吓昏了马维新的头脑。但是从 1941 年起, 由于陕甘宁边区政府颁布了边区所发行的货币可以赎地的规定, 因而开始了大批土地回赎的运动。在这一年内, 马维新的典地被出典人赎走的即有 238 垧。现在马维新剩下的典地, 只有 146.2 垧了。但情况的发展, 并不停止于此。从 1940 年起, 马维新开始了他的典出土地的活动。

表 8 是关于马维新的典出土地及其回赎的统计:

表 8   **历年土地典出及回赎**

出典年份	出典土地数（垧）①	典价（元）	出典件数	回赎典地数	回赎件数	共出典地（垧）
1928 年	2.5	14	1			2.5
1938 年	19	320	2			21.5
1939 年				19	2	2.5
1940 年	71	1210	4	10	1	63.5
1941 年	43	2140	8	32.5	5	74.0
1942 年	23.5	2680	4			97.5
总计	159	6364	19	61.5	8	261.5

① 典出地中, 有 6 垧是典入的土地, 余均为自有的土地。

从表8可以看到，在1939年以前，马维新偶尔也典出过几垧土地，但那是由于特殊原因发生的。

在1940年以后，他才为了某种"经济上"的需要开始典出土地了。

但我们对于马维新的"典地"，不能有过分的估计。他的"典地"有不少是当年春天典出，当年秋天收回的，有不少是先一年冬天典出，后一年春天收回的。而每一次"典地"赎回之后，他就要调换他的租户。所以这种"典地"，主要是为了对付他所不满意的租户（关于这问题，以后还要论及）。同时他典出土地的数量并不大，典价也并不多。因此，马维新的典出土地是否真正出于当时经济上的必要是很成问题的。但不论怎样，停止典入土地而开始典出土地不能不说是他的经济的新的趋向的开始。

马维新的全部"典地"，除光绪十年前分来的不计外，共有1578垧，典入经过的手续共有208次。假如每次典地为一块土地，则每块典地当为7.5垧，但实际上每次典地常是有两三块的，因此，每块"典地"一般是小于7.5垧的。

马维新"典地"所分布的村子，比"买地"更为广阔。"典地"所分布的村子除了他的"买地"所分布的23个村子外，还有31个村子，即小桑坪、吕家崄、刘家山、钱家河、张家峁、雷家坪、高家新庄、王家湾、吉镇、燕家圪台、乔家圪台、马家渠、管家咀、雷家峁、王家坪、黑圪塔、白韭菜塌、任家山、叶家塬、乔家峁、吴家塌、李家坪、姬家塬、郑家峁、柳湾、阎家坪、蔺家寺、瓦窑沟、石咀、郝家坪、刘家塬。所以在马维新的全盛时代，他的典地和买地所分布的村子当在54个以上。

马瑞唐的"典地"，在1941年以前共有283垧。在1920年以前（即同马新民分家以前）共有典地21垧，其中后来被出典人赎走者共16.5垧。1921—1936年典入者共有139垧，其中后来被出典人赎走者92.5垧。1937—1938年典入者共有50.5垧，其中后来被出典人赎走者42.5垧。1939年典入者共59.5垧，其中后来被出典人赎走者42.5垧。1940年典入者共13垧，全部被赎。1941年无典入者。故马瑞唐共有典地283垧，其中被出典人赎走者207垧，现在仅存典地76垧。

在 207 垧赎地中，在 1939 年被出典人赎走者 106 垧，1940 年被出典人赎走者 9 垧，1941 年被出典人赎走者 91 垧，共 206 垧。可见马瑞唐的典地，差不多全部是在 1939—1941 年中被出典人赎走的。

从 1940 年起，尤其在 1941 年，马瑞唐不但停止"典地"，而且也典出土地了。他从 1940 年 12 月起到 1941 年 12 月止，共典出土地 32 垧，典价为 3367.5 元。

马瑞唐的停止典入土地，典地被人回赎和出典土地的情形，同马维新的大体相似。

马维新、马瑞唐是杨家沟两个经济基础最稳固、最大的地主。他们今天典出土地的数量还很少，所以还看不出他们在典出土地中所发生的问题。为此，我们选择杨家沟另一大地主马新民及另一个中等地主马思麒进行了调查。这两人的经济地位比较不很稳定，因而典出的土地也比较多，在典地中所表现的问题也比较清楚。

马新民从 1936 年起即开始典出土地。今将他在 1936 年起到今年止，历年的典赎土地的情况，列表 9 如下：

表 9　　　　　　　　　　　　　　历年土地典出及回赎

年份	典出	赎回	年份	典出	赎回
1936 年	11		1940 年	111	
1937 年	4		1941 年	165.5	167
1938 年	17		1942 年	29.5	5
1939 年	45				

马新民自 1936 年起共典出土地 383 垧，共收入典价洋 32356 元。可见，他的典出土地是由于经济上的必要，是很显然的。他自己说，他除了公家负担外，给儿子娶媳妇，供给两个儿子、两个媳妇念书，就花了很多的钱。他过去积累的一些钱，又在建筑西式大院中用光了。所以他必须典出土地。在 1929 年以前，他从未赎回过典出的土地。但 1941 年他趁陕甘宁边区政府颁布了可以用边区所发行的货币回赎土地的命令的机会，一方

面典出 165.5 垧土地，另一方面又赎回 167 垧 "典地"。这证明他的典出土地，并不完全是出于经济上的困难，而是包含了牟利的目的。在他赎回112 垧典出的土地中，共用去赎价 3900 元。其中有 "法币"（蒋介石政府发行的货币）1090 元，"边币"（陕甘宁边区政府发行的货币）2810 元。而他典出土地所收的典价则全部是 "法币"。这就是说，他一方面用 "法币" 高价典出；另一方面用 "边币" 廉价收回，在这中间他得到法币与边币不等价的利益和今天典价同过去典价差额的利益。在 1941 年他只典出了 58 垧地，就解决了他所要解决的经济困难问题。而在这种典出赎回的过程中，马新民曾经调动了不少的租户，这种租户，显然是他（或者是他的掌柜的）所不满意的。所以这种典地赎回，在地主手里又可作为对付反抗性较强的租户的斗争武器。故有的地主，即使没有典出土地的经济上的必要，但他也不放弃使用这个武器，来对付他们所不满意的租户们。

但马新民典出的土地，均在外村。外村人典入他的土地者，共有 60 户。

马思麒的土地的典出和回赎情形，同马新民也是大同小异。他典出与回赎土地的情形如表 10 所示。

马思麒共典出 378.5 垧地，1939—1941 年即赎回 168 垧，尚有典出土地 194 垧。

表 10　　　　　　　　　　　　历年土地典出、回赎及出卖

年份	典出（垧）	回　赎	典地出卖
1935 年前	8		
1936 年	62		
1937 年	5		
1938 年	121		
1939 年	30	46.5	25.5
1940 年	62		
1941 年	69	121.5	
1942 年	21.5		
总计	378.5	168	25.5

杨家沟的小地主们，则更以土地的典出、赎回、转典中间所能得到的利益，当做他们最后没落过程中的救命圈。他们把这种行为叫做"倒动土地"，如像只有 70.5 垧地的小地主马钟瑶（马豫章同志的父亲），在这两年来就是靠"倒动土地"来维持现状。他的办法是：先卖出几垧地，然后将典地收回，然后又典出，从中得点差额的利益。赎回土地中凡能不典出的，即租出或伙种。这种"倒动土地"的办法，在杨家沟小地主中很普遍。而且这办法，对没落的地主，的确也起了一种强心针的作用。

可见，在典地回赎运动中，不但农民得利，即某些经济下降的地主，不论是大的、中的、小的，也得到利益。但对平日未出典土地的地主则无甚好处。他们的典入地，反因此而被大量赎走。

附件一　土地的买价与典价之变化

从马维新、马瑞唐的"买地"中，可以看到自咸丰八年以来，土地价格变动的情况如表 11 所示。

表 11　　　　　　　　　　　土地价格变动实例

年份	村名	地质	垧数	价格	每垧价格	买地人
1858 年（咸丰八年）	周家沟	圿地、峁地	10	72 千文	7.2 千文	马瑞唐
1860 年（咸丰十年）	吕家沟	圿地、峁地、塲地	26	157 千文	6 千文	马瑞唐
1864 年（同治三年）	何家石碣	梁地、圿地、峁地	12	58 千文	4.8 千文	马维新
又	同上	塌地	10	47 千文	4.7 千文	马维新
1865 年（同治四年）	李家寺	阳圿地	5	30 千文	6 千文	马维新
1871 年（同治十一年）	桑沟子	阳背地	12	110 千文	9 千文	马瑞唐
1875 年（光绪元年）	艾家渠	一段地	20	110 千文	5.5 千文	马维新

续表

年份	村名	地质	垧数	价格	每垧价格	买地人
1884 年（光绪十年）	李家寺	背坬地、湾地	9	75 千文	8.3 千文	马维新
1885 年（光绪十一年）	艾家峁底	小圪塔地	7	51 千文	7.2 千文	马维新
又	本村	坬地	4	55 千文	13.7 千文	马维新
1892 年（光绪十八年）	叶家垒	沟条地	8	75 千文	9.3 千文	马维新
又	周家沟	沟条地	5	55.3 千文	11 千文	马维新
1900 年（光绪二十六年）	侯家沟	圪塔地、坬地梁地	6	53 千文	8.8 千文	马维新
1901 年（光绪二十七年）	元儿塌	一股子地	16	122 千文	7.8 千文	马维新
1902 年（光绪二十八年）	背道里	一股子地	37	435 千文	11.7 千文	马维新
1904 年（光绪三十年）	宫家圪堵	梁地	4	75 千文	14.5 千文	马瑞唐
1907 年（光绪三十三年）	本村	峁地	4	80 千文	20 千文	马维新
1909 年（宣统元年）	新舍窠	河塌地	10	200 千文	20 千文	马维新
1912 年	赵家沟	圪塔地	6	45 千文	7.5 千文	马瑞唐
1913 年	枣坪上	湾地、沟条地	7	77 千文	11.5 千文	马瑞唐
1915 年	秦咀儿	湾地	10	220 千文	22 千文	马瑞唐
1922 年	桃花峁	梁地	3	62.5 千文	20.8 千文	马维新
1924 年	吕家沟	股子地	20	450 元	22.5 元	马维新
1925 年	李家坪	畔地	3	113 千文	37 千文	马瑞唐
又	同上	塌地、湾地、沟地	10.5	771 千文	77 千文	马瑞唐

续表

年份	村名	地质	垧数	价格	每垧价格	买地人
1927 年	李村圪塔	坬地	10	280 元	28 元	马维新
1928 年	侯家沟	峁地、梁地	22	560 元	25 元	马维新
又	同上	湾地、梁地、圪塔地	13.5	400 元	30 元	马维新
1929 年	侯家沟	梁地	10	300 元	30 元	马维新
1931 年	侯家沟	圪塔地、峁地	12	360 元	32 元	马维新
1936 年	罗家峁	塌湾地	10	415 元	41.5 元	马瑞唐
1937 年	侯家沟	峁地	4	180 元	45 元	马维新
1938 年	吕家沟	沟条地、长梁地	10	640 元	64 元	马维新
又	白家沟	梁地、峁地	5.5	260 元	47.2 元	马瑞唐
1939 年	吕家沟	沟条地、峁地	17	810 元	47 元	马维新
又	本村	梁地	14	2800 元	120 元	马维新
又	白家沟	湾地	2	82 元	41 元	马瑞唐
又	同上	塄地	5	502 元	100 元	马瑞唐
1940 年	同上	坬地	3	338 元	112 元	马瑞唐

从马维新、马瑞唐的典地中，可以看到自道光二十年土地典价的变动情况如表 12 所示。

表 12　　　　　　　　　　　　土地典价实例

年份	村名	地质	垧数	典价	每垧典价	承典人
1840 年 （道光二十年）	桃花峁	背梁地	3	12 千文	4 千文	马维新
1849 年 （道光二十九年）	周家沟	沟地	3	9 千文	3 千文	马瑞唐
1861 年 （咸丰十一年）	高家崖窑	峁地	10	35 千文	3.5 千文	马维新
1864 年 （同治三年）	崖马沟	梁、坬地	15	105 千文	7.6 千文	马维新

年份	村名	地质	垧数	典价	每垧典价	承典人
1866 年 （同治五年）	崖马沟	坬地	6	42 千文	7 千文	马维新
1870 年 （同治九年）	背道里	阳沟地	6	18 千文	3 千文	马维新
1872 年 （同治十一年）	崖马沟	圪塔地	3	20 千文	7 千文	马维新
同上	桃花峁	梁、坪地	10	200 千文	20 千文	马维新
1875 年 （光绪元年）	马蹄坬	沟条地、圪塔地	28.5	90 千文	3 千文	马维新
同上	同上	圪地、沟条 地、峁则地	11.5	35 千文	3.1 千文	马维新
1875 年 （光绪元年）	李家沟	湾地、沟地	7	56 千文	8 千文	马维新
1883 年 （光绪九年）	郝家坪	湾地	2	8 千文	4 千文	马维新
1890 年 （光绪十六年）	燕家沟	湾地	2	13.4 千文	6.7 千文	马维新
1900 年 （光绪二十六年）	郝圪塔	湾地	1	7 千文	7 千文	马维新
1906 年 （光绪三十二年）	瓦窑沟	坬地	2.5	16 千文	6.4 千文	马维新
1911 年 （宣统三年）	刘家沟	小蒜儿地	7	70 千文	10 千文	马维新
1914 年	瓦窑沟		1.5	12 千文	8 千文	马维新
1918 年	楼儿坪	坬地、湾地	1	10 千文	10 千文	马瑞唐
1923 年	侯家沟	峁地	4	90 千文	25 千文	马维新
1928 年	下塌村	圪塔地、坬 地、沟条地	14	145 元	13 元	马瑞唐
1929 年	李家寺	湾地	9	190 元	21 元	马维新

续表

年份	村名	地质	垧数	典价	每垧典价	承典人
1929 年	马家园子	湾地	7	150 元	21 元	马瑞唐
1930 年	侯家沟		10.5	260 元	25 元	马维新
1930 年	本村	岇地	4	100 元	25 元	马维新
1932 年	大舍窠	梁地	9	92 元	10.2 元	马维新
1933 年	伊墓塌	岇地	4	90 千文	25 千文	马维新
同上	姬家坌	坬地、湾地	12	122 元	10 元	马维新
1936 年	本村	岇地	4	120 元	30 元	马维新
同上	马家园子	湾地	4	69 元	17 元	马瑞唐
同上	白家沟	岇地	2	28 元	14 元	马瑞唐
1937 年	本村	岇地	4	120 元	30 元	马维新
1938 年	侯家沟	咀地	6	195 元	32 元	马维新
同上	崖马沟	水道地、红崖地	10	180 元	18 元	马瑞唐
1939 年	白家沟	湾地	1	32 元	32 元	马瑞唐
同上	本村	湾地	3	150 元	50 元	马瑞唐
同上	同上	湾地	4	350 元	87 元	马瑞唐
1940 年	本村	长梁岇地	1	60 元	60 元	马瑞唐
1940 年	白家沟	小圪塔地	10	370 元	37 元	马维新 典出
1940 年	本村	湾地	6	270 元	45 元	马维新 典入
同上	巩家沟	坬地	10	330 元	33 元	马维新 典出
1941 年	侯家沟	梁地、沟地、湾地	7	600 元	85 元	马瑞唐 典出
同上	马家渠	圪塔地、沟地	6	600 元	100 元	马瑞唐 典出
1942 年	柳湾	岇地	10	1000 元	100 元	马维新 典出
1942 年	背道里	梁地	6	900 元	150 元	马维新 典出

据马钟伟讲："1934—1935 年地价最低。马润澜卖了 12 垧地，每垧只值 15 元。1936 年地价上涨每垧卖 104 元，1937 年，地价停顿了一年，1938 年又上涨，1939 年中等的土地每垧 100 余元。1940 年何绍南被逐之后，地主怕分土地，地价暴降，每垧卖 70 元还没有人要。巩家沟一家买广信堂的地出了 100 元 1 垧，那是例外的了。去年上等的土地每垧 300 元，中等的土地 200 元，下等的土地 100 元。所谓上等的土地即每垧可抵 1.5 垧中等土地。今年 1 垧地，上等的可卖 1500 元，中等的 1000 元，下等的六七百元，最差的也要五六百元。"

"过去典价一般占卖价 1/3，所谓卖一典三，现在典价占卖价 1/2"。

"这里卖的地，近年来以三余堂为最多，差不多卖出了 300 余垧。马维城的地已经卖完，不用说了。其次为马钟瑞、马钟奎。马鸿恩、马鸿勋，也都卖地。本人，也常常卖地。"见表 13 所示。

表 13 　　　　　　　　　　历年土地价格变化

（根据马衍福堂买地的调查）

年份	土地位置	土地数量（垧）	土地价格（千文）	每垧平均价格（文）	每垧价格折米（石）	备考
1864 年（同治三年）	外村	22	105	4773		
1865 年（同治四年）	外村	5	30	6000	0.9	
1875 年（光绪元年）	外村	22	110	5500		
1878 年（光绪四年）	外村	16	56.7	3544		
1884 年（光绪十年）	外村	9	75	8333		
1885 年（光绪十一年）	外村	15	161	10733		
同	本村	8	110	13750		

续表

年份	土地位置	土地数量（垧）	土地价格（千文）	每垧平均价格（文）	每垧价格折米（石）	备考
1886 年（光绪十二年）	外村	4	32	8000		
1891 年（光绪十七年）	外村	2	37	3364		
1892 年（光绪十八年）	外村	69.5	456.3	6566		
1893 年（光绪十九年）	外村	13.5	95	7036		
1894 年（光绪二十年）	本村	6.5	125.227	19266		
1895 年（光绪二十一年）	外村	42.5	231	5412		
同	本村	16.5	228.5	13849		
1896 年（光绪二十二年）	同	5	78	15600		
1900 年（光绪二十六年）	同	5	56	11200		
同	外村	109.5	775.6	7083		
1901 年（光绪二十七年）	本村	2	34	1700		
同	外村	78.5	704	8783		
1902 年（光绪二十八年）	同	52.5	750	14286		
1909 年（光绪三十二年）	本村	4	80	20000		
1909 年（宣统元年）	外村	10	100 两	10 两（19700）	5.8	

续表

年份	土地位置	土地数量（垧）	土地价格（千文）	每垧平均价格（文）	每垧价格折米（石）	备考
1922 年	同	3	62.5 千文	20833 文	1.49	
1924 年	同	20	450 元	22.5 元	2.81	
1927 年	同	10	280 元	28 元	3.29	
1928 年	同	35.5	960 元	27.04 元	2.46	
同	本村	5.5	190 元	34.55 元	3.14	
1929 年	外村	48.5	1325 元	27.32 元	0.78	
1930 年	同	14	560 元	40 元	1.82	
1931 年	同	37.5	1817 元	24.72 元	1.45	
1936 年	同	27.5	839 元	30.51 元	2.18	
	同	14	545 元	39 元	2.48	
1936 年	本村	12	700 元	58.33 元	4.17	
1937 年	外村	17.5	568 元	32.46 元	1.16	
1938 年	同	31	1710 元	55.16 元	2.72	
同	同	18.5	880 元	47.59 元	2.72	
同	本村	14	1210 元	86.43 元	4.02	
1939 年	同	14	2800 元	200 元	5.2	
同	外村	17	810 元	47.65 元	1.51	
同	同	19	1298 元	68.3 元	1.51	
1940 年	同	3	338 元	113 元	1.53	

表 14　　　　　　　　　　历年典地价格变化

年份	土地位置	土地数量（垧）	典地价格（千文）	每垧平均典价（千文）	每垧价格折米（石）	备考
1837 年（道光十七年）	外村	27.5	179	6.5		
1841 年（道光二十一年）	本村	6.5	58.5	9		

续表

年份	土地位置	土地数量（垧）	典地价格（文）	每垧平均典价（文）	每垧价格折米（石）	备考
1843 年（道光二十三年）	外村	3	14	4.7		
1845 年（道光二十五年）	同	73	365	5		
1849 年（道光二十九年）	同	6.5	42	6.3		
1854 年（咸丰四年）	同	4	12.7	3.2		
1855 年（咸丰五年）	同	7	46	6.6		
1858 年（咸丰八年）	同	12	127	10.6		
1861 年（咸丰十一年）	同	37.5	300	8		
1862 年（同治元年）	同	1	4	4		
1863 年（同治二年）	外村	9	49	5.6		
1865 年（同治四年）	同	3	14	4.7		
1869 年（同治八年）	同	4	53.5	13.4		
1870 年（同治九年）	同	4.5	43.87	9.75		
1871 年（同治十年）	同	55	352	6.4		

年份	土地位置	土地数量（垧）	典地价格（千文）	每垧平均典价（千文）	每垧价格折米（石）	备考
1872 年（同治十一年）	同	109.5	1455.3	13.3		
1873 年（同治十二年）	同	12	72	6		
1874 年（同治十三年）	同	4	147	37		
1875 年（光绪元年）	同	7	30	4.29		
1876 年（光绪二年）	同	21	73	3.5		
1877 年（光绪三年）	同	0.5	2.63	5.16		
1878 年（光绪四年）	外村	28.5	101	3.55		
1881 年（光绪七年）	同	33	114.2	3.46		
1882 年（光绪八年）	同	12	30.6	2.3		
1885 年（光绪十一年）	同	30.5	116.2	3.49		
1886 年（光绪十二年）	同	15	54	3.6		
1887 年（光绪十三年）	同	5	45	9		
1889 年（光绪十五年）	同	13	39	3		

年份	土地位置	土地数量（垧）	典地价格（千文）	每垧平均典价（千文）	每垧价格折米（石）	备考
1990 年（光绪十六年）	同	24	140.36	5.845		
1891 年（光绪十七年）	同	2.5	25	10		
1892 年（光绪十八年）	同	10	102	10.2		
1898 年（光绪十九年）	同	94	360	3.83		
1894 年（光绪二十年）	外村	64	662.48	10.35		
1896 年（光绪二十二年）	同	2	6	3		
1897 年（光绪二十三年）	同	4	10	2.5		
1898 年（光绪二十四年）	同	8	47.66	5.96		
1899 年（光绪二十五年）	同	7	30	4.29		
1900 年（光绪二十六年）	同	16	66	4.13		
1901 年（光绪二十七年）	同	14.5	54.27	3.47		
1904 年（光绪三十年）	同	4	39	9.5		
1905 年（光绪三十一年）	同	23	90.8	3.95		

年份	土地位置	土地数量（垧）	典地价格（千文）	每垧平均典价（千文）	每垧价格折米（石）	备考
1906 年（光绪三十二年）	同	2.5	14	5.6		
1907 年（光绪三十三年）	本村	1	12	12		
同	外村	12	34	2.83		
1908 年（光绪三十四年）	外村	47	404.64	8.61		
1909 年（宣统元年）	同	4.7	35.3	7.54	2.29	
1910 年（宣统二年）	同	5	45	9	2.25	
1911 年（宣统三年）	同	8	79.23	9.9	2.16	
1912 年	同	8	56	7	3.16	
1913 年	本村	1	17	17	3.78	
同	外村	18	116.2	6.5	1.44	
1914 年	同	6	48	8	1.78	
1915 年	本村	1	30.0	30	3.33	
同	外村	76.5	939.5	12.44	1.38	
1916 年	同	43	677.4	15.75	1.13	
1917 年	同	81.5	1753.8	22.03	1.24	
1919 年	同	40	458.8	11.47	1.04	
1920 年	本村	1	30	30	2.73	
1921 年	外村	96.5	1885.5	19.33	1.76	
1922 年	同	25	437.5	17.5	1.25	

续表

年份	土地位置	土地数量（垧）	典地价格（元）	每垧平均典价（元）	每垧价格折米（石）	备考
1923 年	同	87	1342.2	15.43	2.06	
1924 年	同	31.5	418.12	13.27	1.66	
1925 年	同	15	350	22	1.22	
1926 年	同	19	293.8	15.46	1.25	
1927 年	同	5	29	5.8	0.68	
1928 年	外村	123.5	1914.9	14.67	1.34	
1929 年	外村	32	520	16.25	0.47	
1930 年	同	88	1965.95	22.34	1.01	
1931 年	同	15.5	368	22.45	1.32	
1932 年	同	66	750	11.36	1.42	
1933 年	同	99.5	1271	12.77	2.32	
1936 年	同	96	2264	23.58	1.68	
1938 年	同	45.5	1370	30.1	1.83	
1939 年	同	24	1280	52.33	1.39	
1940 年	同	26	970	37.3	0.5	
1941 年	同	15.5	1240	80	0.6	

七　"崇德厚"——马维新放高利贷和兼并土地的经济组织

　　杨家沟的地主过去所设立的"字号"，都属于"崇德厚"这一类，所以研究"崇德厚"，实有必要。

　　"崇德厚"创办于 1917 年。它的底子，原是增加"崇盛西"、"崇元号"分来的遗产，共有"荒本钱"8756 串，除扣合实 5600 串，作银股 7份，李荣升入身为经理，作身股一份。从 1917—1926 年止，字号地址设在吉镇，1927 年年初，迁移到杨家沟本村。资本增至 1 万串，作银股六分五厘。马维新本人入身为经理作身股五厘，高殿发入身为经理作身股 1 份。于 1938 年"崇德厚"结束。

根据"崇德厚"所有材料，其业务为：

1. 放高利贷（其中包括"伙喂牲畜"）。

2. 典买土地（其中包括典窑典房）。

3. 出卖粮食。

4. 临时无利借贷。

5. 临时杂货买卖。

这几项中，最主要的是放高利贷、典买土地和出卖粮食三项。这从各项业务所花的本钱的比较上就可以看出来了（请参看从"崇德厚"两本"万金账"抄来的 7 张表格）。

"崇德厚"的资本，就是粮食、典地、买地、行本银、借本银。它的营业就是从典买地收进租粮，把租粮卖出换钱，从行本银收进利息，利息又是钱，于是又把钱借出收息，或典买土地收租子。这样循环不已的流转下去，就使它的资本年年扩大，它的盈余年年增加，"放账置地"的目的也就可达到，至于无利借贷，虽无利息，但却是这个运动过程中的一个重要帮手。

今将"崇德厚"各项业务，逐项加以简单的分析。

（一）放高利贷（参看表 15）

"崇德厚"开张时共有行本钱（即放高利贷的钱）913 串，以后放账数目逐年增加，特别从 1927 年起至 1933 年内发展到最高峰。1927 年放账数目达到 6708 串，1931 年达到 6537 串。拿这两个数目字，同"字号"开张时比较，则增加到 7 倍左右。这是"崇德厚"高利贷最活跃的时期。但自 1934 年起"行本钱"总数突然下降到 2381 吊，从此以后，即陷于停滞状态中了。这从财东的支钱项下也可看出。从 1917—1931 年，马维新没有支过"崇德厚"的钱。这是根据他发展"崇德厚"的方针来的。但自 1932 年起，他开始逐年支钱，而且支钱的数目，一年年的增加。这是根据他收缩的方针来的。"闹红军"曾是高利贷下降的基本原因。

高利贷行本，用三种货币：银两，大洋，大钱。从 1917—1925 年这 9 年中，除放大钱外，同时揭放银两，但不及大钱之多。揭放银两，是逐年增加的。1917 年为 77 两，1925 年增到 755 两的最高额。1926 年开始用大洋揭放。银两减少到 100 两。从 1927 年起，每年都是 75 两银本，可见 1926 年后，不再以银两放账了。从 1926 年起大洋揭放增加。1926 年放 970.28 元，1931 年放至 2713 元之最高额。揭钱数量逐年减少。

在"崇德厚"存在的 22 年内，共有揭户 514 户，其中"字号"11 户，"堂号"20 户，其余 483 户，绝大多数为农民。在 514 户中，清还的 394 户，占全部揭户的 76.65%。那些不清还的，大抵均为揭款很小的小户，数量虽有 120 户，但款数并不大。这表示"崇德厚"的放款是十分谨慎的。

行本银在全部资本中所占比例以如下 3 年为例，见表 15。

表 15

年份	揭本（吊）	全部资本（吊）	百分比
1921 年	1392	6090	22.2
1931 年	6537	14363	61.8
1937 年	2470	12372	20

从表 15 可以看出"行本"在全部资本中，在不同年份所处的不同地位。1931 年曾是它的繁荣时期。

在伙喂牲畜方面，情况如表 16 所示。

22 年内共有伙喂户 31 户，伙喂件数 33 件。其中伙喂 1 年者 6 户，2 年者 4 户，3 年者 5 户，4 年者 3 户，5 年者 6 户，7 年者 1 户，8 年以上者 1 户，10 年者 2 户，11 年者 1 户，14 年以上者 1 户，20 年以上者 1 户（凡年数不确定者，为 1917 年以前移交下来的伙喂户）。

伙喂时间，以 1—5 年占多数。一年伙喂牲口最多的为 9—12 头。平常在六七头上下。伙喂牲口最多的年份为 1918—1923 年。

年份	共伙	新伙	下伙	年份	共伙	新伙	下伙
表16			伙喂牲畜变化				
1917 年前	3			1928 年	6		2
1917 年	8	5	1	1929 年	5	1	2
1918 年	10	3	3	1930 年	4		
1919 年	12	5	3	1931 年	5	1	1
1920 年	10	1	1	1932 年	4		
1921 年	9			1933 年	5	1	
1922 年	12	3	2	1934 年	8	3	1
1923 年	10		4	1935 年	8	1	3
1924 年	6		2	1936 年	5		2
1925 年	6	2		1937 年	3		1
1926 年	6			1938 年	4	2	2
1927 年	7	1	1				

（二）典买土地

1917 年"字号"创办时，共接收下 355.05 垧典地。这些典地有些是咸丰、道光、同治、光绪年间典下的，有些是民国初年典下的。1917 年即增典 43.04 垧，以后历年都有典入，从一二十垧至三四十垧不等。1922 年典入较多（85 垧），但被赎的也较多，1928 年典入的较多（92.5 垧），但被赎的也多。1932—1933 两年内典入 113.15 垧，被赎的只有 1 垧。这是典地最发展的时期。从 1934 年起，典入地一天天减少，而赎地在 1936 年则达 135.5 垧的最高峰。这证明典地从 1934 年起，是明显的紧缩了。这种情况的变动，是同放账情况的变动一致的。

1934—1935 年两年，既无典地，也无赎地。因为这是"闹红军"的时期，当时地主与农民各存观望态度。但时局一定，农民即大批赎地。而地主方面的典地则微乎其微。这也是同时局的变动密切联系着的。

从每年典地总数看，从 1917—1922 年历年维持着 300—350 垧的水平。1922 年大量赎地后，虽即补典，总数已降，从 1923 年渐减，至 1928 年虽又典入一批，但总数仍不超过 200 垧。1933 年典入一大批，使典地总数增至 300 垧的水平。但自 1936 年大量回赎后，便再不能大量补典，到"字号"关闭时，典地只剩 146 垧，即只及字号开张时 335 垧典地的一半了。

典入地件数多，而土地数量少，普通一件只典土地三五垧，较多的十来垧，个别有典 20 垧一件的。最少有典四五咀的。

在字号存在期间，共典地 1024.04 垧，158 件。内 343 垧，40 件，是从本家 13 个"堂号"典来的。有 40 垧，2 件，是从 2 户外姓"堂号"（高经训堂，郭正德堂）典来的。有 4 垧，1 件，是从一家"字号"（复和长）典来的。这些都是地主典出的地。其余 637 垧，115 件，是从各村 102 户典来的，这些大都为农民典出的地。所以在这 22 年中，农民典出的地及出典户数与件数，都多于地主。

这些典地中，有 21 户的 155 垧 4 亩地是转典的地。

在 118 个典户中，有 63 个典户，是因积欠揭账还不了，以典出土地还债的。这种由"揭"到"典"的户数，占总典出户的 53.39%。这就是说，这些典地中，有一半以上，是高利贷的直接结果。

这些典来的地都是租出去的，而承租人许多就是原典地的主人。这些典来的地转典出去的仅 2 件。"字号"买地典出的，仅 3 件。

在买地方面，崇德厚并无"成绩"。只在 1922 年，有李万和其人，在同治五年揭钱 20 串，积欠至光绪二十年，以 12 串钱典出 3 垧地还账，至 1920 年又继续典钱 2 串，终于赎不起，于 1922 年以 60.5 串钱将地出卖。这也是由揭到典及由典到卖的一个例子。"崇德厚"在 22 年内，就买了这一宗地。这使"崇德厚"的买地，从原来继承来的 123 垧买地，增加到了 126 垧。

崇德厚没有多买地的原因同以前这类字号愿意典地不愿买地相同，即在地主方面，典地比买地有利，所付典价比买价少，但得到收租的好处，则典地与买地同。

而且在过去历史上典地能回赎的比较少。人民政权建立之后典地大批回赎的现象，是出乎地主们意料之外的。等到他们感觉到只有买地可靠时，农民们已经不但不愿意卖地，而且要向地主们买地了。

在典窑方面，"成绩"很小。字号开张时承下典窑 3 宗、窑 11 孔，都是同治、光绪年间典下的。1923 年赎去 1 宗，剩窑 6 孔，至"字号"时仍未赎去。22 年内并未典入过新窑。

典地钱在全部资本中所占比例，以如下 3 年为例，见表 17。

表 17

年份	典地钱（吊）	全部资本（吊）	百分比
1921 年	2959	6090	48
1931 年	5559	14363	38
1937 年	3788	12372	30

典地垧数在 1921—1923 年达到最高点，以后即在 1933 年也赶不上，1937 年更加下降了。

（三）出卖粮食

"崇德厚"既有"典地"和"买地"，它就要收租子，从每年年底粮食盘存的数目中，我们可以看出它"待价而沽"的出卖粮食的规律。比如 1924 年存粮的大量出卖，就是由于粮价于秋后突然上涨的缘故（小米从八角涨到 1.7 元一斗）。再如 1927 年的下半年，1928 年、1929 年，仓窑存粮空前减少，这一方面由于后两年为荒年，收租较少；另一方面也由于粮价的高涨（粮价自 1927 年即上涨，到 1929 年春粮价每斗米价涨到 3.2 元）趁机出卖。从这里可以看出：地主是靠荒年来发财的。

（四）临时无利借贷

在借钱方面，共分 4 项，即"字号借钱"、"人借钱"、"人借粟钱"和"会钱"。

"字号借钱"在 1926 年前很少。从 1927 年起开始频繁。字号借钱数目较大，钱则几十吊一借，洋则几十元至一二百元一借，但平常都是即借即还，所以每年借钱总额不很大。一般不超过 800 吊。

"人借钱"的数目，平均每年在 100—200 吊。人借钱的户数多，件数多，钱数小，最多几十吊，少至几百文。但能归还的比较少（据马维新谈，字号借账能百分之百地收回，花户借账能收回者只及 20%）。

"借粟钱"有两种，一种是直接借粮，一种是卖出粮钱的欠账。在人借粟钱项内，借粮亦已折钱。这个数目，平常在 100 吊以下。

"会钱"一项，是在"字号"未开张前，即借下的，到"字号"歇业，仍未清还。新借会钱，没有。

总计 22 年来，同"崇德厚"发生借钱关系者有 899 户。内 164 户是"字号"，25 户是马姓"堂号"，710 户是一般农户。1/5 的借钱对象是字号，而字号的借本与一般人借本的额数却差不多。这说明字号是借钱的主要对象。

总计 22 年来，同"崇德厚"发生借粮关系者，有 306 户。内 29 户是字号，8 户为堂号，269 户为一般农户。

（五）临时杂货买卖

"崇德厚"主要买卖是粮食。除粮食外，在有利可图的时候，也倒卖一些鸦片和布匹。倒卖这种所谓"买卖"，在 1933 年后，每年都有，营业额从 70—396 元。这对"崇德厚"来说，仍然是临时性的、次要的。

（六）"崇德厚"的经济网

总计在经济上同"崇德厚"有联系的"字号"共 203 家，"堂号"有 29 家，一般农户有 1277 家，共 1509 家。如每家平均以五口计算，则有关人数为 7455 人。这在农村中是一个比较大的经济网。

（七）"崇德厚"的盈利

"崇德厚"的盈利，不但年年有，而且年年增加。开张第一年，净挣钱 10 吊。以后每年净挣钱总在几百吊到几千吊之间。共计 22 年内马维新共分到盈利大钱 39662.513 吊。经理分到盈利大钱 5666.066 吊。这个数目如同开张时 5600 吊原本比较，则马维新在 22 年内所得盈利占原本之 708%！如以 5600 吊原本，同全部盈利比较，则盈利占原本之 809%！

在"崇德厚"歇业，经理高殿发被开除后，他曾经喟然而叹：他卖尽了良心，大斗进、小斗出，大秤进、小秤出，为财东争利，然而结果仍然被一脚踢出！不免伤心。高殿发去年已经死了，听说死得很是凄惨。但他的那句话，却道出了"崇德厚"高度盈利来源的秘密！

马维新从1923—1939年的大量置地,其资本来源之一,就是"崇德厚"的盈利。所以"崇德厚"本身虽未买地、典地反比开张时减少了一部分,然而它仍然完成了它给马维新"放账置地"的任务。

附件二　崇德厚历年清账

表18　　　　　　　　　　　　　　　　　存粮存款项

年份	存粮（石）	共扣钱	存银（两）	存洋（元）	存钱（吊）	共扣钱	备注
开张清单	200.9	1218					各种粮食,均已折成粗粮
1917年	138.35	497.9[①]	30.84		80.952	136.464	存银每两1.8吊折
1918年	157.75	566.1	7.38		7.435	20.719	同上
1919年	134.38	343.08		31	160.085	201.885	存洋每元1.25吊折
1920年	119.69	275.92		9	50.156	62.306	存洋每元1.35吊折
1921年	150.545	75.685		130	155.04	324.04	存洋每元1.3吊折
1922年	136.655	34.162		142	322.14	464.14	存洋每元1吊折
1923年	139.885	34.92		40	93.27	133.27	同上
1924年	63.285	16.146		44	159.53	203.53	同上
1925年	107.695	27.552		150	145	295	同上
1926年	136.7	2439.8[②]		917.5		3853.5	存洋每元4.2吊折

续表

年份	存粮 （石）	共扣钱	存银 （两）	存洋 （元）	存钱 （吊）	共扣钱	备注
更张清单	108	1900			24.2	24.2	
1927 年	68.6	343		9	11.71	47.71	存洋每元 4 吊折
1928 年	3.9	11.7		115	61.256	291.216	存洋每元 2 吊折
1929 年	23.1	69.3		364.1	1.89	183.94	存洋每元 0.5 吊折
1930 年	98	198		107	11.347	64.847	同上
1931 年	117	153		88	12.516	56.516	同上
1932 年	201.25	205.2		77.5	8.54	47.29	同上
1933 年	247	247		219.6	7.923	117.723	同上
1934 年	160	160		29.5	9.045	23.795	存洋每元 0.5 吊折
1935 年	183	183		39.3	13.355	33.005	同上
1936 年	187	106.4		379.9	8.315	198.265	同上
1937 年	351	61.2		245.1	6.915	129.47	同上
1938 年	92.4	94.4[③]		106.4	6.915	310.115	同上

注：① 粮价扣钱比市价要小许多倍，每年折法极不一致。

②③ 字号结束时，扣钱均较高。

典买土地窑洞项

表 19

年份	*典地(晌)	典地钱 银(两)	典地钱 洋(元)	钱(吊)	共扣钱	买地(晌)	买地钱(吊)	共扣钱	典窑钱(吊)	共扣钱	备注
开张清单	355.5.0	510		3283.75	2490.45	123.2	784.25	470.55	288.15	172.89	典地银每两1.7吊折
1917 年	334.2.0	510		3516.3	2569.98	123.2	784.25	470.55	288.15	172.89	同上
1918 年	316.4.5	510		3326.765	2516.259	123.2	784.25	470.55	281.15	168.69	同上
1919 年	326.4.5	510		3566.765	2660.259	123.2	784.25	470.55	281.15	168.69	同上
1920 年	367	510		4131.165	2998.899	123.2	784.25	470.55	281.15	168.69	同上
1921 年	356.4.0	534.5		4032.165	2959.089	123.2	784.25	470.55	281.15	168.69	同上
1922 年	327.2.0	510		4160.115	3016.269	123.2	784.25	470.55	281.15	168.69	同上
1923 年	362.5.0	542.9		4115.915	3023.307	123.2	784.25	470.55	281.15	168.69	同上
1924 年	235.4.0	587		4112.075	2614.777	123.2	784.25	470.55	26.15	15.69	同上
1925 年	223.4.0	832		3482.375	2584.827	126.2	840.95	504.57	26.15	15.69	典地银每两1.7吊折典地洋每元4吊折
1926 年	169.1.5	510	702	1954.375	3900.815	126.2	840.95	504.57	26.15	15.69	典地银每两6吊折
更张清单	150.1.5	531		1992.9	3107.34	126.2	1014.2	608.52	37	22.2	银同上，洋每元4吊折
1927 年	159.4.0	531	381	1833.5	3926.1	126.2	1014.2	608.52	37	22.2	银同上，洋每元3.8折
1928 年	182.4.0	60	1417	1463	4324.56	126.2	1014.2	608.52	37	22.2	银同上，洋同上
1929 年	182.3.0	60	1427	1298	4248.36	126.2	1014.2	608.52	37	22.2	银同上，洋同上
1930 年	203.0.5	60	2057	1288	5684.76	126.2	1014.2	608.52	37	22.2	银同上，洋同上
1931 年	198.3.0	60	2002	1298	5539.36	126.2	1014.2	608.52	37	22.2	银同上，洋同上
1932 年	261.4.5	60	2614.2	1401.6	5530.08	126.2	1014.2	608.52	37	22.2	银同上，洋每元3折
1933 年	301.4.5	60	3192	1051.6	5634.96	126.2	1014.2	608.52	37	22.2	银同上，洋每元2.5折
1934 年	301.4.5	60	3192	1051.6	5634.96	126.2	1014.2	608.52	37	22.2	银同上，洋同上
1935 年	301.4.5	60	3920	1051.6	5634.96	126.2	1014.2	608.52	37	22.2	银同上，洋同上
1936 年	178.2.0	60	2127.8	746.6	3855.66	126.2	1014.2	608.52	37	22.2	银同上，洋同上
1937 年	179.2.0	60	2166	539.15	3788.49	126.2	1014.2	608.52	37	22.2	银同上，洋同上
1938 年	198.2.0	60	2003	539.15	3543.49	126.2	1014.2	608.52	37	22.2	银同上，洋同上

注：均六扣折钱。
* 本格栏内第一位小数点以上者为晌，第二位小数点以上者为晌，五晌为一晌。

表 20　　　　　　　　　　　　　　　　揭本牲畜项

年份	行本银（两）	行本洋（元）	行本钱	共扣钱	牲畜钱（洋）	共扣钱	备注
开张清单	100		1356	913.6	53.422	53.422	行本银每两 1 吊折
1917 年	77		2458.08	1551.83	267.32	267.32	同上
1918 年	170		2893.98	1906.388	244.12	244.12	同上
1919 年	170		2619.68	1981.808	330.1	330.1	同上
1920 年	159.7		2379.28	1587.268	299.72	299.72	同上
1921 年	139.4		2096.03	1392.018	292.82	234.256	同上
1922 年	270.3		2184.33	1362.465	293.8	176.28	同上
1923 年	479.6		2530.53	1744.865	228.5	137.1	同上
1924 年	767.86		2621.33	2078.525	239.74	143.844	同上
1925 年	755.4		3186.43	2348.615	265.6	159.36	同上
1926 年	100	970.28	2078.58	3981.12	462.86	462.86	行本洋每元 4 吊折
更张清单	75	847（六扣）	1965.3	3481.98	442.9	442.9	行本银每两 6 吊折 行本洋每元 4 吊折
1927 年	75	847（六扣） 725.8（九扣）	1846.3	4915.68	433.7	433.7	行本银每两 6 吊折 行本洋每元 4 吊折

续表

年份	行本银（两）	行本洋（元）	行本钱	共扣钱	牲畜钱（洋）	共扣钱	备注
1928 年	75	2289（六扣）	1574.3	6708.18	252	252	同上
1929 年	75	1811（六扣）	1536.7	5538.6	252	252	同上
1930 年	75	1892（六扣）	1525.7	5725.5	492	492	同上
1931 年	75	2713（五扣）	1401.7	6537.02	472	472	同上
1932 年	75	2294（五扣）	1380	5686	472	472	同上
1933 年	75	1307.6（五扣）	1340	2381.6	187 元	448.8	行本银每两 6 吊折 行本洋每元 2 吊折 牲畜洋每元 4 吊折
1934 年	75	1137（六扣）	1340	2211	220 元	528	同上
1935 年	75	1137（六扣）	1340	2031	171 元	410.4	同上
1936 年	75	839（六扣）	1335.3	1910.18	131.2 元	314.88	同上
1937 年	75	1399.6（六扣）	1335.3	2470.78	84.3 元	202.32	同上
1938 年	75	727.6（六扣）	1375.7	1963.74	157.8 元	378.72	同上

注：① 行本银自更张时起到底六扣。

② 1926 年份行本洋未扣。

③ 牲畜钱 1921 年八扣，1922—1925 年均六扣，1933—1938 年均六扣外，其余均未扣。

表 21   借本项

年份	字号借			人该		人该粟钱	人该会钱	人该货洋（元）	共扣钱	备注
	银（两）	洋（元）	钱	洋（元）	钱					
开张清单			140		521.3	64.7	69.44		131.088	
1917 年	29.63				515.98	64.7	69.44		183.398	字号借银每两 1.8 吊折
1918 年					493.15	64.49	69.44		125.416	
1919 年		90			491.339	73.1	69.44		248.275	字号借洋每元 1.35 吊折
1920 年		98			551.339	81.315	69.44		258.018	字号借洋每元 1.2 吊折
1921 年		110			585.23	77.46	69.44		266.426	同上
1922 年					816.765	73.97	69.44		192.035	
1923 年					991.76	85.295	69.44		229.299	
1924 年					1111.76	88.295	69.44		253.899	
1925 年					871.6	88.95	69.44		205.998	
1926 年				48.83	560.072	128.77	69.44		135.202	人该洋每元 4 吊折
更张清单		47.23	82.92		457	128.65	69.44		131.02	字号借洋每元 4 吊折
1927 年		51.17			510.85	427.46	69.44		355.062	字号借洋每元 3 吊折
1928 年		174	275.93		775.61	164.29	69.44		530	同上

续表

年份	字号借 银（两）	字号借 洋（元）	字号借 钱	人该 洋（元）	人该 钱	人该粟钱	人该会钱	人该货洋（元）	共扣钱	备注
1929 年		25	238.67		678.5	164.25	69.44	489	1669.71	字号借洋每元 3 吊折 人该货洋每元 2 吊折
1930 年		93			671.5	210	69.44		376.19	字号借洋每元 2 吊折
1931 年		95			731	220	69.44		394.09	同上
1932 年		124			950.550	69.44		452		同上
1933 年		92		14	500	69.44		334.3		字号借洋每元 4 吊折 人该洋每元 100 文折
1934 年		105			500	69.44		379.2		字号借洋每元 2 吊折
1935 年		148			500	69.44		503.8		同上
1936 年		160			500	69.44		631.8		同上
1931 年		160			500	69.44		468.8		同上
1938 年		158			500	69.44		464.8		同上

注：① 字号借银、洋、钱均未扣。
② 人该洋系花姓借，亦未扣。
③ 人该钱、粟钱、会钱均二扣。
④ 人该货洋六扣。

表 22   杂支项

年份	货洋（元）	折钱	家具钱	财东支钱	经理支钱	备注
开张清单			10			
1917 年			10		40	
1918 年			10		90	
1919 年			10		159.5	
1920 年			10		132	
1921 年			10		185	
1922 年			10		214	
1923 年			10		272	
1924 年			10		350	
1925 年			10		420	
1926 年			10		893.159	
更张清单			10			
1927 年			10		116.725	
1928 年			10		204.764	
1929 年			10		387.425	
1930 年			10		317.666	
1931 年			10		550.896	
1932 年			10	1811.567	1025.515	
1933 年	71	35.5	10	1463.224	1333.228	货洋每元 500 文折
1934 年	118	55.4	10	4038.042	1706.133	同上
1935 年	188	94	10	5015.632	2008.083	同上
1936 年	396	198	10	8652.087	1644.6	同上
1937 年	70	35	10	12570.287	2039.78	同上
1938 年	70	35	10	16926.087	2469.28	同上

注：均无扣。

表 23

盈利项

年份	共荒钱	共扣钱	原本钱	入存银（两）	折钱	入存洋（元）	折钱	财东曲支钱浮存	入存钱	前余息钱	净长钱	财东分利	经理分利	备注
开张清单	8756.012	5600												
1917 年	9545.888	5900.292	5600						290		10.292			入存银每两 2.6 吊折 入存洋每元 1.8 吊折
1918 年	9881.164	6118.242	5600	23	59.8	23	41.4			10.292	406.75			
1919 年	10887.89	6334.147	5600	23	66.7					417.042	250.405	584.016	83.431	入存银每两 2.9 吊折
1920 年	10202.176	6263.362	5600	23	66.7			584.016			12.646			同上
1921 年	9972.32	6090.754	5600	23	66.7			295.927		12.646	115.481			同上
1922 年	10523.422	6108.591	5600	23	66.7			93.569		128.127	220.195	304.782	43.54	同上
1923 年	10684.56	6071.001	5600	23	66.7			287.313		116.988	116.988			同上
1924 年	11398.476	6196.961	5600	23	66.7			230.854		116.988	182.419			同上
1925 年	11753.847	6576.612	5600	23	103.5			186.531		299.407	387.174	600.759	85.822	入存银每两 4.5 吊折

续表

年份	共荒钱	共扣钱	原本钱	人存银（两）	折钱	人存洋（元）	折钱	财东曲支钱浮存	人存钱	前余息钱	净长钱	财东分利	经理分利	备注
1926 年	21169.744	17722.114										12122.114	10606.854	1515.26	
更张清单	15337.44	10000	5600												
1927 年	18294.605	11886.477	10000				250	1250				636.477			人存洋每元 5 吊折
1928 年	21546.3	12963.18	10000				369.834	1849.17			636.477	477.533			同上
1929 年	20469.035	12403.075	10000								1114.01	1289.065	2102.688	300.384	
1930 年	22288.963	13500.403	10000						919.075		1289.065	1291.677			
1931 年	25473.362	14363.602	10000						319.532		2580.742	1463.328			
1932 年	26500.972	15870.372	10000								4544.07	1326.32	5136.575	733.796	
1933 年	19101.865	12625.45	10000								2625.45	2625.45			
1934 年	21379.97	15521.65	10000								2625.45	2896.2			
1935 年	23399.52	16438.82	10000								5521.65	917.17	5633.968	804.852	
1936 年	23163.752	17954.592	10000								7954.592	7954.592			
1937 年	28021.98	12372.04	10000								7954.592	4417.448			
1938 年	31591.832	26791.852	10000								12372.04	4419.812	14692.891	2098.981	

注：均无扣。

表 24			历年曲地		
年份	历年典入地	件数	历年赎去地	件数	一年共典着地
开张前	355 垧 0.5 咀	54			355 垧 0.5 咀
1917 年	43 垧 4 咀	7	64 垧 2.5 咀	8	334 垧 2 咀
1918 年	57 垧 2.5 咀	8	75 垧	10	316 垧 4.5 咀
1919 年	14 垧	3	4 垧	1	326 垧 4.5 咀
1920 年	47 垧 0.5 咀	11	7 垧	1	367 垧
1921 年	15 垧	3	25 垧 1 咀	4	356 垧 4 咀
1922 年	85 垧	15	113 垧 4 亩	23	327 垧 2 咀
1923 年	49 垧 2.5 咀	9	114 垧 4 亩	21	262 垧 5 咀
1924 年	27 垧	4	53 垧 1 亩	8	235 垧 4 咀
1925 年	15 垧	3	27 垧	1	223 垧 4 咀
1926 年	11 垧	2	65 垧 2.5 咀	12	169 垧 1.5 咀
更张时					150 垧 1.5 咀
1927 年	20 垧 2.5 咀	5	11 垧	1	159 垧 4 咀
1928 年	92 垧 2.5 咀	5	69 垧 2.5 咀	6	182 垧 4 咀
1929 年	32 垧	4	32 垧 0.5 亩	3	181 垧 3 咀
1930 年	24 垧 2.5 咀	3	4 垧	1	203 垧 0.5 咀
1931 年			4 垧 2.5 咀	1	198 垧 3 咀
1932 年	63 垧 1.5 咀	9			261 垧 4.5 咀
1933 年	50 垧	9	10 垧	1	301 垧 4.5 咀
1934 年					301 垧 4.5 咀
1935 年					301 垧 4.5 咀
1936 年	12 垧	2	135 垧 2.5 咀	20	178 垧 2 咀
1937 年	4 垧	1	3 垧	1	179 垧 2 咀
1938 年	6 垧	1	17 垧	2	168 垧 2 咀

注：1927 年度更张时，财东（衍福堂）提去典地 19 垧，该年共典着地项已将此数除去。

表25　现在粮食及其折价

年份	米	每斗定价	扣钱	麦	每斗定价	扣钱	绿豆扁豆	每斗定价	扣钱	豇豆豌豆小豆	每斗定价	扣钱	谷	每斗定价	扣钱	黑豆黍	每斗定价	扣钱	全部折成粗粮	值时价
开张时				14	0.9	126	7.7	1	77	5	0.8	40	90	0.65	585	60	0.65	390	200.9	1406.3
1917年	21	0.7	147	6.5	0.7	45.5				4.9	0.6	29.4	56	0.35	196	20	0.4	80	138.35	1231.315
1918年	33.4	0.7	233.8	4	0.7	28				0.9	0.6	5.4	55	0.35	192.5	26.6	0.4	106.4	157.75	788.75
1919年	23.4	0.48	112	4.2	0.5	21				9.48	0.5	47.4	54.2	0.24	130.08	10.76	0.3	32.28	134.38	739.09
1920年	7.96	0.45	35.82	4.37	0.45	19.665				14.82	0.4	59.28	46.89	0.2	93.78	25.91	0.26	67.366	119.69	258.295
1921年	24.19	0.1	24.19	13.11	0.1	13.11				8.25	0.08	6.6	21.91	0.05	10.955	41.66	0.05	20.83	150.545	829.997
1922年	27.2	0.05	13.6	9.98	0.05	4.99				8.23	0.04	3.292	27.05	0.02	5.41	21.9	0.03	6.87	136.655	956.585
1923年	27.56	0.05	13.78	麦、绿豆、扁豆、豇豆、豌豆、小豆共计						8.31	0.04	3.324	33.75	0.02	6.75	27.92	0.03	8.376	139.885	944.224
1924年	11.6	0.05	5.8	麦、绿豆、扁豆、豇豆、豌豆、小豆共计						2.59	0.04	1.036	5	0.02	1.16	11	0.03	3.3	63.285	556.908
1925年	23.8	0.05	11.9	麦、绿豆、扁豆、豇豆、豌豆、小豆共计						2.73	0.04	1.092	17.8	0.02	3.58	29	0.03	8.7	107.695	2810.835
1926年	44.5	3	1335							1.9	4	76	3.3	1.5	49.5	黑豆35.5 黍5.1	黑豆2.5 黍1.8	979.3	136.7	3362.82
更张时	40	3	1200													28	2.5	700	108	1927.8
1927年										24.1	1	241				20.4	0.5	102	68.6	1224.51

续表

年份	米	每斗定价	扣钱	麦	每斗定价	扣钱	绿豆扁豆	每斗定价	扣钱	豇豆豌豆小豆	每斗定价	扣钱	谷	每斗定价	扣钱	黑豆	每斗定价	扣钱	全部折成粗粮	值时价
1928年																3.9	0.3	11.7	3.9	90.09
1929年	9.8	0.6	58.8			米、麦共计								谷、黑豆、黍共计		3.5	0.3	10.5	23.1	1697.85
1930年				28	0.4	112				6	0.3	18		谷、黑豆、黍共计		34	0.2	68	99	4573.8
1931年				34	0.3	102				4	0.2	8		谷、黑豆、黍共计		43	0.1	43	117	4972.5
1932年				52	0.2	104				7.9	0.2	15.8		谷、黑豆、黍共计		85.4	0.1	85.4	201.25	4025
1933年								米、绿豆、扁豆、豇豆、豌豆、小豆共计		69	0.2	138		谷、黑豆、黍共计		109	0.1	109	247	3396.25
1934年								米、绿豆、扁豆、豇豆、豌豆、小豆共计		30	0.2	60		谷、黑豆、黍共计		100	0.1	100	160	2400
1935年								米、绿豆、扁豆、豇豆、豌豆、小豆共计		30	0.2	60		谷、黑豆、黍共计		123	0.1	123	183	2660
1936年								米、绿豆、扁豆、豇豆、豌豆、小豆共计		26.7	0.2	53.4		谷、黑豆、黍共计		53	0.1	53	106.4	3724
1937年								米、绿豆、扁豆、豇豆、豌豆、小豆共计		16.7	0.2	32.2		谷、黑豆、黍共计		29	0.1	29	61.2	4284
1938年								米、绿豆、扁豆、豇豆、豌豆、小豆共计		27.2	0.2	56.4		谷、黑豆、黍共计		38	0.1	38	92.4	4966.5

注：① 粮食均以石为单位。
② 钱均以吊为单位。

八 马维新怎样兼并本族地主的土地

马维新自 1924 年起，开始兼并本家破落地主的土地。其中被兼并最多者，为其亲叔伯兄弟马维城的土地。自 1921 年，马维城同其亲兄弟马维纲分家起，到 1941 年止，有 185 垧土地为马维新所兼并，占其所有买地总数的 73%。

现在我们来研究一下马维新这种兼并的经过。

他第一个办法，就是借粮借钱，借粮中有一部分作价当做卖粮，因而这一部分借粮，也就变成了借钱。这种借贷，名义上是不出利息的，但目的是为了使对方在经济上依赖于自己。

如以 1928 年为例。当年马维新借给马维城的粮食如下：

7 月 16 日借酒米 2 斗，作价 2 元。

8 月 25 日借米 2 斗（顶谷子 4 斗）。

9 月 2 日借谷子 6 斗，又借米 1 斗（顶谷子 2 斗）。

10 月 15 日借谷子 8 斗。

10 月 30 日借麦子 1.8 石，作价 30.6 元。

10 月 30 日借豌豆 1 斗，作价 1.7 元。

11 月 24 日借黑豆 5 斗，作价 7.5 元。

12 月 21 日借谷子 1 石，作价 11.3 元。

这样借粮中有谷子 2 石，没有作价，其余均作了价，合洋 53.1 元。作价的部分比没有作价的部分，超过 235%。这里明显地表示出：借的部分是为了面子，为了所谓"帮助"本家，而作价的部分，则是为了兼并对方的土地，这是马维新的真正目的。

同年，马维新借给马维城的银钱如下：

闰 2 月 21 日借洋 10 元

10 月 1 日借洋 2 元

10 月 9 日借洋 5 元

10 月 15 日借洋 3 元

10 月 24 日借洋 12 元

11 月 4 日借洋 10 元

11 月 15 日借洋 0.75 元

11 月 18 日借洋 30 元

11 月 20 日借洋 69 元

12 月 20 日借洋 20 元

共计借洋 161.75 元。这样"慷慨"的借款，其目的也是和上面所说的一样。

此外，上一年马维城卖地还债后，还欠马维新大洋 36 元。此外，从1921 年分家起，马维城历年还积欠马维新谷子 1.2 石，麦子 2 斗，白豆 1斗，制钱 590 文，炭 46 斤。这些积欠，到了一定时期，当然必须清理，清理的办法，就是把土地出卖给马维新。

他的第二个办法，就是"揭款"，就是放高利贷。1926 年 4 月，马维城揭洋 20 元，月利 1.5 分，指地 4 垧。此债还没有清还，1927 年 5 月又揭洋 38 元，月利 2 分，有指地，指窑约。此款于 1927 年年底，在马维城卖地 10 垧的卖价中清还了。1928 年 6 月，又揭洋 50 元，月利 1.5 分，有指地约。这样，马维城又落进了马维新高利贷的罗网中了。他必须年年还利。当马维城还不起利息时，就得"撩地"。

"撩地"的第一法，就是把过去的"典地"变成卖地。马维城于1923—1924 年曾经典出了许多地给马维新，当马维城对马维新还不起利息时，马维新就要求从这些典地中抽买一部分（当然是好地）。马维城除了听命于马维新之外，当然没有别的办法。

就这样，马维城将侯家沟西岜则地 12 垧，细咀子地 10 垧，圪坡在内，共 22 垧，卖给马维新，卖价大洋 560 元。并将本村圪塍岜地 5 垧，岳家岔山门对面河坪地 0.5 垧，圪坡在内，共 5.5 垧，卖给马维新，卖价大洋 190 元。

"撩地"的第二法，就是典入新地。马维城将白韭菜塌地 6 垧，张家坡上阳圪地 3 垧，艾家梁地 6 垧，秦岜儿地 4 垧，大蒿梁地 6 垧，打柴儿地 4 垧，毛炉山地 5 垧，圪坡在内，共 34 垧，典给马维新，典价银 280

两，大洋 100 元。

经过这次典地和卖地，马维城除了偿还马维新 161.75 元的借洋，53.1 元的借粮，36 元的旧欠之外，他还从马维新处取得了 976.89 元的现款，并且在马维新处暂时存放了大洋 11.15 元。但偿还后仍留下的积欠借粮借钱 590 文，借炭 48 斤以及 70 元揭账，马维新仍然让他在账上挂着，以便给以后兼并马维城的土地留下根子。

马维新就这样重复着他这一套兼并土地的办法。

在马维新不想典地、买地时（如在 1932—1935 年），马维新就不借钱给马维城，借粮也很少。1932 年只借了 2 斗黑豆，5 斗米，1933 年只借了 2 斗米，1934 年完全未借，1935 年借了 1.5 斗米。直到 1936 年，土地革命的高潮过去，马维新下决心重新买地时，才又开始了新的借贷。到最近马维城的土地已经卖光了，马维新对马维城的"帮助"，也就从此宣告了终结。马维城要想再从马维新处借入钱粮，那就是妄想了。现在在马维新的借账上还挂着马维城欠谷子 6.8 石，麦子 2 斗，黑豆 2 斗，米 2.13 斗，荞麦 2 斗，积欠洋 64.58 元。这就是马维城 185 垧卖地在马维新账上的纪念。这纪念大概不久就会转进他的"忍耐账"（"忍耐账"是马维新把没有指望收回的账款，另立了一本账簿，名为"忍耐账"）。对于马维新来说，这点借账，当然能够"忍耐"下去，因为他没有费什么力气就把马维城的 185 垧好地囊括在自己"名下"了。

地主们就是用这一类的办法，来兼并着本家破落地主的土地。

这里再附带说一下马维城是怎样破产的，马维城的破产主要是由于整天不停地吸食鸦片，他只要有鸦片可抽，是什么都可以卖掉的，他对于自己土地的好坏，价值多少，向来也是"一满"（完全）不清楚。因此，他的祖先留给他的土地，很快地就通过他的鸦片烟枪吞食得"一干二净"了。

九　马维新的租佃关系

马维新的 1154.5 垧"买地"，只有 145.5 垧分布在本村，在本村的土地中除少数自种地和伙种地之外，其他绝大部分都出租给佃户耕种。

从马维新的历年"租粟账"中，我们首先来研究从 1884（光绪十年）—1941 年间租额及实交租的变动情况。兹列表一：

按：下列材料，是根据马维新家历史最长的租佃材料核算的。在收集材料时，"属人"、"属地"两者并重，故租佃关系上虽仅 10 宗，但牵涉的户数却不仅 10 家，其中有几户则是世代相传的。兹分别说明如下：

分布在李家寺的土地，租户一直未变者一户——冯仲琴。世代相传者一户——李凌高——（子）李怀义。土地未变，而租户变动者有：李日海（光绪十年至十三年）转给冯仲玉（光绪十四年到现在）；李义魁（光绪十年至十二年）转给王文——王日治（王文子）；李逢仓（光绪十二年至十七年）转给雷登邦，又转给李世甫（1939 年到现在）；王嘉治（光绪十年至十九年）转给李发福——李开端（发福子）。

分布在周家沟的土地：租户一直未变者一户——周成昌。土地未变而租户变动者：周国荣（光绪十年至十四年）转给周献云——周佩均（献云子）。

分布在圪柳咀的土地：租户世代相传者：高光万——加财（光万子）；高光德——加义（光德子）。见表 26。

表 26　　　　　　　马维新出租的分布在外村的土地原租额、实交租额变化

年　份	每垧原租额（斗）	当光绪十年的（%）	每垧实交租额（斗）	当光绪十年的（%）	实交当原租额的（%）	备考
1884 年（光绪十年）	1.67	100	0.43	100	25.7	
1885 年（光绪十一年）	1.67	100	1.36	81.44	81.44	
1886 年（光绪十二年）	1.65	98.8	1.64	98.2	99.4	
1887 年（光绪十三年）	1.65	98.8	1.15	68.9	69.7	

年　份	每垧原租额（斗）	当光绪十年的（％）	每垧实交租额（斗）	当光绪十年的（％）	实交当原租额的（％）	备考
1888 年（光绪十四年）	1.62	97	1.6	95.81	98.8	
1889 年（光绪十五年）	1.68	100.6	1.49	89.2	88.7	
1890 年（光绪十六年）	1.68	100.6	1.7	101.8	101.2	
1891 年（光绪十七年）	1.69	101.2	0.8	48	47.3	今年大荒年
1892 年（光绪十八年）	1.76	105.4	0.6	35.9	34.1	今年大荒年
1893 年（光绪十九年）	1.76	105.4	2.28	136.5	129.5	今年大丰收
1894 年（光绪二十年）	1.78	106.6	2.14	128.14	120.2	今年加租
1895 年（光绪二十一年）	1.71	102.4	1.76	105.4	103	
1896 年（光绪二十二年）	1.71	102.4	1.75	104.8	102.3	
1897 年（光绪二十三年）	1.71	102.4	1.87	112	109.4	
1898 年（光绪二十四年）	1.8	107.8	1.88	112.6	104.5	今年加租
1899 年（光绪二十五年）	1.87	112	0.32	19.2	17.1	今年荒年
1900 年（光绪二十六年）	1.86	111.4	0.01	0.6	0.5	今年大荒年
1901 年（光绪二十七年）	1.82	109	2.16	129.3	118.7	今年丰收
1902 年（光绪二十八年）	1.82	109	1.76	105.4	96.7	

年　份	每垧原租额（斗）	当光绪十年的（％）	每垧实交租额（斗）	当光绪十年的（％）	实交当原租额的（％）	备考
1903 年 （光绪二十九年）	1.88	112.6	2.31	138.3	123	今年丰年加租
1904 年 （光绪三十年）	2.17	129.9	2.88	172.5	135	
1905 年 （光绪三十一年）	2.2	131.7	2.57	153.9	116.8	
1906 年 （光绪三十二年）	2.2	131.7	0.94	56.3	42.7	
1907 年 （光绪三十三年）	2.19	131.1	1.58	94.6	72.1	
1908 年 （光绪三十四年）	2.19	131.1	2.59	155.1	118.3	
1909 年 （宣统元年）	2.19	131.1	3	180	137	
1910 年 （宣统二年）	2.32	138.9	1.44	86.2	62.1	今年加租
1911 年 （宣统三年）	2.33	139.5	2.86	171.3	122.7	
1912 年	2.3	137.7	3.02	180.8	131.3	
1913 年	2.3	137.7	2.54	152.1	110.4	
1914 年	2.51	150.3	3.04	182	121.1	
1915 年	2.76	165.3	3.05	122.8	74.3	
1916 年	2.76	165.3	0.68	40.7	24.6	今年荒年
1917 年	2.72	162.9	4.04	242	128.2	今年大丰收
1918 年	2.75	164.7	4.57	273.6	166.2	今年大丰年加租
1919 年	2.84	170.1	3.04	182	107	今年加租
1920 年	2.84	170.1	1.47	88	51.8	

年　份	每垧原租额（斗）	当光绪十年的（%）	每垧实交租额（斗）	当光绪十年的（%）	实交当原租额的（%）	备考
1921 年	2.84	170	3.44	206	121.1	
1922 年	2.97	177.8	3.66	219.2	123.2	今年加租
1923 年	3.01	180.2	3.43	205.4	113.9	
1924 年	3.14	188.1	1.42	85	45.3	
1925 年	3.14	188.1	4	239.5	137	今年大丰收
1926 年	3.14	188.1	3.71	222.1	118.2	
1927 年	3.17	189.8	3.98	238.3	125.6	
1928 年	3.18	190.4	0.53	3.7	16.7	今年荒年
1929 年	3.18	190.4	0.7	42	22	同
1930 年	3.18	190.4	5	300	157.3	今年大丰收
1931 年	3.18	190.4	3.72	222.8	117	
1932 年	3.2	191.6	3.73	223.4	116.5	
1933 年	3.2	191.6	4.41	264.1	137.8	
1934 年	3.2	191.6	1.2	71.8	37.5	闹土地革命
1935 年	3.2	191.6	3.03	181.4	94.7	闹土地革命
1936 年	3.2	191.6	2.18	130.5	68.1	
1937 年	3.3	197.6	2.9	173.7	87.9	
1938 年	3.3	197.6	3.71	222.2	112.4	
1939 年	3.31	198.2	1.97	117.9	59.5	
1940 年	3.31	198.2	1.26	75.4	38.1	八路军赶走何绍南在这个地区建立了人民政权
1941 年	3.31	198.2	2.34	140	70.7	

从表 26，可以看出下列数点：

1. 自光绪十年起至 1941 年年底止，每垧土地的租额从 1.76 斗提高到 3.31 斗，即提高了将近一倍。实交租额，有时超过光绪十年时的原租额的 1.8 倍（如 1918 年）。在这些年代中，公开的加租有过 7 次。每次加租一般都在丰年及实交租额超过原租额的情况之下。可见，地主对农民的进攻是有加无已的。

地主们除在一定时期内实行较普遍的加租外，平常还利用倒换土地的办法，对个别的佃户实行加租。这从我们所举的 10 宗租佃关系的材料中即可看到。今列几个具体的例子如下：

光绪十七年，冯仲琴租种土地 47.5 垧，租粟 6.7 石，每垧平均租粟 0.141 石。翌年地主收回土地 39.5 垧，剩土地 8 垧，租粟 1.6 石，每垧平均 0.2 石。

1913 年，周献云租地 51 垧，租粟 8 石，每垧平均租粟 0.157 石。翌年收回 22 垧，余 29 垧，租粟 7.5 石，每垧平均 0.259 石。

1926 年，周佩均租地 29 垧，租粟 8.5 石，每垧平均租粟 0.293 石。翌年收回 19 垧，余 10 垧，租粟 3.1 石，每垧平均 0.31 石。

同年，李怀义租地 13.5 垧，租粟 3.7 石，每垧平均 0.274 石。翌年收回 2.5 垧，余 11 垧，租粟 3.2 石，每垧平均 0.291 石。

同年，李开端租地 17.5 垧，租粟 5.7 石，每垧平均 0.325 石。翌年收回 3.5 垧，余 14 垧，租粟 4.6 石，每垧平均 0.329 石。

1936 年，王日治租地 28 垧，租粟 8.4 石，每垧平均 0.3 石。翌年又租地 10 垧，共租地 38 垧，租粟 13.4 石，每垧平均 0.35 石。

1938 年，雷登邦租地 13 垧，租粟 4 石，每垧平均 0.308 石。翌年又租地 12 垧，共租地 25 垧，租粟 8.1 石，每垧平均 0.324 石。

由此可见，地主倒换土地，实为其经常加租的办法之一。故租地的变动，常是租额提高的标志。

2. 每个租户每年都有欠租，这种欠租照例世代相传，是几辈子都还不清的。如冯仲琴，在光绪九年年底，欠租 13 石，1931 年年底增加到 56.85 石。李义魁，在光绪九年欠租 21.11 石，后来把自己的地卖给地主，算清了旧欠，但到光绪十二年（即地主收回租地的那一年），又欠了 33.95 石。王文，在光绪九年年底欠租 1.08 石，到他儿子王日治手里，在 1931 年年底欠租 5.2 石。李凌高，在他父亲李万魁手里，欠租 30.1 石，到他儿子李怀义手里，到 1931 年年底，还欠租 4.8 石。其他租户，大多数没有不欠租的。高光万，在 1931 年年底，甚至欠租到 34 石之多。

这种欠租形成的原因，除了地主贪得无厌，不断地加租之外，还有天灾人祸等原因（如遭受自然灾害，死了人，荒了地，或病了，庄稼务的不好等）。这种欠租，地主当然平时不取利息，但他却永远"挂"在租账上，只要年成一好，地主即要追交欠租。所以农民在丰收之后的实交租额总要超过原租额，这就是地主们追交欠租的结果。但地主们并不以农民们还清欠租为满足。他们希望农民永远在经济上依附于他，希望在农民身上榨取无穷的脂膏。所以在这种丰年及交租额超过原租额的时期，地主就照例加租。这样，遇到荒年，佃户交不起租或者少交租，欠租就不断增加；遇到丰年，地主就迫着农民多交租，接着就是加租。于是就形成一种加租的周期性。所以农民不但永远还不清欠租，而且他们被地主剥削的程度则年年增加，直到地主抽回土地转租给别的佃户为止。但即使在地主抽回土地之后，欠租仍然挂在地主的借账上，年年逼着佃户交还。因此，荒年的全部负担一齐落在农民的身上，而丰年的利益却全部被地主攫为己有，农民们永远在地主的脚下翻不过身来。只有当农民起来革命后，这种情况才会改变。

3. 1928—1929 年荒年后及土地革命前，已经出现了加租的趋势，但是土地革命爆发，把地主加租的企图打破了。从那时起，公开的加租举动没有发生过，但每垧土地平均租额经过隐蔽的方式，仍略有提高。

1938 年是抗战发生、土地革命停止后、地主气焰嚣张的一年（当时是国民党反动派何绍南统治时期），当年虽然年成不好，但是农民的实交租额，却超过了原租额（等于原租额的 112.4%）。1939 年，实交租额则等于原租额的 59.5%。这是由于：年成不好和八路军驻防绥德、米脂地区的影响。1940 年，国民党反动派何绍南被人民驱逐出境，接着就建立了人民政权，实行减租减息。这一年人民政府宣布四成交租（即减租六成），故交租率降低到 38.1%（比政府规定少交 1.9%）。到 1941 年，一则因政府减租交租的宣传，二则因政府规定六成交租（即减阻四成），故实交租额又上升到原租额的 70.7%，比政府规定超过 10.7%。这证明即使在人民政权之下马维新还在尽量提高他的收租率。但是，由于人民政权的建立，不但地主加租的时代已经过去，就是收足原租额，也根本不可能了。

关于十年来马维新在本村出租地的租额及实收租额的变动情况，列表 27。

按：这里包括 20 个租户的材料，其中有 14 户现在还种着他的地，另有 6 户，则是过去种过，现在不种了的。

14 户的姓名如下：王化珍、王化银、刘成功、米文昌、巩万民、张之玉、姜好文、刘国正、周自强、田愈明、姜常喜、刘生春、刘国强、刘成万。

6 户的姓名如下：刘成义、马登高、郭成魁、马增高、蒋崇德、刘凤玉（其中刘成义两次当过他的租户）。

表 27　　　　　　　　　马维新在本村出租土地的原租额和实交租额变化

年份	租地（垧）	原租（石）	每垧租额（斗）	租额变化（%）	实交租（石）	每垧实交租（斗）	交租率（%）
1932 年	138	49.85	3.61	100	54.2	3.93	108.8
1937 年	122	44.4	3.64	100.8	41.3	3.39	93.9
1938 年	122	44.4	3.64	100.8	49.1	4.02	111.4
1939 年	117	42.1	3.60	99.9	27.6	2.36	65.4
1940 年	101	35.7	3.53	97.8	15.55	1.54	42.7
1941 年	100.5	41.7	4.15	115.0	22.39	2.23	61.8

如果把表 27 同表 26 同一年代的原租额和交租额数字相比较，则可看出下面两个特点：

1. 本村的原租额比外村的要高，其上涨的趋势较为明显。如以 1932 年本村的原租额为 100，则 1941 年即为 115。而外村的仅是 103 而已。

2. 在交租率方面，两表基本上完全一致。但 1940 年的交租率在本村为 42.7%，在外村则为 38.1%，外村交租情况较本村为少。但 1941 年的交租率则又相反，本村为 61.8%，多交超过政府规定只及 1.8%，而外村则为 70.7%，多交了 10.7%。这种情况的形成，可能是这样的：一则由于马维新的影响在本村削弱，二则由于本村原租额的提高。

根据马瑞唐外村 30 个租户的材料，我们得出 1941 年来每垧地租额及实交租情况变化列表 28：

表 28   外村地原租额实交租额变化

年　份	共租地（垧）	共租额（石）	每垧租额（斗）	共交租额（石）	交租率（%）	应减租率（%）	差率（%）
1931 年	275.5	83.25	3.0	87.6	105.23		
1932 年	280	85.25	3.04	99.8	117.07		
1933 年	280.5	85.25	3.03	102.13	119.80		
1934 年	289	83.45	2.88	53.35	62.73		
1935 年	289	83.45	2.88	53.85	76.51		
1936 年	427	114.95	2.60	73.14	63.63		
1937 年	423.5	115.15	2.72	91.52	79.39		
1938 年	429.5	117.05	2.73	121.69	103.96		
1939 年	430.5	116.75	2.71	56.98	48.81		
1940 年	446.5	117.75	2.64	35.53	30.26	60	9.74
1941 年	446.5	117.75	2.64	70.95	60.25	40	0.25

按：表 28 包括了 30 个租户。从 1931—1935 年这 30 个租户所居住的村名及其姓名如下[①]：张家峁底：吕家乐、王国银、王国金、高殿发；巩家沟：巩正兰、巩福根；白家沟：吴海忠、杨树德；新舍窠：刘步喜；侯家沟：李忠喜、李忠贤、李迎榜、刘成高、马守植、李生贵、李忠仁；罗家崾：罗国金、罗国堂、罗殿居；周家沟：周长海；李家寺：雷正其、李得义；楼儿沟：任居堂；崖马沟：马文元；杜家崖窑：杜良武；马家园子：马思明；姬家沟：姬步德；年家沟：马元福；三里路楼：高润。

从 1936—1941 年这 30 个租户所居住的村名及其姓名如下：巩家沟：巩正兰、巩福银；白家沟：吴海忠；新舍窠：刘步喜；侯家沟：李忠孝、

---

　① 原文出版时，只列出 29 个租户，数字有出入，本书后文也有类似情况，特此说明。

李生福、李生贵、刘成光、杨保明；管家咀：王万福、李尚碌；李家寺：李枝柱；桑沟则：郭生财、郭安康、郭安岭；延家塌：马守公、马德成；孙木家沟：孙步有；周家沟：周学富、周殿元、周自旺；田家沟：田登田；罗家峁：罗国金、罗国堂；高庙山：常天库；年家沟：马元福；姬家寨子：姬步和；杜家崖窑：张兆明；李家坪：李怀德；张家峁底：王国忠。

再根据马瑞唐本村几个租户的材料，我们看到 1931 年以来租额及交租情况的变化，列表 29：

按：本表包括的租户，从 1932—1935 年有 11 户，其姓名如下：窦树元、姜明治、周学来、郭忠堂、马师均、马守章、马守典、马守香、马如祥、刘成万、马如升。

从 1936—1940 年有 9 个租户，增加者为高殿发、姜好治，减少者为刘成万、马如祥、周学来、姜明治。

表 29　　　　　　　　　　　本村地原租额实交租额变化

年　份	共租地（垧）	共租额（石）	每垧租额（斗）	共交租额（石）	交租率（％）	应减租率（％）	差率（％）
1931 年	28.5	8.2	2.9	12.76	155.81		
1932 年	60.5	18.7	3.1	21.43	114.59		
1933 年	68.5	21.1	3.1	20.27	96.0		
1934 年	62	19.2	3.1	15.7	81.77		
1935 年	28.5	8.2	2.9	4.5	54.88		
1936 年	56.5	18.35	3.2	9.8	53.41		
1937 年	55	18.2	3.3	14.55	79.95		
1938 年	57	18.85	3.3	20.4	108.22		
1939 年	57	18.26	3.2	11.65	63.8		
1940 年	62	19.31	3.1	8.23	42.62	60	正 2.63
1941 年	64	20	3.1	11.28	56.37	40	负 3.63

表 28、表 29 的内容，同表 26、表 27 的内容完全一致。某些租额上及交租额上的差别，是由于马瑞唐对农民的剥削较之马维新稍轻一点而已。

一般来说，1940 年内少交租（少于政府的规定）的情况较为普遍，但 1941 年则多交租（多于政府的规定）的情况较为普遍。这种波动，显然是同我们的工作直接联系着的。

在马维新的租粟账中，在本村地的租额内还发现有所谓"引火柴"的附加，如：刘国强，1932 年租地 8 垧，常年租粟 2.8 石，另黑豆秸、麦秸 120 斤。如刘生春租地 16 垧，常年租粟 4.9 石，黑豆秸 200 斤。据马维新谈，有这种柴草附加土地的租额，比没有这种附加的要低些，这种附加顶了一部分租子。事实上，有了这种附加后，该地租额确是低了一点。这种柴草附加，从 1926 年马维新不安伙后开始。起初在一个租户的租额上有。从 1932 年起则有 10 个租户有这种附加了。其原因是由于地主"安伙子"减少，需要柴草，所以用了这个在租额以另外附加柴草的办法（详见后）。

外村租户，除柳湾有一个租户在 1936 年有此附加外，余均没有。

今年保（乡）的参议会已经通过取消这种附加了。马维新当然曾经竭力反对过。

在马瑞唐的租粟账上，则没有发现这种附加的规定。

这里交租的老规矩是"谷二豆一"，即二分谷子一分豆子。但实际上，这种比例在各个时期是不同的。在光绪年间，谷子便宜，故交谷子的多。到民国年间，谷子一天天贵，谷子的比例就低于从前。自人民政府实行减租以来，谷子的比例则更是减少，特别是外村的租子。一般的情况是：哪一种农产物价钱贵，在交租中这种农产物的比例就小。

这里租子的标准就是谷子和黑豆，如交其他的农产物时，都要折成谷子和黑豆。习惯上的折合法，分一斗顶一斗、一斗顶二斗、一斗顶一斗半三种。一斗顶一斗的为：谷子、黑豆、大麦、高粱、白豆、花豆、糜子、荞麦、西米（即老来红，可做糖）。一斗顶二斗的为：麦子、小米、黄米、绿豆、红豆、扁豆、大麻子。一斗顶一斗半的为：豌豆、小豆、豇豆（从前豇豆顶一斗，现在豇豆缺，所以一斗顶一斗半）。

兹将 1932 年及 1941 年两年内马维新所收本村、外村租粟中，各种农产物的比例列表 30 和表 31 如下。

表 30　　　　　　　　　　　　　本村实收租粟种类①

		1932 年	折合数	1941 年	折合数
实收租粟（石）		30.5	41.9	13.86	22.4
实收租粟种类	米	8.5②	17	6.2	12.4
	%	27.86	40.58	44.7	54.97
	麦	0.5	1	1.9	3.8
	%	1.65	2.39	13.71	16.85
	绿豆	2.4	4.8	0.6	1.2
	%	7.87	11.47	4.34	5.32
	黑豆	13.8	3.8	4.16	4.16
	%	45.24	32.91	30.03	18.44
	黍	4.3	4.3		
	%	14.1	10.26		
	杂粟	10	1	1	1
	%	3.3	2.39	7.22	4.2
	合计	100	100	100	100

① 1932 年是以 110 垧土地的实收租粟计算的，原租额为 32.25 石。1941 年是以 100.5 垧土地的实收租粟计算，原租额为 41.7 石。

② 内有 1.6 石米是由谷折算来的。

表 31　　　　　　　　　　　　　外村实收租粟种类①

		1932 年	折合数	1941 年	折合数
实收租粟（石）		65.4	105.6	44.78	61.88
实收租粟种类	米	16.9	33.8	10	20
	%	25.84	32.0	22.3	22.35
	麦	20.5	41	4.7	9.4
	%	31.35	38.8	10.47	15.19
	绿豆	2.8	5.6	2.4	4.8
	%	4.28	5.3	5.4	7.75
	黑豆	20.8	20.8	20.64	20.64
	%	31.8	19.7	46	33.3
	黍	1.8	1.8	0.6	0.6
	%	2.74	1.7	1.35	0.97
	杂粟	2.6	2.6	6.44	6.44
	%	3.4	2.5	4.4	10.4
	合计	100	100	100	100

① 1931 年的租地为 173.5 垧，原租粟为 57.4 石，1941 年租地为 157.5 垧，原租粟为 51.3 石，是艾家坬底与周家沟两个村子的材料。

表 30 和表 31 因统计材料不够，故不能发现很多问题。但即此亦可看出：（1）谷子一般已停交，而改为交米了。米一斗可以顶谷子 2 斗，而 2 斗谷子不但可以推出 1.2 斗米，而且还有糠可得，故交米比交谷，对租户较为合算。（2）谷二豆一的比例，已不复存在，豆子的比例一般增加。

为使收租情况更加明了，我们从马维新的租账上抄下两个租户的租账，作为示例。

"（一）刘成功。1932 年春租买王金纶马蹄塌圪塔地 3 垧，马蹄塌阳沟条地 2 垧，马鸣歧平塌则地 4 垧，圿坡在内。有约。

常年出租粟二石九斗，黑豆萁 140 斤，9 月 28 日收黑豆皮荚 140 斤，10 月 16 日收租黑豆 1 石，租绿豆 2 斗（顶 4 斗），租黍 1 斗，租米 7 斗（顶 1.4 石）。1933 年 10 月 6 日收黑豆皮荚 140 斤，28 日收租黑豆 1 石，租黍 3 斗，租谷子一石六斗，清。1934 年 10 月 6 日收租黑豆 1 石，租米 4 斗（顶 8 斗），租黍 5 斗，租绿豆 3 斗（顶 6 斗），收黑豆皮荚 140 斤，清。1935 年 10 月 6 日收黑豆萁 140 斤，租黍 7 斗，租黑豆 4 斗，租米 2 斗（顶 4 斗），租黍 3 斗，租小豆 1 斗（顶 1.5），收黑豆皮荚 140 斤。1937 年 7 月 26 日收租麦子 3 斗（顶 6 斗），9 月 20 日收黑豆皮荚 140 斤，11 月 6 日收租米 4 斗（顶 8 斗），绿豆 4 斗（顶 8 斗），租黑豆 3 斗，租黍 1 斗。1938 年 7 月 8 日收租麦子 2 斗（顶 4 斗），租豌豆 1 斗（顶 1.5 斗），9 月 26 日收黑豆萁 140 斤，11 月 4 日收大洋 2.5 元（顶租 2 斗），租麦子 1 斗（顶 2 斗），租黍子 4 斗，租绿豆 3 斗（顶 6 斗），租米 4 斗，租黑豆 7 斗。1939 年 11 月 19 日收租米 5 斗，租黍 3 斗，租黑豆 1 斗，租绿豆 3 斗（顶 6 斗），1940 年 11 月 30 日收租米麦子绿豆 4 斗（顶 8 斗），租黍黑豆 3 斗，收黍秸 105 斤。1941 年 7 月 6 日收租麦子 1.5 斗（顶 3 斗），11 月 26 日收租绿豆米麦子 6 斗（顶 1.2 石），租白豆 5 斗。"

（摘自 1932 年衍福堂租粟账，本村部分）

"（二）冯仲玉，子主高。1932 年春租买李登元柳沟峁地 15 垧，窑坪峁地 4 垧，背山湾地 8 垧，圿坡在内共地 27 垧，常年出租粟 10 石，有约。

1887（光绪十三年）—1931 年年底下欠租粟十五石六斗四升。7 月

13 日收租麦子 4 斗（顶 8 斗），11 月 17 日收租黑豆三石四斗，租米二石三斗（顶六石四），租扁豆 1 斗（顶 2 斗），旧租黍 5 斗，旧租绿豆 7 斗（顶 1.4 石）。1933 年 6 月 26 日收麦子 5 斗（顶 1 石），租扁豆 2 斗（顶 4 斗），租豌豆 3 斗（顶 4.5 斗），11 月 4 日收黑豆四石六斗，租米二石三斗（顶四石六斗），租黍 1 石，内旧一石八斗，绿扁豆 8 斗（顶 1.6 石）。1934 年 6 月 26 日收租麦子 4 斗（顶 8 斗），租扁豆 1 斗（顶 2 斗），租豌豆 3 斗（顶 4.5 斗）。1935 年 2 月 6 日收租黑豆三石二斗，租米一石八斗（顶 3.6 石），租扁豆 4 斗（顶 8 斗），租豌豆 4 斗（顶 6 斗），11 月 28 日收租米一石二斗（顶 2.4 石），租黍 1 石，租黑豆一石六斗。1936 年 7 月 12 日收租麦子 2 斗，租豌豆 3 斗（顶 4.5 斗），11 月 6 日收租米 1 石（顶 2 石），租黑豆 2.6 石，租绿豆 8 斗（顶 1.6 石），租大麻子 4 斗（顶 8 斗）。1937 年 7 月 14 日收租麦子 8 斗（顶 1.6 石），租豌豆 6 斗（顶 9 斗），租扁豆 1 斗（顶 2 斗），6 月 4 日收租黑豆二石九斗，租黍 5 斗，租米 1 石（顶 2 石），租绿豆 8 斗（顶 1.6 石）。1938 年 7 月 26 日收租麦子 7 斗（顶 1.4 石），租豌豆 3 斗（四斗五升），10 月 24 日收租米一石五斗（顶 3 石），租黍一石一斗，租绿豆一石一斗（顶 2.2 石），租黑豆三石三斗，租大麻子 2 斗（顶 4 斗）。1939 年 11 月 12 日收租绿豆一石一斗（顶二石二斗），租黑豆 7 斗，租米 8 斗（顶 1.6 石），租荞麦 8 斗，租大麻子 3 斗（顶 6 斗），租豌豆 1 斗（顶 1.5 斗）。1940 年 11 月 16 日收租麦子绿豆米一石二斗（顶 2.4 石），租黑豆荞麦黍一石四斗。1930 年 7 月 6 日收租麦子 1 斗（顶 2 斗），11 月 12 日收租米绿豆麦子一石六斗（顶 3.2 石），租荞麦黍黑豆二石八斗。"

（抄自 1932 年衍福堂租粟账，外村部分）

这里地主收租一年分为两次，一次为夏租，以收麦子为主，名义上这次收租是补足去年的欠租，但实际上，年年如此，是当年租粟的有机部分，所以我们在计算租粟时，也把它算做当年的租额。另一种为秋租，即是秋收后交的租子，主要即为谷子、黑豆。

收租时一般由地主派牲口去驮。大地主的收租由"掌柜"负责。"掌柜"权力很大，常常作威作福，欺侮农民。他到租户家里，租户就得很好地招待他，请他吃好的，向他说好话，不然他就会放刁，使租户吃亏，甚至使租户在第二年种不成地。

收租时间，夏租在阴历六月、七月，秋租在阴历十月、十一月。送门租，在这里没有，听说在米脂城内的小地主有收送门租的。

附件三

表 32　　　　　　　　　　　　道光二十五年至光绪九年租额变化

年份	每垧原租额（斗）	当道光二十五年的(%)	每垧实交租额（石）	当道光二十五年的(%)	实交当原租的（%）	备考
1845 年（道光二十五年）	1.69	100	1.69	100	100	
1846 年（道光二十六年）	1.69	100	1.64	97.0	97	
1847 年（道光二十七年）	1.69	100	1.58	94.1	94.1	
1848 年（道光二十八年）	1.69	100	1.7	100.6	100.6	
1849 年（道光二十九年）	1.68	99.4	1.7	100.6	101.2	
1850 年（道光三十一年）	1.68	99.4	1.7	100.6	101.2	
1851 年（咸丰元年）	1.55	91.7	1.65	97.6	106.5	
1852 年（咸丰二年）	1.55	91.7	1.73	102.4	111.6	
1853 年（咸丰三年）	1.55	91.7	1.67	98.8	107.7	
1854 年（咸丰四年）	1.59	94.1	1.59	94.1	100	
1855 年（咸丰五年）	1.68	99.4	1.75	103.6	104.2	

年份	每垧原租额（斗）	当道光二十五年的(%)	每垧实交租额（石）	当道光二十五年的(%)	实交当原租的（%）	备考
1856 年（咸丰六年）	1.72	101.8	1.76	104.2	102.3	
1857 年（咸丰七年）	1.72	101.8	1.06	62.7	61.6	
1858 年（咸丰八年）	1.72	103.6	2.12	125.4	121.1	
1859 年（咸丰九年）	1.78	105.3	1.89	111.8	106.2	
1860 年（咸丰十年）						
1861 年（咸丰十一年）						
1862 年（同治元年）						
1863 年（同治二年）	1.72	101.8	1.71	101.2	99.4	
1864 年（同治三年）	1.82	107.7	1.74	103	95.6	
1865 年（同治四年）	1.82	107.7	1.79	105.9	98.3	
1866 年（同治五年）	1.79	105.9	1.67	98.8	93.3	
1867 年（同治六年）	1.89	111.8	0.98	58	51.9	
1868 年（同治七年）	1.9	112.4	2.11	124.9	111.1	
1869 年（同治八年）	1.89	111.8	1.34	79.3	70.9	
1870 年（同治九年）	1.89	111.8	1.72	101.8	91	

年份	每垧原租额（斗）	当道光二十五年的（%）	每垧实交租额（石）	当道光二十五年的（%）	实交当原租的（%）	备考
1871 年（同治十年）	1.89	111.8	1.96	116	103.7	
1872 年（同治十一年）	1.89	111.8	1.57	92.9	83.1	
1873 年（同治十二年）	1.99	117.8	1.71	101.2	85.9	
1874 年（同治十三年）	1.98	117.2	1.82	107.7	91.9	
1875 年（光绪元年）	2.07	122.5	1.67	98.8	80.7	
1876 年（光绪二年）	2.17	128.4	1.08	63.9	49.8	
1877 年（光绪三年）	2.18	129	0.02	1.2	0.09	
1878 年（光绪四年）	2.18	129	1.06	62.7	48.6	
1879 年（光绪五年）	1.71	101.2	1.28	75.7	74.9	
1880 年（光绪六年）	1.6	94.7	1.47	87	91.9	
1881 年（光绪七年）	1.58	93.5	1.55	91.7	98.1	
1882 年（光绪八年）	1.57	92.9	1.1	65.1	70.1	
1883 年（光绪九年）	1.65	97.6	1.49	88.2	90.3	

表 32 上是根据 23 宗租佃材料计算的。

出租人是马光裕堂所开的字号"崇盛西"，出租地完全是该号的"典地"（在本表所列的各年份里，正是"崇盛西"的发展时期，它主要经营的是"放账"和"典地"，不是买地）。

由于出租地系"典地"，地权不固定，典赎关系的频繁，这就使得租佃关系极不稳定，租户和出租的土地，经常在变动中。表 32 所列的不是固定不变的 23 个租户的租地的历年租额的变化（如光绪十年至现在历年租额变化表那样），而是尽可能地收集了变化较少的租户及其租地。

表 32 所包括的租户及其租佃土地的数目如下：

（一）租户

1. 刘家岔、申家渠（在本村东北 25 里）

申朴、申学闵、李福、李有、李海、李营、申义侯、申元之、申日采、申中栈、申日杰、申日梗、申合、申汉臣、申钟岳、申日雄、姜德凤、申佐清、申崇富、申日康、申云河、申加才、申鸿儿、申薛拴儿、申日花、申日利、申世才、申当儿、申中岱、申粟、申贵鸿、申元贞、申贵河、申怀甫、申世枝、申福元、申德元、申德君、申维才、申日望、申贵江、申义清、申林、申义士、申德盛、申贵治、申贵信、申强甫、申义生、申中科、申贵长、申贵香、申义太、申生贵、常七兴、常义兴、常正年。

2. 刘家山、牛家河（在本村东 40 里）

刘明升、刘永言、刘国干、刘云华、刘能助、刘崇有、刘增荣、刘万解、刘衍枝、刘保林、刘善义、刘全义、刘鸣岗、刘世才、刘太儿、刘恺维、刘德存、刘万福、刘生春、刘文秀、刘开昌、刘守成、李富昌、李中正。

3. 高家崖、高红寺沟（本村北 30 里）

高光显、高光林、高光照、高凤文、高子立、高善珠、高延考、高善才、吴纪德、吴增山、姬德有、姬登高、白加福、白林福。

以上共 95 个租户，每年的租户均为 23 户。

（二）租佃地

1. 由道光二十五年的 233.5 垧到光绪九年的 380 垧。其间最少者为同治三年、四年的 188.5 垧，最多者为光绪九年的 380 垧。

2. 在计算时未觅得咸丰十年、十一年和同治元年的账簿，关于这 3 年的材料，暂付阙如。

3. 在表 32 所列的各年份内原租与实收租的谷物，大致是遵循着所谓"谷二豆一"的习惯法的，兹举例如下：

道光二十五年租地 233.5 垧。

原租：谷子 18.46 石，黑豆 7.6 石，米 8.1 石。折为一般的租粟（谷、黑豆在当时为"一顶一"，米 0.6 斗当一般租粟 1 斗）为 39.56 石，其中谷子占 46.66%，黑豆占 19.21%，米占 34.13%。

实收租：谷 17.1 石，豆 10.9 石，米 6.83 石。折合为一般租粟为 39.38 石，其中谷子占 43.42%，黑豆占 27.67%，米占 28.91%。

道光二十五年以后的各年，原租与实收租中各种谷物所占的比例大致同于此。唯在同治末年光绪初年间这种比例起了一些变化，兹举例如下：

光绪元年租地 357 垧。

原租：谷子 49.3 石，黑豆 20.4 石，米 2.5 石。折为一般租粟为 73.87 石。其中谷占 66.73%，黑豆占 27.62%，米占 5.65%。

实收租：谷子 49.45 石，黑豆 6.1 石，米 2.4 石。折为一般的租粟为 59.55 石，其中谷子占 38.04%，黑豆占 10.24%，米占 6.72%。

从上列的比例看，原租与实收租的谷物中，米的数量，后一时期比前一时期减少了。黑豆的数量在原租中加大，实收租中则减少了。谷子所占的比例后一时期比前一时期都有增加。这是由于一部分原定为米的租粟现在改收谷子或黑豆了。而另外，还有以谷来代付黑豆的，其原因是由于后一时期，黑豆价格更大于谷子的价格，而且"谷二豆一"的法则已不像先前那样严格了。在租佃订约时已不写谷子若干、黑豆若干，改写为"租粟"若干了，在这种租粟若干的原租额，我们在计算时，均将其作为谷子计算的（因为实际上也是交谷子的）。

十 马维新的租户的变动

马维新在 1932 年共有租户 119 户，在 1941 年共有租户 121 户。

1932—1941 年内马维新在本村共有过 21 个租户。其中有：

（一）十年来未动过的租户 12 户，共租地 77 垧，租粟 28.1 石，黑豆秸 800 斤（原租粟 27.7 石，1933 年冬加 0.4 石）

这 12 户中：
1941 年到现在者 1 户（田愈明）。
1916 年到现在者 1 户（姜常喜）。
1917 年到现在者 1 户（刘国正）。
1921 年到现在者 1 户（刘生春）。
1928 年到现在者 1 户（周自强）。
1929 年到现在者 2 户（巩万明、张之玉）。
1930 年到现在者 3 户（王化珍、王化银、刘国强）。
1932 年到现在者 2 户（米文昌、刘成功）。

（二）部分变动者 1 户（刘成万），1929 年起租地 18.5 垧。1931 年添租地 5.5 垧，共出租粟 8.4 石，黑豆秸 110 斤。1938 年冬，收回租地 2 垧，常租 9 石，收回后转租（刘成义）。

（三）变动的租户 7 户，其租地 43.5 垧，租粟 14.7 石（内有 5 升是新加的租），黑豆秸 50 斤。

这 7 户中：
1 户（蒋崇德）——1931 年冬租，到 1933 年冬收回，转租（蒋好文租）。
1 户（马增高）——1932 年春租，到 1936 年冬收回，地被赎。
1 户（郭盛魁）——1932 年春租，1941 年冬收回，自种。
1 户（马登高）——1930 年春租，1939 年冬收回，地被赎。
1932 年春租，1936 年春收回，地被赎。
1 户（刘成义）——1935 年春租，1937 年冬收回，自种。

1938 年春租，1941 年冬收回，自种。

1 户（冯治盛）——1910 年冬租，1933 年收回，转租（刘凤玉租）。

1 户（刘凤玉）——1933 年冬租，1941 年冬收回，地被赎。

（四）新添租户 1 户（蒋好文），租地 8 垧，租粟 2.8 石。1933 年冬租，到现在。

从上面的材料，可以看到，变动的租户（连部分变动及新添租户在内）共 9 户，占现在租户总数的 45％。变动的原因，由于转租者 3 户，由于地主自种者 2 户（内 1 户两次被抽回），由于典地被赎者 3 户（内 1 户两次被赎），新添 1 户（也是由转租来的）。在这三个原因中，典地被赎，不出于地主的主动，但转租与自种则是由于地主所决定的。转租的原因，主要是地主嫌佃户交租不好。如蒋崇德是由于欠租（2.65 石）。郭盛魁除欠租 7 斗外，1940 年只交 1 斗麦租，1941 年未交租。郭所租的土地被收回之后，已去延安。刘成义种山地 4 垧，1937 年被马维新收回自种。1939 年又租种地 4.5 垧，1941 年冬又被马维新收回自种。其原因和蒋崇德同。刘租地被抽回后，也去了延安。冯治盛租地被抽回转租的原因不甚清楚。

一般来说，地主将佃户租地全部或者部分收回转租或者自种，是地主对付他所不满意的租户的一种办法，同时也是他为了达到加租目的的一种手段，如像我们在前节已经说过了的。这种办法，在本村实行比较容易。至于收回自种，在外村则无法实行。

地主在以自种的名义抽回土地时，往往玩弄手段。他一方面把收回的土地自种了，而另一方面又把他原来自种的地出租给别人；或者他今年不出租，明年又拿出一部分来出租。其目的仍然是为了调换租户。

外村租户的变动比本村要小些。"典地"被抽回及转租，都是为外村租户变动的重要原因。除此以外，用出典来达到调换租户的方法，现在开始被更多的应用，而这种方法，在本村平常是不用的，因为地主的典出土地首先是在外村。

马瑞唐在本村的租户，在 1927—1930 年，共有 14 户。自 1931 年后逐年增加，到 1941 年增加到 30 个租户。他的租户变动的原因，同马维新一样，也可分成三类，即转租、自种、典地被赎。在转租方面，1932 年以来租地全部被抽者共 4 户，租地部分被抽者 7 户。在自种方面，21 年来租地全部被抽者 2 户，租地部分被抽者 2 户。在"典地"被赎方面，租地全部被抽者 6 户，租地部分被抽者 6 户（均在 1936 年以后）。在这种租地变动中间，共有 13 个租户被全部抽去了土地，还有 15 个租户被部分抽去了土地，而从中部分的增加一点租地者有 15 户，完全调动的新租户有 27 户。可见，马瑞唐本村租户的变动是很大的。

马瑞唐租户的变动中，特别可以注意的，是他把全部抽回或者部分抽回的土地，转租给更多的租户。虽然典地被赎，他出租的土地数目在减少着，但是他的租户却仍然有所增加，这就说明，土地的出租是更加分散了。马瑞唐在本村买地只有 81.5 垧，比马维新要少，但他的租户却比马维新要多一倍以上（马维新在 1941 年有 14 个租户，马瑞唐却有 30 户）。以同样的土地分散给更多的农民租种，这一方面是为了讨好一部分农民争取一部分人对他的好感；另一方面则是为了对付不能好好交租的佃户。我们现在略举一例如下：

1938 年，姜好治租种马瑞唐的 10 垧土地，全部被收回自种。其所以收回姜好治的租地而不收回其他租户租地的原因，是由于姜好治自 1933 年后每年少交租，至 1938 年欠租达 15.95 石。所以交租不好是地主收回租地自种的重要原因之一。但马瑞唐为了讨好于姜，又从郭忠堂名下抽回土地 3 垧转租给姜好治，同时为讨好于郭，又从马师均的名下抽回租地 3 垧转租给郭忠堂，为讨好于马，又从马守良名下抽回租地 2 垧转租给马。在这调动的过程中，可以注意到，即从马师均那里抽出的 3 垧地，在马师均租种时只有 2 垧，租额 7 斗，每垧租额 3.5 斗，而在转租给郭忠堂时，则改说 3 垧，共租 1.05 石。名义上每垧租额仍为 3.5 斗，但实际上由于多算了一垧地，所以租额也增加了 3.5 斗。可见，在他的收回自种及调动土地中，都有着明显的经济目的。但是，在这方面马瑞唐比起马维新来还算"宽大"的了。

马瑞唐的外村租户，在 1932 年共有 177 户，在 1941 年有 147 户。租户变动最多者为"典地"被赎，其次为转租。自 1932 年起，由"典地"被赎而变动的租户，有 56 户[①]。由转租而变动的租户有 28 户。"典地"被赎的绝大部分，是从 1936 年起，转租亦以那时起的为多。因出典而变动租户者共 6 户，去年即占 4 户。根据今年统计，马瑞唐共有 128 个租户，其中有 101 户是十年以上的老租户（内租地从未调动者 38 户，退一部分地或退老地租新地者 6 户）。有 104 户是五年的老租户（内租地一向未变动者 83 户，退一部分地或者退老地租新地者 6 户）。所以一般来说，马瑞唐的外村租户，由地主方面主动而被调动的并不算多。

最近在减租工作中，农民对地主夺地表示害怕。这种夺地，如上所述，在本村以收回自种为主要方式。在外村以出典为主要方式。这两种方式在地主方面说来是"合法"的，但为了贯彻减租目的，不能不在目前给这种收回自种与出典以某种限制。这主要的是由于今天地主的收回自种及出典还不过是一种调换租户的手段。

十一 马维新的借贷关系

马维新家的借贷关系比较多。如像我们在前面说过的，这个地主的发展，主要是靠放高利贷。他经营高利贷有专门的"字号"。他祖父辈合股的"崇盛西"、"崇元号"，以及他本人独自经营的"崇德厚"，就是这类专门放高利贷的经济组织。我们在下面还将专门研究一下"崇德厚"。这里所说的借贷关系，是指"崇德厚"以外的由马维新家庭直接放的高利贷。

自 1926 年以来，马维新放高利收息的情形，如表 33 所示。

从表 33 可以看出，1927—1929 年 3 年中，马维新家放的高利贷较

---

① 抽回"典地"的人，有一半便是租户（即租种自己典出土地的人）。如：

1936 年 27 户抽地典主中有 12 户即原租户。

1938 年 24 户抽地典主中有 12 户即原租户。

1939 年 16 户抽地典主中有 7 户即原租户。

1941 年 15 户抽地典主中有 10 户即原租户。

共计 82 户抽地典主中有 41 户即原租户。

多。这是由于这 3 年是荒年。自 1934 年"闹红军"起，至 1938 年放高利贷的总数逐年下降。到 1939—1940 年又有了增加，这是由于"崇德厚"的放账转移过来的结果。自 1934 年起利息收入突然减少，这是由于土地革命的影响。在 1941 年则突然增加，这是由于"边币"可以赎地还账的缘故。

表 33

年份	放款种类			收息种类			票利是以票子还利，而折成钱者
	银（两）	现洋（元）	钱（千文）	现洋（元）	钱（千文）	票利（元）	
1926 年	220	2008	775.1	391.17	12.03		
1927 年	220	4108	775.1	373.66	7.5		
1928 年	220	4089	775.1	684.3	5.4		
1929 年	420	3613	764.1	738.4	122		
1930 年	420	2098	764.1	742.5			
1931 年	420	2421	764.1	321.15			
1932 年	420	1956	764.1	244.4			
1933 年	420	1421	764.1	349.8			
1934 年	420	1391	764.1	54.9		33.4	
1935 年	420	1371	764.1	56.9		66.7	
1936 年	420	828	764.1	129.72		50.01	放款现洋 828 元内有崇德厚转来的 80 元
1937 年	420	855	764.1	16.4			855 元银洋内有崇德厚转来的 43 元
1938 年	220	934	764.1	15.5			
1939 年	220	1169	755.4	93.26			1169 元现洋内有崇德厚放账于本年合并过来
1940 年	220	1124	755.4	80.96			
1941 年	220	878	692.4	467.45			

我们现在把马维新自 1934 年起至 1942 年止这几年的借贷关系加以分析。

在这一时期内，他的旧债件数如下：

道光五年的 2 件，三十年的 4 件，共 6 件。

咸丰元年的 2 件，七年的 3 件，共 5 件。

同治六年的 6 件，九年的 4 件，十年的 10 件，十三年的 3 件，共 23 件。

光绪元年的 2 件，二年的 8 件，十一年的 3 件，十四年的 1 件，十五年的 2 件，十六年的 5 件，十七年的 2 件，二十年的 2 件，二十二年的 3 件，二十四年的 4 件，二十五年的 2 件，二十八年的 11 件，三十二年的 8 件，共 54 件。

从道光至光绪三十二年的旧债，共 88 件。

这 88 件债务的利息，均为月利，其中：

三分者 8 件，二分半者 5 件，二分者 51 件，一分九者 1 件，一分八者 7 件，一分五者 8 件，一分四者 1 件，一分二者 2 件，一分者 2 件。

可见，月利在二分以上者有 64 件，占 73.6%。

这 88 件债务中，指押的东西如下：

指地者 7 件，指驴者 10 件，指工者 6 件，指窑者 6 件，指牛者 3 件，指马、骡、羊、猪、树者各 1 件。总计指东西者共 37 件，未指者 51 件。

这个数字，并不是表示过去指地者很少，因为凡有可靠抵押品的债务早已清理。这些旧债大都由于抵押品不可靠或债务人破产而无法收回的所谓"荒债"。在这一时期内，1912 年以来的债务件数如下：

1912 年的 5 件，1917 年的 7 件，1922 年的 1 件，1924 年的 31 件，1925 年的 7 件，1926 年的 6 件，1927 年的 12 件，1928 年的 13 件，1929 年的 3 件，1930 年的 3 件，1931 年的 6 件，1932 年的 2 件，1933 年的 6 件，1935 年的 1 件，1937 年的 4 件，1938 年的 5 件，1939 年的 5 件，1940 年的 2 件，1941 年的 1 件，共 120 件。

这 120 件的债务中，从 1912—1933 年的有 102 件，从 1935—1941 年的共 18 件。这就是说，1912 年以来的旧债中，1912—1933 年的占总债务件数的85%，以后则有减少，这同样是由于土地革命的影响。

这120件债务的利息情形如下：

月利：三分者11件，二分半者6件，二分者38件，一分八者2件，一分七者2件，一分六者2件，一分半者19件，一分四者19件，一分三者11件，一分二者4件，一分一者2件，一分者3件。

年利：一分者1件。

可见：月利在二分以上者有55件，在二分以下者有65件。前者占所有债务件数的46%。月利在一分半以上者80件，占所有债务件数的54%。

这120件债务中，指押的东西如下：

指地者56件，指窑者7件，指驴者2件，指工者1件。总共计指东西者共66件，未指者54件。这里指地的件数占所有债务件数的50%弱。

以上两项，共有债务207件。这207件债务，在1934—1942年的清理情形如下：

（一）1935年清理了1921—1933年的债务1件。

1938年清理了1921—1933年的债务5件。

1937年清理了1911—1933年的债务3件。

1938年清理了1911—1933年的债务4件。

1939年清理了1911—1933年的债务3件。

1941年清理了1911—1933年的债务5件。

在1935—1941年内，共清理了1913—1933年的债务31件。

（二）1936年清理了1935—1941年的债务1件。

1939年清理了1935—1941年的债务4件。

1940年清理了1935—1941年的债务3件。

1941年清理了1935—1941年的债务1件。

1942年清理了1935—1941年的债务1件。

在1936—1942年内，共清理了1935年来的债务10件。

（三）1939年清理了光绪年的旧债1件。

1941年清理了同治年的旧债1件。

又　清理了道光年的旧债 1 件。

在 1939—1941 年内，共清理了光绪年以前的旧债 3 件。

从以上统计，可以看出如下三点：

1. 从 1934 年以来，光绪年以前的旧债 87 件，只清理了 3 件。

2. 从 1934 年以来，1921—1933 年的旧债共 90 件中，得到清理者有 31 件，占所有旧债件数的 1/3 以上。

3. 从 1934 年来，1935—1941 年的旧债共 18 件，其中得到清理者 10 件，占所有旧债件数的 55%。

从以上三点中，我们可以得出这样的结论：借债的时间越短，清理越易，越远则越困难。从债务关系中，可以看出，自 1934 年闹土地革命以来，马维新的放账活动，从停滞走向停顿了①。

马瑞唐于 1928 年分家后，其放账情形如下：

1928 年放账　洋 1571.2 元，钱 205 千文。

1929 年放账　洋 514 元。

1930 年放账　洋 422 元。

1931 年放账　洋 122 元。

1932—1935 年　无。

1936 年放账　洋 256 元。

1937 年放账　洋 327 元。

1938 年放账　洋 50 元。

马瑞唐的放账活动，1928—1930 年比较活跃。1932—1935 年完全停顿。1936—1937 年又有部分的活跃，1938 年后又低落，一直到完全停顿。

1928 年来的还债情形如下：

1928 年　无。

1929 年　洋 416 元（内一宗 200 元）。

1930 年　洋 250 元，钱 32 千文。

1931 年　洋 487 元，钱 16 千文。

---

① 上述 207 件债务中，有 40 件是一家涉及数件债务的，实际债户为 168 户。

1932 年   洋 207 元。

1933 年   洋 217 元。

1934 年   洋 20 元，钱 2 千文。

1935 年   无。

1936 年   洋 225 元，钱 50 千文。

1937 年   洋 317 元。

1938 年   洋 67 元。

1939 年   洋 77 元。

1940 年   无。

1941 年   洋 26 元。

在债户的还债方面，1929—1933 年正常。1934—1935 年差。1936—1937 年又趋于正常。1938 年起到现在，一般在停顿状态中。

在他的 96 件债务关系中，未清者只有 26 件，占所有件数的 27%。在这些未清的债务中，一部分是还了本还欠着利息的。

*　　　　　*　　　　　*

马维新所放的高利贷，从几百文起到几百元不等。数目较大的，都放给堂号、字号及个别殷实户。他对一般农民所放的高利贷，大都为几吊或一二十元不等。他放高利贷历来很谨慎。不大可靠的人，没有可靠的抵押品，他是一个钱也不放的。

放高利贷的抵押品中，各种各样的都有。有指地，指窑，指马，指骡，指驴，指牛，指树，指工，指青苗的不等（各种"揭约"的形式见本节"附件四"）。但其中最重要的为指地约，一切较大的"揭账"（借账），没有土地的抵押，是不成的。

放账的利息有年利、月利、日利三种，以月利为最普通。利息有从一分至三分的不等，平均以二分的为最普通。过去一般的老规矩，在债务人一二年不能依约还本还利时，债务人即须"撩地"，将所抵押的土地交给债权人耕种管业。据马维新谈，在光绪年间以及以前，粮食价钱很便宜，一吊、二吊钱可买小米一石。故债务人"揭"（借）款数目虽不大，但要每年付清本利却很困难，特别是天灾人祸的时候，更是毫无办法。所以那时因债务不能清理而"撩地"的很多。这种情形，直到1933年后，才因土地革命的关系发生了变化。

债务人"撩地"有两种：一为出典，一为出卖。一般开始出典的占大多数，其中有一部分到后来没有办法时，才把典地出卖。在农民出典或出卖自己的土地后，有的固然因改变职业或脱离本乡而根本脱离了自己的土地，但其中仍有多数从债主手里租种自己典出或卖出的土地，尤其租种典地的更为普遍。这样，就由债务人变成了租佃户。

即使那些经济情况较好的债务人（主要的为农民）平常一落到高利贷的罗网中，也一时不容易逃出。我们在马维新的"银钱揭账"上看到，当年借钱，隔年即能还清本利的债户就不多。一般都要经过许多年的奋斗，才能将本利清还。但其中仍有不少，还了本后，仍然欠着利，因而"揭约"总是拿在地主手里抽不回来的。

我们试举两个例子，以见一斑。

（一）马师云从1924年起借了马维新现洋50元，言明利息1.4分，以土地10垧为抵押。他从1924年还利起，一直到1937年才算把本还清，但仍然欠利息22.62元；揭约仍然没有抽回。而事实上马师云所付利息总数，已远超过他的本钱了。一月利1.4分计算，马每月须付利洋8.4元，共付13年，合洋109.2元，除去未还清利息22.62元以外，实付86.58元，即已超过原本170%。

马师云从1928年起，每月付利的情形如下：

1928年付4.15元，1929年付3.75元，1930年付5元，1931年付11.9元，1932年付3.62元，1933年付5.92元，1934年付6.5元，1935年付4.36元，1936年未付，1937年付5元，同年付本洋50元。

这里可以看出，马师云除1931年多付利息外，其他各年都是少付的。特别在1928—1929年，因遭荒年付得更少。

（二）马仰清从1929年起借洋50元，有指地约，月利2分，从1928至1936年才算还清了本，到现在还欠利息30.28元挂在马维新的"揭账"上。但是马仰清先后已还利息 71.88 元，超过本洋 140%。

马师云、马仰清在马维新的眼中都算是农民里边的"可靠"人物，然而也还难以全部付清利息。其他的农民，在"揭"钱后，还清本利的困难，是可以想象到的。在马维新的"揭账"上，可以看到不少这类多年"揭账"不能还清的债户，虽然他们揭的款项是很小的。他们用工，用草，用西瓜，用猪肉、羊肉，用谷子，用豆子，用麦子，用一切他们所有的东西来付利息，但结果仍然还不清。高利贷真像一条毒蛇，盘绕在农民身上，吮吸着他们的血液。

马维新的放账，还采取"伙喂驴"的形式。

伙喂驴就是地主出钱买驴，作价若干，给伙喂人喂养。伙喂人在领驴之前，还须给地主立伙喂驴的"约"，约文举例如下：

"立伙喂驴文约人赵满斗，今喂到衍福堂名下黑四眉草驴壹头，拾叁岁口齿，同人言明作本钱叁拾仟文，日后卖驴之日，除本以外，见利二分公分，此照

光绪三十二年十二月初九日　立

中见人　刘仲福
代笔人　吴殿成"

在伙喂期内，伙喂户有使用权。地主在收租期间或必要时亦可使用，但不得妨碍伙喂户在农忙时的生产。

当伙喂一方不愿伙喂时，可向对方提出卖价，对方有承买的优先权。如对方不买时，可卖给第三者，卖价首先必须还本，还本后，如有盈余或不足，均由双方对半分担。

伙喂驴，均为母驴。在伙喂期间，生下小驴驹，卖掉后亦须首先还本，还本后如有盈余亦由双方平分。平常，一个母驴，生下两个小驴驹后，即可将驴本钱还清。以后母驴的卖价，即可完全平分。

据马维新谈，以前驴价便宜，伙喂驴利息不大。但地主为驮租及其他需要，常伙喂若干，以供临时使用。现在驴价昂贵，伙喂最有利。但在马维新的"牲畜典账"上（地主的伙喂账常同典地账放在一起），他过去伙喂驴有十余头之多，但在去年只剩下四头了。伙喂驴减少的理由和放高利

贷减少的理由是一样的——都是由于在人民政权下，担心收不回本利来。

为明了伙喂驴的具体情形，举一例如下：

李嘉雄于 1933 年 11 月 3 日伙喂 16 岁黑草驴一头，作本大洋 20 元。1936 年 4 月 28 日，马维新收李驴本大洋 9.3 元。9 月 21 日收驴本大洋 1元。1937 年 6 月收驴本大洋 9.7 元。驴本于 1937 年还清。母驴于 1935 年生驴驹一头，卖洋 14.3 元。母驴出卖后得洋 30.6 元，两项共合洋 44.9元。除驴本银 20 元，盈余 24.9 元。两方平分，每方得洋 12.45 元。

这种"伙喂驴"地主除平常可以无代价地使用牲口外，20 元本在 40个月内还得到 12.45 元的利息，等于月利 1.5 分。

但伙喂驴也有赔本的时候，这叫做"赔头钱"。在马维新的账上，有不少这类欠马维新驴本钱的"花户"（户头）。

附件四　各种借贷契约实例

（一）

立指牛驴揭钱文约人任富月，今将自己黑草驴一头、红犍牛一锒指揭到

马鸣可名下钱本拾仟文，同人言明，每月每仟加贰分出利，日后卖驴牛之日，本利清还，此照

中见人　李兆奎

道光二十八年八月初二日　立

（二）

立指羊揭钱文约人蒋春生，今将自己大小山羊三十七只，指揭到

马鸣凤名下钱本拾捌仟文，同人言明，每月每仟加壹分捌厘行息，日后卖羊之日，本利一并清还，此照

写见人　刘禹兴

同治元年四月十七日　立

（三）

立指驴揭钱文约人申元科，因为用钱，今将自己黑草驴一头，八岁口

齿，情愿出指于

崇盛西号下揭本钱拾肆仟文，同人言明每月每仟加壹分柒厘行息，日后卖驴之日，本利一并清还，不许短少，以此照

中见人　冯世富

光绪二十八年十二月二十五日　立

　　（四）

　　立指马揭钱文约人李登林，今将自己买到白马一匹，三岁口齿，情愿指揭到

崇盛西名下钱本叁仟文，同人言明每月每仟加叁分行利，嗣后卖马之日，本利一并清还，此照

中见人　刘际明

道光二十年七月二十三日　立

　　（五）

　　立指地驴揭钱文约人李永财，今将自己枣树峁西塌沟坪地一段，约有二垧，瓜坡在内，黑驴一头，八岁口齿，情愿出指于

崇盛西名下揭钱本拾贰仟文，同人言明，每月每仟加壹分伍行息，日后卖驴之日，本利一并还清，恐后无凭，此照

吴其财　知见

道光二十五年二月初五日　立

　　（六）

　　立指工揭钱文约人李占乐，今将自己前指四年工一载，情愿出指于

五福堂名下揭本钱壹仟伍佰文，同人言明每月每仟加叁分行息，日后揽工之日，本利一并还清，不许短少，恐后无凭，此照

中见人　刘步奎

光绪三年二月初二　立

　　（七）

立揭钱文约人李登林，今揭到

崇盛西名下揭本贰仟文，同人言明每月每仟加贰分

行息，恐后无凭此照

　　　　　　　　　　　　　　中见人　李彦光

道光十九年十二月十五日　　立

　　（八）

　　立揭窑孔文约人刘生万，因为用钱，今将自己所分到石窑二孔，门窗俱全，大门出路水路各依旧界，情愿指于

衍福堂名下本钱陆仟文，言明贰分行利，日后还钱之日，按月清算本利，不许短少，此照

　　　　　　　　　　　　　　中见人　李凤飞

　　　　　　　　　　　　　　代书人　马瑞铭

民国五年十二月二十七日　　立

　　（九）

　　立指地揭钱文约人李丰勋，因为用钱紧急，今将自己祖地名唤麒麟湾坟周围前后湾地六垧，具梁杨沟条地三垧，段地圪坡在内，情愿出指于

崇德厚名下揭本大钱壹佰伍拾仟文，同人言明每月每仟加壹分贰厘行息，日后还钱之日，本利一并还清，不许短少，此照

　　　　　　　　　　　　　　中见人　李功修

　　　　　　　　　　　　　　代书人　李加永

　　　　　　　　一九一四年十二月二十二日　　立

　　（十）

　　立出典地文约人刘香明，因为用钱紧急，今将自己死人沟前后沟条圪坡圪塄地一垧，情愿出典于马鸣凤名下管业，同人言明典价钱伍仟柒佰文，常交足，随带本地原粮钱三十钱，长年本主完纳，此照

此地原主租种，每年除过粮钱外，出租钱壹仟叁佰陆拾捌文，指辖驴一头，如后卖之日，本利清还

　　　　　　　　　　　　　　　　地

　　　　　　　　　　　　　　保钱文　曹保富

　　　　　　　　　　　　　　　　驴

同治五年十二月十八日　　立

十二　马维新的安伙子

马维新家从光绪年间起，到现在止，大多数年份内有"安伙则"（或称安伙子）。这就是地主出种子、肥料、牲畜、农具等一切，而伙子只出劳动力的伙种土地的经营方式。当时凡伙子平日吃用的粮食、柴炭，都由地主抵垫，到秋收后才清还。伙子所住土窑，大都也是地主的。这类伙子，一般是外村或本村一无所有的农民，在经济上完全依附于地主。他们除种地之外，平日还得给地主锄草、送粪、帮种、帮割、帮打地主自种的麦子（照例，马维新每年自种几垧麦子地）。地主有差使就得去伺候。伙子的妻子，平日也有供地主使唤的义务。伙子如整天或大半天在地主家做事，则吃地主家一两顿饭。如做工日数多了，则除吃饭外，地主有时也给点工资，但比普通工资要低一倍以上。过年过节，地主家请伙子吃顿饭，作为平日零星使唤伙子的酬劳。

历来这种伙种地的收成除去种子、牛料后（每垧地出牛料5升）一律平分。在伙种地内，地主家拨给伙子一二咀地种瓜、山药，其收成全归伙子。柴草跟牲畜走，全归地主。地主家则分给伙子一二背黑豆秸或几捆高粱棒棒，做引火柴用。

为明了过去伙种的具体情形，我们从马维新家1894（光绪二十年）—1915年的两本"伙账"上，整理出宣统元年内两个伙子的材料如下。

1909年（宣统元年）马维新家有两个伙子，一名燕仲海，一名高尚仲，共种本村地47垧[1]。他俩的种子是地主的。其借账如下：

2月12日（均阴历）借春麦4.5斗；闰2月17日还春麦0.2斗[2]

又还豌豆3.5斗　　又还豌豆0.25斗

又还扁豆1斗　　又还扁豆0.3斗

---

① 当时因人少地多，地种得马虎，故每个伙子种的地比较多。

② 这一项目，是原借种子用不完而退还的，故有的当日借当日还。

又还黑豆 7 斗　　又还黑豆 0.65 斗

闰 2 月 21 日借谷子 4.1 斗　2 月 28 日还

谷子 1.1 斗

又还绿豆 1.5 斗　　又还绿豆 0.3 斗

又还小豆 1.5 斗　　又还小豆 0.3 斗

又还大麻子 1.5 斗

3 月 4 日借黍子 1.3 斗

又豇豆 0.8 斗

28 日借红豆 1 斗　28 日还红豆 0.1 斗

又还糜子 0.5 斗　　又还糜子 0.3 斗

8 月 10 日借冬麦 1.7 斗

他俩平日使用的钱，也是向地主家借的。今将燕仲海的借钱账列下：

"光绪三十四年底下①借钱 18266 文。

宣统元年二月初七借上炭 103 斤（每斤大钱 3.8 厘，合大钱 391 厘）

闰 2 月 15 日借上炭 101 斤（每斤大钱 3.8 厘，合大钱 384 厘）

3 月 28 日借上炭 100 斤（每斤大钱 3.8 厘，合大钱 380 厘）

5 月 16 日借大钱（短工钱②）219 文

5 月 16 日借上炭 99 斤（每斤大钱 3.4 厘，合大钱 337 厘）

6 月 10 日借大钱 288 文（1 斗盐的钱）

6 月 17 日借钱 325 文（戏钱③）

20 日借钱 90 文（短工钱）

27 日借钱 180 文（短工钱）

29 日借钱 600 文（短工钱）

12 月 16 日借大钱（上炭 105 斤）367 文

本年共借大钱④2366 文

---

① 下借即"积欠"。

② 伙子雇短工，在地主家吃饭，工钱由伙子给。

③ 戏钱，即社戏钱，双方平分。

④ 当时大钱指制钱（皇钱），钱指票钱，平常 1.5 票钱抵一个大钱。

共借钱 1195 文

12 月 26 日借钱 400 文

闰 2 月内借白酒 1 斤。"

他俩平日使用的粮，也是向地主家借的。今将燕仲海的借粮账列下：

"光绪三十四年底下借黑豆 5.2 斗　米 2.5 斗

宣统元年二月十一日借谷 4 斗　　　　　　黑豆 2 斗

闰 2 月 9 日借谷 4 斗　　　　　　　　　黑豆 2 斗

3 月 9 日借谷 4 斗　　　　　　　　　　黑豆 2 斗

4 月 12 日借谷 4 斗　　　　　　　　　　黑豆 2 斗

5 月 11 日借谷 4 斗　　　　　　　　　　黑豆 2 斗

6 月 10 日借谷 4 斗　　　　　　　　　　黑豆 2 斗

6 月 7 日收冬麦 4.1 斗（内麦 1 斗顶黑豆 1.5 斗）

7 月 9 日借谷 4 斗　　　　　　　　　　黑豆 2 斗

8 月 17 日借谷 2 斗　　　　　　　　　　黑豆 2 斗

9 月 19 日借谷 2 斗

9 月 30 日　　　　　　　　　　　　　　黑豆 1 斗

共借谷 3.2 石，黑豆 2.22 石，米 2.5 斗，存麦 4.1 斗

12 月 21 日借米 1 斗，白豆 1 斗。"

到了夏收秋收时，他俩开始同主家分配粮食。其分粮情况如下账：

"（一）6 月 10 日收豌豆 7.4 斗，去种子 3.25 斗①，二大分②每分分 2.075 斗，二小分，每分分 1.037 斗。燕仲海还主家粮账豌豆 1.03 斗，高尚仲同。

（二）6 月 17 日收春麦 8.9 斗，去种子 4.3 斗，二大分，每分分 2.3 斗，二小分，每分分 1.15 斗。燕仲海还主家粮账春麦 1.115 斗，高尚仲同。

（三）6 月 26 日收扁豆 2 斗，去种子 7 升，二大分，每分分 6.5 升，

---

① 种子从"大堆上"（即未分配的粮食堆上）除去。

② 二大分即地主家与伙子分，二小分即两个伙子分。

二小分，每分分 3.25 升。燕仲海还 3.2 升，高尚仲同。

（四）8 月 25 日收小豆 4.3 斗，去种子 1.3 斗。二大分，每分分 1.5 斗，二小分，每分分 7.5 升。燕还 7.5 升，高同。

（五）8 月 26 日收豇豆 3.1 斗，去种子 8 升。二大分，每分分 1.15 斗，二小分，每分分 5.75 升，燕还 5.7 升，高同。

（六）8 月 26 日收绿豆 6.2 斗，去种子 1.2 斗。二大分，每分分 2 斗，二小分，每分分 1 斗。燕还 1 斗，高同。

（七）8 月 27 日收白糜 2 斗，红糜 8 升。

9 月 3 日收红豆 7 斗。

9 月 11 日收小麻子 6 升。以上三宗共去种子 2 升。二大分，每分分 5.1 斗，二小分，每分分 2.55 斗。燕、高各还糜子 2.25 斗。

（八）9 月 3 日收红豆 1.6 斗，去种子 9 升。二大分，每分分 3.5 升。二小分，每分分 1.75 升，燕、高各还 1.7 升。

（九）9 月 19 日收谷则 8.9 石，去种子 3 斗。二大分，每分分 4.3 石。二小分，每分分 2.15 石。燕、高各还 2.15 石。

（十）9 月 25 日收黍 3.56 石，去种子 1.3 斗。二大分，每分分 1.715 石，二小分，每分分 8.57 斗。燕、高各还 8.57 斗。

（十一）9 月 30 日收黑豆 7.5 石

10 月 6 日收黑豆 0.8 石

10 月 8 日收黑豆 0.39 石

以上三宗共 8.69 石，去种子 1.35 斗。每垧地去牛料黑豆 5 升，47 垧地共去牛料 2.35 石。二大分每分分 2.85 石，二小分每分分 1.425 石。燕、高各还 1.425 石。

（十二）11 月 3 日收大麻子 6.7 斗，去种子 1.5 斗。二大分每分分 2.6 斗，二小分每分分 1.3 斗。燕、高各还 1.3 斗。

总计共收杂粟 26.11 石。燕、高各分 5.318 石。"

可见，在秋收后，燕仲海、高尚仲所分得的杂粟，均还了地主家的钱、粮账。燕仲海用下列粮食还了钱账，计：

"冬麦 3.1 斗（每斗 300 文）

扁豆 0.32 斗（每斗 400 文）

小豆 0.75 斗（每斗 300 文）

豇豆 0.57 斗（每斗 300 文）

绿豆 1 斗（每斗 400 文）

红豆 0.17 斗

面兑（即'当面对'的意思）：下借市钱 17.903 文。

借大钱 2.357 文。"

燕仲海用下列粮食，还了粮账，计：

"谷子 2.15 石　　黍 0.857 石

糜子 0.255 石　　大麻子 0.13 石（顶谷 0.26 石）

黑豆 1.425 石　　豌豆 0.103 石（顶谷 0.154 石）

春麦 0.115 石（顶谷 0.175 石）

前账转来取冬麦 0.31 石

面兑：借米 3.5 斗　　借黑豆 1 斗。"

从上可见伙子劳动终年，结果是还了老账，欠了新账。而马维新却说："伙子的账，一辈子还不清。"

伙子虽然遭受地主十分残酷的剥削，但伙子的生活，仍然是很不安定的。地主常常不满意伙子，而经常调动他们。从马维新两本伙账上，可以看到，从 1894 年（光绪二十年）起至 1915 年止这 22 年内，伙子的变动情形如表 33 所示：

在 22 年内，马维新家共调换了 27 个伙子（其中一人当了 2 次）。其中伙种时间最长的 7 年，最短的 1 年，而一年的却占最多数！

马维新于 1915 年后安伙子的情况，不完全清楚，因为专门的"伙子账"，从那年起，就没有了。可以知道的，是从那时起，安种地的垧数减少了，伙子也减少了。根据他的"银钱粟物支账"，他在 1923 年有一个伙子，名叫郭仲庆，安种 22 垧地。1924—1925 两年内，伙子名叫高余秀，安种地数量似未变（这两年账上只有收成，没有垧数，故不敢断定垧数）。可见，此时的伙种地及伙子的数量，都较 1915 年时减少了一半。如同光绪二十年时比较，则安种地只及其 1/4，伙子的数目只及其 1/3。据

表 33

年份	伙子数	伙子姓名	年份	伙子数	伙子姓名
1894 年（光绪二十年）	3	周学孔、马安福、乔崇鹅	1905 年（光绪三十一年）	2	雷生堂、白玉治
1895 年（光绪二十一年）	3	周学孔、杨柱才、乔崇鹅	1906 年（光绪三十二年）	3	高登月、燕仲海、燕仲富
1896 年（光绪二十二年）	3	周学孔、乔进业、乔崇鹅	1907 年（光绪三十三年）	3	高登月、燕仲海、乔海业
1897 年（光绪二十三年）	3	周学孔、乔进业、任秉福	1908 年（光绪三十四年）	2	燕仲海、燕来春
1898 年（光绪二十四年）	3	周学孔、乔进业、任秉福	1909 年（宣统元年）	2	燕仲海、高尚仲
1899 年（光绪二十五年）	3	周学孔、高加盛、郭凤岐	1910 年（宣统二年）	2	燕仲海、高尚仲
1900 年（光绪二十六年）	3	周学孔、高加盛、郭凤岐	1911 年（宣统三年）	2	燕仲海、高尚仲
1901 年（光绪二十七年）	3	高登月、马九福、巩殿成	1912 年	2	燕仲海、高尚仲
1902 年（光绪二十八年）	3	高登月、姜如桂、李名花	1913 年	2	马义财兄弟二人
1903 年（光绪二十九年）	3	李加车、窦树元、李名花	1914 年	2	马义财兄弟二人
1904 年（光绪三十年）	2	雷生堂、李名花	1915 年	2	李登实、乔崇甫

马维新谈，自 1915—1916 年后，年成常好，租额提高，出租比安伙子有利，所以安伙子就减少了。到 1926 年，马维新的安伙子根本就停止了。过去安种的地，改成租种了。他向来安种的白草圪地 8 垧，后官道地 2.5 垧（此地共 5 垧，2.5 垧自种），于 1926 年租给了刘成万，鸦儿岔阳背地 5 垧，于同年租给了刘生春，前长亮坪地 2.5 垧租给了李光枝（此地于

1929 年冬转租给了刘成万）。还有上官道山地 1 垧于 1927 年也租给了刘成万。这种租地同其他租地的特点，是在租子上加收引火柴，因地主停止"安伙子"以后，柴草缺乏，故以此办法来补救。这种办法到 1931 年以后，普及了本村许多其他的租户。

但自 1939 年起，马维新的租佃关系，又发生了新的变动。这就是伙种形式的采用。据马维新谈，伙种形式，平常存在于"小户户"之间，大地主一般不采取这种形式。但自 1939 年起，由于人民政府减租政策的影响，伙种较出租有利，所以伙种又开始被采用，"安伙子"也重新恢复起来了。

自 1939 年起，马维新从艾家峁底郭青山的租地中抽出小元圪塔地 7 垧，官道山地一垧共 8 垧，给刘成祥伙种（抽出时的名义为"自种"）。这 8 垧地抽出后，郭青山租额减少了 3.4 石，故此地租额应以 3.4 石计算，每垧租额为 4.25 斗。这是很高的租额。

自刘成祥伙种后〔刘连续种了 3 年，但第二、第三两年只种 7 垧，一垧租给"支会"（即中国共产党的区委会）种了〕，马维新于 1939—1941 年内分得粮食如表 34 所示：

按：伙种的分法，是一切粮食对半分，打甚分甚。柴草跟粪走，谁家上粪，谁家得柴草，两家上粪，两家平分。谷子两家均不上粪，两家平分。

表 34

1939 年	实收	1940 年	实收	1941 年	实收
春麦	1.3 斗	春麦	1.2 斗	春麦	1.4 斗
谷子	8.7 斗	谷子	6.2 斗	谷子	8 斗
黑豆	7.6 斗	黑豆	6.6 斗	黑豆	8.9 斗
黍	3.4 斗	黍	1.3 斗		
豇豆	1.2 斗	豇豆	0.6 斗	白豆	0.6 斗
小豆	0.7 斗	绿豆	0.9 斗	绿豆	1 斗
豌豆			0.4 斗	豌豆	0.7 斗
折成谷子[1]	2.515 石		2.07 石		2.335 石

[1] 折合法见前。

从表 34 可以看到，在没有实行减租政策以前，对地主来说，伙种没有租种有利，三年分得的粮食，第一年没有达到 3.4 石，第二、第三年也没有达到 2.975 石（减去一垧地的租额 4.25 斗）。但在实行减租政策之后，情形就不同了。1940 年是四成交租、实交租额应为 1.19 石；1941 年是六成交租，实交租额应为 1.785 石。故减租后，伙种在 1940 年比租种多得 8.8 斗，在 1941 年多得 5.7 斗。1940—1941 年的伙种，我们是以对半分计算的。事实上，也是如此。这二年伙种的减租，一般未实行。但如果照今年规定，伙种从对半分减到四六分，则 1940 年应分 1.656 石，1941 年应分得 1.868 石，如是则在 1940 年分得的仍多于应收的租子 4.66 斗，1941 年分得的，仍多于应收的租子 8.3 斗。所以伙种减租后，仍然比租种对地主更有利些。此外地主从伙种中还可分到好粮食和柴草。

1940 年，刘成贤还伙种马维新青糜咀地 4 垧，收谷子 8.4 斗、绿豆 1.5 斗。原地租额 1.2 石，现实收租粮 1.14 石，同不减租的租额相差不远。

从 1941 年起，马维新家又开始安了一个伙子，伙种 13.5 垧（内青糜咀地 6 垧，原租粟 1.9 石；舍窠湾地 6 垧，原租粟 1.8 石；老汶湾地 1.5 垧，原租粟 5.5 斗），伙子是刘成万。计马维新于当年除种子、牛料外平分共分到：

春麦 2.3 斗，谷子 12 斗，糜子 5.5 斗，黍子 8.9 斗，黑豆 16.7 斗，红豆 1.4 斗，小豆 2 升，绿豆 5 升，豇豆 1.8 斗。共收杂粮 4.86 石，合粗粮 5.45 石。

刘成万所种 13.5 垧地，其原租额 4.25 石。今年安伙子耕种，地主共分得 5.45 石，比未减租的原租额还超过 1.2 石。对地主来说"安伙子"比租种有利，是很显然的。

今年马维新仍然安一个伙子，安种地 15 垧，伙子名巩万盛。此外，何具才伙种地 6.5 垧，张国富伙种地 3.5 垧。

连着安种的在内，马维新于 1939 年共伙种地 8 垧，1940 年共伙种地 11 垧，1941 年共伙种地 20.5 垧，1942 年共伙种地 25 垧。可见，自 1939 年以来，马维新的伙种地是一年年增加的，但总的数量仍不算大。据马维新谈，这是由于人民政府的法令限制地主不能自由抽回自己土地的缘故。

至于马维新自种地的垧数，每年平均在 5—8 垧之间。平常的所谓"收回自种"，实际上不过是收回伙种或安种的别名。

今年人民政府规定：安种的减租，如果不去牛料，则为 45 比 55 分，即地主得 45%，伙子得 55%，如果除去了牛料，则为 40 比 60 分。伙种一律 40 比 60 分。

根据人民政府规定，关于自种、伙种、安种三者的利害，可从下面一个例子中看出：

平常一个伙计或伙子，能种 15 垧地，就以这个为标准做比较，同时假定每垧产量为粗粮 5 斗。

（一）雇伙计 1 人，种 15 垧地，打粮 7.5 石。除去伙计一年需吃粗粮 2 石，取工资 1.5 石，则每年地主可得粗粮 4 石，除去牛料 7.5 斗，可净得 3.25 石。

（二）如伙种，以 40 比 60 分计算，则地主可分得粗粮 3 石，还可分点干草。

（三）如安种，不去牛料，以 45 比 55 分计算，则地主分到 3.375 石，除去牛料 7.5 斗，实分得 2.625 石。如先去牛料 7.5 斗，然后 40 比 60 分，则地主实分得 2.7 石。

从上面的例子中可以看出，地主付出一切其他"抵垫"（生产投资）的安伙子，还不及地主只出土地的伙种对他们更为有利。

雇工自种当然对地主比较有利，但由于杨家沟的地主，自己不惯直接参加生产，所以雇工经营的结果不一定对地主有利。今天的地主，比较愿意安种或伙种而不愿自种的原因，就在这里。

由于安伙子的伙子缺乏独立生产的条件，所以伙子对地主在经济上的依赖性大，一个伙子只能受"安"于一家地主，而不能兼"安"于两家地主。从地主方面来说，也必须有牲口，有 20 垧以上的地（一个伙子普通需种 20 垧以上的土地），才能安一个伙子。至于伙种的佃户同地主的关系，则比"安伙子"的伙子带有更多的独立性。他同时可以租种或伙种其他地主的土地。

但现在的伙子较之从前，已经有了很大的区别。他们不像从前那样，一切吃的用的都要靠地主了。只在青黄不接之时，他们才从地主那里借一二斗米，如像今年的巩万成。至于去年的刘成万，则根本未向地主借过吃用的东西。他们除"安"种地主的土地外，还租种着地主家的土地，如像去年的刘成万，就是如此。由于人民政权建立，近几年来伙子的生活，比从前有了改善。他们虽没有从"躺着"的地位站起来，但他们是慢慢地"坐起"来了（一个伙子说的）。今年人民政府规定地主不能由减租而调动伙子或伙种户。这个决定实行后，他们的生活，会得到更好的保障，是无疑的。

十三　马维新的雇用劳动

马维新家的雇用劳动力比较多，而且有"工账"，所以研究这方面的材料比较容易。其雇用工人中，有男长工（这里叫"伙计"），男短工，女长工，女短工，各种匠人，奶妈，洗衣妇，童工等，名目很多。今举1916 年、1926 年、1936 年、1941 年四年雇用工人的具体情况为例，以见其雇用工人的一斑。

1916 年，雇用工人种类、工作时间、工资的具体情况如下：

按：凡吃饭不给工资的男女零工，均不计在内。有一部分零工账，记在"支账"上的亦未计入。

女工：奶妈乔店高妻，全年工作，每月 700 文。

奶妈马守昌妻，做工 5 个月，每月 1000 文。

长短工，郭家，做工 137 天，每天 10 文。

长短工，李嘉治妻，做工 63 天，每天 10 文。

童工：拦羊的孩子王铁儿，全年 9000 文。

男短工：刘启明，2 月 2 日做工 1 天，2 月 8 日 1 天，3 月 5 日领工资 220 文，每天 110 文。又 6 月 8 日 1 天，10 月 28 日领工资 120 文。

石工：马师具，共工作 14 天，每天 120 文。又工作 14 天，每天 180 文。又李克业，共工作 8 天，每天 180 文。

木工：刘丕显，共做工 21.5 天，每天 160 文。又做工 5.5 天，每天120 文。

柳工：张大，共做工 15 天，其中 10 天，每天 200 文，其中 5 天，每天 100 文。

共雇木、石、铆工、短工 355 天，付工资大钱 37605 文。

共雇女工，奶妈 652 天，付工资大钱 15400 文。

男长工：吴店喜全年工资 35000 文

张国亮全年工资 29000 文

李明花全年工资 30000 文

张臭儿全年工资 18000 文

当时粮食价格，米每斗平均 1200 文，一个长工一年的工资，可以买米 2.5 石，每天 120 文的工资，可以买米 1 升。当时工资都用钱，不用银元、钞票。马维新全年共雇工 2447 天，共付工钱 165005 文，合米13.7 石。

在工资方面，女短工工资比男短工低 12 倍，女长工比男长工低 10倍。木、石、铆工，工资差不多。男童工及男青工工资比男子成年要低。

1926 年。

女工：奶妈，高家，全年做工，每月工资 1000 文。

奶妈，刘家，从 1925 年 12 月 23 日—1926 年 3 月 3 日，共奶 70 天，每月 1000 文。

奶妈，白玉尚家，每月钱 2000 文，油 8 两，共取钱 16000 文，油7.75 两。

女长短工：田家，每天工资 45 文，11 月后增加到 50 文。

男短工：李正旺，5 月 28 日做工 1 天，工资 500 文。

雷嘉位，2 月 6 日做工 1 天，工资 200 文。

又　5 月 28 日做工 1 天，工资 500 文。

张而周，4 月内做工 2 天，每天 300 文。

马守英，1 月 19—20 日，每天 200 文。

又　10 月 28 日，每天 200 文。

李克枝，4 月内做工 1 天，420 文。

又　5 月 28 日—7 月 17 日共做工 14 天，每天 500 文。

刘成万，3 月 2 日 1 天，300 文。9 月 18 日 1 天，500 文。

李驴儿，10 月 1 天，12 月 1 天，每天 200 文。

匠人，郭树堂，9 月内 2 天，每天 600 文。共雇木、石、短工 269.5 天，付工资钱 53270 文。

共雇女工、奶妈 821 天，付工资钱 53340 文。

长工：李开文，全年工资 46000 文。

申长恩，全年工资 38440 文。

李明花，全年工资 33400 文。

当时粮价 1.2 元 1 斗。银元开始使用。但支付工资仍然用钱，工人吃亏不小。每元兑钱 4000 文，每斗米合 4800 文。一个男长工的工资差不多只能买 1 石米。所以 1926 年名义工资虽然提高了，但米价提高比工资提高得更快，所以实际工资反而降低了 1 倍多。马维新全年共雇工 2170.5 天，共付工钱 224450 文。工数比 1916 年减少 277 天，工资数增多 79445 文，但合成米数却从 13.7 石减至 4.5 石了。

这里明显可以看出季候工资的高低不同。在 10 月后（均指阴历）到 2 月是农家的农闲时期，短工工资便宜，三四月后到 9 月，是农忙时期，短工工资贵。其比例为 2 比 5。

一般工资均用钱支付，但奶妈白玉尚家工资，每月除 2000 文外，还附加油 8 两。

1936 年。

女工：奶妈刘家，1 月 16 日—8 月 5 日，每月工资 1.8 元，共取洋 11.13 元。

女长工：马丑女儿，1935 年 4 月 26 日—1936 年 5 月 6 日，共做工 340 天，每月工资 0.8 元，取洋 10.07 元。

女长短工：张家，共做工 99.5 天，取洋 3.98 元，每日工资 3.8 分。

男匠工：木工，王应明，做工 10 天，每天 2 角，共取洋 2 元。

石工：李凌云，闰 3 月时每天 1.5 角，5 月后每天 2 角，共做工 5 天。

又石工，马守直，8月10—11日，做工2天，每天2.5角。

男零工：王化修，工作20天，每天1角。

共雇男工5人（石工2人，木工1人，零工2人），女工7人（女长工1人，女零工5人，奶娘1人）。

共雇木、石匠、短工90.5天，付工钱15.18元。共雇女工、奶工655.5天，付工钱29.73元。

男长工：马师海，全年30元，乔崇明，半截工，19元。

当时米价，春季每斗1.4元，秋季2.5元。一个长工工资如以1.4元计算，可买米2石余，如以2.5元计算，则只能买米1.2石。每天2角钱工资可买米1.4升或8合。马维新全年共雇工1686天，共支付工资洋93.91元，平均合米4.6石。比1926年少雇工484天，多付工资144100文（每元合钱5000文），但合成米数则相差很少。比1916年，则工数更少，钱数更多，米数更少。

女工：女长工，高家（老婆子，烧饭的），从正月初一日到12月28日全年工资12元，每月工资1元。

女半年工：李长庭女，从7月1日—12月16日，共5.5个月，共取工资4.5元，每月8角。

女零工：李长庭家，正月至6月共做工41.5天，每天1.2角。

又　8—12月共做工10天，每天1.2角。

女月工：姜家，从4月18日—5月15日，取糠2斗。

男工：男半年工，蒋桃儿，从7月1日至今年1月15日共做工174天，工资170元，每天约1元。

男月工：王大，从闰6月15日—7月28日，共35.5天，取洋106.5元，每天3元。

男零工：马守常，5月27日—6月6日，共9天，取洋18元，每天2元。李发云，11月做工3天，每天3.3元。

匠人：石工李庆富，2月内做工2天，每天4.5元。

又马守梁，9月内做工2天，每天4.25元。

木工，王喜财正月至2月内做工3天，每天工资2元。

又 4 月内做工 2 天，每天工资 2.5 元。

又 7 月内做工 1 天，每天工资 3 元。

铁工：郭怀义，4 月内做工 1.5 天，每天 8 元。

人工与驴工：马守裕，人工：9 月 29 日—11 月 30 日；驴工 10 月 5 日—11 月 21 日。共人工 61 天，驴工 46 天，每天人驴各 1 元，共 107 元。

共雇男工，木、石、铁工、短工 389 天，共付工洋 610.5 元。

共雇女长、短工 901.5 天，共付工洋 57.99 元（此时奶妈没有了）。

长工，周丙常，全年工资 220 元，生了半年病，故多雇男子长短工。

1941 年米价春季 15 元 1 斗，秋季 30 元 1 斗，一个长工工资如以春季米价计算，可买米 1.4 石，如以秋季米价计算，只能买 7.3 斗。马维新全年共雇工 1650.5 天，共支付工洋 888.49 元，如米价每斗平均以 22 元计算，则实支出米 4 石。显然，他去年所雇工数及所支工资实物数，比以上 3 年均少。而这还是在长工病了半年，不能不多雇长短工的条件下。

这一年的特点是长工少雇，零工多雇，男工少雇，女工多雇。女工工资低于男工工资 14 倍。因长工减少，牲口减少，故收租季节开始雇用人工与驴工了。

为更加明了起见，今将上述情况，列表 35 如下：

表 35

年　份	1916 年	1926 年	1936 年	1941 年
短工日数	1007 天	1090.5 天	746 天	1290.5 天
短工工资总数	53005 文	106610 文	洋 44.91 元 合钱 224550 文	洋 668.49 元
长工数	4 人	3 人	1.5 人	1 人
长工日数（天）	1440	1080	540	360
长工工资总数	112000 文	117400 文	洋 49 元 合钱 245000 文	洋 220 元
长短工日数总计（天）	2447	2170.5	1286	1650.5
长短工工资总计	165005 文	224010 文	洋 93.91 元 合钱 469550 文	洋 888.49 元
折米数（石）	13.7	4.5	4.6	4

从上表可以看出，马维新家从1936年起，经济上有日益紧缩的趋势。长工短工的工数，有了明显的减少。1941年短工工数，虽有增加，但其中因长工病了半年，故增加得比较多些。如果去掉180天，则短工日数实为1110.5天，比1936年只多364天。全部短工日数中，女短工占了901.5天，差不多占了全部短工日数之70%，而女短工的工资则是特别的低，这在实物工资只及4石小米的数目中，也明显地表示了出来。这种少雇长工，多雇一些短工，尤其是女短工，对地主说来不但在经济上需要，而且在政治上（"缩小目标"）也是需要的。

按：马维新1916—1918年，每年雇长工4名，从1919—1927年，每年雇长工3名，从1928—1940年每年雇长工2名，自1941年起，每年只雇长工1名了。

为明了1916年来历年各种工资的变动，列表36如下：

历年雇工工资统计

表36　　　　　　　　　　　　　　　　　　（此表均根据马维新历年"工账"）

年份	男长工（年）	男短工（日）	女长工（月）	女短工（日）	木工（日）	石工（日）	泥工（日）	铁工（日）	画工（日）	奶妈（月）	洗衣（年）
1916年	20—35千文		300文	10文	120文	120文				700文	
1917年	30—35千文	60—100文	300文	10文	150文	130文	200文		200文	700文	
1918年	30—40千文	120—180文	200文		200—300文			600文	260文	900文	
1919年	30—46千文	130—250文	200文		300文	330文			320文	1000文	
1920年	40—44千文	120—200文		13—26文	30文	300文	300文	800文		2000文	
1921年	28—44千文	100—200文	200文	10—10.5文	180文	200文	200文			2000文	
1922年	28—44千文	80—120文	600—800文		200文	200文	340文	600文		2000文	

续表

年份	男长工（年）	男短工（日）	女长工（月）	女短工（日）	木工（日）	石工（日）	泥工（日）	铁工（日）	画工（日）	奶妈（月）	洗衣（年）
1923年	30—44千文	100—200文	500—800文		220文			700文		1000—1500文	
1924年	35—44千文	120—150文	700文	40文	300文			1350文		1200文	
1925年	37—46千文	150—200文	700文		300文	300文	500文	1200文		1200文	
1926年	10—12元	200—500文		45—50文						1000—1200文	
1927年	18元	300—800文	1500文			850文				2000文	
1928年	28—30元	300—700文	1200—1500文	100文	1000文	1000文	1400文	1—1.6元			
1929年	26元	150—220文	1500文	100文		500文	550文	0.65元			
1930年	21—28元	400—800文	2000文	100文	3角		2—3角	1.2元			
1931年	37—38元	1000—1500文	3000文	130—200文	3角	3角		1.2元			
1932年	42—44元	1—2角		170文	2角	2.5—3角				1.5—2元	
1933年	32—33元	1.5—2角	3000文	200文		2—2.5角		0.8元		1.5—2元	
1934年	33—38元	1—2角	5000文	200文	2角	2角		0.8元		1.5—2元	
1935年	23—29元	8—10角	7角	200文	1.4角	1.6角				1.8元	
1936年	30元	1角	11元（年）	3.4分	2角	2.5角		1元		1.8元	
1937年	44元	1角			2—3角	3角		1元			米2斗，黑豆1斗

续表

年份	男长工（年）	男短工（日）	女长工（月）	女短工（日）	木工（日）	石工（日）	泥工（日）	铁工（日）	画工（日）	奶妈（月）	洗衣（年）
1938年	52元	2角	9.6元（年）		3.5角			1元			米2斗，黑豆1斗
1939年	54元	2—3角		4.4分	3.2角	4角					米2斗，黑豆1斗
1940年	94元	5—8角	9.6元（年）	8分	1元	1元		8元			米2斗，黑豆1斗
1941年	220元	2—3元	12.25元（年）	1.2角	2—3元	4—4.5元				4元	米1斗，黑豆1斗
1942年	580元	4—7元	12元（年）							5元	米0.5斗，黑豆1斗

从表36可以看出：

（一）各种工人的名义工资虽逐年增加，但实际工资，则降低2倍左右。

（二）女工工资比男工工资，均要低10倍上下。近年来，在物价很贵的条件下，女工工资相对的降低得更快。

（三）短工工资，每日平均比长工工资高些。

（四）木、石、泥工工资，相差不远。铁工工资最高，此间俗话"一做官，二打铁"，即形容铁工工资之高。

（五）女工中奶妈工资比女长工超过一倍以上，待遇也比其他女工好些，因为这是同地主后代的切身利益有关的。

（六）洗衣女工（俗称"洗恶水"）是包工制，一人可包几家的衣服来洗，有脏衣即洗，不论日数件数，每年给米豆，如表所示。

短工工资照例在工作之后，分一次两次的支付。长工工资是零星的支付，到年底结清。如女长工、高家老婆子 1941 年领取工资的情形如下：

"1940 年底欠 2.2 角。1 月 26 日取 2.5 元。2 月 15 日还 8 角。4 月 19 日还 2.2 元。闰 6 月 19 日取 5 角。9 月 24 日取 6 元。12 月 28 日取 6 元。"

如 1942 年男长工张有福，全年工资 580 元，领取工资情形如下：

"正月 21 日取 176 元，2 月 1 日取 98 元，2 月 11 日取 110 元，3 月 29 日取米 2 斗（每斗 40 元），取黑豆 2 斗（每斗 17 元），5 月 8 日取米 2 斗（每斗 40 元），6 月 20 日借米 2 斗。"

长工取工资时，取粮取钱均可，均依市价折算。

长工平日工作为担水、扫院子、扫厕所、推磨、喂牲口、驮炭、"跑打"（打杂）、接送客人、铡草等。马维新家有专门做饭的用人，故长工不管做饭。冬天，地主借给长工皮衣一件，天暖了，或长工走了，地主家仍然收回。担水时，主家发呢制披肩一块，保护衣服。地主对长工管吃不管穿。

在马维新家的长工，调动很多。自 1916 年来，他一共调动过 43 个长工（其中有 3 人均调动了两次）。调动原因，均由于地主的"不乐意"。

短工中除匠人外，其中有许多为他的租户，这些人平日在经济上依赖他，故工资较普通的为低。

在马维新的雇用关系中，还有一种比较特殊的人物，这就是他的"掌柜"。这种"掌柜"，必须是他最可信托的人。他管理讨租子，收租子，讨债收息，管理日常的一些账目（有的地主，账簿完全交"掌柜"管理，但马维新的一切账簿均由他亲自经手），赶集，支应公款公差，照顾亲戚朋友，卖出买进粮食货物，分配"伙计"在外面的工作（在家里，伙计由地主支配）。因为地主对他的依托甚多，所以待遇较好。

马维新家现在掌柜的叫高志如。他在 1937 年时，每年工资 40 元，1938 年 50 元，1939 年 70 元，1940 年 110 元，1941 年 240 元。但这类工资不像"伙计"的工资那样固定，他平日可以透支主家的钱，可以使唤主家的钱做些倒卖生意，不出利息。比如去年高志如的名义工资为 240

元，但他实际取用数目如下：

"1940年底下借钱2732文，洋55.37元。1941年2月16日取洋50元，3月20日取洋30元，5月9日取洋20元，6月20日取洋25元，闰6月17日取洋20元，7月11日取洋2元，7月24日取洋24元，11月9日取洋415元，12月29日取洋280元。共计1941年取洋496元。"

地主对于"掌柜"每年的透支，不大追究。如做生意得利则还一部分，否则挂着亦可。

"掌柜"的饭食，介乎地主家和伙计之间，每天有一次或两次同地主家吃一样的饭食，有一二次则比较差些。他出去收租讨债时，农民必须把最好的饭食"供奉"他，因为他的一言一语，都可以影响农民的生活。高志如在农民中的名声很不好，他平日欺侮农民很厉害，但正因为他能如此忠于地主，所以他的饭碗得以保留到今日。

"掌柜"在清闲的时候，可以经常回家、出去做买卖，只要不妨碍地主的事情，地主则不过问。

自1940年起，杨家沟产生了一种特殊的"伙计"，即"伙计"又兼"伙子"的伙计。他一方面给地主"拦工"（做工），做"伙计"应做的事情，但同时地主又给他"安"种几垧土地，所得粮食，以倒四六份分配（不扣除牛料，地主四、伙子六分配），当做工资。此外，地主每年还给一定数量的工钱。关于工钱的数量及"安"种地的数量，各家不同，甚至有一家（马克俭家）只给地种，完全不给工钱的。

比如马新民家的马思友，就是这样的伙计。他在1928年，在马新民家拦工（当伙计），工资40元，只"捎种"（即地主拨出一定数量的土地由伙子耕种，收获物归伙子所有，这是地主为了笼络伙子的一种办法。）3垧地，1939年，工资100元。自1940年起，工资100元，另"安"种地主的8垧土地，1941年，工资200元，"安"种地10垧。今年工资200元，安种地12垧。

关于此类伙计，是伙计还是伙子的问题，在今年9月29日的乡参议会上发生过很大的争论。地主方面说，这是伙计，不能同伙子一样看待，"参议会"的佃户参议员说这是伙子，应该同伙子一样处理。双方相持不下，后来决定交上级解决。

从地主方面说，采用这种"伙计"形式的目的，是由于地主出不起很大的工资来雇人，故以此项工资，同时把伙子变成伙计，实一举而两得。给他种了地的伙子，只要给他饭吃，即可当做伙计使用，并且伙计是可以掉换的，只要地主不乐意就有权掉换伙计，收回土地。对伙计来说，由于货币跌价，粮食价格的高涨，这种形式也有一定的好处。

十四 马维新的收入和支出

关于马维新历年收支情况，如表 37 和表 38 所示：

表 37 历年收入调查 （单位：石米）

年份	粮食	利息	商号盈余	牲畜利息	租赁	杂收	总数
1912 年	160.65	35.14	8.79	7.23			211.81
1913 年	235.41	25.84	6.32	9.46			277.03
1914 年	261.66	22.43	35.97	15.4			335.46
1915 年	109.96	18.79	62.36	2.95			194.06
1916 年	174.21	8.84	75	1.55		5.58	265.18
1917 年	168.35	6.82	43.56	2.29			221.02
1918 年	246.4	4.97	7.98	28.08			287.43
1919 年	204.3	5.51	5.93	5.11	5.45		226.30
1920 年	104.32	37.49	22.07	0.07	3.63		167.58
1921 年	215.51	6.25	55.6		5.8		283.16
1922 年	202.87	6.15	2.4	0.16	4.45		216.03
1923 年	158.18	12.5	22.83	2.5	4.61		200.62
1924 年	100.41	8.4		8.4	8.44		125.65
1925 年	244.9	8.99		0.2	4.02		258.11
1926 年	210.78	32.85	43.41	6.75	6.86	2.83	303.48
1927 年	282.46	44.12	49.79	3.86	7.41		387.64
1928 年	77.72	62.33	47.97		8.73		196.75
1929 年	56.56	21.92			1.95		80.43

续表

年份	粮食	利息	商号盈余	牲畜利息	租赁	杂收	总数
1930 年	378.93	33.75	26.52		10.56		449.76
1931 年	267.33	18.9	8.06		3.75		298.04
1932 年	212.37	30.55	38.75		19.88	26.63	328.18
1933 年	337.23	63.3	124.27		25.27		550.07
1934 年	125.24	91.5	85.88		6.8		309.42
1935 年	289.2	2.65	24.38	0.5	23.73		340.46
1936 年	186.27	9.27	123.7		6.78	3.55	329.57
1937 年	162.5	9.58	27.97		6.67		206.72
1938 年	264.38	0.72	42.86		19.89		327.85
1939 年	139.85	2.67	12.06		16.84		171.42
1940 年	80.04	1.09	8.3	2.95	5.91	1.16	99.45
1941 年	175.99	1.56		1.63		1.68	180.86

表 38　　　　　　　　　　　历年支出调查　　　　　　　　　（单位：石米）

年份	粮食	负担	工资	学费	布匹	家中杂用	总数
1912 年	60.83	6.25	22.71		10.01	104.2	204
1913 年	74.12	3.68	27.48		31.47	39.64	176.39
1914 年	88.57	6.21	48.49		45.19	97.55	286.01
1915 年	38.3	8.14	15.19		10.62	35.45	107.7
1916 年	43.89	1.59	12.04		1.02	32.39	90.93
1917 年	44.96	4.63	17.25		7.13	14.36	88.33
1918 年	78.71	4.73	19.08		31.37	68.3	202.19
1919 年	79.63	4.71	30.36		27.65	77.67	220.02
1920 年	46.51	5.93	16.4		19.47	47.2	135.51
1921 年	42.02	6.47	16.36		13.03	21.31	99.19
1922 年	34.55	2.36	12.65		5.35	27.21	82.12
1923 年	41.57	6.21	2.98		6.51	17.74	75.01
1924 年	45.41	6.28	7.31		6.89	21.65	87.54
1925 年	38.9	2.87	3.44		4.2	7.17	56.58
1926 年	36.61	5.02	5.15		9.28	19.18	75.24

年份	粮食	负担	工资	学费	布匹	家中杂用	总数
1927 年	49.41	25.59	11.66	4.8	17.05	27.14	135.65
1928 年	50.63	2.85	14.61	9.65	11.79	30.64	120.17
1929 年	37.8	5.88	3.9	19.29	5.73	4.52	77.12
1930 年	48.66	5.82	10	34.67	15.98	22	137.13
1931 年	43.72	12.65	10.3	51.4	11.07	11.05	140.19
1932 年	55.62	34.5	27.14	93.35	13.11	50.21	274.53
1933 年	53.25	72.72	33.63	64.16	8.65	49.3	281.71
1934 年	42.69	6.56	33.55	165.93	5.8	56.51	311.04
1935 年	52.4	5.96	14.5	189.62	4.34	20.74	287.56
1936 年	47.25	13.86	8.85	134.58	3.05	31.42	239.01
1937 年	36.96	31.72	5.98	42.9	4.17	20.21	141.94
1938 年	42.7	17.68	9.74	25.17	16.67	13.93	125.89
1939 年	44.58	19.47	7.03	29.47	6.8	24.94	132.29
1940 年	41.62	121.79	7.41	46.49	2.96	33.08	253.35
1941 年	25.2	70.33	4.89	8.69	0.82	13.57	123.50

从表 37 中可以看出，1933 年是他收入最多的一年（共折米 550 石），其次为 1914 年、1926 年、1927 年、1930 年、1932 年、1933 年、1934 年、1935 年、1936 年、1938 年诸年，折米均在 300 石以上。最差的为 1929 年（共折米 80.43 石），其次为 1915 年、1920 年、1924 年、1928 年、1939 年、1940 年、1941 年诸年，折米均在 200 石以下。其他年份一般均在 200—300 石之间。如以百分比计算，则每年收入在 300 石米以上者有 10 个年头，占所有年头的 33%，每年收入在 200 石米以下者，有 8 个年头，占 27%，每年收入在 200—300 石米之间者有 12 个年头，占 40%。

马维新的收入，不外乎三种，即租子收入、利息收入、商号收入。表上牲畜利息，亦为利息收入之一种，租赁收入亦为租子收入之一种。商号收入，即为"崇盛西"、"崇元号"及"崇德厚"的收入，而这种收入，像我们已经分析过的，仍然不外是租子与利息的收入。故马维新的收入，主要为租子与利息的收入。而租子的收入，却占其全部收入的大多数。故每年收入的多寡，常常受年成好坏的影响，但同时也受着政治、经济条件的影响，年成虽好，政治条件对地主不利，收入不但不会增加，反而会减少。1940年，即为明显的例子。

为明了各项收入在马维新全部收入中比例的变动，兹以下列6年为例，列表39如下：

表39 　　　　　　　　　　　历年收入种类变化　　　　　　　　　　　（%）

收入项目＼年份	1916年	1926年	1936年	1938年	1940年	1941年
收租	65.7	68.1	56.52	80.65	81.14	97.31
利息	3.33	11.3	2.81	0.2	1.11	0.86
商号盈余	28.29	15	37.53	13.08	8.49	—
牲畜利息	0.59	2.32	—	—	2.99	0.9
杂收	2.1	0.97	1.08	—	1.18	0.93
租赁银	—	2.36	2.06	6.07	5.09	—
总计	100	100	100	100	100	100

从表39可以看出，在马维新的全部收入中，租子收入的比例始终占多数，但在1936年以前，平常不超过70%。这是因为那时他的经济比较发展，他除租子外，还有其他各项的收入。自1938年起（实际上是从1934年起），马维新租子收入的比例一天天增加，其他各项收入一天天减少，到1941年租子收入的比例，占了97.31%。这证明他的经济是在紧缩的过程中。在1941年，他除租子收入外，差不多没有其他的收入了。租子现在是他的唯一的依靠，而租子收入的增加，在人民政权减租政策之下，是无望的。要发展他的经济，马维新必须得寻找新的出路。这种出路，他现在正在寻找着，但还没有找到。这正是他的苦闷之所在。

从马维新历年支出调查表中，可以看出，马维新历年的支出是极不平衡的。每年支出在51—99石米之间的，有9个年头；在100—149石米之间的，有10个年头；在150—199石米之间的，有1个年头；在200—249

石米之间的，有 4 个年头；在 250—299 石米之间者有 5 个年头；在 300 石米以上者，只有 1 个年头。可见他的支出每年在 50—150 石米之间的，共有 19 个年头，占所有年头的 63%；在 150—250 石米之间者共有 5 个年头，占所有年头的 17%；在 250—300 石米之间者共有 5 个年头，占所有年头的 17%；在 300 石米以上者只有 1 年，占 3%。

马维新历年支出的不平衡，是由于各种不同的条件产生的。如 1913 年死了母亲，1913—1914 年建筑新窑，1918 年死了父亲，1927 年起子女学费的迅速增加，1930 年为大儿子娶媳妇，以及 1933 年、1940 年、1941 年公家负担的增加，都影响到了他的支出。

以下列 6 年为例，兹将马维新各项支出比例的变动列表 40 如下：

按：1916 年马维新家有大口 3 人，小口 4 人，伙计 3 人，奶妈 1 人，做饭的女人 1 人，针线工 1 人，未有外出读书者。养马、驴、骡各 1，养猪 4 到 9 口。

1926 年，家有大口 9，小口 4（大口者年纪虽小，但已顶大人吃饭），男佣人 3，女佣人 3，未有去远处读书者。养 1 骡、2 驴。

1936 年，家有大口四，小口七，佣人五（掌柜一，伙计二，女佣人二），有一子、三女在北平、上海读书。

1940 年，家有大口 7，男用人 3，女用人 2。有二女在城固西北联大读书，有二女在米脂中学读书。家养一毛驴，一骟骡。

1941 年，家有大口 6，男用人 2，女用人 2，有二女在城固西北联大读书，有三女在米脂中学读书。养驴一。

从表 40 中可以看出，在 1916 年、1926 年内，食用粮食费占全部支出的第一位，其次亦为家中各种杂用费，学费在 1916 年内还没有，在 1926 年内增加到 8.07%，公家负担在 1916 年内占 1.75%，在 1926 年内增加到 6.67%。到了 1936 年，学费占全部支出的第一位，其次才是粮食费和家中各种杂用费，公家负担只占 5.2%。1938 年粮食费虽占第一位，但只及全部支出的 1/3。子女学费因大儿子死了减少到 20.2%，但公家负担却增加到了 14.05%。这两者相加起来，就要超过粮食费的百分比。到 1940 年，公家负担占全部支出的第一位，其次是学费，再其次才是粮食费及家中杂用费。1941 年，公家负担的百分比继续增加，其次是粮食费、杂用费，再其次才是学费。他的三个女儿在米脂中学读书，伙食还是由公

表 40			历年支出种类变化			（%）
收入项目 ＼ 年份	1916 年	1926 年	1936 年	1938 年	1940 年	1941 年
粮食费	48.27	48.68	19.77	33.92	6.43	20.4
工资费	13.23	6.84	3.7	7.74	2.93	3.92
学费	—	8.07	56.3	20.2	18.35	7.1
家中杂用费	10.81	1.69	3.41	—	2.32	1.44
柴炭费	7.19	4.33	1.46	2.78	1.25	1.63
针线杂用费	3.77	12.31	1	13.25	0.43	0.44
肉食费	7.03	4.3	2	4.96	1.98	1.61
伙食杂用费	2.32	0.31	2.06	0.98	0.71	3.69
公家负担费	1.75	6.67	5.2	14.05	48.01	56.6
婚丧礼仪费	1.16	2.95	0.19	—	4.03	0.32
布匹费	1.12	—	1.28		1.17	0.66
牲畜草料费	1	1.89	0.95	1.38	0.09	0.71
水果费	0.92	0.86	0.36	—	0.25	0.39
医药费	0.61	0.45	0.18	0.81	0.98	0.29
迷信费	0.27	0.46	0.22	—	0.05	0.45
农业杂费	0.24	—	—	—	—	—
邮电费	—	0.02	1.26	0.4	0.2	0.16
文具纸张费	0.21	0.17	—	—	0.22	0.19
总计	100	100	100	100	100	100

家出的，两个女儿在西北联大读书，费用虽大，但折成粮食，却并不贵。

自从学费、公家负担的百分比相继大量增加后，马维新家的家用一天天紧缩起来，这特别在最近两年来是如此。装穷固然也需要紧缩，但公家负担加重，亦不能不是重要的原因。

从表41中可以看出，30 年来有 28 年有盈余，但每年盈余是不平衡的。支出占收入 90%—100% 者 3 年；占 80%—89.9% 者 4 年；占 70%—79.9% 者 3 年；占 60%—69.9% 者 5 年；占 50%—59.9% 者 2 年；占 40%—49.9% 者 3 年；占 30%—39.9% 者 7 年；占 20%—29.9% 者 2 年。超

表 41　　　　　　　　　　　历年收支比较

年份	收入（石米）	支出（石米）	支出占收入（%）	盈余（石米）	出卖粮食（石米）	资产增加			
						典地	买地	典窑	价值折米
1912 年	211.81	204.00	92.24	7.79	34.5	8			
1913 年	277.03	76.39	63.67	100.64	62.9	19		1	
1914 年	335.46	286.01	85.26	49.45	181.02	6			
1915 年	194.06	107.7	55.50	86.36	143.67	76.5			
1916 年	264.18	90.93	34.42	173.25	135.44	49.5		1	
1917 年	221.02	88.33	40.00	132.69	51.87	65			
1918 年	287.43	202.19	70.33	85.33	34.84				
1919 年	226.30	220.02	97.22	6.07	113.36	40			
1920 年	167.58	135.51	80.86	32.08	149.97				
1921 年	283.16	99.19	35.03	183.97	93.12	62.0		1	
1922 年	216.03	82.12	38.01	133.91	120.24	35	3		
1923 年	200.62	75.01	37.39	125.61	153.11	84			
1924 年	125.65	87.54	69.67	38.11	224.85	28.5	20		
1925 年	258.11	56.58	21.92	201.53	50.53	15			
1926 年	303.48	75.24	24.79	28.24	41.33	19			
1927 年	387.64	135.65	34.99	251.99	226.32		10		
1928 年	196.75	120.17	61.08	76.58	286.77	98.5	41		
1929 年	80.43	77.12	95.88	3.31	31.24	52	48.5		
1930 年	449.76	137.13	30.49	312.63	52.96	88.5	14		
1931 年	298.04	140.19	47.04	157.84	136.8	16	73.5		
1932 年	328.18	274.53	83.65	53.65	88.52	70			
1933 年	550.07	281.71	51.21	268.36	140.31	99.5			

年份	收入（石米）	支出（石米）	支出占收入（%）	盈余（石米）	出卖粮食（石米）	资产增加			
						典地	买地	典窑	价值折米
1934 年	309.42	311.04	100.52	-1.62	87.33				
1935 年	340.46	287.56	84.46	52.90	186.63				
1936 年	329.57	239.01	72.52	90.56	202.46	96.5	27.5		
1937 年	206.72	141.94	68.66	64.78	67.99		17.5		
1938 年	327.85	125.89	38.40	201.96	180.31	45.5	31		
1939 年	171.42	132.29	77.17	39.13	228.24	24.5	31		
1940 年	99.45	253.35	254.75	-153.90	127.89	6			
1941 年	180.86	123.50	68.28	57.36	9.85				

过 100% 者 2 年。以绝对数来说，每年盈余在 50 石米以下者 7 年；在 50—100 石米之间者 8 年；在 100—150 石米之间者 4 年；在 150—200 石米之间者 3 年；在 200—250 石米之间者 3 年；在 250—300 石米之间者 2 年；300 石以上 1 年；入不敷出的 2 年。可见平常支出占收入在 30%—70% 之间者为最多。每年盈余米数，以 50—200 石之间者为最多。支出超过收入者仅 1934 年（仅超过米 1.62 石）及 1940 年（超过米 153.9 石）而已。1934 年的出超，主要是由于子女学费的突然增多（米 165.93 石）。1940 年的出超，主要由于公家负担的增加（米 121.79 石）。计 1940 年马维新的公家负担占全部支出的 48.07%。1941 年公家负担（公债在内）占全部支出的 56.95%。

由此可见，马维新的经济，从 1912—1939 年是逐年向上发展的。土地革命时的侧面影响虽然给了他一些打击，使他的利息收入及商号盈余有些减少，使他不敢买进、典进土地，但这种打击，是并不大的。1940 年对人民政府的公家负担，给了他一个大的打击，然而去年负担减少收入增加时，盈余的数量又赶上了他以前收入较低的年份了。由人民政府减租法令的切实执行，租子收入的继续增加，已经无望，而公家负担暂时亦难减少。所以从 1940 年起马维新的经济已经从发展走到停滞了。

从表中可以看到，马维新是怎样处置他每年的盈余的。他的盈余大部分是粮食，所以粮食的出卖，是他的经常业务。从表中又可看到，他的出卖粮食并不依照每年盈余的多少来决定，而是依照粮价的高低来决定的。粮价高，就售出多，粮价低，就不售出。他并不像小户人家，因为急需用钱不能不在粮价不利的条件下售出他们的粮食。他是大地主，他有囤积粮食以居奇的条件。

在一般的情况下，粮价高涨的时候，大都是闹灾荒的时候，马维新的屯粮，就在这时候大量出售。

如 1915 年、1916 年，年成差，粮价较 1914 年高涨一倍，所以这两年马维新大批出售粮食。1924 年，年成亦不佳，秋季粮价比春季高涨一倍，所以马维新又大批出售粮食。1928 年是大荒年，马维新于当年出卖了近 300 石米的粮食，为 30 年来出售粮食最多的年份。

1929 年又遭大旱，粮价大涨，但马维新售出粮食却并不多，其原因，据马维新谈，是由于他估计错误。1927 年，他估计第二年粮价要跌，所以大批出售，不料 1928 年大旱，粮价大涨，于是他又大批出售存粮，但到 1929 年又是大旱，粮价更涨，但那时他已经没有多少存粮可以出售了。粮价高涨的年头，一般都是马维新存粮大批卖出的时候，马维新在这方面是比较有些"眼光"的人。这完全是一种囤积居奇的行为，但却是在"救济灾民"的口号下进行的。所以他既可得利，又可得名。

他出卖粮食所得来的资金，一大部分用于买地、典地。一般来说土地典价、卖价便宜的年头，就是"荒年饿岁"、"民不聊生"的时候，故那时一方面是高价出卖粮食的时候，同时也是廉价典进、买进土地的时候。这是地主阶级经济积累最有利的年头，也是群众最倒霉的年头。

十五　50 年来杨家沟一带的年成

杨家沟一带的年成，在 1934 年以前，大致从交租材料中，可以看出。

比较可靠的材料，要算"伙则账"。我们根据马维新的两本伙子账，统计了光绪二十年到 1915 年的每垧地的产量（见表 42），又根据马润瀛的"伙子账"，统计了 1922—1931 年内每垧地的产量（见表 43）。从这里得到的结果，大致与交租的材料相符合。其他年份无可靠材料。自 1938 年以来，虽有部分材料，但垧数太少，土地好坏相差较大，受减租交租影响多，故得出产量很不一致。但一般来说，这几年的年成是并不差的。

如果以每垧地产量在 3 斗以下的叫做荒年，3 斗到 4 斗叫做歉年，5 斗上下叫做平年，7 斗以上到八九斗叫做丰年，1 石左右叫做大丰年，那么，根据各种材料，光绪二十年以后的年成，大致可推定如下：

1894 年（光绪二十年）——丰年

1895 年（光绪二十一年）——平年

1896 年（光绪二十二年）——平年

1897 年（光绪二十三年）——平年

1898 年（光绪二十四年）——丰年

1899 年（光绪二十五年）——荒年

1900 年（光绪二十六年）——荒年

1901 年（光绪二十七年）——丰年

1902 年（光绪二十八年）——平年（上半年天旱）

1903 年（光绪二十九年）——丰年

1904 年（光绪三十年）——丰年

1905 年（光绪三十一年）——丰年

1906 年（光绪三十二年）——歉年

1907 年（光绪三十三年）——平年

1908 年（光绪三十四年）——丰年

1909 年（宣统元年）——丰年

1910 年（宣统二年）——歉年

1911 年（宣统三年）——丰年

1912 年——丰年　1913 年——平年

1914 年——丰年　1915 年——歉年

1916 年——荒年　1917 年——大丰年

1918 年——大丰年　1919 年——平年

1920 年——歉年　1921 年——丰年

1922 年——丰年　1923 年——丰年

1924 年——歉年　1925 年——大丰年

1926 年——平年　1927 年——丰年

1928 年——荒年　1929 年——荒年

1930 年——大丰年　1931 年——平年

1932 年——平年　1933 年——丰年

1934 年——?　1935 年——平年

1936 年——?　1937 年——?

1938 年——丰年　1939 年——丰年

1940 年——平年　1941 年——平年

1942 年——丰年

根据上面的材料可以看出：从光绪二十年到二十九年 10 年中，有 4 个丰年，2 个荒年，4 个平年；从光绪三十年到 1913 年 10 年中，有 6 个丰年，2 个歉年，2 个平年；从 1914—1923 年 10 年中，有 2 个大丰年，4 个丰年，1 个荒年，2 个歉年，1 个平年；从 1924—1933 年 10 年中，有 2 个大丰年，2 个丰年，2 个荒年，1 个歉年，3 个平年。从这 40 年的资料看来，每 10 年中，有四到五个丰年，2 个荒年，其他为平年和歉年。

在光绪二十年以前，我们根据"米脂县志"知道的有 1854 年（咸丰四年）的大丰年，当时斗米，斗麦只值 150—160 文，斗谷只值 70—80 文。1868 年（同治七年）为大丰年。1877 年（光绪三年）及 1891 年（光绪十七年）、1892 年（光绪十八年）均为大荒年。1877 年，斗米价银一两六钱。杨家沟马祝舆"功德碑"记载 1877 年、1899 年、1900 年及 1902 年（光绪三年、二十五年、二十六年及二十八年）上半年天灾的事实。

表42

历年伙种产量统计

（本表根据马维新光绪二十年至1915年两本"伙则账"整理出来）

年　份	垧数	伙子（人）	豌豆（斗）	冬麦	春麦	扁豆	绿豆	豇豆	红豆	糜子	小豆	谷子	黑豆	黍子	大麻子	小麻子	荞麦	折成谷子（斗）	每垧产量（斗）
1894年（光绪二十年）	88	3	46.4		17	7.1	6.6	1.4	1	22.8	6.05	244.75	195.9	48				645.15	7.3
1895年（光绪二十一年）	99	3	29.3		29	1.98	5.55	2.05	2.45	8.15	15.2	158	90	23	5.7			445.93	4.5
1896年（光绪二十二年）	86	3	22.5		22.1	4.15	7		2.5	13	8.1	120.3	91.2	61.8	7.5			422.45	4.9
1897年（光绪二十三年）	88	3	24.7		20	5	1.7	4.2	1.9	18.8	11.2	182.4	105.2	71.3	13.6	1.2		530.25	6
1898年（光绪二十四年）	87	3	32		18	2	18.2	6.3	5	20	23	225.5	198	100.1	16			764.85	8.5
1899年（光绪二十五年）	87	3	22.3		33.5	3	0.4	0.9	1.1	0.9	1.7	14	41.5	10	5.1			193.05	2.2
1900年（光绪二十六年）	84	3	5.6						0.7	26.9		66.2	106.5		1.7		6.2	210.6	2.6
1901年（光绪二十七年）	88	3	8.8		21	2.25	9.6	2.7	1.5	45.1	13.4	328.1		84.7	9.8			582.45	6.6
1902年（光绪二十八年）	102	3			11.8	5.4	7.45	4.7	1.4	7.55	4.4	97.1	156.9	31.4	12	1.65	2.1	501.25	4.9
1903年（光绪二十九年）	28.5	3	3.98		36.4	6	9.9	9.8	4.7	16.6	8.85	203.4	105.6	68			8.7	554.37	4.7

续表

年份	垧数	伙子(人)	豌豆(斗)	冬麦	春麦	扁豆	绿豆	豇豆	红豆	糜子	小豆	谷子	黑豆	黍子	大麻子	小麻子	荞麦	折成谷子(斗)	每垧产量(斗)
1904年(光绪三十年)	45.5	2	4		12.3		3.8	9.7	1	17.3	2.6	58.9	61.1	20.7	7.3			232.55	5.1
1905年(光绪三十一年)	51	2	6.2		27.7		11.6	4.8	4	22.1	8.9	162.4	81.4	47	21.6			476.7	9.3
1906年(光绪三十二年)	64	3	3.1		11	1.6	4.45	0.8	1.7	8.95	4.2	27	72.7	4.6	4.2	5.65		184.7	2.8
1907年(光绪三十三年)	74	3	5.4	29.8	21	6	14.2	7.3		3	13.8	102.2	89	18	10.6		16.4	418.45	5.6
1908年(光绪三十四年)	50	2	3.3		9.1	2.9	3.1	4.4	0.7	7.7	10.25	70	104.8	10.3	5.8	0.85	0.8	270.55	5.4
1909年(宣统元年)	47	2	7.4		8.9	2	5.2	3.1		10.4	4.3	89	86.4	35.2	6.7			295.55	6.2
1910年(宣统二年)	45.5	2	2.9	9	3.8	1.45	0.25	0.2	0.85	14.2	2.2	58	34.9	11.9	2.7			191.33	4.2
1911年(宣统三年)	47	2	17.2	18	17	201	5.6	1.14	1.6	15.6	7.7	112.7	49.7	30.8	5			351.31	7.4
1912年	53	2	9.3	15.1	16	4.5	5.7	3.9	3.6	17	5.8	72.7	71.3	24.9	15.8			331.5	6.2
1913年	53	2	2.8		1	2	9.3	1.2	3.6	23.9	8.5	94	102	22.8	6.1			309.9	5.8
1914年	57	2	2.8	8.6	1.6	1.7	12.3	3.3	4.7	18.1	5.5	77.7	95.6	10	9.4			328.95	5.7
1915年	44	2	8.35		9	0.4	58	8.1	0.3	6.6	4.3	22	39	11.3	13.4		5.7	162.27	3.7

表43

历年伙种产量统计①

年份	峁数	伙子	豌豆	冬麦	春麦	豇豆	绿豆	糜子	黍子	小豆	大麻子	谷子	黑豆	红豆	小麻子	折成谷子（斗）	每峁产量（斗）
1922年	54	3	5.2	8	28.2	1.8	13.2	22.8	53	26	27	120.5	101	6		511.7	9.4
1923年	54	3	7.9	2	28	1.7	3.9	16.1	22.7	15.8	20.5	164	71	7.57		447.6	8.3
1924年	54	3	1.7	2.3	11	2.8	5.7	13.5	33	2.4	10	100	66.3	1.6		284.3	5.2
1925年	52	3	5.3	3.1	40	4.6	8	29.2	11.7	8	32.3	200.4	88.5	1.38		526.2	10.1
1926年	41②	1.5	1		0.9			6.4		3.1	9.5	118	55			206.5	5
1927年	41	1.5	3.5	6.5	17.3	1.2	13.9	12	11		8.7	104	67.4	1.1		296.4	7.2
1928年	41	1.5		2	5.2	0.6	3.5	7.8	9.8	0.2	7.3	37.8	16.2			113.4	2.7
1929年	41	1.5	0.9	2.7	6.2	0.3	0.8	19.4	7	1.7	3.8	65	6.8		3.2	125.55	3
1930年	41	1.5	6.2		22.5	6.6	14	12.4	24	9.3	17.7	158.6	90.3	1		418.85	10.2
1931年	41	1.5	2.8		4.3	0.9	3.9	4.5	12.6	8.2		85	55			191.3	4.6

注：①此表根据马润瀛1922—1931年"伙则账"制成。
②马润瀛伙子名富，一家共有劳动力3人，1926年马分家，地仍由常种。1922—1925年，54峁内地坡未种。分家后因地少，故开始种孤坡。计正地26峁，共有孤坡15峁，因2峁孤坡可抵1峁正地，故实际种地为41峁。1926年后，每年收成均以41峁平均计算。

表 44

1938 年来伙种产量统计[①]

年份	垧数	伙子	豌豆	冬麦	春麦	豇豆	绿豆	糜子	黍子	谷子	黑豆	小豆	红豆	荞麦	折成谷子（斗）	每垧产量（斗）
1938 年	6	刘成万	3		2.6				5	16	4	1.4			36.8	6.13
1939 年	6	刘成万		6.8						24	4.6				46.2	7.7
1940 年	6	刘成万	2.4		14	1.2	1.8		9.8	8	5.4	2	0.6		59	9.8
1940 年	8	刘成祥	1.8		4.4	3.6	2		3	12.4	18				50.3	66.3
1941 年	8	刘成祥	2.2		4.8		1	11		16	21.6				54.5	6.8
1941 年	13.5	刘成万			4.6		0.8		17.8	24	29.4	0.4	2.8		104.2	7.7
1941 年	6	刘成万	2.6		12.2		1	6.5		9.8	2.8			1.2	52.7	8.78
1942 年	6	刘成祥			8.2					17.3	75				44.4	7.4
1942 年	6.5	何具才			3					16.7	6		0.1		37.4	5.7
1942 年	3.5	张国富	0.75				2.5			15	12				33.1	9.4

注：①1938—1941 年伙种以对半分计算折合。
1942 年伙种以四六分计算折合。

据马维新及杨家沟其他地主们谈，自 1912 年来，因为人口增加，土地比从前种得更好了，土地的产量也较高于从前。过去农民只种正地，现在连坬坡也都种上了。这在土地产量表上并不能显示出来，因为由于坬坡的种上，有许多土地的垧数也跟着增加了。如马润瀛的 26 垧正地，以 41 垧计算，即为一例。

不过应该指出，每垧地的产量，在同一年内也不是平衡的。土地质量的好坏，庄稼"务业"（经营）得好坏，肥料的多少不同，均影响到土地的生产量，表 44 的统计，也清楚地告诉了这一点。所以，我们这里的推定，只能很是一般的。

附件五

表 45   历年粮食价格变化之一

年 份	小米（斗）		黑豆（斗）		小麦（斗）	
	春	秋	春	秋	春	秋
1909 年（宣统元年）	340 文		200 文		300 文	
1910 年（宣统二年）	400 文	450 文	240 文		360 文	360 文
1911 年（宣统三年）	460 文	320 文	310 文		350 文	320 文
1912 年	320 文	330 文	170 文	235 文	310 文	330 文
1913 年	450 文	440 文	330 文	300 文	540 文	500 文
1914 年	450 文	500 文	300 文		630 文	650 文
1915 年	900 文	1300 文	400 文	600 文	650 文	900 文
1916 年	1400 文	1150 文	500 文	520 文	685 文	1000 文
1917 年	1780 文	1000 文	930 文	600 文	1200 文	1050 文
1918 年	1000 文		800 文	700 文	1300 文	1000 文
1919 年	1100 文		900 文		1100 文	1000 文
1920 年	1100 文	1200 文	700 文	650 文	1000 文	
1921 年	1100 文		800 文		1000 文	
1922 年	1400 文		710 文		1200 文	
1923 年	0.79 元		0.45 元		0.7 元	
1924 年	0.8 元	1.7 元	0.56 元	0.8 元	0.75 元	
1925 年	1.8 元		1.1 元		1.3 元	

续表

年 份	小米（斗）		黑豆（斗）		小麦（斗）	
	春	秋	春	秋	春	秋
1926 年	1.2 元		0.6 元		1 元	
1927 年	0.85 元		0.6 元		1.1 元	
1928 年	1.1 元		0.7 元		1.5 元	
1929 年	3.5 元		2.1 元		3 元	
1930 年	2.2 元		1.7 元		2 元	
1931 年	1.7 元		1.1 元		1.7 元	
1932 年	0.8 元		0.44 元		0.9 元	
1933 年	0.55 元		0.35 元		0.7 元	
1934 年	0.6 元		0.3 元		0.66 元	
1935 年	0.8 元	0.9 元	0.5 元	0.5 元	1 元	1 元
1936 年	1.4 元	2.5 元	0.52 元	1.2 元	1.6 元	1.85 元
1937 年	2.8 元	2 元	1.2 元	0.9 元	2.2 元	1.8 元
1938 年	2.15 元	2.6 元	1 元	1.25 元	2.1 元	2.45 元
1939 年	3.85 元	6.5 元	2 元	3.3 元	3.2 元	6.5 元
1940 年	7.4 元	8.55 元	5.6 元	5.5 元	6.9 元	6.4 元
1941 年	15 元	30 元	8 元	17 元	12 元	31.5 元
1942 年	40 元	100 元	19 元	35 元	34.4 元	90 元

表 46   **历年粮食价格变化之二**

年 份	粟物	每斗价格（文）	年 份	粟物	每斗价格（文）
1850 年（道光三十年）	米	240	1866 年（同治五年）	黑豆	330
1882 年（咸丰二年）	米	240	1869 年（同治八年）	谷	430
1885 年（咸丰五年）	米	185	1870 年（同治九年）	谷	500
1886 年（咸丰六年）	米	350	1872 年（同治十一年）	谷	250
1887 年（咸丰七年）	谷	250	1873 年（同治十二年）	谷	250
1889 年（咸丰九年）	米	400	1879 年（光绪五年）	谷	250
1865 年（同治四年）	谷	400	1880 年（光绪六年）	谷	190

附件六

表 47			历年币值变化		
年　份	银子每两折钱（文）	银元每两折钱（文）	年份	银子每两折钱（文）	银元每两折钱（文）
1909 年（宣统元年）	1970		1925 年		2900
1910 年（宣统二年）	2100		1926 年		4100
1911 年（宣统三年）	2210		1927 年		4200
1912 年	1300		1928 年		4200
1913 年	1400		1929 年		4200
1914 年	1850		1930 年		4200
1915 年	1950		1931 年		5000
1916 年	1670	1160	1932 年		5000
1917 年	1975	1500	1933 年		5000
1918 年	2000	1800	1934 年		5000
1919 年	2600	1700	1935 年		5000
1920 年	2300	1800	1936 年		5000
1921 年	2300	1800	1937 年		5000
1922 年	2450	1750	1938 年		5000
1923 年		1800	1939 年		5000
1924 年		2200	1940 年		5000

十六　各种账簿索引

下列各种账簿，是我们在调查"马衍福堂"时所根据的材料。

（一）"买地账"（亦名"买账"）

买地账是登记这个堂号所有买地的账簿。光绪十年（即该堂分家的年月）至现在 1 册，共 40 页，其中分两部分：一部分是祖遗的，即这个堂号在分家时分得的买地，是以村为单位，分别登记的。另一部分是这个堂号在分家后历年买入的土地，按年代先后，分别记入买地账。

兹将该账内容，示列如下：

例一：

"光绪十年分来本村买地

走马梁二十垧官道山五垧半刘家峁沟坪三垧半平塌则四垧钥匙峁十一垧"

例二：

"1939 年 12 月 27 日买来本村

万镒堂　寨子山地十四垧狐坡在内代太甲粮米豆四
　　　　升六合二勺土银一分四厘取买价银 2800
　　　　元 1940 年 1 月 14 日取税约银 168.9 元"

（此外尚有一本是将现有的全部买地与按其所在的村庄分别登记的，这是买地账的一个副本，其形式如例一）

（二）"典地账"（亦名"典账"）

典地账是登记典赎土地的账。

1884 年至现在共 5 册：1884—1894 年为 1 册，1895—1908 年为 1 册，1909—1928 年为 1 册，1929—1938 年为 1 册，1939 年至现在为 1 册，每册约 40 页。

其中 1908 年前者，纯系典地账，1909 年以后，更名为"牲畜典账"，因为将伙喂驴的一部分也登记在典账内（以前是登记在租账后面的）了。

兹将该账内容分别示例如下：

例一：

"1933 年 12 月 26 日典来本村

德和堂　白条梁地十垧海底儿地三垧半狐坡在内代太五甲粮米豆四升
　　　　四合土银一分四厘
　　　　取典价银 216 圆有约
1936 年 12 月 23 日取赎典价大洋 40 元
　　　　1938 年 12 月 13 日收典价银 256 元抽约"

例二：

"1933 年 12 月 16 日典来郭家沟

郭丙位　村沟前塌接近沟条二段地三垧圿坡在内

　　　　代粮米豆三合于本名抄粮账

　　　　取典价银 14 圆有约"

例三：关于伙喂驴者

"巩正明　1931 年 9 月 30 日分喂 2 岁草驴 1 头作本银 38 圆有约

　　　　1933 年 7 月 3 日收驴本大洋 37 元下欠驴本洋 1 元"

（三）"租粟账"

租粟账是登记租户姓名（有时亦附记其父与子的名字）及其所租土地名、数量、租额及历年交租情形的账簿。租户所欠的租额及货钱（该堂前曾开设商店，有赊账户）也"挂"在账上，出赁房屋及历年赁钱的收付情形，有时亦记入本账内。

租粟账共 11 册，由 1884 年分家起至 1893 年为 1 册，1894—1903 年亦为 1 册，以上 2 册各 80 页，1904—1911 年为 2 册，1912—1921 年为 2 册，1922—1931 年亦为 2 册，1932 年至现在亦为 2 册，以上 8 册，每册有 42—70 页。1939 年"崇德厚"结束，该号尚有一部典地去出租，故另立一本账，同时将原租粟账登记已满的租户，亦誊入该账内，全册共 70 页。

每本账簿中，租户是按村分别登记的，平常一整页写一个租户，也有半页写一个或者一个租户占着两页的。

兹将该账内容举例说明如下：

例一：

"周自强 1932 年春租买王金纶马蹄塌背沟条地二垧圿坡在内

常年出租粟柒斗

1928—1934 年底下欠租粟 6 斗。12 月 6 日收租黑豆 3 斗（内旧 2 斗）租米 3 斗（顶 6 斗）。1933 年 6 月 21 日收豌豆 1 斗（顶 1.5 斗），11 月 10 日收黑豆 3 斗租米 2 斗（顶 4 斗），收小瓜儿 43 个（顶租 5 升）。1934 年 6 月 28 日收豌豆 1 斗（顶 1 斗半），10 月 10 日收黑豆 3 斗租米 1 斗（顶 2 斗）租绿豆 1 斗（顶 2 斗）。1935 年 12 月 1 日收黑豆 4 斗。1936 年

11 月 15 日收绿豆 1 斗（顶 2 斗）租黑豆 3 斗。1937 年 11 月 5 日收租黑豆 3 斗，绿豆 1 斗（顶 2 斗）。1938 年闰 7 月 7 日收豌豆 1 斗（顶 1.5 斗），11 月 4 日收绿豆 1 斗（顶 2 斗）租黍 2 斗，租黑豆 3 斗。1939 年 11 月 18 日收绿豆 2 斗（顶 4 斗）租大麻子 1 斗（顶 2 斗）。1940 年 11 月 30 日收租绿豆 1 斗（顶 2 斗）租黑豆 2 斗。1941 年 7 月 8 日收麦子 5 升（顶 1 斗），11 月 25 日收租绿豆 1 斗（顶 2 斗）租黑豆 2 斗。"

例二：

"王嘉义　民国五年冬赁典伊王家崄前边石窑一孔出赁钱壹仟文

1921—1927 年底收赁钱伍仟柒佰贰拾文，1941 年 11 月 20 日收银十八元四毛（顶钱拾玖仟文）"

例三：

"刘学锡　子步升，孙国富，曾孙承禄　光绪十三年年底借黑豆 2 斗。十四年底下欠租粟 5 石 4 斗 5 升。十九年底欠隆记货钱壹仟贰佰柒拾捌文。二十六年年底借谷子 1 斗，1915 年底借米 4 升。"

另外，为了研究近百年租额变化的情形，又搜集了该堂所开的字号"崇盛西"的"典会账"及"租账"。该账由道光二十五年至光绪九年，计 14 册，每册由 100—120 页。

计 1845—1847 年为 1 册，1848—1851 年为 1 册，1852—1854 年为 1 册，1855—1857 年为 1 册，1857—1859 年为 1 册，1860—1866 年缺。1863—1866 年为一册，1867—1869 年为一册，1870—1872 年为 1 册，1873—1874 年为 1 册，1875—1878 年为 2 册，1879—1882 年为 2 册，1883 年为 1 册。

其中 1845—1854 年名"典会账"，是登记揭"会钱"的人名，所揭数目、利息及历年本息之收付情形与典入土地之数量地价等，同时出租之土地、租额、租户及其历年交租的情形，亦记入本账的后半部，咸丰四年后即更名"租账"，专登记租户、出租之土地、租额及历年交租的情形。

兹将各该账的内容分别示例如下，

关于揭会钱者：

例：

"刘喜质　道光二十四年四月初五日请本会钱捌仟文，保会人刘国顺，八人，三月、七月、十一月画会

二十四年取佃会钱陆仟陆佰伍拾文

二十五年三月二十五日取佃会钱叁仟陆佰文冯有珍画

七月二十四日取佃会钱叁仟伍佰玖拾文高光祖画

十一月二十五日取佃会钱叁仟伍佰伍拾文三合堂画

二十六年又五月初十日收会钱拾肆仟文

七月二十五日收钱肆仟文

八月初一日收钱叁仟肆佰文

九月初十日收钱陆仟陆佰文清"

（关于典地示例详见典地账）

关于租佃者：

例一：

"申义侯　道光二十五年正月内租申家崄寨沟地三垧出租米3斗有约

二十五年十二月初二日收租米3斗

二十六年十一月二十一日收租米3斗

二十七年十一月二十一日收租米3斗"

例二：

"申元之　道光二十四年十二月内租窑子沟，官道沟，雾家梁，为地梁，磨儿沟共地31垧言明出租谷4石，黑豆2石5斗有约

二十五年十二月初二日收租谷4石黑豆2石5斗"

此外在收租时临时登记的账簿名"租粟流水"，是按照日期的先后，登记各租户所缴租粟之种类数量等的账。它在收租完毕后即"过"入"租粟账"。为了明了该堂历年总的收租情形，曾搜集了民元以来全部的"租粟流水"共30册，每册40—70页不等，每年的租粟流水分两部分，前半部为夏租账，后半部为秋租账。

兹示例如下：

例一：

"7月11日　（夏租账）

收冯仲琴　租麦 5 斗（顶 1 石）豌豆 1 斗（顶 1 斗 5 升）……"

例二：

"10 月 25 日（秋租账）

收王日治　租黑豆 1 石 5 斗租米 1 石（顶 2 石）……"

（四）"银钱揭账"

银钱揭账是登记银钱借贷、利息收付的账。共 4 本，1912—1918 年为一本，是登记该堂结束"崇盛西"、"崇元号"以后所遗的旧债户及其历年利息收付情形的账。至于该堂自己的揭账，只搜集到 1926—1928 年的 1 册，1929—1933 年的 1 册，1934 年至现在的 1 册，每册约 40 页。

关于揭账的内容，示例如下：

例一：

"务本堂　1928 年 6 月 5 日

　　　　揭本银伍拾圆　月一分半指地约"

例二：

"竣德堂　1928 年 4 月 8 日

　　　　揭本银壹佰伍拾圆　月一分民国十四年

　　　用指地约

下欠利大洋 18 元，1929 年 12 月 18 日收利大洋 10 元，1930 年 12 月 25 日收利大洋 18 元，1931 年 12 月 27 日收本大洋 150 元，收利大洋 56 元，清，约抽"

（五）"工账"

工账是登记男女短工，各种"匠人"的雇用及其工资支付情形的账簿。

从光绪十九年至现在共 14 册，每册约 40 页。

关于工账的内容，示例如下：

例一：

"王师（铁匠）　二月二十一日早上，二十四日晚下。三月十一日取工大洋四元清"

例二：

"马师成（短工）　十月初三早上十一月初十午下共工三十七天半，每天一毛，合大洋三元七毛五分，当取大洋三元七毛五分清"

例三：

"艾家（女工）　三月二十三日早上С○○①，五月十八日午下，共工五十二天，每天二百钱，共合钱十千零四百文，当取大洋两元八分。七月十一日早上○○○○八月二十一日晚下共工三十八天，每天二百钱七千六百文，二十二日取大洋一元五角二分清"

（六）"银钱借账"、"粟物借账"、"银钱粟物借账"

这是登记银钱支付、过兑、粮食进出的账簿。

凡和这个"堂号"有某种交情的"字号"、"堂号"、"花户"，对于这个堂号粮食、银钱的暂时的无利借贷，金库、粮库的进出，粮食的买卖，以及这个堂号所经营的各"字号"的盈亏，和"字号"同堂之间关于银钱、粮食的支付、过兑，本堂各种杂物的存储等，均登记入本账簿。

关于此类账簿计"银钱借账"（亦名"银钱字号帖借账"）有1912—1922年共6册，另有银钱借账1册由1912—1917年是"西元记"结束后的账。每本有50—62页。粟物借账由1912—1922年亦为6册，同时有"西元记"结束后的粟物借账，1912—1914年1册，1915—1916年1册，每册有40—50页。1923—1938年银钱借账与粟物借账合并，名为"银钱粟物价银"共11册，每册有30—50页。1939年至现在该账又与支账合并为一了。

兹将该账的内容举例如下：

例一：关于银钱借账的

"西元记（金库）　宣统三年年底面兑下存钱捌拾柒千肆百捌拾叁文
元月二十二日收钱2110文，三月十九日收钱1000文，八月初二日收钱2000文，下存钱92.593千文"

（另有存银，亦如下例，不另赘）

---

① "С"示误半个工，"○"示误一个工。

例二：

"蔚斗号 6月12日收大钱1850文，9月2日取大钱1000文，下存大钱850文"

例三：

"李名昌 12月14日借大钱6400文来年3月钱"

关于粜物借账的

例一：

"上仓窑 1911年年底下借麦56石4斗8升，1912年8月10日收麦子1石6斗，未入伙子账抄来借春麦1石2升，下借麦56.1石"

（其他粜物均同此，不另赘）

例二：

"裕德堂 1906年年底面兑下借麦子2石1斗9升，1912年收麦子1斗，下借麦2.09石"

例三：

"郭启正 1912年1月27日定粮黑豆4石，白豆1石，每斗170文合大钱8500文。当收黑豆4石，白豆1石。2月12日收大钱8000文，22日收大钱500文，3月2日取白豆1石，4月22日取黑豆4石。"

例四：

"李凌直 1912年2月19日取米5斗（每斗大钱340文）当收大钱1562文，12月28日收大钱132文清"

例五：

"冯仲琴 1907年年底借黍6斗，1910年年底借米5斗，1912年7月29日借米3斗。下借黍6斗，小8斗。"

例六：

"新窑：1911年12月29日借米3石4斗7升，借黑豆1石5斗，借炭628斤，借盐1斗。"

（七）"支账"

支账又名银钱粜物支账，是登记该堂一切银钱粜物出支的账簿。掌柜和长工的工资取用以及牲口的粮食消费，亦记入账簿。

1912 年至现在共 7 册，每册约 50 页。

兹将其内容举例如下：

例一：

"堂记（银钱的支出）　　1937 年正月初一日出压岁钱 1200 文，出赏吹手钱 200 文，初十日出两把锁子钱 3 毛，十四日出'亦是堂'拜礼钱 2 毛，十六日出邮票洋 1 元……"

例二：

"堂记　　（粮食的支出）　　1937 年正月十一日取黑豆 3 斗，3 月 14 日取米八斗……共用米 16.6 石，麦 11.37 石，绿扁豆 1.53 石，莞、小、豇、红豆 1.5 石，谷、黍 4.8 石，黑豆 5.7 石，大麻子 2 石总共用杂粟 43.5 石，驴用黑豆 10.7 石"

例三：

"驴行（牲口关于粮食的支用）　　1937 年 2 月 19 日借白豆 5 斗，3 月 23 日借白豆 6 斗……共用白豆 10.7 石过支账"

例四：

"猪行（猪关于粮食的支用）　　1937 年 6 月 28 日借大洋十元零五毛，29 日借白豆 2 斗（9 毛），8 月 24 日借黑白豆 2 斗（9 毛），9 月 13 日借黑白豆 1 斗（9 毛），10 月 3 日借黑白豆 1 斗（9 毛），11 月初 2 日收大洋十五元九毛清"

例五：

"高志如（掌柜的，在 1941 年关于工资的支用）　　1935 年底下借钱 2732 文。二十九年年底下借大洋五十五元三毛七分，2 月 16 日取银 55 元，3 月 20 日取银 30 元，5 月 9 日取银 20 元，6 月 22 日取银 25 元，闰 6 月 17 日取银 20 元，7 月 11 日取银 2 元，24 日取银 24 元，11 月 9 日取银 45 元，12 月 29 日取银 280 元，又收银 240 元（即是年全年工资为 240 元）"

例六：

"张有福（伙计，1942 年，全年工资的支用）　　正月二十日收银 580 元（即全年工资），21 日取大洋 176 元，2 月 2 日取银 98 元，11 日取银 110 元，3 月 29 日粮米 2 斗（80 元），粮黑豆 2 斗（34 元），5 月 8 日粮米 2 斗（80 元），6 月 4 日借米 1 斗……"

（八）"伙子账"

"伙子账"是专登记"安"来的"伙子"关于粮食的支用、种子的存借、收获物的分配等问题的账，由 1894（光绪二十年）—1915 年共两本，每本 80 页。

兹将其内容举例如下：

例：

"二伙子（马义才）　1914 年春种安子塌地 6.5 坰，后官道山地 3 坰，鸦儿岔地 5 坰，钥匙峁地 3 坰，常亮坪儿地 2.5 坰，前常亮山阳背沟条地 8 坰，马蹄塌儿地 4 坰，白草圪地 8 坰，圪柳原地 6 坰，小圪塔地 7 坰，上官道山地 4 坰，共地 57 坰。自种后官道山地 2.5 坰，钥匙峁地 5 坰，老坟沟地 5 坰，共地 12.5 坰（子种）

1913 年年底借冬麦 1 斗 2 升　借春麦 1 斗 7 升

1914 年 2 月 5 日借豌豆 3 斗　19 日借黄豆 7 升，扁豆 5 升

3 月 11 日收扁豆 1.5 升　借黑豆 5 升　19 日借黑豆 1 斗　借春麦三斗二升半　4 月 19 日借谷 3 斗，绿豆 1 斗 7 升　23 日借麻子 1 斗 5 升，小豆 1 斗，21 日借黍子 1 斗，未入收黍子 1 斗，借豇豆 5 升

5 月 22 日借糜子 1 斗 2 升，红豆 5 升

8 月 5 日借冬麦 3 斗。

闰 6 月 6 日，20 日收豌豆 2 石 8 斗去子 2 斗 3 升，两大份，每份分 1 石 2 斗 8 升 5 合，马义财米入后账抄取豌豆 1 石 2 斗 8 升 5 合。

闰 6 月 20 日收冬麦 8 斗 6 升，6 月 7 日收麦子 1 石 6 斗，去子 5 斗 6 升 5 合，两大份，每份分 9 斗 4 升 6 合，马义才米入后账抄取麦子 9 斗 4 升 7 合。

6 月 7 日收扁豆 1 斗 7 升去子 3.5 升，两大份，每份分 6 升 7 合，马义才米入后账抄取扁豆 6 升 7 合。

8 月 12 日收小豆 5 斗 5 升去子 1 斗，两大份，每份分二斗二升五，马义才米入后账抄取小豆二斗二升五。

8 月 20 日收绿豆 7 斗 4 升，9 月 4 日收绿豆 4 斗 9 升，去子 1 斗 7 升，

两大份，每份分 5 斗 3 升，马义才米入后账抄取绿豆 5 斗 3 升。

9 月 4 日收红豆 4 斗 7 升，去子 5 升，两大份，每份分 2 斗 1 升。马义才米入后账抄取红豆 2 斗 1 升。

9 月 9 日收谷 6 石 6 斗，12 日收谷 8 斗 3 升，19 日收谷 3 斗 5 升，去子 1 斗 5 升，两大份，每份分 3 石 8 斗 1 升。马义才米入后账抄取谷子 3 石 8 斗 1 升。

9 月 19 日收豇豆 3 斗 3 升，去子 5 升，两大份，每份分 1 斗 4 升，马义才米入后账抄取豇豆 1 斗 4 升。

9 月 28 日收黍 1 石，去子 9 升，两大份，每份分 4 斗 5.5 升，马义才米入后账抄取黍 4 斗 5.5 升。

10 月 14 日收黑豆 9 石 3 斗，18 日收黑豆 2 斗 6 升，去子 5 斗 1 升，以 54 坰去牛料 2 石 7 斗，两大份，每份分 3 石 1 斗 7.5 升。马义才米入后账抄取黑豆 3 石 1 斗 7.5 升。

10 月 18 日收大麻子 9 斗 4 升，去子 1 斗大份，每份分 3 斗 9.5 升，马义才米入抄取大麻子 3 斗 9.5 升。

8 月 21 日收红糜子 1 石 1 斗 2 升，收白子 7 斗 3 升，去子 1 斗 2 升，两大份，每份分 8 斗 6.5 升，马义才米入后账抄取糜子 8 斗 6.5 升。

马义才　1913 年底下借大钱 6020 文

1914 年 2 月 5 日收大钱 70 文，3 月 24 日收大钱 160 文。

4 月 3 日取大钱 220 文，5 月 27 日借大钱 609 文（戏钱），闰 5 月 14 日借大钱 180 文（短工钱），29 日借大钱 380 文（短工钱），6 月 13 日借大钱 360 文（短工钱），19 日借大钱 360 文（短工钱），25 日借大钱 360 文（短工钱），25 日借 360 文（短工钱），11 月 28 日收大钱 1463 文，又收大钱 270 文，12 月 6 日收大钱 1000 文，12 日收大钱 2600 文，又收大钱 120 文，14 日收大钱 270 文，27 日收大钱 2546 文清。

翌年 2 月 16 日借谷子 8 斗，借黑白豆 2 斗，18 日借麦子 1 斗，4 月 21 日借谷子 1 石 6 斗，借黑豆 8 斗，闰 5 月 20 日借冬麦 2 斗，

米入前账抄收豌豆1石2斗8.5升，收扁豆6升7合，收麦子9
斗4升7合，收小豆2斗2.5升，收绿豆5斗3升，收红豆2斗
1升，收豇豆1斗4升，收谷1石8斗1升，收黍4斗5.5升，
收黑豆3石1斗7升5合，收大麻子3斗9.5升，12月6日取豌
豆1石2斗8.5升，取扁豆6升7合，取麦子6斗4升7合，取
小豆2斗2.5升，取绿豆5斗3升，取红豆2斗1升，取豇豆1
斗4升，取黍子4斗5.5升，取糜子8斗7升，16日取谷子1石
4斗1升，21日取黑豆1石9斗7.5升，28日取大麻子3斗9.5
升，米入前账抄收糜子8斗7升清"

（九）"买货账"

买货账是登记买入商品之数量、价格及其价格之支付情形的账簿。由
1906（光绪三十二年）—1935年共5册，每册40—80页。

关于该账的内容，举例如下：

例一：

"米邑　1934年正月收炭106斤（7毛），当取大洋七毛三分，17日
　　　收兴隆烟1包，当取大洋一毛六分，收白大尺布1匹（2
　　　元），收方连纸5局（6分），当取大洋二元三毛，初8日收
　　　炭3260斤（米1合），当取米3石2斗6升。……共合洋四
　　　十八元三毛三分"

例二：

"绥郡　1934年2月22日收香片茶半斤，收纸烟两匣当取大洋1元"

例三：

"元顺店　1934年2月3日收炭237斤（六厘五）当取大洋一元五毛
　　　四分，3月1日收炭270斤（六厘六），2日取大洋二元一
　　　毛，4月1日取大洋6毛……共炭2530斤合洋十四元六
　　　毛"

例四：

"元盛昌　3月27日取染小蓝粗布3丈（三分六），染水蓝永机布1
　　　匹（9毛），鱼蓝永机布1匹（3毛），月蓝永机布2匹

（郭马过人清），12 月 21 日取大洋二元二毛清"

附件七　崇德厚账簿索引

共七种

（一）典买地账（附牲畜账）

（二）租粟账

（三）银钱揭账

（四）借账

（五）粟物借账（附支帖账）

（六）粟物流水

（七）万金账

（一）"典买地账"（附"牲畜账"）

共 3 册：1917 年正月（即"崇德厚"开张时）至 1924 年年底 1 册，1925 年正月至 1919 年年底 1 册；1930 年正月至 1939 年年底（即崇德厚歇业时）1 册。

"崇德厚"买地甚少，故买地账与典地账合记一本。前后重抄 3 次。第一次隔 9 年重抄，第二次隔 5 年重抄，第三次隔 9 年重抄。最后一次值店号歇业之时，未清典买账目，均移抄到财东本堂（衍福堂）账上去了。

第一册，贴"中华民国陕西印花税票"一角二分（一分的 12 张）。第二册未贴印花。第三册贴"陕西米脂县印花税票"一角（二分的 5 张）。

典账有两种，一是典窑账，一是典地账。杂记于一册内。典地账又有典出典入两种。

（二）"租粟账"

共 2 册：

1917 年正月至 1924 年底 1 册，1925 年正月至 1926 年 1 册。

（三）"银钱揭账"

共 12 册：

1917 年、1918 年 1 册，1919 年、1920 年 1 册，1921 年、1922 年 1 册，1923 年 1 册，1924 年、1925 年 1 册，1926 年 1 册，1927 年 1 册，1928 年 1 册，1929 年、1930 年 1 册，1931 年 1 册，1932 年、1933 年 1 册，1934 年、1935 年、1936 年、1937 年、1938 年 1 册。

（四）"借账"

一名"银钱借账"；又名"字号乡借账"；又名"银钱支借账"。

共 12 册：

1917 年 1 册，1918 年 1 册，1919 年 1 册，1920 年、1921 年 1 册，1922 年 1 册，1923 年 1 册，1924 年 1 册，1925 年、1926 年 1 册，1927 年 1 册，1928 年、1929 年 1 册，1930 年、1931 年 1 册，1932 年、1933 年、1934 年、1935 年 1 册。

内容：

此是无利借钱账。分两部分：（1）字号借账；（2）花姓借账或称"四乡借账"。1927 年后借钱较少，乃将银钱借账与粟物借账（即卖粮记欠的账）合并，称为"银钱粟物借账"。

（五）"粟物借账"（附"支帖账"）

共 9 册：

1917 年 1 册，1918 年 1 册，1919 年 1 册，1920 年、1921 年 1 册，1922 年 1 册，1923 年 1 册，1924 年 1 册，1925 年 1 册，15 年 1 册（16 年起并入银钱借账）。

此是粮食出纳账。有三种：一种是真正的借粮账；一种是欠粟；一种是卖粮账。后者为主。

附支帖账，有外帖荣升（经理）支钱及长工支钱等。

（六）"粟物流水"

只见 1919 年 1 册

内容：

按日记粟物之出纳。写成上下两项，上项为"入"或"收"，如："入仓窑米 1 石"或"收周佩均黑豆 6 石 6 斗"；下项为出，如："出卖黑豆 3 石"或"刘世义取黍 7 斗"。

（七）"万金账"

共 2 册：1917—1926 年 1 册，1927—1938 年 1 册。

内容：

此是崇德厚的清账。

第一页为清单，即店号开张时所承受之资本。格式如下：

北京第一机床厂调查[*]

出版说明

这本调查报告，是李富春同志亲自领导的北京第一机床厂调查组，在1961年上半年写的。参加这次调查工作的，共有9名同志，即：当时国家经济委员会的马洪、张磐、才晓予，中共中央高级党校的高讲易，第一机械工业部的姚薹、林采民，中国科学院经济研究所的韩岫岚、刘正绚，华东纺织学院的汤颖。调查材料，由这几个同志分别写出草稿后，调查组负责人马洪同志做了进一步的整理和加工。在调查和整理材料的过程中，北京第一机床厂的领导干部和职工同志，北京市委工作组的同志，给了许多帮助。材料整理出来，经富春同志审阅后，报送北京市委。北京市委办公厅将这一份调查报告分印成册，作为内部资料，送给中央有关领导同志以及北京市有关的经济部门领导干部和工厂的负责同志参阅。这次公开出版之前，由才晓予同志做了校订，为了压缩文字，做了一些删节，但原调查报告的基本内容和基本观点未做改动，以保持这一历史资料的本来面貌。

---

[*] 这是1961年在李富春亲自领导下，由作者主持完成的调查报告，中共北京市委作为内部资料上报。1980年由中国社会科学出版社公开出版。

纪念李富春同志

——《北京第一机床厂调查》序言

1961 年年初，由李富春同志提议并直接领导，组织了一个调查组，在北京第一机床厂做了 6 个月的调查研究工作。随后，写了一些调查报告，当时曾作为重要的内部资料，由北京市委办公厅印发给有关的领导机关和一部分工业企业的负责同志参阅。这已经是 19 年前的往事了。现在，应中国社会科学出版社的要求，公开发行。

这本调查报告，对于今天正在大规模进行的经济调查研究工作，在方法上仍有一定的参考价值。我们参加调查和整理材料的人，都希望在这个时候让它公开同读者见面，还有一个很重要的原因，就是想用来纪念亲自组织和主持这次调查的李富春同志。

富春同志是一位受到普遍尊敬的老一辈无产阶级革命家，是我们党政治、军事、经济战线的久经考验的活动家，也是我国社会主义革命和建设的卓越的领导者之一。他的一生，为中国人民解放和社会主义建设的事业立下了不朽的功绩。在他 50 多年的革命实践中，有无数值得歌颂的事例。北京第一机床厂的调查，又一次地为广大干部树立了面向基层、深入群众、实事求是、一切从实际出发的榜样。当然，这不过是他坚持党的优良作风的某一个侧面的缩影。

富春同志在晚年，深受林彪、"四人帮"的迫害，同这帮反革命分子作了艰苦的斗争。他在满腔忧愤中积劳成疾，于 1975 年 1 月 9 日离开了他毕生奋斗的革命事业。今年 1 月 9 日，就是富春同志逝世五周年的忌日。我们相信，如果不是林彪、"四人帮"的摧残，富春同志是能够在今年 5 月 22 日度过他的 80 寿辰的；"莫道桑榆晚，为霞尚满天"，他定将继续为祖国四个现代化的伟大事业献出自己的才智。可是，这已是不可能的事了。现在我们拿出这本调查报告，来表示对富春同志的深切怀念！

50 年代末期，我国的国民经济由于客观和主观的种种原因，陷入了十分困难的境地，面临着全面调整的艰巨任务。60 年代初，党中央号召大兴调查研究之风。毛泽东同志曾经说，最近几年，凭感情和估算办事，吃情况不明的亏很大，付出的代价很大。要做系统的由历史到现状的调查研究，没有这种调查研究，就不能产生正确的具体政策。毛泽东同志亲自主持，经过深入调查研究，制定了《农村人民公社工作条例（试行草案）》，即"农业六十条"，并且要求工业和其他部门都要依据实际情况，研究和制定具体的工作条例。

为了研究经济调整和草拟工业条例，根据党中央的安排，当时在中央书记处主持经济计划和工业交通工作的富春同志，亲自组织和领导对北京市的 10 个工厂和单位进行系统调查，并且选择北京第一机床厂作为重点，由他直接主持。北京第一机床厂是当时全国最大的铣床制造厂，有较好的基础，同时在工作中也暴露出不少的问题，这在大型工业企业中具有相当的代表性。所以确定具体解剖这只"麻雀"，以便找到整顿企业工作的妥善办法。1961 年元旦过后不久，由当时的国家经济委员会、第一机械工业部、中共中央高级党校、中国科学院经济研究所等单位和北京市委的同志组成调查组，前往北京第一机床厂。行前，富春同志传达了党中央和毛泽东同志关于当时形势和任务的指示，并且一再叮嘱：这次调查一定要采取深入实际、实事求是的态度和方法，切不可自以为是，当"钦差大臣"，使人厌烦；要深入到生产第一线去，到群众中间去，眼睛向下，向基层干部和职工群众学习，同他们打成一片，遇到问题进行同志式的讨论，生活上不能搞特殊化。富春同志的循循善诱，给调查组指出了正确的方向，增添了力量。直到现在，这些亲切感人的话，还镌刻在大家的记忆之中。

遵照富春同志的要求，调查的程序，与本书目录的排列相反，是由下而上进行的。调查组进厂后，不是浮在上边，而是直接下到班组，同工人同志一道劳动，相互谈心，直接了解广大生产者和基层干部的迫切呼声，这就为深入的全面的调查打下了良好的基础。随后，又集中剖析了有代表性的两个生产组和一个工段，尔后又调查了一个重点车间，最后扩展到全厂的各个方面。调查既是由点到面、逐级进行的，又有分门别类的专题研究，力求做到纵横结合，比较全面，比较系统。既调查了这个工厂的历史，又着重调查了它的现状。凡是企业工作中需要弄清的情况和解决的问题，如建设规模、人员状况、管理机构、生产技术、财务计划、产品的品种和质量、工具的制造和管理、物资的供应和销售、财务和成本、工资和奖励、企业管理体制、党委领导下的厂长负责制和职工代表大会制、两参一改三结合、劳动竞赛、技术人员状况和技术政策、职工的技术文化教育、职工生活和职工家属工作、思想政治工作，等等，都根据富春同志的要求，进行了比较深入的了解和研究。这些，也就是现在出版的这本调查报告的主要内容。

在调查的过程中，富春同志随时听取调查组的汇报，批阅调查资料，提出具体的指导性意见。他多次亲自到各车间和工地进行实地考察。他和蔡畅同志为掌握第一手的资料，亲自召开了多次座谈会，分别征询老工人、青年工人、女工、工程技术人员和科室干部、车间和厂级领导干部的意见。在座谈会上，富春同志总是鼓励大家把话讲完。他不顾疲劳，细心倾听大家的意见，有时还耽误了吃饭。在座谈中，富春同志时常同大家一道讨论。他从来都是用同志式的平等商量的语气，不用指示的口吻来讲述自己的看法。遇有意见分歧的时候，比如在建设布局的问题上，新建的重型铸工车间究竟是上马，还是暂停？在产品方向问题上，到底是以老产品铣床为主，还是以新产品重型机床为主？富春同志从不轻易表态，坚持一切正确结论产生于调查末尾的原则，坚持多谋才能善断的方法，同厂里的同志再三讨论，有时还把一些干部请到他家里叙谈。经过反复研究比较，两利相权取其重，两弊相权取其轻，提出自己的主张，然后再同工厂的领导同志交换意见，最后还要请厂的领导转告主管部门和市委，进一步征求企业主管部门和当地党委的意见。富春同志平易近人，作风民主，广开言路，对基层的和随同工作的干部平等相待，从无半点疾言厉色，所以在整个调查过程中，大家都亲近他、敬重他。作为党和国家的一位领导人，富春同志的这种良好作风和高尚品格，给了同志们十分深刻的教育。现在每当想起在富春同志领导下工作的那些日子，他的和蔼可亲的音容笑貌，忠厚长者的风度，时时浮现在眼前，景慕怀念之情，不禁油然而生！

在调查期间，正遇到厂里开展群众性的整风运动。一天晚上，富春同志在中央开会结束后就来到厂里，看了上百张大字报，直到深夜才离去。第二天，富春同志邀请工厂领导同志和调查组负责同志，进行了长时间的谈话。他肯定了这个厂是个好厂，生产有成绩，领导也不弱，整风搞得不错。他说，整风不是要打击谁，而是一次群众性的调查研究，主要是解决领导脱离群众、工作脱离实际的问题。工厂的领导直到上级领导干部，包括他自己，都要从广大群众的批评意见和合理化建议中有所鉴戒，吸收营养。富春同志着重地讲了调整的问题。他说，从全国来看也好，从这个工厂来看也好，调整的任务都是很艰巨的。生产力、生产关系、上层建筑都有个调整的问题，不调整就不能前进。整风和其他工作，都要围绕这个中心。要合理确定产品的方向。向高、大、精、尖进军，从长远的方向上来说当然是对的，但从目前实际出发，首先要调整好现有主要产品的生产能力，填平补齐。重型铸工车间和重型加工车间的建设，目前力所不及，应当推迟，早些下马可以主动，勉强上马反而被动。应当把节省下来的一部分财力、物力，用来解决职工生活方面的急需，例如，食堂问题、宿舍问题。他一再指出，一定要关心群众的切身利益。在企业工作中的许多重要问题上，他当时提出的意见，至今仍然很有现实意义。例如，他认为：要使厂长有职有权有责，不能什么事都由书记说了算，只讲党委领导，不讲厂长负责；企业不能一年四季搞运动，一切运动都要服从于生产；生产不能一年四季搞突击，一定要做好经常的生产技术准备工作，宁可降低生产指标，也不能每个月都打被动仗；在工资奖励方面要克服平均主义。富春同志的这些意见，实际上是对我国当时工业企业管理以至整个经济建设工作的一些重要经验做了总结；即使今天来看，它的正确性也是不应怀疑的。

在调查结束前，富春同志还有一次全面的总结性谈话，谈到企业调整和改进管理应当正确处理好若干方面的关系，当时曾经整理成一个文字材料，可惜在"文化大革命"当中连同富春同志谈话的多次记录都散失了，使这本调查报告留下了难以弥补的重要空白。

这里应当说到，1960年秋冬到1961年春天这段期间，富春同志通过各个典型调查所得到的材料，提出了要按"调整、巩固、提高"的精神来改进企业管理和工业管理。他向周恩来同志做了汇报。恩来同志在"提高"的前边加了"充实"二字，并且提议作为当时党关于整个国民经济工作的方针，加以实施。这个提议得到毛泽东同志的同意和党中央的批准，正式成为党的"调整、巩固、充实、提高"的"八字方针"。这个切合实际的方针，对于克服当时国民经济存在的严重困难，起了十分重要的作用。而在贯彻执行"八字方针"的过程中，富春同志协助周恩来同志和邓小平、陈云同志，做了许多艰巨的、富有成效的工作。

北京第一机床厂的调查，到1961年6月基本结束。这时，富春同志另有重要任务，中央指定薄一波同志接替他把各部门、各地区的许多调查材料集中起来，进行研究，准备工业条例的草拟工作。北京第一机床厂调查组的几个同志，还有国家计委等单位的几个同志，随同一波同志到沈阳，在中共中央东北局的协助下，写出了条例的草稿，随后又到哈尔滨、长春召开多次座谈会，进行讨论，广泛吸收了工业领导机关和企业领导人员、技术人员、老工人的意见，反复修改后作为初稿提交中央书记处。7月间，邓小平同志亲自主持书记处会议，作了多次认真的讨论，并且逐章、逐节作了修改，最后归纳为七十条，提交7月在庐山召开的中央工作会议。经讨论通过后由毛泽东同志签发，作为《国营工业企业工作条例（草案）》，在全国工业企业中普遍实行，收到了良好的效果。

正是因为全党全民同心协力，坚定不移地执行了"调整、巩固、充实、提高"的"八字方针"，贯彻执行了"农业六十条"、"工业七十条"以及其他具体政策和有关条例，我国国民经济在短短两三年时间内就得到恢复，并且有了相当的发展。这一成功的经验，广大干部是不会忘记的。

而当我们回忆起这一段往事的时候，不会也不应当忘记富春同志的一份功绩。

在我们公开出版这本调查报告的时候，富春同志生前关怀和帮助过的北京第一机床厂，在饱经十年动乱之后，由于全厂职工的发奋努力，重新跨入了全国先进企业的光荣行列。富春同志有知，一定会感到欣慰的。

当前，正在进行全党工作重点战略转移以后的第一个战役，国民经济调整、改革、整顿、提高的繁重任务，摆在全党和全国人民的面前。已经离开我们的许多老一辈革命家，包括富春同志在内，他们敢于和善于战胜一切困难的精神，继续在鼓舞着我们奋勇前进。我们无疑必须付出极大的努力，但是，胜利终究是属于党和人民的！

马　洪　梅　行　房维中　张　磐

才晓予　贺光辉　徐桂宝

1980 年 1 月 9 日

全厂情况的调查

一 厂史沿革和现状概况

北京第一机床厂是目前北京市机械工业中最大的工厂。全厂现有6000多名职工、900多台现代化设备。主要产品是中型铣床，也能够生产重型机床。这个厂在1958年以前是中央直属企业，1958年下放给北京市机电局领导。建厂以来，生产、建设有很大发展。1959年被评为北京市的和全国的红旗厂。

（一）这个厂的历史最早可以上溯到半个世纪以前

它的前身是北京机器厂。北京机器厂是在1949年北京解放后全部合并和部分合并原国民党的10个军用修械所和3个普通机器厂组成的，其中有3个较大的工厂同北京第一机床厂的历史关系最为密切。这3个厂是：（1）第六修械所。它是由美帝国主义资本在1921年创办的海京洋行演变而来的，是构成北京机器厂总厂的主要基础。海京洋行—第六修械所—北京机器厂总厂，这基本上是北京第一机床厂的来历。（2）第八修械所。它是由民族资本在1911年创办的永增铁工厂演变而来的，解放后构成北京机器厂的第二分厂。（3）第一修械所。它是由1935年创办的伪冀东保安司令部修械所演变而来的，解放后构成北京机器厂的第一分厂。此外，还有第三修械所。它是在1946年国民党新搞起来的，解放后构成北京机器厂第三分厂，1953 年分出去独立成立一个厂，改称北京第二机床厂。详见第 190 页的图 1，这里作个概要的说明：

1. 海京洋行——第六修械所的发展，经历了三个时期，即从创办到"七七"事变时期、日本统治时期和国民党接管时期。

海京洋行是在 1921 年由一个叫丁茵的美国长老会教徒投资办起来的，厂址在东单裱褙胡同。开始时主要是商业资本，经营进口机器和机器的安装以及纺织品的贸易，实际上是搞走私和投机活动；同时，也为在京津各地的美国教会、学校做些修理自来水、暖气的活和承担一部分土木建筑工程。当时，工人不到 20 名，厂房是租来的 6 间平房，主要设备不过两架皮带车床。到了 1926 年，工人增加到 100 多人，停止了进口贸易活动，换上了"海京铁工厂"的招牌。这时经理改由一个名叫祖澍田的中国人担任，祖澍田不仅当了美国资本的代理人，而且也入了股。从此，这个厂由帝国主义资本和买办资本合伙经营。1929 年工厂迁到安定门里方家胡同，到"七七"事变前，逐步发展成为一个拥有三四百名工人和三四十台床子的工厂，除了铸造锅炉、水管以外，已经能够用简单的设备仿照外国货制造出手术台、电冰箱等产品。

1938 年秋，海京铁工厂被日本机器工业财阀小系原太郎兼并，改名为"小系重机株式会社"，主要是生产铁斗车、卷扬机等矿山机械，同时，也制造武器，如炮弹、地雷等，为侵华战争和掠夺我国的资源服务；设备增加到 50 台左右，职工将近 500 人。

1945 年日本投降后，小系铁工厂被国民党接收，改为官办的北平第一机器厂，后来又改名为北平市企业公司机器厂。设备、材料多半被国民党的官僚们盗卖，厂房大部分被拆毁，职工最后只剩下几十人。最初靠制造一些自行车零件、铁锅以至沙发来勉强维持生产，后来就完全停工了。到 1948 年，这个厂又由国民党华北"剿总"民间武器调查管配委员会接管，改为第六修械所，职工恢复到 300 人左右，主要是生产"七九"式步枪。解放后在这个修械所的基础上，合并了天津实验示范厂等厂，组成北京机器厂的总厂。

2. 永增铁工厂是在 1911 年由当时北京的大民族资本家封竹轩创办

的。开始时揽到什么活就做什么，后来经常生产绞车、水泵、柴油机以及人力车头、人力车轴等。"七七"事变后不久就为日本资本家所吞并，改为钟渊铁工厂，原有产品逐渐被淘汰。1942 年后，几乎全部生产枪支、炮弹。国民党统治时期，改为中纺公司天津第一机器厂五厂，制造纺织机械，1948 年改为第八修械所，专门修理和制造枪支。解放前夕职工有 400名左右，设备有 60 台左右。解放后，这个修械所改为北京机器厂的第二分厂。1952 年，一小部分人员、设备划给第一机械工业部的技工学校，铸工部分迁到东郊，改为北京机器厂总厂的铸工车间。1956 年在这个基础上扩建为北京第三机床厂，1957 年合并到第一机床厂。

3. 伪冀东保安司令部修械所，1935 年成立，是汉奸殷汝耕办的。在日本统治和国民党统治时期都是制枪厂。解放前夕有职工 200 人左右，机器三四十台。解放后改为北京机器厂的第一分厂，1951 年把一部分设备、人员划归总厂，另外一部分设备、人员交给华北大学工学院。

（二）北京解放不久，就在原来的破烂摊子上组成了北京机器厂。经过三年恢复和第一个五年计划时的建设，逐步发展成为现代化的机床制造厂

北京机器厂成立时，总厂设在方家胡同 11 号。当时全厂集中原有各个工厂的设备，总共不过 113 台，而且绝大部分是无轴传动的皮带机床，工人 900 多名。开始时主要是修理机械，不久即由修理转为制造，不过当时只能制造一些简单的机械，如水车、矿车、水泥搅拌机，以后又生产牛头刨床等。由于不断进行技术改造，并且在东郊豫王坟建立起铸工车间，根据当时重工业部的产品规划，从 1952 年起开始由生产零星产品转向生产专业产品，由生产一般机械转向制造精密机床，主要是生产铣床。原来生产的牛头刨，改由第二机床厂生产。1952 年 11 月试制成功第一台苏式万能铣床，1953 年下半年即进入小批生产。经过 1954 年、1955 年两年，在铣床专业生产的基础初步巩固的条件下，开始新产品的试制，由单一产品过渡到多种机床的生产，除了生产万能铣，还能够生产立铣、平铣、磨刀机等。1956 年 3 月提前完成第一个五年计划，生产逐年有很大提高。主要产品铣床的产量：1953 年为 31 台，1954 年为 118 台，1955 年为 201 台，

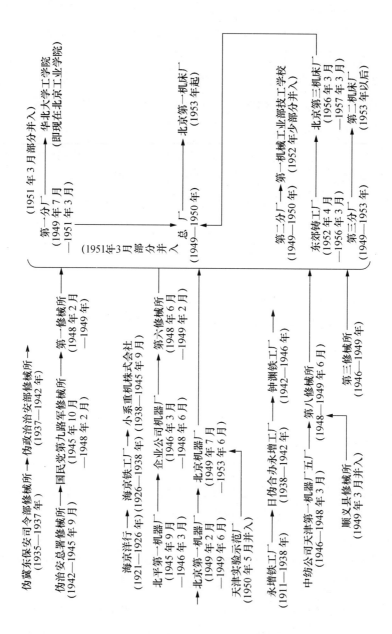

图 1　北京第一机床厂沿革

1956 年为 560 台，1957 年为 615 台。同时，基本建设规模也有显著的扩大，第一个五年内国家共投资 1948 万元（在同时期内为国家上缴利润 751 万元）。职工人数由 1952 年的 1626 人增加到 1957 年的 2236 人。全厂的切削机床由 1952 年的 318 台（主要是旧式机床），增加到 388 台，其中现代化机床由 48 台增加到 338 台。

（三）1958 年以来，在总路线的指导下，这个厂的生产和建设都有了新的发展

在这 3 年里，工厂的规模迅速扩大了。1956 年利用东郊原铸工车间扩建的第三机床厂，在 1957 年又合并到第一机床厂。第一机床厂原来在城内方家胡同的全部设备，1958 年也迁到东郊豫王坟新址，并且增建了重型加工车间，重型铸工车间正在施工中。

同时，全厂的技术力量也有了很大的增强。技术工人从 1957 年的 838 人增加到 1960 年的 4227 人。技术装备 3 年来增加了 360 台，即增加了 1 倍多。

随着工厂规模的扩大和技术力量的加强，在不断改进企业管理工作的条件下，生产有了很大发展，制造水平有显著提高。就主要产品铣床的产量来说，1958 年是 1151 台，1959 年是 1440 台，1960 年是 2131 台。3 年来共生产铣床 4722 台。1960 年产值为 6568 万元，全员劳动生产率为 10710 元。1958—1960 年，可比产品成本逐年降低。3 年来为国家积累 4875 万元，相当于 1960 年年底全厂固定资产原值 3676.8 万元的 132%。

在制造水平方面也达到了一个新的阶段。从测绘、仿制发展到部分独立设计，从制造一般机床发展到制造一些重型和大型机床，前进了一大步。以前主要产品都是测绘和仿制的，近三年来设计的新产品有 29 种。以前只能生产中型铣床，现在已经能够生产 33 种重型和大型产品。

在生产不断发展的基础上，3 年来总共为国家各经济部门（包括装备本厂）提供了 4749 台现代化设备。同时，向 18 个省市的 87 个兄弟企业输送了 422 名技术工人和 233 名管理干部，有力地支援了国家的建设。此外，全厂的技术革新活动和职工业余文化、技术教育也都取得了比较突出的成绩。

随着生产的大发展，由于经验不足和工作上的失误，也出现了一些新的问题。主要是生产能力扩大了，增建了重型加工车间，可是前后左右还没有配套，没有形成可以持续增产的综合生产能力。生产的计划性、节奏性差，有时处在半计划的状态。责任制度也比较松懈；设备维修得不够好；材料供应紧张，经常"寅吃卯粮"；工资、奖励工作中存在着比较严重的平均主义；党委工作有行政事务化的倾向；一部分干部有瞎指挥生产的毛病，对群众的生活关心不够，民主作风较差，党群关系、干群关系不够密切。这些问题的存在，给企业的正常生产造成困难，也影响到一部分职工积极性的充分发挥。目前，企业正在通过整风运动，有步骤地进行调整、巩固、充实、提高的工作，积极解决这些问题。

二 人员、设备和生产组织

（一）人员的情况

据 1961 年 4 月的统计，全厂在册职工共有 6173 人。在册又在职，即参加企业生产业务活动的职工 5108 人（工作组根据各车间各科室实际统计为 5065 人）；在册而不在职，即没有参加企业生产管理活动的职工 1065 人，占 17.2%。

全部在册职工中，行政管理干部、技术干部、党群干部和服务人员共有 1183 人，占 19.1%；工人（包括徒工）4990 人，占 81%。前者在全部职工中的比重，这几年来是逐步降低的，1957 年为 40.3%，1958 年为 26.4%，1959 年为 19.4%，1960 年为 18.9%。这是企业管理的一个进步的表现。

目前在册干部共有 963 人，占在册职工总数的 15.6%。其中：行政管理干部占 9.8%，技术干部占 3.6%，党群干部占 1.3%，教学医务人员占 1%。从数量方面看，干部大体是够的；但是，由于大型、重型产品任务增加，技术力量突出地显得不够，和北京第一机床厂生产大体相同的武汉重型机床厂和齐齐哈尔第一机床厂，技术干部都占职工总数的 5% 左右。因此，这个厂需要加紧培养和充实技术干部。

　　全厂工人的平均等级为 2.2 级，四级以上的老工人在生产工人（不包括徒工）中的比重只有 18.4%。1957 年以来，工人的平均等级是下降的，1957 年为 3.8 级，1958 年为 2.8 级。工人平均等级之所以下降，主要是新工人大量增加，把等级拉低了。同时，和这几年升级较慢也有些关系。

　　在册而不在职的职工中，脱产学习技术、文化的 255 人，机动劳动的 171 人，到密云水库挖河的 440 人，搞基本建设工作的 62 人，办农、副业的 67 人，长期外借的（借给城市人民公社、社办工厂和一机部办展览会等）11 人，长期休养的 31 人，长期学习的 28 人。这许多人脱离企业的生产、管理活动，只有少数是合理的，如学习、因病休养、搞基本建设等，大多数是不合理的，主要是因为招收工人过多，而又没有及时地加以适当处理。这批人员应当由企业和地方劳动部门，分别不同的情况加以安排。

　　（二）设备的情况

　　到 1961 年 4 月底止，全厂入账的固定资产为 3675 万元，其中生产性固定资产 3491 万元，占 95%，非生产性固定资产 96 万元，不需用的固定资产 83 万元，土地 5 万元。账面的固定资产比已经完成的基本建设投资额 5192 万元少的原因，主要是一些基建项目还没有完工，或者虽然完工还未经验收入账。

　　现有厂房和宿舍的建筑面积 118205 平方米。厂区占地面积 250 亩（不包括重型铸工的新厂区），建筑系数为 32.4%。

　　1960 年年底，已经正式验收的设备有 897 台，其中金属切削机床 658 台，锻压设备 30 台，起重运输设备 33 台。在金属切削机床中，从国外进口的 136 台，占 20.5%，本国制造的 522 台（其中有 78 台是本厂自己制造的），占 79.5%。从这个厂来看，设备的自给率已经达到 80%，但是，大型的精密的机床全部是进口的。全厂已有大型、精密机床 69 台，占全部金属切削机床的 10%，其中主要的有：可加工直径 8 米、重达 60 吨的工件的端面车床，可加工直径 3 米、精度达到一级的齿轮的插齿机，等等，即将安装完毕的还有镗杆直径 254 毫米、移动范围上下达 9.8 米，前后达 15 米的英国进口镗铣床，工作台长达 22 米的龙门刨。这些都是国内不多的现代化大型设备。

全厂的金属切削机床，主要是 1958 年以来新增加的。解放前的旧机床仅占 6%，解放后到 1957 年增添的机床占 39%，1958 年以后增加的占 55%。由于机修力量的增长还跟不上设备的增长，加上设备管理和检修制度的松弛，当前设备事故多，设备利用率低。改善固定资产的利用，当前最主要的就是减少设备事故，提高设备利用率。

（三）行政组织情况

这个工厂的行政组织，基本上分为三级，就是厂、车间和工段（小组）。在大型车间里，车间下面是工段，工段下面还有生产小组，每个生产小组 15 人左右；在小型车间里，车间下面就是生产小组，每个生产小组人数多一些，在 20 人以上。

厂级行政领导干部 7 人：1 个正厂长，5 个副厂长，1 个副总工程师。这 5 个副厂长分工管理生产、技术、人事、生活、基建（兼管供销）等方面的工作。

厂部共有 17 个科室。即：生产计划科、检验科、技术安全科、会计科、设计科、工艺科、供销科、人事科、保卫科、劳动工资科、教育科、总务科、基建经济科、基建工程科、基建供应科、管理办公室、厂长办公室。1958 年以来，科室的设置曾经有过三次变动。1958 年大合并，1959年又分开，1960 年又作了一次调整。看来，科室分得"粗线条"些，相互之间的矛盾少些，却也掩盖了一些矛盾；而分工适当细一些，责任更加明确，工作也更加细致。目前，这个厂正在考虑把生产计划科分为计划科和生产科，工艺科分为工艺科和锻冶科，供销科分为供销科和运输科，总务科分为行政科、卫生科和膳食科，撤销管理办公室。再加上工具科、设备动力科（这两个科目前和车间合在一起），厂部将有 23 个科室。从1958 年以来，科室的职能作用削弱了，应当建立科室工作的责任制度，发挥它们的职能作用。

全厂共有 7 个车间。即：成批车间、重型车间、模铸车间、锻工车间、标准件车间、工具车间、机修动力车间。工具、机修动力这两个辅助部门的科室和车间合在一起，既是厂部的职能科室，又是生产、服务车间，车间的领导干部往往抓了车间工作，放弃了科室的职能作用，而且机修动力车间的工作内容过于庞杂（除了负责机修任务以外，还管理压缩空气、热力、电力的供应及各种管道、房屋的维护）。目前，这个厂正在考虑把科室和车间分开，同时把机修动力车间划分为机修、动力两个车间。这样全厂将设 8 个车间。

（四）党、团组织情况

全厂共有党员 802 名，其中正式党员 629 名，预备党员 173 名，党员占职工总数的 13%。全厂共有团员 1556 人，占职工总数的 25.4%，占青年总数的 34%。

党员的分布是不平衡的。现有干部党员 343 名，占在册干部总数的 36%，3 个干部中就有 1 个是党员；工人党员（包括勤杂服务人员）占在册工人总数的 8.8%，11 个工人只有 1 个是党员。据 3 月上旬的调查，全厂 235 个生产小组和业务小组中，没有党员的有 61 个小组，占 26%，1/4 的小组还是空白点。应当逐步地解决这种不平衡的状态，加强生产第一线上的党的力量。

企业党委是 1959 年第三季度选举的。党委委员 11 人，候补委员 2 人，党委委员调走了 4 人，调来了 3 人。3 个党委书记和正厂长组成常委会。

7 个车间有 3 个党总支（成批、重型、铸工 3 个车间）和 4 个直属支部，17 个科室分 6 个科室支部，技工学校有 1 个学校支部。其中一些支部的支部委员会不健全，党内民主生活不够正常，现在全厂 37 个分支部、总支和党委的正副书记中选举产生的只有 8 个，其他都是指定的。目前通过整风运动正在克服这些缺点。

三　建设规模

（一）经过国家计委批准的建设规模是：中型铣床 4880 台，重型和超重型机床 2.25 万吨

全部投资预计为 1.2 亿多元，到 1960 年年底止，已完成投资 5192 万元，其中铣床部分已经基本建成，生产水平已经达到 2400 台；重型机床部分正在边基建、边生产，1960 年已经生产大型机床 42 台（1316 吨）。

（二）建厂的历史过程，可以分为三个阶段

第一个阶段（1950—1952 年）。早在 1950 年，重工业部计划在北京建设一个大型的机械厂，就在现在这个工厂的厂址——北京建国门外豫王坟，开始建设了一个 6000 平方米的铸工车间，1951 年建成，就是第一机床厂前身——北京机器厂的铸工车间；1952 年又续建了一座水塔。

第二个阶段（1953—1958 年）。1953 年第一机械工业部成立以后，决定在豫王坟新厂址建设一个机床厂，并且设立新厂筹备处，同年 10 月由一机部批准了新厂的设计任务书。这个设计任务书确定的生产规模为中型铣床 2480 台（11736 吨）。按照基本建设程序，在 1955—1956 年间进行了初步设计和施工设计，并经国家建委正式批准。初步设计确定这个厂在 1957 年年底建成，生产规模为 2510 台（13227 吨），基建投资为 5222 万元。1956 年开始全面施工。1957 年国家削减基本建设投资，这个工厂取消了人民防空设施和技工学校实习工厂的建设，投资核减为 4339 万元，并且推迟了建设进度。1958 年才又继续施工，同年基本建成并投入生产。

第三个阶段（1958—1960 年 5 月）。1958 年，这个厂在原有规模的基础上，增建一个重型机床车间，7 月动工建设。这个车间的生产规模开始定为 305 台（19569 吨），产品品种为 6 类 21 种，建筑面积为 38376 平方米，投资为 4354 万元。重型机床所需要的铸件和锻件由拟建设的北京铸锻中心厂供应。1958 年 8 月，厂里重新提出了一个全厂的设计任务书。这个设计任务书确定生产规模为：中型铣床 4880 台（15826 吨），重型机床 192 台（16806 吨）。全部投资需要 9812 万元，其中包括三个部分：（1）铣床部分 4338 万元，（2）重型机床加工车间 4354 万元，（3）由于拟建设的北京铸锻中心厂不建了，需要增加一个重型铸工车间，一个重型锻工车间，以及其他一些配合项目，共需投资 1120 万元。经过第一机械工业部审查，国家计委除了把重型机床的生产规模在维持原有建筑面积和投资的条件下修正为 22500 吨以外，批准了这个设计任务书。1960 年 3 月，厂里又设想过一个方案：中型铣床 8000 台（24800 吨）；重型机床 450 台（18792 吨），产品品种 4 类 12 种。不过，这一方案没有上报也没有付诸实行，是一个设想大胆但不切实际的方案。

（三）这个厂的基本建设的第三个阶段，增加了新的建设项目，出现了新的要求和新的薄弱环节，以致发生了下列一些问题

1. 基本建设规模越来越大，投资越来越多。这个厂原定投资为5200多万元，1957年核减为4300万元，在1958年加上重型加工车间投资增为5700万元，后又增为9800万元。由于1959年提出的那个计划任务书中对某些分项工程考虑不够，现在估计要1.2亿元左右。

2. 企业平面布置不合理。铣床生产部分是有总体规划的，平面布置大体是合理的；相反，重型机床部分缺乏总体规划，企业平面布置不合理。重型加工、装配车间和重型铸工车间不在一个厂区内，中间除了间隔生产铣床的几个车间外，还间隔一个北京教学仪器厂，好像"一条扁担两头挑"，将会造成生产管理上的很多不便。

3. 辅助部门和服务部门能力不足。按照1956年的建设规模，辅助部门和服务部门的能力大体是够的；但是，由于中型铣床的生产规模扩大，特别是扩建重型加工车间后，电力、热力、蒸汽、压缩空气和水量的供应以及仓库容量不足。将来生产水平达到设计规模的时候，辅助部门和服务部门能力不足的矛盾会更加突出。

4. 取消了原来承担的协作义务。这个厂的设计任务书规定，在生产水平达到2510台的时候，还应当有外售铸件4000吨，外售锻件300吨。目前铣床生产虽然还没有达到这个水平，但是由于增加了重型机床的生产，这些外售铸件和外售锻件的义务就不能完全承担了，从而改变了企业之间既定的协作关系，造成别的工厂供应上的困难。这个厂的标准件供应问题，同样反映了这个矛盾。本厂生产铣床所需要的某些标准件原来是由沈阳标准件厂供应的，现在协作关系中断了，因此，不得不在本厂增添一个标准件车间。近几年基本建设战线之所以拉长，和这个问题也有密切关系。

（四）几点经验

1. 关于基本建设管理。凡是重大的建设项目，应当根据全国一盘棋的原则，确定总体规划；没有总体规划的，不忙于动手兴建。这个厂需要补作总体规划，全面安排，特别要注意辅助部门、服务部门和主要生产部

门的适应问题。重大的建设项目，除了设计任务书仍须经过国家计委审查批准以外，在重大项目中的重大分项工程的确定和变动，应当由各级计划机关分级加以管理，避免在国家批准的项目中，进行计划外的建设工程。各级计划机关在审查基建项目的时候，应当从实际出发核实投资数额，既要符合节约原则，核减投资，也要根据实际需要，核足投资，避免所谓"钓鱼项目"（开始说投资不多，基建上马后投资不断追加的项目）。

2. 关于企业规模。企业的生产规模，随着生产的发展而不断扩大，但是应当有个"边"，国家经济计划部门有必要根据大、中、小并举的方针，确定企业规模合理性的规范。利用老厂的基础，进行增建、扩建，即所谓"母鸡下蛋"的办法，比平地起家地建设新厂，可以节省建设时间和节约建设投资，但是应当区别不同的具体条件来运用这一经验。大体有四种情况：（1）老厂转化为新厂，改变了产品方向；（2）老厂扩大生产能力，产品方向不变；（3）老厂和增建、扩建部分不在一起，建成后分开为两个厂；（4）老厂生产的是一种产品，增建部分生产的是另一种产品。这个厂的增建是属于第四种情况，中型铣床是成批生产，重型机铣是单件、小批生产，在生产管理上是两种办法，在技术管理上需要两套人马，因此这两个部分作为两个厂来管理是比较合理的；但是，目前这样的平面布置和公共使用辅助部门，又不便于分作两个厂，因此处于分不利合亦不利的局面。这是这个厂建设中的一项经验。

3. 关于建设步骤。根据中央关于缩短基本建设战线集中力量打歼灭战的方针，应当先把铣床生产部分搞起来，然后再来增建扩建。目前，摊子已经铺开，在这个既成事实面前，要根据国家建设的需要，按照中央"调整、巩固、充实、提高"八字方针进行妥善安排。在重型机床方面，主要是抓技术力量的培训工作，不宜急于"上马"；在中型铣床方面主要抓提高质量和增加品种的工作，不宜盲目追求产品的数量。

四　行政管理机构

1958 年以来，为了使上层建筑适应于促进生产力的发展，对行政管理机构进行过多次精简和调整。现将这个厂 1957 年行政机构设置、1958 年以来的历次精简变更，以及我们对机构设置的意见，包括定员，分别列示意图和简要说明如图 2、表 1 所示：

1957 年的行政管理机构和定员，基本上是和当时的企业规模与生产的复杂情况相适应的。科室的专业分工也是大体合理的。不过厂长之间的分工还不尽妥善，如生产副厂长只管生产，不管技术，全厂技术部门由厂长直接领导，这样容易形成生产技术的脱节。另外，职能机构有些庞大，管理人员多了。

1958—1960 年，行政管理机构除三次全面变动外，还经过了几次个别的调整。历次的变动，都是为了简化机构，紧缩编制，减少工作中的扯皮现象，把业务性质相近或工作联系比较密切的单位，加以合并；过后由于职能机构分工过粗，编制不能适应组织领导生产的需要，再将合并的机构分开，并逐渐增加编制。可是每次精简，差不多还是照样合并机构，压缩编制。从历次的行政管理机构的精简变动中，取得如下经验：

1. 机构的精简，必须在提高企业管理水平的基础上进行，要确保合理分工所必需的专业化程度，不然势必影响到生产业务工作的正常进行。1958 年把原来的 16 个职能机构合并为 5 个科室，结果是：一方面，没有相应地建立起一套新的规章制度，办事无章可循，许多日常业务都要拿到会议上解决，增多了会议次数，工作效率不高；另一方面，由于分工过粗，甚至把业务性质根本不同的职能部门勉强放在一起，使一个科室的业务范围包罗万象，造成职能不专，顾此失彼，于是有些工作被削弱。如1958 年把工具科、工具车间、机械动力科、修理车间 4 个单位合并为工修车间，担负个别大型机床和组合机床的生产任务，因而机器设备不修了，设备事故也不分析了，过去的设备说明书、"病历"卡片、技术检验标准、备件图纸等技术资料因无人管而丢失了。工厂已从实际工作中感到这样的机构不能适应生产需要，所以到 1959 年把工修车间分为工具科与机械动力科，但未彻底解决这个问题。由于工具科和工具车间合在一起，在这一段只抓了工具的生产，而忽视了外购工具计划采购和全厂的工具管理，造成工具管理的混乱。机械动力科也是和机修车间合在一起，因为业

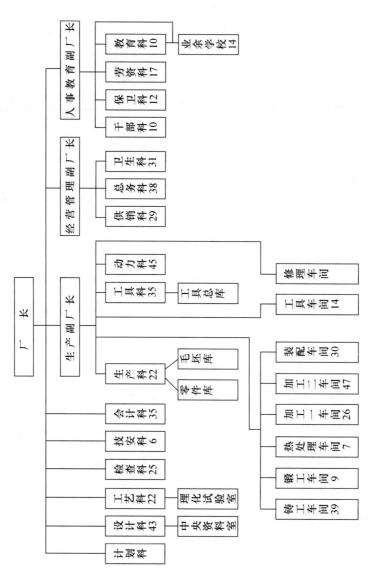

图 2 1957 年行政管理机构示意

表1　1956—1960年行政管理机构历次变化示意

年度 \ 机构（人员）		

年度	各机构及人员数
1957	设计科 43；工艺科 22；检查科 25；技安科 6；生产科 22；会计科 35；供销科 29；总务科 38；卫生科 31；干部科 10；劳资科 17；保卫科 12；教育科 10；职工学校 14；工具科 35；工具车间 14；动力科 45；修理车间；铸工车间 39；锻工车间 9；热处理车间 7；加工一车间 26；加工二车间 47；装配车间 30
1958	技术科 108；生产经济科 17；供销科 23；行政总务科 12；人事科 13；职工学校 24；工修车间 39；铸工车间 40；锻工车间 9；成批车间 76；重型车间 27
1959	设计科；工艺科；检查科；技安科；生产科；计划财务科；供销科；行政总务科；干部科；劳资科；保卫科；职工学校；动力科；铸工车间；锻工车间；成批车间；重型车间
1960 上半年	设计科；工艺科；检查科；技安科；生产计划科；会计科；供销科；行政总务科；人事科；保卫科；职工学校；工具科；动力科；铸工车间；锻工车间；成批车间；重型车间；标准件车间
1960 下半年	设计科；工艺科；检查科；技安科；生产计划科；会计科；供销科；行政总务科；干部科；劳资科；保卫科；教育科；职工学校；工具科；动力科；铸工车间；锻工车间；成批车间；重型车间；标准件车间

务范围太宽，还是顾不过来。正如这个科的科长李鸿儒同志所说："我们天上（电线）地下（管道）都管，机构简化了，工作也得'简化'。"由此可见，如果行政机构不健全，便无法保证对生产的具体组织领导，不能及时解决生产中发生的问题，不能促进生产技术的不断提高。因此，今后行政管理机构的设置或调整，都应考虑到现代化工厂生产技术复杂、分工细的特点，对有必要单独设置的职能机构，不要勉强合并。合理分工，专能专责，便于增强责任感和发挥人的主观能动作用。

2. 要实行精简，必须在大力改进管理工作，提高效率的条件下进行。任何为了减少人员而放弃某些工作，或不恰当地简化工作，不但达不到预定效果，还会给工作带来影响。譬如在1958年精简机构时，生产、计划、会计3科合并为生产经济科后，科内分工管生产计划的只有4个人；由于人手不足，工作下放了，全面的生产技术财务计划简化为产量指标要求；各种计划之间、各车间计划之间的衔接配合、综合平衡无人负责。这也是造成生产混乱的重要原因之一。这个厂历次精简，随着在册干部的减少，不得不临时抽调一些工人来帮助工作。今后机构的设置和变动，应当从实际需要出发，避免抽调工人来顶替干部工作。

3. 应当区别科室之间的扯皮和相互制约关系。工作中的扯皮现象是属于思想作风问题，不是合并机构能够克服的。至于工作中的制约关系则是必要的，不但不应害怕这种制约，而且在机构的设置上应有意识地树立对立面，使矛盾暴露出来，加以克服，以便争取主动。企图以合并机构来减少制约，结果掩盖了矛盾，使问题不能及时发现和解决，对生产和工作是不利的。

根据以上经验，针对当前情况，工作组提出行政组织机构的调整方案（见图3），建议如下：

1. 这个厂既有成批生产，又有单件小批生产。从这个特点出发，更要切实加强专责制度，增强职工的责任感，行政管理机构的专业分工应当比以前细些。凡业务性质不同或必须独立存在的业务单位，都单独设立了工作部门。为使生产和技术紧密结合，在厂长的领导下明确第一副厂长主管生产，并根据生产要求统一指挥技术工作。增强厂级领导力量，增设主

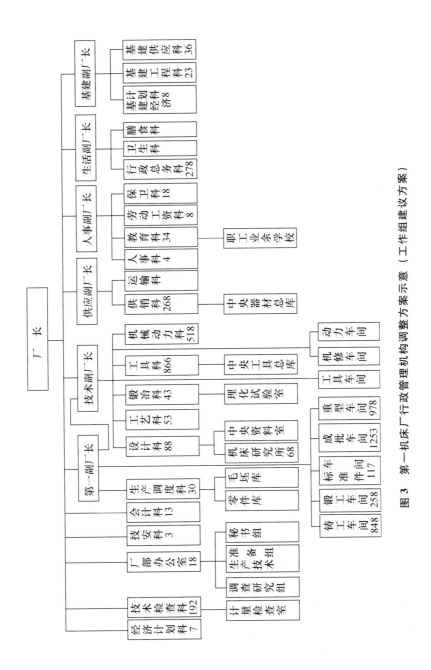

图3　第一机床厂行政管理机构调整方案示意（工作组建议方案）

管经营和生活福利的副厂长二人，分别掌管业务经营和职工福利工作。按照业务范围和专业分工，将现有 14 个职能单位划分为 20 个科室，对工具、设备动力的管理、制造和维护修理工作进行合理的分工，将现有的工具科划分为工具科和工具车间，动力科划分为机械动力科、机修车间、动力车间，行政总务科划分为卫生、膳食（主管食堂、副业生产）、行政总务 3 个科。鉴于重型产品投产，起重运输工作量日益增大，须建立运输科。

2. 行政管理机构的调整和定员的确定，应当在保证厂级职能部门合理分工的情况下，着重加强生产第一线——工段，同时适当加强车间，至于厂部职能部门，按照需要合理设置，一般管理人员原则上不应增加。

3. 由于加强生产第一线的需要，生活上事情较过去也多了，同时为了满足发展品种和提高老产品质量的需要，应适当增加间接生产人员和技术干部。

4. 基建部门的人员未计入定员之内，因为它是临时性的机构，基建任务完成后，除留少数人员管理零星基建工作外，现有基建 3 个科将随着任务完成而撤销。

为了保证对生产进行具体的组织领导，根据这个厂的规模和生产类型，行政管理体制分为厂、车间、工段三个环节是适宜的。现有 5 个车间，再将合并于工具科的工具车间，合并于机械动力科的机修车间划分出来，并建立动力车间，共 8 个车间。成批、重型、铸工、锻工 4 个较大的车间，都在车间下设工段和职能组，工段还设有职能员。工具、机修、动力、标准件等 4 个较小车间，由车间主任直接领导生产小组，不设工段一级。

五　生产技术财务计划

全厂的生产技术财务计划工作的进展，大体经历了以下 3 个阶段：

（一）经济恢复时期（1949—1952 年）

试行计划管理，从无到有，粗具规模。那时工厂主要搞修配，生产任务极不固定，产品又杂又乱，原始记录与统计工作都未建立。如何做计划工作，这是一个新的课题。1950 年年底曾试行补编了 1950 年生产计划，内容有产品、劳动和材料 3 个部分。1951 年中央机器工业管理局给工厂下达了年度计划指标，其中有产量、产值、工资总额等项，但没有财务和成本指标。当时编制计划的定额，主要依靠估工估料。到 1952 年这个厂的生产方向逐步确定下来，生产技术财务计划的内容也逐步充实，有产量、产值、劳动工资、材料供应、财务成本等指标，计划指标及其相互关系也逐步明确起来。在这个时期，企业对车间不下达经济指标，主要是根据与有关单位签订的订货合同，给车间分配任务。

（二）第一个五年计划时期（1953—1957 年）

计划工作进一步发展，指标体系逐步形成，计划体制逐步建立起来。经过两次大规模地整顿原始记录，定额工作已由估工估料改变为使用统计定额（即实际工时定额，材料实际消耗定额），还部分地采用了平均先进定额。这样，就为计划的制订提供了比较可靠的资料。第一机械工业部第二局给这个厂下达的计划指标，也日臻完善，各个计划指标之间的衔接也较密切，起到互相促进、互相制约的作用。当时在人们的头脑中，"国家计划就是法律"的观念是比较强的。这个时期，上级管理局给工厂下达的指标有：产量、产值、职工人数、工资总额、劳动生产率、成本降低额和降低率、流动资金周转天数、利润总额等。对材料供应计划还规定了材料储备定额。这些指标基本上是按年度下达，只是生产指标才有按年度分季的数字。季度计划是由企业按时编制报局，经局批准后执行，按此检查。上级部、局为了全面掌握企业情况，制订 40 多种报表。它为编制计划提供了比较丰富的资料。在此基础上，于 1956 年开展了经济活动分析工作。

企业内部计划管理的分工责任制也明确起来。计划科负责编制生产计划，并进行综合平衡的工作。材料供应、机器设备修理、劳动工资、成本财务、技术组织措施等计划都由各有关业务科编制，由计划科综合平衡，最后编成全厂的生产技术财务计划。厂部将生产技术财务计划报上级部、局，作为上级检查的根据，同时，也作为企业内部组织生产的依据。根据企业的计划，厂部给车间下达的指标有：产量（工时总量）、成套、废品率、间断率、出勤率、工具消耗、辅料消耗、动力消耗、车间经费。自1955年开始对科室也下达了指标，如下达总务科的有办公费指标，下达供销科的有材料节约指标等。车间根据厂部下达的指标，从生产实际出发，哪一环薄弱，就加强哪项工作，随着就下达哪几种指标给工段，以引起人们重视那些方面的工作。

这个时期生产、技术、财务计划的主要特点是：通过产品计划（即生产计划）这样一个中心环节，把产、供、销各方面的工作严密地组织在一起，使各个计划指标之间彼此衔接、相互配合、相互制约、相互促进。通过计划这个链条，把生产、技术、财务工作有机地联系在一起，使全厂各方面的工作环绕生产这个中心环节有计划、有组织地进行。这是它的最主要优点，是应当在今后继续发扬的。它的最大缺点是：一方面，过多地注意死的物的数字的计算，有的机械地进行平衡，而对人的主观能动性考虑得不够；另一方面报表繁多，手续复杂。对于这种缺点，必须改革。

（三）1958年以来

工厂编制计划的主导思想，强调了力争多干，在战略上藐视困难，但在战术上重视困难不够，缺乏科学分析，对于客观条件重视不足，编制计划时存在着"宁多勿少，多多益善"、"群众潜力无穷，指标再高也能完成"等思想，不重视调查研究和科学计算。在这种状况下，有的计划人员认为算账也算不出人们的干劲账，干脆不算账了，反正指标越高、速度越快，越说明自己的干劲十足、计划不保守。由于缺乏实事求是的精神，指标脱离实际的现象比较严重。例如，1960年厂部给车间下达的指标，不问实际可能，要求每月提高5%以上，结果累计到7月份，车间拖欠600台万能铣床，占1—7月计划指标的1/4，给生产造成混乱。

这个工厂的上级管理机关北京市机电局下达的指标也不全，只有产值、产量、成本降低率、劳动生产率、利润等。各项指标之间互不呼应，突出的是产、供、销很不平衡，产品计划与材料计划、配套计划之间距离很大。例如，1960年国家下达2296台万能铣产品任务，根据这个指标需要钢材 5754 吨，国家分配 2604 吨，留下 3150 吨缺口，为需要量的 54.7%；配套电机留下 1045 台缺口，为需要量的 14.4%；轴承留下 8317 套缺口，为需要量的 12%；电气控制设备留下 53930 件缺口，为需要量的 44.9%，而分配给本厂的这些物资，又不能全部拿到。例如，1960 年钢材到货为订货的 76%，加上分配时的缺口，全部缺口为 66%，电机全部缺口为 71%；轴承全部缺口为 23%；电气控制设备全部缺口为 46%。计划之间既然如此不一致，也就很难互相制约了。工厂为了完成生产任务，就得千方百计找材料与配套产品，拿自己的产品换材料与配套产品。

　　企业内部生产技术财务计划的编制，简化了内容和编制方法。由于定额统计制度被破除之后，没有定额资料，几乎没有编制计划的数据。生产计划科编制生产计划是根据"直线上升"原则，按照月份之间、季度之间生产增长速度，以及万能铣床大件加工的日产水平和装配日产水平来核算铣床的产量；材料供应计划不是按照单位产品材料消耗定额进行核算，而是根据每月投料情况进行估算；劳动计划按产值按人数算一个劳动生产率数，不进行工人和工种平衡，工资计划也没有编。由于缺乏工时定额和材料定额资料，也影响了成本计划编制。没有成本计划，也就难以编出财务计划。设备维修计划因为没有人提出要求，所以也不编了。综合平衡工作由于计划科合并于生产科和人员的精减，自行取消，因此各个计划互不联系。对车间下达的，在 1958 年到 1959 年上半年只有产值指标。从 1959 年下半年起至现在，下达的有 6 个指标：产值、产量、成套、劳动生产率、废品率、小时成本，但抓产值多，对于其他指标重视不够。一方面，由于原材料供应不足，指标很难成套，对于产量指标的考核也不严格，因此在很长时间内产值指标一直起着主要作用。另一方面，上级管理机关又主要抓产值，对其他指标很少过问。这样，全面完成国家计划就成为很难的事了，考核完成计划的标准自然也就不严格了，月末、季末、年末根据实际完成的情况修改计划，就算作完成计划，因此，在人们的思想中计划观念逐渐淡薄，一般人认为"怎么也完不成计划"，"怎么也可以完成计划"。

　　这 3 年计划工作的问题是不少的。最重要的问题是对第一个五年计划工作中的优点继承得太少了。见人多，见物少，特别是生产、技术、财务计划互不衔接，不能有机地结合，这是这个时期计划不落实的一个主要原因。

当前计划指标仍不落实。1961年机电局给这个厂下达的生产指标是金属切削机床1552台，其中铣床1461台，较1960年实际完成降低32.5%；大型机床91台，较1960年实际完成提高1.1倍。从企业现有的设备能力和工人来看，完成这个指标是没有问题的，铣床生产尚有很大的潜力。但是从原材料和配套产品的供应来看，这个指标就很不落实。例如，第一季度计划生产铣床需要的钢材310吨，机电局费了很大的劲才解决了173吨，为需要量的56%；配套电机需要728台，国家分配订货满足了90%。到3月底实际交货仅为订货的65%；轴承需要10680套，3月底交货只有150套。生产大型机床所需要的特殊材料和配套产品比铣床情况更差。全年国家分配的物资至今还未分到厂，情况尚不清楚。

从1961年主要指标来看，仍然存在互相脱节的现象。机电局要求劳动生产率提高20%，可比产品成本降低10%—15%，计划利润不低于去年。但是由于老产品减少30%，新产品（大型机床）增加1倍多，因此产值要比去年减少20%。如果要达到劳动生产率提高20%的要求，则需要减少现有职工总数的35%以上。由于可比产品产量和全部生产总量的减少，相对地要提高单位产品成本的分配率，加上机器维修费、折旧、贷款利息等将要增加，抽出的工人仍要开工资等情况，成本降低的可能性很小了，因而计划利润必然也不可能维持上年水平。因此，这些指标还是不落实的。

计划工作是企业管理的中心环节。如何使计划起到指导一切生产活动的作用，全面地贯彻总路线的精神，是需要解决的问题。我们建议：

1. 管理局和企业在制订计划时，必须按照实事求是的原则，在客观条件许可的范围内，既见物，又见人，同时加强调查研究工作，认真贯彻积极可靠，留有余地的方针。

2. 做好综合平衡工作。计划指标应当全面，以产品计划为主体，进行综合平衡，使各项计划互相衔接，落实可靠。在计划落实的基础上，上级领导机关应严格强调国家计划必须完成，经济合同必须履行，计划指标不得轻易修改。

3. 企业必须根据上级下达的指标认真、全面地编制生产技术财务计划，发动群众，制订措施，掌握工作的主动权。

4. 加强定额管理，健全劳动工时和原材料利用情况统计报表，健全定额资料，为提高工时利用率和原材料利用率提供必要的数据。

5. 整顿原始记录，加强统计与分析工作，为编制计划提供可靠的实际资料。

6. 加强计划机构。企业的计划科应当从生产计划科分设出来，以便更好地发挥职能作用。

六　产品品种

（一）历年品种发展情况

1. 近十年，全厂共试制了 83 种新产品。1952 年以前，这个厂基本上以修配业务为主。1952 年开始生产升降台式中型铣床，到 1958 年共试制 36 种升降台铣床，都是根据苏联图纸制造的，并陆续投入成批生产。1958 年经过设计上的修改而成为定型的老产品的有 6 种铣床：2 号万能铣床、2 号立式铣床、2 号卧式铣床、3 号万能铣床、3 号立式铣床、3 号卧式铣床。

1958 年以来，共试制了 57 种新产品。情况是：

有 49 种是这个厂首先试制成功的，其他 8 种是国内已能制造，本厂又重复试制的。

大部分产品没有经过严格鉴定，有 29 种未经鉴定就使用于生产（其中还有 6 种是国家任务）。而这些产品除几种已经定型的老产品外，大部分质量都没有过关，其中有 4 个产品试制出来后不能使用。

从设计情况来看，基本上还是以仿制和改进设计为主，虽有 29 种产品名义上是自己设计，实际上在很大程度上是参考了国外的图纸资料。

从产品种类来看，主要的是铣床，有 27 种。此外，有组合机床 6 种，刨床3种，镗床3种，车床3种，磨床4种，其他产品11种。

2. 产品的标准化、通用化、系列化情况。升降台铣床的标准化通用化程度较高，一般标准化系数都达70%以上；在6种升降台铣床中的通用系数最高的为98.3%，最低的也达80.5%。

大型产品的标准化一般达到70%—80%。通用化工作由于尚未形成系列，开展得不够好，如X212龙门刨，与过去一些大产品的通用化系数仅为11%。

目前标准化工作还只限于产品方面，工艺和材料等其他方面的标准化工作还未开展。

产品系列化工作做得较差，6种升降台式铣床今年才进行系列设计和基型设计，龙门铣、鼓轮铣还未形成系列，今年才开始作系列分析。关于铣床型谱方面，这里将到1960年为止该厂与苏联高尔基铣床厂掌握的铣床品种型谱作一比较（见表2）。

表2

	高尔基厂	本厂
升降台式铣床	13	9
无升降台式铣床	2	0
摇臂铣床	1	0
龙门铣床	6	1
圆工作台铣床	6	1
鼓轮铣床	5	0
仿型铣床	7	0
专用铣床	22	11
合计	62	22

从上列数字中也可以看出第一机床厂在铣床品种发展方面还要做很多工作。

3. 产品质量情况。从工厂检查科的检验记录来看，升降台铣床的技术条件基本上是达到了设计要求。但在零件的加工质量上，目前因材料不合规格，工人技术水平低，制度不严，工艺装备不齐全等，还存在较多问题，废品率、返修率高，质量还不稳定。

其他的一些新产品大部分质量还未过关，虽然已使用于生产，但问题较多，达不到设计要求的水平。

4. 技术力量情况。在中型、大型、重型产品的生产同时发展的情况下，全厂的技术力量无论从数量上、水平上，都不能满足品种发展的需要，比较薄弱的是试验研究、产品设计、新产品工艺的编制和工艺装备的设计。

在试验研究工作方面，试验室只有 4 个技术人员，今年的工作重点只能放在新的升降台铣床的基型设计的试验上，再担任其他科研任务就感到力量不足，电器的试验只能满足需要的 5% 左右，有很大一部分需要依靠外单位协作。铣床研究所成立以来，一直只有两个工作人员，附在设计科内，影响科研工作的开展。

在设计工作方面，目前主要工作还是仿制和根据国外的图纸资料或实样进行一些改进。即使如此，现有的 51 个设计人员还不能全部完成部、局下达的任务，如要做到全部独立设计，则人员数量和技术水平都还相距甚远。部、局要求今年完成设计任务的，如转子槽铣床、推进器仿形铣、仿型龙门铣等，因人力不足，要拖到明年以后。

在工艺工作方面，工艺科现有 41 个技术人员，有一半人要抓老产品，其余一半人负责编制新产品工艺和专用工具的设计，有些工作还未开展起来，如电气装配工艺、油漆工艺等，至今还是空白点。

除上述工作外，大型、重型产品在试制中工人的技术水平也较低，缺少电工、油工，检验人员也感到不足。

（二）1961 年新产品试制任务和对品种发展工作的打算

1. 根据国家初步确定的任务，要求试制和生产 22 种产品，其中属于新产品试制和小批投产的有 18 种。

今年新产品试制任务的特点是品种比较集中，绝大部分都是铣床，同时，基本上将工厂武装自己的任务和国家任务结合起来，这样对全厂工作安排是比较有利的。从任务落实情况来看，除鼓轮铣床要在 5 月份设计完毕外，其余产品都已完成设计工作，正在陆续进行生产准备和试制，但在物质条件上，还存在很多问题：木材供应在时间上、数量上、规格上都不能满足要求，致使木型制造有很大一部分不能按期完成，影响试制进度；配套件供应不落实，特别是电机及直流电机组、电控、电器和大轴承等关键配件；优质钢和有色金属供应不足。因此，按原订计划都推迟了一两个月。

2. 关于品种发展的长远打算，厂里还没有作过全面考虑，只是制订了一个近两年新产品试制、产品系列设计及试验工作初步规划。

在系列化工作方面，今年做好升降台铣床的系列设计和 2 号铣床的基型设计，1962 年做好 3 号铣床的基型设计，并开始 4 号铣床的基型设计，同时还按照订货单位要求，设计和试制一部分变型产品。

在大型机床方面，主要是发展龙门铣的系列品种、制造国内迫切需要的变形及专用龙门铣床、大型仿型龙门铣、程序控制龙门铣等，此外还可以制造一部分大型立车和大型镗床。

（三）新产品试制的管理工作

新产品的试制工作一般地要经过试验研究、产品设计、工艺准备、样品试制、样品鉴定和大批生产 6 个阶段。在具体工作方法上，有下面一些做法可以提出来研究。

1. 开展厂内外三结合。厂外三结合主要是在试验研究工作和产品设计工作上与高等学校和其他科学研究机构结合起来，例如，该厂与清华大学、电器科学研究院曾有过多次合作，既满足了当前生产的迫切需要，又解决了教学与生产相结合的问题。但过去的做法有一个缺点是，学校的人员流动性太大，不能自始至终地参加一个产品的试制工作。另外，学校提出的课题，有时使工厂感觉比较难以配合。今后要求学校参加的工作人员能相对固定下来，同时在协作内容上，也应该以工厂的课题为主。也可以考虑将一些比较长远性的科学研究和试验项目委托学校进行，以便工厂腾出力量来从事社会上迫切需要的产品的试验研究和设计工作，这样可以使厂外三结合收到更大的效果。

厂内三结合，一种是确定产品设计方案时吸收车间的老工人、技术人员来参加讨论。但工厂目前对这种做法坚持得不够好，领导同志实际上很少参加，有些流于形式。另一种做法是以产品为单位，成立有领导干部、技术人员、工人参加的"包制组"，从产品设计到工艺准备、样品试制鉴定，一包到底。这种做法的优点是人员固定，责任明确，力量集中。但在人力有限的情况下，只能对一些比较重大的产品采取这种做法。还有一种做法是设计、工艺人员跟着产品下车间，随时了解在试制过程中存在的问题，与车间、工人一起研究解决。这种做法随着新产品试制任务的日益加重，技术人员忙于完成设计和工艺准备工作，很难坚持。

2. 在生产准备工作上采取平行交叉的工作方法。主要是：在产品方案确定后，先把主要的铸锻件和关键零件设计出来交给工艺科做工艺准备，把外购件先提给供销科做好订货的准备工作；在设计过程中，对于一些主要的零部件，由工艺科派工艺员到设计科做工艺性的审查，编制工艺和设计工夹具，同时进行木型、工夹具、毛坯制造交叉安排。这些方法对于压缩生产准备周期有一定的效果。目前存在的主要问题是缺乏有计划的组织和安排，工作上的脱节现象还比较多，例如，加工单件生产的大型产品零件，有时零件已经加工出来（车间用土办法加工出来的），专用工夹具还未制造出来。还有一种情况是，设计总图还未出来，有一部分零部件先设计出来，并进行了工艺准备，等设计总图出来后，又要反过来修改零部件设计，就会造成工作上的返工。这种情况说明，不是什么工作都可以平行交叉的。例如，产品设计与工艺、毛坯铸造与加工看来都不宜交叉进行（因为铸件须经过一定时间老化），而主要的交叉是在工艺准备这个环节上（如编制工艺、工夹具的设计和制造、木型准备等）。

3. 对一些工作量较大、技术比较复杂的产品，采取大搞群众运动，集中优势兵力打歼灭战的办法。例如，试制国内第一台螺旋伞齿轮铣床时，集中了有经验的生产工人组织成由领导干部、技术人员、老工人结合在一起的"包制组"，从设计、施工，到装配试车，全部包干。在生产准备工作上采取高度的平行交叉作业，在群众中广泛建立"监督岗"，在调度工作上采取"元帅升帐，一切让路"的办法，结果以 57 天的时间就试制出来了。缺点是在工作中不可避免地会产生一些比较粗糙的现象，如图纸质量不高、工艺差错多、工夹具设计有漏项等，产品质量也得不到保证，同时前一时期生产任务不足，在人力、物力方面还存在高度集中的可能性，今后品种发展任务和生产任务将日益加重，完全采取这种做法的可能性也不大。

从整个新产品试制的管理工作来看，还存在下面一些主要问题。

1. 在产品发展方面缺乏一个比较长远的规划。几年来工厂虽然试制了不少新产品，但大多是在比较仓促的情况下试制出来的，主要是计划确定得晚，变动多，当年下任务，要求当年完成，因而造成工厂在工作上的突击忙乱。在设计工作上只能做到来什么设计什么，不能做到有计划地将系列品种掌握起来。同时在科学研究工作方面也缺乏长期规划。

2. 在设计工作上指导思想不够明确。一方面是由于缺乏长远规划；另一方面是由于工厂的领导对这方面的工作没有抓紧，有的产品，甚至比较重大的产品设计方案，没有经过认真讨论，就直接交给设计人员去设计了。由于指导思想不明确，在设计过程中就易于产生片面追求高、大、精、尖，脱离实际和方向不明等现象，例如，250 铣镗床的设计方案，先是按镗床结构设计，后来发现方向不对，又改为铣镗床结构；X212 龙门铣床，开始设计时求大、求洋，结构过于复杂，虽已纠正过来，在人力、物力、时间上都造成了浪费。

3. 在新产品试制方面还未形成一个有力的指挥系统。整个新产品试制工作是由总工程师领导的，由生产科的生产准备组协助总工程师组织各个科室和车间来完成新产品试制中的各项准备工作。厂部每周召开一次生产准备会议，检查新产品生产准备进度完成情况，解决存在问题。目前的问题是，这个系统的指挥不够有力，有的问题领导作了决定以后不能很好地贯彻执行，组织工作不够严密，设计、工艺、试制各个部门还没有形成一个有机的整体，工作中常发生脱节现象。另外这个系统和老产品生产的指挥系统相互间通气不够，有时步调不一致，统一安排也做得较差，因而有时在工具制造、毛坯浇铸及其他方面会发生碰头现象。

4. 没有严格贯彻样品鉴定制度。有的样品没有经过鉴定就使用于生产，或进行小批量投产，这种情况是比较普遍的。个别产品（如梅花头铣床），甚至未经过鉴定就作为商品出售。3 年来试制的 57 种新产品中就有一半以上没有经过鉴定，有一部分也只是从加工精度、切削性能上做些试验，没有从整个设计结构上作全面鉴定。其原因除了任务下得晚、要得急外，主要还是从工厂到车间对鉴定工作从思想上重视不够，部局领导对这个工作过去也抓得不紧，特别是对那些武装自己的产品，工厂有一种能用就行的思想，对产品质量要求不高。

（四）对今后发展品种的意见

1. 在工厂之间合理分工，确定产品生产方向的基础上，协助工厂制订一个较长远的品种发展规划。过去几年试制的新产品，有很大一部分是用来武装自己的。1958—1960 年该厂试制的 57 个品种，就有 31 种是武装自己用的，其中又有 8 种是别的厂制造过的产品。所以形成这种重复花费人力、物力的现象，一方面是由于重型车间当时的设备不齐全，生产能力不均匀，因此，利用了一部分生产能力来武装自己，这是合理的；另一方面是由于所需要的设备国家不能满足，迫使工厂不得不花费很大的人力、物力和时间自己进行制造。今后重型车间将逐步具备正式生产的条件，因此，如何加强工厂之间的合理分工，使这个厂能多、快、好、省地集中制造一些社会迫切需要的方向性产品，是一个值得加以考虑的问题。首先应该将年度计划安排好，做到下达及时，还要做到下达合理，即既要符合该厂产品生产的方向，又要使所下达的任务是社会所迫切需要的产品。对于工厂本身所需要的设备，也应该从合理分工出发，给予适当安排。

有一个需要研究的问题是：从目前工厂的管理和技术力量来看，要做到重型产品和中型产品同时并举，是有困难的。今后一个时期内这个工厂的产品发展究竟以重型为主还是以中型为主，应该根据整个国家的需要，权衡轻重迅速确定下来，这样才能明确推迟什么，保证什么，也便于工厂及早加以全面规划，使人力、物力能够比较集中地使用在刀刃上，更好地按照国家需要进行生产。

2. 充实技术力量，开展科学研究工作。首先，要依靠工厂自力更生来解决。目前在厂内技术人员中，中等技术学校程度的占一半以上，要有计划地培养他们，提高其业务水平，使之能迅速地独立担负工作。也可以抽调一部分具有相当文化程度的工人和干部加以培训，让他们做一定的技术工作。对于重型、大型产品生产中比较缺乏的技术工种也要有计划地加以培养，分批派遣一些干部、工人到国内一些重型机器厂去实习。同时，要加强对试验室和铣床研究所的领导。

3. 加强对新产品生产准备工作的组织领导，健全管理制度。从部局来讲，应该帮助工厂将计划安排落实，经常了解计划执行情况，及时帮助工厂解决存在问题。对工厂来说，从厂长到有关科室、车间，要形成一个强有力的指挥系统，通过生产准备计划和定期的生产准备会议来指挥试制工作，更重要的是要制订从总工程师到各职能科室和车间的责任制，明确职责范围。同时要把发展新品种的工作同日常的生产统一起来，全面安排。

目前工厂在新产品试制方面的管理工作是比较混乱的，亟须在明确责任的基础上，发动群众讨论，制订出各种有关的管理制度和办事细则，使新产品试制能在正常的秩序下进行。

要特别重视新产品质量的提高。第一台样品试制出来后，必须经过严格的、全面的鉴定，在设计上、工艺上做了必要的修改后，再投入小批量生产，并按照图纸要求进行检验。每鉴定一台样品，就要从技术上、质量上、管理上进行一次全面总结，以求得进一步的提高。要将品种过关和质量过关这两个观念联系起来，贯彻到实际工作中去，不断为国家制造出数量多、质量好的新产品。

七　工具的供应、制造和管理

1958 年以来，全厂在工具的供应和制造方面有较大的进展，工艺装备程度和生产效率得到提高，管理上也取得了一些经验，促进了生产。以前工艺装备很少，生产效率低，质量没有保证。3 年来各车间普遍增加了工艺装备，以成批车间为例，工艺装备系数（即专用工夹具种数与加工零件种数之比）1959 年年初是 1.3，1960 年年初为 2，1961 年年初达 3.2，加工效率有所提高。

全厂的工具可分两大类：一类是外购的标准刀具、通用量具、砂轮磨料和硬质合金刀头，等等，另一类是自制的专用工具，即机床夹具、模具、非标准的刀具、量具和其他辅助工具。工具车间现有机床 92 台，占全厂现有机床设备数的 14%；现有工人 340 人，占全厂生产工人总数的 9.1%。一个月约有 5 万工时的生产能力，当前基本上可满足生产需要，不过重型车间完全投产后，需要增加一些机床设备和生产面积。

最近对工具管理采取了一些积极措施：明确工具车间主要负责制造工具，不负担商品生产任务；组织工艺科、工具科及成批车间对过去制造的工夹具进行验证；调整充实工具科的管理机构，设立工具技术监督组，着手整顿各车间的工具管理，建立专用工具库及修理组等，都已收到一定的效果。

（一）当前的主要问题

1. 外购工具的供应来源困难，缺口较大，库存吃光，影响生产。几年来工具的供应来源及订货情况有很大的变化。以前工具的主要来源是合同订货，工具厂基本上能按期如数交货，市场采购的五金工具也较充裕。1958 年以后，工具订货是由北京一级站分配，直接与工具生产厂签订的合同，只能满足需要的 20% 左右，大部分工具都是靠和工具厂的老关系"走后门"，原属市场供应的工具也很紧张，满足不了需要。据采购员说，自 1960 年下半年起，工具的供应分配有新的变化。原属市场采购的物品（如机锯条），本地缺货，东北地区货多，但因有地区控制，只能委托当地工厂在市场代购，但又不准托运出境，像"走私"一样，只好派人去背。1960 年第四季度一机部供应办事处在东北、上海各厂成立了收购站，统购产品，工厂无权对外，这样，原凭老关系找工具厂支援的路子也断了。1961 年没有合同订货，由机电局分配，但货源太少，到什么分什么，对生产没保证，靠外地和兄弟厂调剂的数量很有限，不能解决全厂的需要。由于当前工具的供应来源少，品种缺乏，数量不能满足需要，而且工具的质量较差，致使消耗量增大，因此库存量逐渐吃光了。工具总库4月份对常用工具的库存情况作了一次清点，163种规格的通用刀具中有108种没有库存。

2. 工具的准备赶不上新产品试制和生产的需要，经常拖期，工作相当被动。工具的准备是生产技术准备工作的一个环节。由于新产品试制计划订得晚，变化多，试制准备时间短，生产准备和技术准备工作一环一环都扣得很紧，但实际执行起来问题很复杂。先经产品设计编制工艺，提出工夹具设计任务书，交给工夹具组设计，然后向工具车间请制订货，并提出要求完工日期。工夹具图纸到了工具车间后，下制造令，审图编工艺，准备制造工具的工具，毛坯车间委托铸锻件，下达计划安排加工制造，交付车间使用。其中容易出问题的是这样两个环节：一个是设计图纸不能按期出来，常常拖延；另一个是工夹具所需的铸锻件来不了，铸锻车间安排生产时，它同产品的生产又有矛盾，常被挤掉，以致工夹具的毛坯落在产品零件（加工对象）毛坯的后边。最后常出现这样的情形：当工具完工交库时，加工对象（零件）也完成入库了，甚至工具还落在后面。

工具准备之所以拖期，客观的原因是完工期限要求急迫，试制准备周期短促，有的工具实在赶不出来；主观的原因是准备计划的管理缺乏统一指挥，工具的设计、制造和使用部门之间不通气，心中无数。

3. 专用工具设计制造的数量不少，但投入生产的不多，浪费很大。1960年8月工艺科对重型车间3种主要产品（龙门铣、落地镗、单臂刨）的专用工夹具做了检查，其结果是：由工艺科提出请制的工夹具合计507套，实际制造出450套，其中有112套在库内积压从未使用，占实有套数的25%。

在库积压没用的工具有以下几种情况：

（1）简单的工具（如轴、卡头、套），工段已有了，但工艺科又让工具车间给制造了，属于这种情况的有23套。

（2）产品的部分零件已制造了，但还给请制工具，属于这种情况的有 17 套。这类工具被称为"马后炮"。

（3）由于工具设计不好而不能使用的有 6 套。

（4）有的是由于工艺文件编制时或车间工段重抄时漏写或写错了工具编号，致使工具找不上加工对象，更主要是因现场加工时不能按原编制工艺执行，要变更设备和加工方法，而使原设计制造的工具用不上，属于这种情况的有 48 套。

成批车间老产品工夹具设计制造完工后，也没有及时验证投入生产，管理也乱。从 1959—1960 年制造完工而积存的工卡具有 315 套，直到今年 3 月份才组织验证。这次验证了 212 套，结果是：124 套能用，占 59%；88 套报废，占 41%。原工具车间夹具段长田彩明同志说："我们辛辛苦苦的劳动成果，扔到大海里去了，真叫人痛心！"他呼吁要好好地整顿一下全厂的工具管理。

造成上述情况的原因是：

（1）工夹具的设计质量差。前两年的设计工作中存在着追求数量、赶时间、忽视质量的偏向，而设计者多半缺乏生产实际知识，因此就难免不切合实际了。设计的项目与生产现行工艺不符合，夹具结构很笨，不合理，大型复杂的夹具设计错误就更多，几乎都得经过数次返修才能使用。

（2）工艺管理体制和工艺方案不定。机构人员变动频繁，资料丢失很多，工艺方案变动很大，成批车间原设计能力是年产 2400 台，1959 年提出年产 6000 台，后又说 8000 台，最后又到年产 1 万台，这样影响到工艺方案大变，再加上当时工艺准备的时间紧迫，因而就难免发生粗制滥造的现象。

4. 工具的使用管理比较混乱，损坏丢失现象严重。工具的配备和正确使用是贯彻工艺规程的组成部分，它直接关系着生产效率和加工质量。目前这方面存在的问题还是比较严重的。

（1）在专用工具方面。成批车间生产铣床好几年了，但至今还没一套完整的工具目录，占用量、消耗量掌握不准，账物不符，或根本没账。专用工具是年年请制，不断补充，现在到底有多少，心中无数。根据清查，今年 3 月底在目录的专用工夹具共计 1326 种，有库存贮备的是 616

种，备份率为 46.4%。其中大件工段配备的专用工具最多，备份率达59%，它是几年来车间添置工具的重点单位。但即使在这样的单位也还存在着工夹具配套不齐、备份不够的问题，尤其是有些关键的、复杂的工具无备件，对生产的威胁很大。最近已采取措施进行工夹具的复制补充，优先满足急需，计划到年底使工具备份率达75%以上。但因为有些加工工艺尚未定型，大量添置备份，是否能用得上，又是一个值得注意的问题。工夹具使用保管情况也不好；由于专用工具库未建立领发及回收的制度，工人领去后，不好用就丢在一旁，轮番生产后用完了也不交回，不断丢失和损坏，以后再用时又得现修现领。工具没有周期检验制度，有些已不合格仍使用。

重型车间新制的专用工具较多，产品品种复杂，有几种产品同时交错上场下场，因此工具容易产生"乱套"现象。有的工具在设计时，就采取借用、代用的办法，难以掌握。当产品制造完了（下台），其专用工具也未处理。

（2）在通用标准工具的管理方面。目前最大问题是工具的损坏相当严重，除了由于部分工具的质量很差，材质、硬度达不到技术要求以外，主要是由于新工人技术水平低，不知合理地使用工具和责任心不强，不爱护工具。如丝锥套扣，常常一通到底就断了。电钻按规定连续使用时间不得超过半小时，但不少工人都连续开动几个小时，因此烧坏了很多的电钻。特别是有些贵重工具如千分表也常损坏。成批车间工具室 3 月份统计，全月工具耗费是 22281 元，而报损金额达 1513 元，其中人为造成的损坏占 50.6%，因料硬及砂眼而损坏的占 21.5%，遗失的占 9%。过去工具损坏了有赔偿制度，但 1958 年以后就不执行了，填一个报废单，工人管理员批一下"下次注意"了事，有的根本不报。有的工人说："工具坏了没有关系，完不成任务工段长着急，会给送来。"

在工具管理上，车间里流行一股"抄"工具之风，即乱拿工具，有的甚至破箱打锁，个别工人甚至公开地说："反正不是拿回家去，不犯法。"造成这种状况不能完全归咎于工具少，这里有思想问题和管理问题。最初仅是少数人乱抄，以后才流行起来。这股歪风应该制止，一方面应加强教育，另一方面从管理上健全责任制。

工具的保管方面也存在不少问题。工具总库面积窄小，室内冬冷夏潮，屋顶漏雨，地面灰尘大。保管员讲：去年曾因此冻坏了十几个贵重的千分表（测杆弯了），后来当做次品转卖给别的小厂了。精密仪器仪表（如块规、千分尺、塞规）也因温度不当而影响精度。工具架上工具排列的秩序乱，没有按一定的顺序编号，寻找费事。因为仓库小，砂轮堆得太高，超过标准达一米多，有的甚至放到架顶上，很不安全。

5. 工具车间的生产能力使用不够合理，制造质量不高。1958 年以来，工具车间重点转向于生产机床产品了，如曾制造扭齿机、组合机床、自动线设备、铣床零件，等等。1960 年这个车间生产总量（全年总工时）中，工具制造仅占 39%，产品制造占 38%，劳务及杂活占 23%。因此出现了所谓"不务正业"的偏向，放松了工具的制造和补充，以致加工车间的工具家底薄弱，对生产有不小的影响。今年以来虽将主要力量转回工具生产，但任务还是很杂。第一季度生产总量 14 万个工时中，工具制造占69%，但任务完成得不好。这个季度下达的工具品种 892 项，实际完成700 项，占 76.4%。据使用车间反映，不少刀具的几何形状和角度（如重型车间指状铣刀）都不合格，夹具的精度不高。质量差的主要原因，一是工艺编得粗；二是工人技术等级低，老工人少；三是检查员的技术等级也低，车间内技术人员少，忙不过来。但最重要的还是不少干部和工人对工具质量在思想上不够重视。

综上所述，工具的外购、制造、管理、使用等各个环节上都有些问题，归结起来就是：供得少、制得慢、管得差、用得费。其结果是影响了生产效率和产品质量的提高。这就产生下列现象：一方面是工具的供应紧张，另一方面则是工具的耗损增加。工具车间说工具制造了很多，但成批车间却喊工具备份少，重型车间又说没有工具用。一边在生产上喊人少料缺，但另一边报废工具的工料又不知有多少。这些矛盾表现于单位和单位、人与人之间的关系上，互相扯皮。工夹具设计员说："我们成年累月搞设计，总是没个完，也不知用得怎么样。"工具科供应组有人说："车间一叫没工具，我们就挨批评，外面又买不来，两头为难。"工具车间工人说："对工具要求很高，要得很急，但制造完了，又扔着不用。"夹具装配工人说："设计零件图上是自由公差，装配图上要求几级精度，不好办。"工具车间计划组反映："生产科只是要工具，对工具的铸锻件不大管。"最后到使用工具的工人那里，有的工人说："天天叫提高质量，但工具的质量又不好，坏了没人修，丢了没人管。"这些都从不同的角度反映了一个共同的问题，那就是全厂各个环节的行动不协调。这是由于没有统一的行动计划，基本的责任制度不健全，大家心中都没有"谱"。原因是，从 1958 年工具科跟工具车间合并后，主要力量转向设备及产品的制造了，工具科原有的计划组、技术监督组撤销了，管理权力下放给车间，原来的工具管理制度和工具设计制造与验证的一套办法不执行了。于是原来面向全厂的工具科的职能作用受到削弱，变成以抓完成生产任务为主了。管工具的老工人说："工具科名义上有位科长，实际上成为车间主任了。"因此工具管理的组织计划工作就没有专人去抓，以致有许多问题得不到及时处理和解决，比如工具的验证问题就拖了好久。这是工具管理上存在一系列问题的老根。但是也不能把所有问题都归结到工具科。客观上，外购工具不能满足需要，新产品要求期限急迫，制造工具的材料供应数量不足，规格不全，质量次等问题，都给工具的生产、管理和使用带来困难。

（二）今后的改进意见

1. 通用标准工具的供应体制和分配办法需要改进。工具的分配应该根据实际需要，组织合同订货，实行定点供应。三类工具（市场采购）不应该有地区限制，因为工具厂的地区分布是不平衡的，大区经济体系刚在建立中，距离形成地区体系还很远，因之限区供应在当前是不合理的，仍需按全国一盘棋的精神全面照顾。工具采购人员对于近几年来工具供应体制和分配办法变化有这样的说法："1985 年以前是送货上门，1958 年以后是采购员满天飞，现在只好在家里干着急。"又说："自从成立收购站（一级站、二级站）以后，实际上是增加了层次和手续，拖延了时间，不如过去同工具制造厂直接订货、发货时方便。在分配上也有些问题，不是按照工厂的实际需要，而是有什么分什么，按比例摊，不需要的也给，对不上口径。"他们把几年来采购工作的变化比喻为：原先是走"正门"（订货），紧张了，跑"侧门"（购买），困难了，钻"后门"（交换），不行了，靠"天门"（分配），没法了，不出门（自制）。这些说法反映了几年来工具供应中的问题，领导机关应加以研究，改进工具供应体制。

从厂里来说，应加强工具的管理，减少工具消耗，进行部分工具的修复和翻新。在可能的条件下自制一部分通用工具。当然，按正常的规矩，这是不应当的。不过，目前工具十分困难，也可以量力做一部分。

2. 提前下达新产品试制计划，改进生产技术准备的组织工作，保证工具的准备有必要的周期。同时，加强工具制造的计划管理，缩短生产时间。新产品的试制要把长计划和短安排很好地结合起来。力争在前一年下达计划，做好新产品的技术工艺准备，次年投产。一般重型机床产品从设计到出产品，需要一两年的时间。而专用工具准备周期，根据过去的统计资料可按精度等级及复杂程度分为五类；从设计绘图、生产前准备直到加工装配所需的周期是：

一类，一个月至一个半月；

二类，一个月至两个月；

三类，一个半月至三个月；

四类，两个月至四个半月；

五类，两个半月至六个月以上。

为缩短工具设计准备时间可采取以下办法：

（1）样品试制阶段的工艺装备数量应加控制，适当减少，只设计制造那些非用不可的专用工具，其余的应尽量利用车间现有的工艺装备和借用其他产品的工具。

（2）实行工艺典型化和工艺装备的系列化、通用化、标准化，采用组合夹具的结构形式和标准零件。这样不但可简化设计工作，同时将给工具制造和使用带来很大的方便和节约。

（3）从设计次序上按轻重缓急排队，急需的、关键的、复杂的工夹具先动手，保证重点任务的完成。

为缩短工具的生产时间，可采取以下措施：

（1）工具的请制订货需要统一归口管理。工具车间所接受的任务需要分类排队。由工具科统一掌握，审查请制项目是否必要，数量是否合适，期限是否落实，等等，并且根据需用工具的轻重缓急和复杂程度，订出生产计划。从工具生产前的准备到完工出产的各段工作要规定适当的期限，并加以考核。临时紧急任务也应有处理办法。

（2）加强对工夹具的铸锻件（毛坯）的调度检查，关键的给予优先保证。跟生产任务发生冲突时，由生产科平衡解决。另外也可以考虑在铸、锻、模型等车间指定一些设备和人员主要担负工具准备的任务。对于大型复杂的工夹具要建立专案调度，以保证制造进度和成套。

（3）工具车间及工段（小组）的计划考核应该把完成品种放到重要地位，有的还要限期完工。

3. 清理整顿现有的全部工具，查明实际需要量，提出补充计划，制造出来的工具要及时验证，保证投入生产。

（1）对现有工具进行全面大清理，按照工具目录及请制交货单进行查点，库存的多少、在用的多少，是什么工具，技术状况如何，能否使用，哪些报废、哪些可修理，分类编号，建立新的工具目录和账册。在库的工具要保管得有条理，在用的工具要订出使用责任制，并规定工具的领用和交回制度。总之，要建立起正常的秩序，并以制度巩固下来。这样才能做到心中有数。

（2）查明工具的需要量，提出补充计划。一个车间、一个工段、一个小组、一台机床到底需要哪些工具、数量多少，应有个规划。中型铣床已经生产好几年了，工艺初步定了型，有条件制订规划。还要预计逐年产品品种和产量的增长情况，规划生产路线和工艺方案。这样工夹具的设计方向明确了，再进一步考虑按年分季地实现计划。当前最迫切的是对专用工夹具进行填平补齐工作，克服薄弱环节，配套成龙。设计人员到生产第一线去找设计项目，提出切合实际的补充、复制计划。要注意热加工（铸、锻）车间的工具补充，并注意新技术、新工艺的采用。

（3）工具验证应形成经常的制度。这是制造和使用之间的重要一环，通过它来检验工具设计的结构及制造的质量是否能满足工艺的要求，加工出来的零件是否合格。工艺科、工具科、使用车间和检查科三头对面共同鉴定，合格者即交给工人使用，不合格者立即修，报废者查明原因吸取经验。这项工作应该由工艺科负责组织，因为它掌握工艺技术要求。

4. 建立和健全几项制度。

（1）健全工具的保管和发放制度，制订工具的占用定额和领用限额。工具总库和车间工具室，在工具入库时必须检验，保管方法应符合技术要求，数量要定期盘点，做到账物相符。

为做到更有计划地供应和控制消耗量，工具总库对车间工具室应拟订各类工具合理的占用定额和领用限额。规定工具的消耗指标。车间工具室对工段（小组）也可协同工具管理员定出必要的定额和指标，以便考核。

此外要切实做好工具的服务工作，如工具的分发、刃磨和修理，等等。尽量避免发生待刀待工具等现象。

（2）建立小组和工人的工具使用管理责任制度，并有相应的奖惩办法。生产不可一日无工具，直接使用工具的是工人。现在的新工人多，一般没经过系统的训练，缺乏正确使用工具的技术知识，对工具的爱护也差。许多工人因对工具的性能和使用方法不了解而常损坏工具，甚至影响加工质量。因此十分必要在广大工人中进行有关工具的技术教育，在课堂上讲，在机床边教，用他们的事实作为教材。

小组管理工具的经验需要总结推广，充分发挥工具管理员的作用。应分别情况，确定管理办法，有的适宜小组集中管理，有的可按机床为单位分配工具，有的应该交个人保管。小组可订出管理制度或公约。

对于工具爱护、节约使用或革新改进有成绩者，应给予奖励；工具损坏应有处理办法，查明原因，执行赔偿制度，杜绝工具的丢失现象。

八　物资供应和产品销售

随着产品产量、品种逐年增多，这个厂需用的原材料及其品种也相应地增加很多，如 1957 年全年实际消耗钢材 549 吨，而在 1960 年为 3486 吨。目前，生产上需用各种材料配套等规格种类是：

钢材 545 种（其中产品需用 298 种），炉料 85 种，燃料 7 种，辅助材料 50 种，配套 1248 种，外购件 1802 种，材料来源几乎遍及全国主要各地，以华北、华东、东北地区为主。

物资供应工作在各级有关部门的支持下，取得了一定的成绩，但问题很多。主要是生产计划变动多，指标不落实，材料供应缺口大，品种规格很不全，三类物资供应无保证，国家订货方法过于集中，上下不摸底，固定协作定点供应不稳定。

（一）　材料数量品种满足情况

过去国家分配的材料基本上能满足需要。1957 年全年实际消耗钢材（包括设备维修等）几乎全是由国家分配的。主要的配套物资，如电动机，实际需要 1845 台，申请 2116 台（包括维修等），实际到货 2050 台。近几年来的需要总量不能满足，缺口大，如 1960 年全年需要的钢材，上级主管部门分配的只相当于消耗量的 68%。配套的电动机实际到货为需要量的 31%。

在钢材品种上，过去优质钢，圆、扁、方、六角等各种规格基本上都能订到，较特殊的钢材也能订到。近 3 年来，订到的品种却相对地减少了。如 1961 年一季度预拨订货时，有优质钢一档组距中需要 6 个钢号，35 个规格，冶金部将这档组距平衡在北京钢厂供应，两个规格。其他如优质钢方面的扁、方、六角等各种规格，大多数得不到订货。又如生产铣床的主要材料，碳素结构钢、合金结构钢、易切钢 3 个品种、17 个规格，1961 年一季度按商品计划需要 130 吨，而上级仅分配了 2 个品种、3 个规格，共计 9 吨，仅满足需要量的 7% 左右。由于材料品种规格不能按生产要求分配，只能采取以大代小、用圆钢铣成方钢等办法解决。这既浪费工时，又浪费材料，如 1961 年一季度以大代小、以优代劣的钢材就有 122 吨，制造 20 多万个零件，浪费钢材 5 吨左右、工时 1500 小时左右，浪费人民币 22000 多元。该厂 3 月末钢材库存量 556 吨，其中能合用的品种规格只有 100 吨左右。从这里也就看出品种规格不齐的严重程度了。

就当前情况，只能采取两方面措施。一方面，请冶金部门根据实际可能，分别轻重缓急，多产优质钢材及稀缺品种，尽最大可能满足各方面的需要。另一方面，应该有组织、有领导分级定期地召开物资交流会议，来调剂余缺。

（二）计划申请

1958 年以前计划编制比较早，变化也少，一般在八九月份上级就下达下一一年度的生产指标，经企业讨论决定后，在 10 月或 11 月就根据生产指标，编制物资申请供应计划，上报第一机械工业部二局。局根据国家所分配的资源进行综合平衡分配，下达下一年第一季度所需各种材料的指标及全年度物资供应的控制数。

1958 年以后计划订得迟、变化多、生产指标层层加码，因此生产企业就出现了一、二、三本账，材料供应计划也就跟着接二连三地变化。该厂 1958 年第一本账，铣床的产量是 671 台，第二本账是 786 台，第三本账是 1115 台，结果工厂的生产是按 1300 台投料的。上级主管部门按第一本账分配材料。物资申请计划要到预拨订货及年度订货会议时才提出编制。

看来，生产计划的编制应当尽量早一些；对预计不足的，中途适当调整，使企业提早准备，以发挥计划指导生产的作用。计划编制只能一本账，材料要按计划数量平衡、分配、订货，并力争如数如期到货，使产、供一致起来。

（三）分配订货

1958 年以前有任务就有材料，就能配套。物资供应计划编制得也比较全面周到。上级主管部门对生产厂的各项需要都能比较全面地考虑进去，除了产品所需器材外，对于设备维修、技术组织措施、劳动保护、合理储备量等，也都列入申请分配计划以内。库存数也分别列出。下一年度一季所需材料，在 11 月前后即召开预拨订货会议，1 个月左右时间就能订完，供应单位从 1 月初就开始按订货合同执行。年度订货会议在 3 月也就可以基本上结束。

这个厂划归北京市管理以后，根据国家新的物资管理体制的规定，国家把总的材料供应指标分配给北京市，经市内平衡以后，再转分配给市机电局。厂按第一本账规定的商品计划，提出申请需要量，由市机电局汇总分配。至于经营维修、技术措施、劳动保护、合理储备量等，在物资供应计划中都不考虑。工厂的库存数也不列出。这样上下不摸底，情况不明。而且订货工作手续复杂、时间长、进度慢，要派三四个人参加订货会议。材料到厂时间更晚，这是造成生产上前松后紧的一个重要原因。

在分配物资时，除了计划内产品所需要的外，对于设备维修、技术措施、劳动保护、合理储备量，应根据实际情况，适当安排分配。生产厂在编制物资申请计划时，库存资源应当列出，再提需要量，这样考虑既全面，又可使上下情况一致。生产计划和分配指标要提早落实，对订货会的提前召开和缩短会议时间都有作用。

（四）订货组织方式

1958 年以前，订货方式是上下见面，一杆子到底。主管部门将核定分配材料指标，分给各厂，由各厂与供货单位直接签订供应代运合同。万一不能按合同交货时，双方直接联系协商或用近似规格抵交。货物直接由生产厂运到需要厂。这样企业供应部门事前心中有数，因而能够及时采取措施，解决缺额。

近三年来订货方式是北京市机电局统一汇总，集中订货。货物由生产厂全部运到局的仓库内，再由市机电局分配给各厂。这样也就不能够按工厂原来提出的品种规格供应，只能有什么，拿什么，哪一个厂跑得快，就先拿到关键材料。为此厂供销科经常要派三四个同志坐在局里要材料，不管品种对不对，只要有东西就提回来，作为自行调剂的资本。至于像生铁、焦炭等炉料，要在当月 5 日以后，主管局才能告知本月份分配的数量。这种做法使工厂生产事前心中无数，也使材料周转期延长了，并加重了运输压力，工作非常被动。如 1960 年全厂生产实际消耗的钢材 3486

吨，先运到市机电局仓库，再由本厂用汽车从局的仓库运回，造成往返重复运输。以每辆汽车载重 4 吨计算，仅钢材一项全年就增加 900 辆次汽车运输。同时由于材料品种规格少，只能有什么，拿什么。1960 年钢材调剂量一进一出，达 4700 多吨，又增加了 1100 辆次汽车运输。加上生铁供应点多，都要用汽车载运。因此全厂在短途运输方面就很紧张。如 1960 年，自有卡车 12 辆不能应付，又请炮兵营支援一辆卡车一个半月、清洁队支援两辆卡车达三个多月。还经常出现有些材料因不能及时运出造成罚款。同时由于把钢材集中到机电局仓库，吞吐量大，而钢材的品种、规格、材质繁多复杂，以致常有品种、规格、材质混淆不清的现象发生。目前配套物资的订货基本上还是采用一杆子到底的办法，情况较好，虽然数量不能全部满足需要，但事前心中还是有数的。

1958 年以前，当某些品种规格不齐或数量不足时，由第一机械工业部二局在本系统内进行调剂，相互支援；由于是同一个系统，所需材料大部分相同，相互情况也较清楚，调剂也较方便，解决也及时。但调剂量在整个所需钢材的比例上不是顶大的，如 1957 年调剂量 80 吨，占全年实际消耗钢材的 12%。近三年来，由于分配的材料不能按需要品种、规格、数量调拨，只能有什么，给什么，厂里也只好将不合要求的材料拿回，作为"资本"与兄弟厂掉换。这样，调剂量越来越大。如 1960 年钢材调剂量占全年实际消耗钢材的 75% 左右。而且北京市机电系统内机床行业较少，调剂面有局限性，只好与上海、兰州、长沙、沈阳、山西等外地兄弟厂进行调剂，增加了重复往返的运输量。

根据上述情况，在订货方式上，由地方管理的大中型企业，似可采用上下见面，一杆子到底的方法进行。也就是说，在以块块为主、统一平衡分配、统一管理、统一调度的原则下，组织供需双方直接订货，直接办理运输。

（五）订货限额

冶金部过去所规定的订货限额比较低，最近三年来提高了一些。过去不满订货限额的材料，由各厂分别提出，归第一机械工业部供应办事处汇总统一代为订货；到货后，按各厂申请的规格、数量分别发给各厂。这样，不但满足了生产要求，同时节约了流动资金。订货限额提高后，给用户造成很大困难。这个厂目前每月需用钢材品种规格达三四百种。按现在订货限额，每月必须进厂七八百吨优质钢材，才能将需用品种规格备齐；实际上是不可能分配这么多的，就是分配这么多，也是一种浪费。

订货限额比原来适当提高是必要的，但过分高了，必然造成积压浪费。现在规定的限额可以降低一些。如优质钢方面碳素结构钢，每个规格，可从 3 吨改为 2 吨；碳素工具钢、合金工具钢、弹簧钢，可从 2 吨改为 1 吨；高速工具钢、不锈钢可从 1 吨改为 500 公斤，甚至可再低一些。对于不满订货限额的材料，可以由厂提出，归主管局统一代订，到货后按厂提规格数量分别发给厂。

（六）定点供应

机床产品对于某些材料配套物资的要求较高，还有一定专用特殊性。这个厂原来的固定协作供应点，近年来发生了变化。如铣床丝杠材料从 1954 年起由重庆第二钢厂供应的是冷拉易切钢，后来冶金部改由大冶钢厂以热轧易切钢供应，1960 年同该厂签订了 300 多吨合同，结果 1 吨未交。电机的供应点也有变化，交货情况很不好，以致大量机床不配套，除去年已发出的铣床有 1023 台不配套，目前还有 571 台积压在厂里。铸铁原由石景山钢铁厂供应，现改由北京延庆、宣武等铁厂供应，不但数量不能满足，而且质量也不合要求。

固定协作定点供应，对供需双方来说，都有好处，主要是：双方要求明确，协作关系密切，供应较正常，同时产品、质量、数量也能得到保证。

（七）辅助材料

辅助材料，一般是三类物资，过去都由归口部门供应。如擦机床用的棉丝，原由第一机械工业部供应办事处按月供应，铸工车间用的洋钉、铅丝、酒精、桐油等，都由市五金公司按月按需供应，基本上能满足生产需要。1958 年以后，上列物资由于资源少，需要量大，有关部门不能按需供应，到目前为止，有些基本上停止供应了。

三类物资的归口供应和固定协作问题，当前首先要打破"地区封锁、步步为营"的状况，使得在数量、质量与需要之间的矛盾，经过各方面努力，在一定时间内逐步缓和。在目前较紧张情况下，一方面有组织、有领导地分级召开三类物资交流会进行调剂，同时建议有关部门争取在短时期内尽可能把这些三类物资归口固定供应，这样对生产是有很大好处的。

（八）产品销售

本厂所生产的立铣和万能铣床，由国家统一分配，遍及全国各地，并有部分出口。除 1958 年生产的部分简易铣床外，一般产品质量，用户反映是良好的。近年来由于原材料和配套器材供应不稳定，给产品的销售工作和资金周转等带来了不利的影响。

1. 产品销售情况。1957 年的产量 615 台，全部按计划交给了国家。1958 年产量 1159 台，其中：来料加工 68 台，自用 8 台，其余全部交付国家。1959 年的产量为 1461 台，其中：来料加工 20 台，交付国家 1339 台，到年底尚有库存 102 台。1960 年产量为 2131 台，其中：来料加工 207 台，自用 26 台，占产量的 11%。

2. 主辅机配套情况。过去辅机配套需要量基本上能得到满足，产品能如期出厂。1958 年以来，辅机配套件分配不足，如主要电动机一项的缺口，1959 年为 10%，到 1960 年已扩大到 69%，致使大量产品不能配套如期出厂。到 1961 年 4 月中旬统计，不成套的成品有 1594 台。

3. 产品运输情况。1958 年以前由于计划下得早，比较落实，能按月按季向有关部门提交销售计划，运输计划也能如期完成。近年来铁路车皮运输计划常有落空情况发生。如 1960 年 7 月根据生产编制了 50 个车皮计划，因产品缺套不能出厂，使计划全部落空；8 月定了 40 个车皮计划，到月末只用了八九个车皮，其余全部落空。后来几个月不敢再提车皮计划。这样不仅给销售工作造成混乱，同时给铁路运输部门造成了人为的紧张。

4. 资金周转情况。产品积压造成了超过定额贷款的情况。全厂定额贷款为 1130 万元，到 1961 年 4 月中旬，实际贷款已达 1740 万元，超过了定额 610 万元。同时利润也不能及时上缴，仅 3 月统计就有 30 万元利润和 139000 元折旧费，不能在当月及时上缴。

九　财务成本

1958 年以来，这个工厂的利润有了大幅度的增长，产品成本逐年降低，连续几年都超额完成了降低成本计划和上缴利润计划。随着生产的增长，流动资金也相应增长，但是，由于外购件供应不足，1960 年生产周期较长的大型产品投入生产较多，以及管理工作中的一些问题，因而流动资金的周转日期有所延长。

（一）利润

1. 1958 年以来，利润增长很快（见表 3）。

表 3

年份	利润总额（万元）	上缴利润（万元）	成本利润率（%）
1957	426	393	60.49
1958	1139	901	100.96
1959	1321	1047	97.20
1960	2414	1911	120.20

1958—1960 年，利润总额共达 4874 万元，相当于第一个五年计划期间利润总和 751 万元的 649%。这 3 年的利润，比已经移交生产的国家对该厂的投资 3678 万元尚多 1196 万元。3 年来上缴利润共计 3859 万元，比该厂 1960 年全部固定资产原值 36768000 元还多 1822000 元，也就是说用这些钱可以建设一个与该厂同等规模的工厂，而且还有剩余。如果再加上销售产品所缴纳的税金 474 万元，那么，上缴国家的款项则更多。

2. 利润增长的主要原因。首先是产量增加。以主要产品 2 号万能铣床的产量为例：1957 年为 563 台，1958 年为 1098 台，1959 年为 1034 台，1960 年为 1710 台。每增产一台 2 号万能铣床的利润，1957 年是 6047 元，1958 年是 9239 元，1959 年是 9012 元，1960 年是 9985 元。

其次是成本降低。可比产品成本逐年的降低率是：1958 年降低 28.9%，1959 年降低 6.5%，1960 年降低 13.5%。以 1960 年为例，每降低成本的 1% 即可增加利润 17 万元。

另外，在产量不断增加、成本逐年降低的情况下，该厂主要产品的销售价格，根据国家的规定，是不变的。如 2 号万能铣床从 1956 年以来，每台一直是 17000 元；但是，也有少数产品（如牛头刨床铸件）成本虽有所提高，而销售价格也随之提高。这样，使企业的利润率不断提高。

3. 利润的分配。1958 年以前，实行企业奖励基金的办法规定，完成利润计划部分，企业提取奖金 3%，超过利润计划部分提取奖金 18%。但是，所提取的金额最高不得超过工资总额的 10%，最低不少于 4%。从 1958 年开始实行利润分成的办法；按照规定，企业从利润总额中提取 20.9%，其中 1% 上缴第一机械工业部第二局，当时并规定这个办法三年不变。同年该厂下放给北京市机电局领导，改按 15% 上缴；1959 年按照北京市机电局的规定，该厂利润分成上半年按 30%、下半年按 70% 上缴局使用，其余归厂。从 1960 年起改为四六开，即上缴局 60%，厂留 40%。今年根据中央新的规定，利润分成的比例由以前的 20.9% 改为 7%。其中 20% 上缴市机电局集中使用，80% 留本厂支配。

1957 年以来利润的分配情况如表 4 所示。

表 4

年份	总额 （万元）	上缴国家		上缴局		厂留	
		（万元）	（%）	（万元）	（%）	（万元）	（%）
1957	426	393	92.3	6	1.4	27	6.3
1958	1139	901	79.1	35	3.1	202	17.7
1959	1321	1047	79.1	158	11.9	116	8.8
1960	2414	1911	79.1	302	12.5	201	8.3

上缴市机电局集中使用的利润，还有一部分返还该厂；该厂得到局的此项拨款，1959 年有 60 万元，1960 年有 189 万元。

这个厂利润分成的主要用途是：首先，技术组织措施、新产品试制、劳动安全保护措施和零星固定资产购置等四项费用；其次，生活福利、奖金等项开支。

1957—1960 年各项开支情况如表 5 所示：

表 5

	1957 年		1958 年		1959 年		1960 年	
	金额（元）	（%）	金额（元）	（%）	金额（元）	（%）	金额（元）	（%）
基本建设			10470	1.9	237154	9.9	34664	1.0
技术组织措施			271850	48.6	1020620	42.8	2421980	68.5
新产品试制			80602	14.2	143623	6.0	80382	2.3
劳动安全保护措施			8293	1.5	4951	0.2	11801	0.3
零星固定资产购置			50717	9.1	286666	12.0	8351	0.2
生活福利	72946	65.7	130004	23.3	251886	10.6	156831	4.5
奖金	38031	34.3	7012	1.2	231243	9.7	89603	2.5
其他					208840	8.8	730027	20.7
合计	110977	100	558948	100	2384983	100	3533639	100

1957 年时实行提取企业奖励基金的办法，技、新、劳、零等四项费用的开支，由企业编造预算，国家拨款。1958 年实行利润分成办法，同时财权下放，因此四项费用的开支不再由国家拨款，而由企业从利润留成中自行支配。1960 年下半年市机电局规定上述项目的开支，由企业编造计划，开支在 5 万元以上的报局审批。但是，这个规定执行起来并不严格，基本上还是由厂支配的。从 1961 年开始，局对厂的各项开支抓得较紧，严格执行报告审批制度，企业除了编制年度的开支计划外，还要按季度编制计划报局审批。

（二）成本情况

1. 三年来，这个工厂产品的成本逐年降低的情况如表 6 所示。

表6

年份	商品产品总成本	总成本额	可比产品成本		可比成本占总成本（%）
			比上年降低金额（万元）	（%）	
1957	718	589	53	8.3	80.0
1958	1156	799	323	28.7	69.1
1959	1523	1143	79.4	6.4	75.0
1960	2001	1472	230	13.5	73.6

　　再从这个厂的主要产品2号万能铣床的单位产品成本来看，除了1959年略有提高以外，也都是逐年降低的（注：2号万能铣床的成本占商品产品总成本的50%，占可比产品成本的70%，见表7）

表7

年份	单位成本（元）	材料占（%）	工资占（%）	费用占（%）	降低率环比（%）
1954	16767	38.0	7.1	54.8	38.5
1955	12809	43.5	8.1	48.3	23.6
1956	10813	46.0	9.2	44.7	15.5
1957	9819	49.1	6.3	44.6	9.1
1958	6919	56.1	6.3	37.6	29.5
1959	7171	53.2	4.5	42.3（比1957年降低26.27）	3.6
1960	6164	56.4	5.7	38.9（比1957年降低37.22）	14.0

　　从表7来看，材料在成本中比重逐渐提高，工资和费用在成本中的比重逐渐降低。自1956年以来，在成本构成中，原材料费用（包括燃料、配套用的外构件）一直占第一位；其次是费用，即车间经费和企业管理费；再次是工资（包括生产工人工资及其工资附加费）。车间经费中包括机器折旧、辅助材料和动力费用在内，因此大于企业管理费用。同原材料费用一样，机器折旧等也是原有价值的转移，因此，把它算在管理费用项目以内是不合理的。

　　2. 2号万能铣床成本的降低，主要是由于：产量增加，劳动生产率提高，因而各种费用相对减少。1957年以来单位成本降低的情况如表8所示：

表 8

年份	单位成本（元）	比上年降低（%）	材料	工资	费用
1957	9819	9.1	15.9	38.6	45.6
1958	6919	29.5	32.4	6.2	61.3
1959	7170	-3.6			
1960	6164	14.0	33.4	3.1	63.5

这几年，材料和工资费用是年年降低的。车间经费和企业管理费用，除了 1959 年比上年有所提高以外，1958 年和 1960 年也是降低的。各项费用，1960 年同 1957 年相比，降低幅度最大的是工资，计 52.9%；其次是材料费用，计 27.8%；再次是车间经费和企业管理费用，计 22.5%。

工资费用降低的原因，首先是工效提高，定额工时减少，因而单位产品的工资费用减少。每台工时定额 1957 年是 1843 个工时，1958 年降低到 1092 个工时，1959 年降低到 940 个工时，1960 年又压缩到 800 个工时。其次是高级工作由低级工来干。1959 年以来，在产品工时定额中占 70% 以上的成批车间，许多技术等级较高的工人支援重型车间或调做其他工作，不少新工人上机床生产，这样也减少了工资费用。

材料费用，除了 1959 年比 1958 年有所提高（仍低于 1957 年）以外，也是逐年降低的；1960 年比 1957 年降低 22.7%。降低的原因是：外购件价格降低，精装改为简装或者缺件发货。每台 2 号万能铣床的外购价格，1960 年比 1957 年降低了 1335 元，即占原材料费用降低额的 90.6%。从金额上看，材料费用是降低了，但是实物消耗并没有减少，相反还有些增加。如每台的铸件重量 1959 年比 1957 年即增加了 40 公斤。不仅如此，1957 年的材料利用率本来就不高，但是从 1958 年以来有些原材料还达不到 1957 年所规定的利用率，同时由于原料的使用，以大代小、以优代劣的情况很多，这样，所消耗的材料的价值也有增大。

原材料消耗增加的原因，除了供应上有问题（品种、规格不合乎要求，质量不够好等）以外，主观上对节约原材料不够重视也是一个重要原因。主要表现是，不大注意精打细算，合理使用原材料，材料的领用回收制度执行得不严格，投料时有宽打窄用的思想；从工艺设计上想办法改进产品工艺结构以节约原材料做得很少；在加工过程中注意质量不够，废品较多，因此，也增加了实物消耗。

1958 年和 1960 年单位产品的费用降低，其原因是产量增加，因而分摊在每台产品中的费用相对减少。1959 年费用增加的原因是：首先，重型车间扩大，成立工具室增添工具；其次，1958 年下半年有大批徒工进厂，因而开支增加；再次，补发上年的跃进奖；最后，停工损失、废品损失较大，工具消耗也多。因此，这一年产品成本提高。

（三）流动资金周转情况

随着生产的迅速增长，流动资金也增长很快，周转的时间也都比 1957 年缩短，只有成品资金延长了（见表 9）。

表 9

类别	1957 年		1958 年	
	资金额（万元）	周期（天）	资金额（万元）	周期（天）
全部流动资金	426	135	608	94
其中：储备资金	225	214	331	141
生产资金	193	211	229	63
成品资金	43	20	38	14
	1959 年		1960 年	
全部流动资金	1160	143	1596	121
其中：储备资金	427	142	496	115
生产资金	578	119	849	153
成品资金	155	37	252	43

从表 9 可以看出，自 1959 年开始，流动资金的周转有所迟缓。其主要原因是，受外购件的影响，致使商品不能配套，造成资金积压；同时，1960 年大型产品投入生产较多，生产周期较长，这样也造成生产资金必然加大。由于外购件的供应不足，从 1959 年第二季度起商品即有积压这个问题，长期得不到解决；到今年 3 月底，各种铣床即积压了 477 台，约折合资金 360 余万元。其次，从管理上说，抓得不紧也是一个重要原因。

过去对成品天天计算，每日都进行督促检查，积极组织配套、销售，但是，现在强调客观原因多，而积极想办法则不够，往往完不成计划或质量不好也就拖下来了，不能如期交货。在投料上缺乏计划，也造成大量资金积压。有些产品的部件没有按计划加工出来，但有的零件又生产过多，以致造成大量的积压。在采购上缺乏计划性，也积压了不少资金。

由于大量资金积压，致使流动资金周转不灵，因此不得不向银行贷款。到今年3月底止，共贷款1749万元，超过定额指标621万元，每月仅支付利息一项即达10万元以上，这样也影响生产成本的降低。

（四）产品的价格问题

几年来，原材料（包括外购件）价格有所降低，生产成本也不断降低，但是，产品的调拨价格从1956年以来一直未动。这样，虽然利润额增长的幅度很大，但是，并不能完全说明企业管理水平真正提高。看来，随着原材料价格的降低，以及产品成本的降低，由国家有计划地适当地降低销售价格是值得考虑的。

（五）从以上情况可以看出下面几个问题

1. 产品成本虽然不断降低，但是仍然还有不小的潜力可以挖掘。首先是节约原材料，减少实物消耗。材料费用从金额上计算是不断降低的，但是，从实际消耗上看并没有减少，反而有所增加。如铸件肥头大耳，超过定额重量，钢件消耗超过定额金额10%以上，等等。这就表明，节约原材料还有很大潜力。为此，必须加强原材料的管理，严格执行领料制度和废品回收制度，积极组织废料再生，尽力做到物尽其用。鉴于1957年以来还未修改过材料消耗定额，而现在实物消耗又无准数，因此，检查材料利用情况，重新定出先进的材料消耗定额，特别是大型产品的材料消耗定额是完全必要的。工艺设计部门亦应想办法从改进产品工艺结构方面提出节约原材料的措施。其次，减少废品损失和停工损失。这两项损失在每台2号万能铣床成本中的比重，除了1958年稍低于1957年外，近两年都大大高于1957年，同时，这两项损失，也高于当年单位产品的工资费用，因此，应当加强管理工作，提高加工质量，充分利用工时。再次，抓紧产品配套，加速流动资金的周转。

2. 加强财务成本管理，深入开展经济活动分析和班组经济核算活动。几年来，这个工厂对财务成本的管理有些放松。从各方面精打细算，增产节约，克勤克俭地办企业的精神发扬不够，不断改善经营管理、节约各种费用还没有引起人们普遍的重视。车间成本工作没有专人管理。过去会计科有专职的成本员派到车间工作，1958 年权力下放以后，这些成本员大部分都转了业。现在，除了成批车间以外，其他车间都没有专职的成本员，成本工作由车间经济组长兼管，只是做些统计工作，很少做经济活动分析。这样，车间完成各项指标，以及管理工作的情况和存在的问题，就不能及时地反映出来。除了车间以外，全厂的经济活动分析做得也不够。今后全厂和车间的经济活动分析应当认真地开展起来，定期向有关人员报告完成各项指标的情况以及存在的问题，提出改进的措施，推动大家关心经营管理，厉行节约，降低成本。在加强小组管理工作中，应当把开展班组的经济核算放在重要地位。目前，工人群众只知道自己完成了多少个"点"（即完成的工时定额），至于各种消耗、费用情况，经济效果如何，是不清楚的。应当通过班组核算使他们关心成本和努力降低成本。

3. 成本计算中的问题。

（1）工时统计不准确，不能真实地反映成本情况。这个工厂铣床产品成本的计算方法是定额法，即除了原材料、工资按定额计算以外，其他各项费用都是按定额工时分摊的，因此工时统计得正确与否，对成本的真实情况关系很大。如果统计多了，分摊到每个工时的费用就会减少，否则相反。但是，现在的问题是工时统计不准确，每年盘点在制品时，总发现要短亏工时 10 多万个点，多至 18 万个。出现这种虚增的情况，是由于：虚报、重报工时，即做得少报得多，或者一件加工件上班已经报了完成工时，下班又报了；还有漏报废品，出了废品，没有将其工时从已报完成工时中扣除。工时统计中的另一问题是，有的车间停工损失、废品损失报得少，这样不能正确反映加工质量和工时利用情况。因此，加强原始记录工作，为计算成本提供可靠的资料是很重要的。最近，有的工段已从加强小组管理入手，开始注意解决原始记录问题。

（2）材料消耗没有准数。目前计算原材料消耗的方法，只统计金额，不统计实物。实物消耗多少是没有数字表明的，原材料费用的提高或降低，并不能完全反映实物消耗的真实情况，容易掩盖原材料的浪费。为了准确地计算原材料的实物消耗，在统计材料费用时，应当既有金额的统计，又有实物的统计。1957 年以前就是这样。这种统计办法应当恢复起来。

（3）1958 年以前，编余人员的工资，作为非生产支出，不计入产品成本以内；1958 年，为了简化手续，中央财政部规定由企业管理费支出而摊入成本。这样是否合理是值得研究的，因为它对于压缩定员、紧缩开支、降低产品成本没有什么积极意义。

（4）哪些支出摊入成本，哪些支出不应摊入成本，本来都是有明确规定的，但实际执行起来并不严格。由于统计工作中有些项目分得不清，或者不切实际，因此，一些应由工资附加费或者企业基金开支的项目，如车间给食堂、幼儿园等生活福利单位做的劳务活，参加技术革新的干部、技术人员的工作时间等都算作车间费用和新产品试制费用摊入了成本。

现在，生产任务不足，人员和设备都有富余。在这种情况下，为了提高效率，充分利用设备能力，应当主动地多揽一些杂活，以增加收入，降低生产成本。

十　工资和奖励

这个工厂自 1958 年 10 月取消了计件工资和单项奖励，实行了计时工资加综合奖励的工资制度，对于提高工人的思想政治觉悟，完成和超额完成生产任务，起了积极的作用。但是，在强调了政治挂帅以后，对物质鼓励注意不够。目前在工资奖励方面存在的主要问题是平均主义，集中地表现是多劳动不能够多得，少劳动也并不少得。

（1）在评奖、评级的条件上，没有把生产标准和政治标准很好地结合起来，忽视生产好坏和技术水平的高低。在评奖条件上，厂部规定综合奖励的条件是"五好"，即政治思想好、生产工作好、安全生产好、学习好、卫生好。这些条件重点不突出，特别是没有强调要以生产好坏作为奖励的主要依据。根据厂部规定的条件，各个车间又规定了许多具体条件，有的 10 条，有的甚至多达 15 条，把开会出勤、发言、读报、学习《毛泽东选集》、学习文化等也都作为评奖的条件。奖励条件越多，中心越不突出，一般情况是片面强调政治挂帅，忽视生产成绩，而把政治挂帅又简单化为会议发言，参加社会活动积极与否，等等。因此，有一些生产好、劳动多的工人，特别是一些老工人，由于开会发言少，或者参加社会活动少，就不能得到应得的奖励；相反，有一些参加社会活动多，而生产并不好的工人却往往得到较多的奖励。例如，工具车间卡具三组，今年 1 月份 28 个得奖的工人中，就有 15 人没有完成生产任务，被评为甲等的 5 个工人中，就有 3 人没有完成生产任务；相反，有的工人超额完成了生产任务，却被评为乙等。工人李福桂生产成绩好，但由于个人生活安排得不好，亏了粮食，再加上参加读报不积极，被评为丙等。

在评级中也存在以上的问题。以前升级是考试和评比相结合，现在也不考试了。1960 年徒工升级，有的车间虽然进行了考试，但是升级与否，实际上主要是根据参加会议、参加社会活动等方面的表现，因此，钻研技术精神好，技术水平比较高的人并不一定能够升级。

（2）多年工资级别不动，技术进步快、生产成绩好的人也不能升级。

（3）奖励面过宽，差距小。按照过去厂部奖励办法规定，奖励面在 70%—90% 之间，并规定甲等奖不超过奖励面的 15%，丙等奖不少于奖励面的 10%。但是，在实际执行中除了每月请假达到 5 天，或者出了重大的人身、设备事故，不能得奖以外，90% 以上的人，不论生产好坏，都可以得奖，实际上奖励面一般在 90% 以上，甚至有的单位达到 100%。一些隐瞒事故，虚报成绩，出了成批废品，或者劳动纪律很不好的人，也都得了奖。这样，奖励就成了变相工资。有人反映："溜溜达达，奖金也能稳拿"，把评奖看成是"分钱"。不仅奖励面过宽，而且每等差距小。奖励等级共分三等，甲等 5 元，乙等 4 元，丙等 3 元，每等之间相差 1 元，最多也不过 2 元。工人说，使劲不使劲，也是这些钱，至多 1 斤高级点心钱。同时，一季评一次，发一次奖，同当前的生产联系不起来，对生产促进作用不大。

（4）有奖无罚，赏罚不明。只要到工厂上班，不管生产好坏，劳动多少，都可以照样拿到工资和奖金，劳动态度不好，违反劳动纪律，或者出了责任事故，造成重大损失，不但不扣发工资，甚至还可以同样拿到奖金。

这些问题的存在，妨碍了工人群众生产积极性、创造性的进一步发挥，对发展生产不利。有的工人反映："现在干得多好，也是四十块一大毛（即二级技工的工资）。"也有人说现在是"干不干，七点半"（即每天八小时，除了规定的半个小时吃饭时间以外，工作时间还有七个半小时）。过去工人对自己的劳动成果很关心，当工时统计发生差错的时候，就及时地找统计员进行核对，从不马虎。当定额达不到的时候，也不断地找车间定额组，要求加以修订。现在不同了，定额高低，完成工时多少，都不大在乎，因为这些对自己的收入没有影响，反正到月头一样拿工资、拿奖励。有些单位劳动纪律松弛，定额老是达不到，劳动生产率较低，等等，这与工资奖励中的平均主义是有联系的。

由于升级不是以技术水平高低作为主要条件，奖励不是以生产好坏为根本依据，因此，不少工人以为技术进步快慢、生产好坏，与个人的升级得奖没有什么关系，因而学习技术的积极性不如以前高了，有熬年头等待升级的现象。

对于工资奖励中的平均主义的做法，许多工人，特别老工人是有意见的。他们说："奖励要玩真的，谁好谁坏看生产"，"光说不练，不是好汉"，"甩大袖子的（指不好好劳动的）也得奖不光彩"。他们建议："奖金要花在刀刃上"，不能"按人头分奖"。

为了进一步贯彻按劳分配、多劳多得的原则，首先要克服奖励中的平均主义。这个工厂最近制定了生产工人小组和生产工人超额累进奖励试行办法，实行一月评奖一次，并从5月份起开始试行。

新的奖励办法，强调以生产好坏作为奖励的根本条件，即以完成规定的产量、质量、工时定额三大指标为主，凡是全面完成三大指标，没有发生重大事故的，都可以得奖，没有全面完成三大指标的不能得奖。完成基本指标的，得到基本奖金，超过部分按比例累进，多劳多得。其他指标

（如节约、机床维护保养等）完成得好坏，根据具体情况，加发或扣发基本奖金。同时指出，在考核经济指标的时候，还要将本人的劳动态度（指在生产中积极性与创造性、克服困难、不挑肥拣瘦、克己为人、互助协作、遵守劳动纪律、爱护国家财产、关心集体等）加以考虑。如果劳动态度好，加发奖金总额的 5%—20%；如果劳动态度不好，应当酌情减发本人奖金总额的 5%—20%。这样，以生产为中心，体现了按劳分配、多劳多得的原则；同时，也有政治条件，注意了防止只顾个人利益，不关心或者损害集体利益的现象产生。

新的奖励办法，除了规定得奖与不得奖的条件以外，还规定了处罚的范围，奖罚分明。对于发生了重大责任事故，或者出了成批废品的人，不但不给奖励，而且要根据具体情况给予处分，直至降低技术等级。

为了使工人能够完成生产任务，有产可超，有奖可得，新的奖励办法规定，下达给生产小组或者个人的各项指标应当落实，切实可行，即既是先进的，又为多数工人经过努力可以达到的。如果由于客观条件的影响，虽经本人努力，仍然不能完成时，应当根据实际情况，加以适当处理。

这个办法试行以来，绝大多数群众是拥护的，认为这样做赏罚分明、合情合理。有的工人反映"这样甩大袖子的吃不开了"，"溜溜达达也不能稳拿奖金了"。还有的说："以后可不能马马虎虎了，要认真点才行。"近来，完成产量、质量指标的情况显著好转，工效提高了，不遵守劳动纪律的人减少了。

贯彻执行按劳分配、多劳多得的原则，推行新的奖励办法，需要加强定员、定额的管理工作，加强原材料、辅助材料和工具的供应工作，加强设备的维护检修和质量检验工作。通过按劳分配来促进各种生产责任制的建立和管理工作的改进。

除了工资奖励方面的平均主义以外，在生活物资的供应上也有平均主义现象。社会上限额分配的某些生活用品，同时也是劳动必需品；对于这种物品的分配，应当照顾职工的不同需要。这个工厂的翻砂工感到肥皂、毛巾和皮鞋不够用。在分配上应当有所调整，既要同一般居民有区别，在不同工种的劳动者之间亦应当有所不同。

干部的奖励条件，应按其职责范围，以完成工作任务好坏为主要依据，一季评奖一次。干部的评奖，要通过他工作的单位的工人群众的民主评议，这样对于干部工作作风的改进是有好处的。

在工资等级方面，工人欢迎等级多些，级差小些，每年能有一部分人（如1/4左右）升级；对于级别"到顶"的老工人，还可以考虑发给工龄津贴。这样，既能够鼓励大家上进，解决七八级工"没奔头"的问题，又能够避免由于集中升级、工资增长过多而冲击市场的缺点。

近几年来工人的实际收入有所下降，这个问题值得注意。1958年10月取消计件工资，同时奖励率也作了适当的压缩，由原来占工资总额的15%—25%，压缩到工人奖金占工资总额的7%，干部奖金占工资总额的3.5%，因此，工人的收入减少了，特别是以前实行计件的工人减少较多。根据1956年加工一、二车间技工八个月收入的统计，实际收入同标准工资相比较，四级技工超额最多，达到42.5%，最少的也在7%以上。超额多少，就可以多拿到多少工资。

例如（见表10）：

表10

工资等级	1	2	3	4
超额率（%）	15.7	25.4	41.4	42.5
工资等级	5	6	7	8
超额率（%）	19.8	9.3	7.4	10.2

而在计件工资取消以后，只能拿到标准工资加7%的奖金。同时，近年来，除了凭票供应的生活必需品没有涨价以外，其他商品，由于供应不足，很多都涨价了，而凭证供应的商品是有限的，这对工人的生活是有不小的影响。

十一　企业管理权力的集中和分散

1958 年 7 月份，这个厂将很多权力由厂部下放到车间、工段、小组。企业管理权力下放以后，车间经过了两次比较大的调整。第一次是在 1959 年 7 月左右；当时感到有些权力下放后没有管好，因此，把一部分权力收上来。第二次是在 1960 年第三季度；当时，工厂又感到某些管理权力收归厂部之后，也管不好，于是又将 1959 年 7 月收回厂部的部分权力下放，此次主要是下放到车间一级。1961 年年初因搞小组管理，又下放了 6 项权力给小组。

企业权力虽在 1959 年和 1960 年有放有收，但总的趋势是下放，发挥了车间、工段的积极性，促进了小组管理工作的改进，简化了工作层次，使管理职能机构更加接近于生产实际。

但是，由于当时缺乏经验，以及在部分干部中存在着片面强调下放的观点，致使在权力下放的过程中，存在着很大的盲目性。厂部的管理权下放得过多过快，新的工作制度未及时建立，下放在车间、工段、小组的权力也没有很好地管起来，因而造成了企业管理工作上的混乱。

企业管理权力下放，下放了哪些？下放到哪一级？目前存在着哪些主要问题？我们进行了一些调查。现分别就计划管理权、技术管理权、物资管理权、财务管理权和人事管理权等五个方面加以说明：

（一）计划管理权

计划管理权在 1958 年 7 月下放给车间的有新老产品的工时定额修改权以及毛坯库和零件库的管理权。1959 年 7 月将新产品的工时定额修改权和毛坯库管理权由车间收归厂部管理。目前老产品工时定额权由工段掌握，但需车间批准；车间、工段和小组在制订生产计划时有权在上级规定的工时总额中，根据自己实际情况进行调整。但工时定额实际上名存实亡，不能作为计划的根据。1958 年 4 月还下放了成套指标，因对当时保证商品任务的完成有不利的影响，到 1959 年 8 月又收归厂部管理。

另外，在实际工作中下放和取消了生产作业计划权、调度权和在制品定额管理权等。作业计划权的下放主要是简化了厂级工作，由过去按零件编制计划改为按产品编制，1958 年有一个阶段仅下达一个产量指标。至于作业计划权如何下放到车间和工段，当时未作过研究，其做法就是把厂部做计划工作的大部分干部下放到车间去，而车间实际上把这些工作给减掉了。日计划的安排权下放到工段后，工段又下放到小组，事实上只是每天按情况临时派活，并未起到计划的作用。

作业计划简化后，厂部对计划贯彻情况心中无数，调度不灵，生产指挥无力。调度网实际上等于取消，厂部指定由生产计划科派到车间的计划人员兼管调度，但各级权限都不清楚。在制品定额由于毛坯库下放车间，也跟着下放到车间。在 1961 年年初小组管理工作开展后，规定小组除周、日、班计划的编制外，还有在制品的管理和调度权，但在材料供应不正常的情况下，在制品管理与调度权在小组中并不起作用。

由于各方面权力的下放，定额没有了，资料统计不及时，厂部对生产技术财务计划编制的内容大大简化，也难以进行综合平衡，生产准备工作落后于生产，下料计划也不起作用。

计划工作是企业管理工作的中心环节，这个权力必须自上而下地抓起来，要把各项定额、计划、调度等主要的权力都集中在厂部。生产技术财务计划、生产准备工作计划和投料计划等必须切实编制，并加强各级原始记录、统计工作，使之成为计划管理工作的可靠依据。

（二）技术管理权

设计方面：下放给车间的主要是老产品的设计权。规定在不影响产品结构、精度及寿命的条件下，在征得设计科同意之后，车间有权修改设计。但现在这个规定执行得不好，车间往往没有征得设计科同意就修改了。另外车间对老产品设计的修改，往往只是考虑适应目前生产，而对产品质量的提高考虑得很少。这样做的结果，对产品的精度和寿命有一定程度的影响。权力下放后，由于厂部没有掌握设计的修改情况，目前对产品究竟是哪一年的型号都分不清，甚至连一个完整与准确的产品零件目录表都找不出来。根据目前该企业的情况来看，应该把产品设计修改权收归厂部统一掌握，并严格控制设计修改的内容，以提高设计修改的质量。

工艺方面：1958 年 7 月下放到车间的有新老产品的工艺修改权。1959 年 7 月收回了其中的老产品关键部件和新产品的工艺修改权，到 1960 年第三季度又下放了老产品关键部件的工艺修改权。除此之外，1958 年 7 月还明文下放了老产品工夹具设计权，1959 年 7 月将其中的关键工夹具设计权收回到厂部，到 1960 年第三季度这部分权力又下放到车间去了。根据 1961 年年初的规定，小组有权修改部分工艺和一般专用工夹具的设计与制造。目前在工艺方面存在的问题是车间往往把精力集中在当前生产方面，而对工艺准备注意不够。今后应由厂部收回这方面的权力交工艺科，以加强对全厂工艺修改和工夹具的统一指导。

产品质量检验方面：在 1958 年 7 月时把全部权力下放到车间，1959 年 5 月厂部执行抓两头放中间的方针，即收回了其中的材料及商品检验权，其他大部分的质量检验权还是留在车间。目前存在的问题是，车间往往为了要完成产量任务而忽视产品质量；对废品的统计工作，车间做得既不及时又不真实。今后产品质量检验权应收回，由厂部掌握，以严格保证产品的质量。

（三）物资管理权

设备权。虽然没有规定下放过，但是，1958 年后，设备在工段之间和车间之间的调动，不再经过有关部门的审批。1959 年 7 月规定：在本车间内部移动设备，由车间主任批准；在车间之间移动设备，由双方主任同意后，通知机械动力科办理手续。目前车间和工段还有不经审批、私自挪动设备的情况。设备的中、小修权力下给车间后，车间往往没有认真执行检修计划。今后在设备管理方面应当是：调动权属于厂部，车间和工段无权挪动；严格执行设备检修计划，贯彻执行各级的设备管理的责任制。

工具管理权。厂部只管新产品的专用工具和外购工具，而通用工具管理权以及工具损坏处理权都在车间。工具管理比较混乱。今后在工具管理方面应当在分级管理的基础上，切实做到：彻底整顿工具库，工具库、工具室认真负起责来，实行工具计划供应；教育工人，不得私藏工具；对损坏工具的事故要严肃处理。

材料管理权。铸件的供应，过去由厂部统一掌握，"送货上门"；现在由于汽油不足，让车间自己解决铸件的厂内运输问题。工人说，"名义是权力下放，实际是困难下放"。今后还应当改回来，由厂部负责调拨和运输。

（四）财务管理权

1958年7月明文下放车间的有50元到200元的零星周转金的处理权。目前的情况是，车间没有严格执行规定，零星周转金除用于规定的补发工资、小额奖励、零星修理之外，有时不适当地用在工资垫支以及其他费用的开支上面。今后应严格按制度使用权力，并加强厂部的监督。

（五）人事管理权

1958年明确下放给车间的有工人记大过以下的处分权，另外给小组长在组内有人员调配权和考勤权，小组长可批准一天以内的事假，工段长可批准三天以下的病假。目前存在的主要问题是，缺乏集中的领导。1958年以前如发现旷工三天就要停工检讨，五天就要开除出厂，现在有的工人旷工半年后又回来上班，一点处分也不给。人员的调配权虽然没有下放，但现在厂部要调人很困难，车间、工段和小组往往强调人员不够不肯答应调出。今后在人事管理权方面应严格做到：人员调配权集中厂部，车间、工段不得借故拒不执行；整顿考勤制度，厉行奖惩制度。

从这个厂管理权力的集中和分散的经验来看，权力过于集中在厂部固然不对，但权力下放过多也同样是不妥当的。企业管理权力应该遵循三级管理、厂为主导的原则，把企业总的权力和主要的权力集中在厂部，对车间和工段可以在不违背厂部的权力之下给予一定的权力，如对作业计划的调整，某些临时调度和某些工艺的修改，等等。

执行三级管理、厂为主导的原则，一方面是要把权力适当下放，使下级组织有职有权，充分发挥积极性；另一方面权力下放并不等于厂级放弃权力，相反的，要求更好地加强厂部的统一领导，高度的民主必须和高度的集中结合起来。

实行三级管理、厂为主导的原则，还需要有一套严密的规章制度来保证。规章制度必须根据管理需要和生产组织的变化来制订和完善。

十二　党委领导下的厂长负责制

（一）基本情况

在 1954 年，这个厂推行过一长制。在推行一长制的时候，党的领导曾经有过一定程度的削弱，有的行政干部片面强调行政权力，命令主义有所滋长。1955 年中央确定党委领导下的厂长负责制是企业的根本领导制度。这几年来，实行这个制度，取得了很大的成绩。第一，党组织抓生产是明确的、经常的、有力的，完成任务是坚决的；第二，企业里党、政、工、团的步调基本上是一致的；第三，群众是听党的话的，党指向哪里，群众奔向哪里；第四，很多做党的工作的干部也比过去更多地熟悉了经济生产业务。但是，在贯彻执行这个制度的过程中，也发生了一些偏差。这主要表现在两个方面：一方面是党的工作行政事务化，党的委员会的书记在一定时期、一定程度上成为变相的行政负责人，党的委员会会议在一定时期、一定程度上成为变相的行政办公会议或者调度会议，党和群众的关系在一定时期实质上成为行政工作关系，党在政治上、思想上的领导作用有所削弱；另一方面以厂长负责制为主导的生产行政上的各种责任制度松弛了，无人负责的现象有所发展。这两方面是互为因果的，党的领导越是行政事务化，行政干部对党的依赖性越大；行政干部主动负责精神越差，党的工作干部也就越难从行政事务圈子里拔出身来。因此，问题的解决首先要从党的工作方面开始。

（二）若干问题

根据几次座谈会和厂党委几次讨论的意见，要正确实行党委领导下的厂长负责制，在认识上、实践上需要加以澄清的有如下几个问题：

1. 关于党领导一切。1959 年工厂里批判了某些人所说的党对生产行政工作管理过宽过细的观点。此后，有些同志却认为党领导一切，就是大大小小的事情都要由党委讨论决定；如果没有通过党委（总支、支部）讨论，或者没有经过书记同意，"好似工作不合法"。这当然是一种误解。党领导一切指的是在思想上、政治上、方针政策上起领导作用，而不是说，党应当把一切事情都包办起来。

2. 关于大权独揽、小权分散。划不清大权小权，有时抓了芝麻，丢了西瓜。比如企业的整体规划、职工政治思想教育等重大问题，在党委会上就讨论得很少。在过去一段时期内，突出的问题是小权没有分散，不少应当由行政、工会、青年团独立负责处理的一般性问题，如一些日常生产、行政工作和生活事务也要由党委决定以至直接处理，甚至发个通知，也要党委（总支、支部）落个款，因而削弱了行政、工会、青年团的组织作用，同时，也削弱了党组织的组织作用。凡属应当由行政、工会、青年团处理的问题要由这些组织负责处理；如果行政、工会、青年团的负责人感到把握不大，可以和同级党的委员会书记交换意见，然后去处理；只有重大的问题才提交党的委员会讨论决定，决定后按照各自的组织分工去办。

3. 关于书记挂帅。在工厂里不少人认为书记挂帅就是书记"事必躬亲"，"书记说了算"。很多事情书记不出面就办不通。各级行政、工会、青年团的会议，都要求同级党组织的书记出席讲话指导，以此表示党的重视和支持。这个情况在有的车间支部或工段支部尤其严重。因此，支部书记成了"第一忙人"。应当端正对于"书记挂帅"的不正确认识。书记个人和其他委员一样是党的委员会的一个成员，所不同的是他是这个委员会的"班长"。书记应当发扬民主作风，善于处理自己和委员之间的关系，善于倾听和自己不同的意见，善于归纳各个委员的看法并根据多数人的意见作出决定。绝不能突出个人，把自己放在委员会之上。书记挂帅实质上指的是党在政治上的领导，事无巨细都要求书记挂帅，是不对的。

4. 关于"分片包干"、"分线包干"的工作方法。1958年下半年，工厂党委为了组织突击生产，实行了"分片包干"的领导方法；1959年继续运用这个方法，把全厂分为"六条战线"；1960年又分为"四线、六点、十九个专业组"，由厂、车间、工段各级领导干部率领职能人员，到这些线、点、组里，"亲自动手"，解决问题。实践证明，这种领导方法，虽然可以奏效于一时，但是，它改变了党、政、工、团固有的任务，打乱了原有的行政职能机构，影响了正常的工作秩序，违反了分级管理的原则，削弱了集中统一的指挥系统，助长了对生产的瞎指挥，造成企业管理的混乱局面。看来，这种工作方法，尤其不适用于生产的联系性紧密、集中性很强的工业企业。

5. 关于领导作风。主要的问题是会议过多。北京第一机床厂会议之多，在北京是出了名的。大体上每天党委书记有一个多会，有的总支书记有两个多会，有的支部书记有三个会。会议的时间平均每天五六个小时，约占这些同志在厂活动时间的一半。为了开会，还要准备发言、汇报材料，有的还写成书面的，需要花更多的时间。因此，他们没有时间下去。车间支部书记虽然和群众朝夕相处，仍然落得个"不深入群众"的批评。会议过多和党的工作行政事务化有密切的联系。要改正这个缺点，除了精简不必要的会议和提高会议质量以外，更重要的是正确实行"大权独揽、小权分散"的原则。

6. 关于企业职能科室的支部。现在，企业职能科室支部的作用和任务很不明确。技术设计科室支部书记徐振声同志说："党委对科室支部和车间支部的要求是一样的。"在车间里建立生产小组的核心组，科室里也要成立由支部领导的核心组，核心组具有审查科室工作计划的权力。这样，科室的领导实质上成为"支部领导下的科长负责制"，或者至少是半个"支部领导下的科长负责制"。根据党章规定的精神，作为党的基层组织来说，科室支部和车间支部的任务有相同的方面，但由于机关工作的特殊条件，科室支部不能领导和监督机关工作，只应当对于机关中每一个党员（包括行政负责人）的思想政治情况进行监督。可见，科室支部不能审查修改科室行政工作计划；党委决定要办的行政工作，应当由行政负责干部负责组织有关科室去办。

7. 关于工段和生产小组里的核心组。1960年下半年，各个车间的生产小组中普遍成立了核心组，有的车间里的工段也成立了核心组。核心组的成员是党政工团的小组长，党小组长是核心组长，没有党小组的则指定一个党员担任核心组长，没有党员的则指定一个团员担任核心组长。核心组长由党支部直接领导。核心组建立起来以后，凡事在核心组讨论，由核心组长作决定。由于一些车间把党委领导下的厂长负责制的原则引申到生产小组里去，在生产小组里实质上实行了"核心组领导下的生产小组长负责制"，从而产生了以下一些问题：（1）党支部的领导更加一揽子了，党、政、工、团的组织作用更加削弱了；（2）生产小组里的党、团员"命定地"居于领导地位，忽视了自己的模范作用和带头作用；（3）出现了新工人领导老工人、低级工领导高级工、普通的工人领导组长或段长、徒弟领导师傅等现象，在一定程度上影响了生产组长、老工人、高级工的积极性。因此，这种核心小组的组织形式是不妥当的，应当研究更改。

8. 关于党委的组成。工厂党委原来有党委委员13人（包括候补委员2人），其中做行政工作的4人，占30%；由于干部的调动，现有党委委员12人，其中做行政工作的5人，占40%；党委常委4人中，做行政工作的1人，占25%。成批车间的总支委员会中，做行政工作的委员占20%；重型车间总支委员会中，做行政工作的委员占40%。企业中最重要的是生产。为了加强党对生产行政工作的领导，党的委员会的组成应加以适当调整。

9. 关于下级党组织和上级行政领导的关系。有些生产行政工作布置下去，需要下级党的委员会讨论贯彻，有时排不上队，影响工作的及时展开；也有个别车间支部书记不听从或改变厂长、副厂长的决定。凡属上级行政领导的重要决定，下级党的委员会应当认真地讨论，保证执行，无权改变或拒不执行上级行政领导的决定。如果有不同意见，可以经过组织系统提出；在上级没有改变决定以前，仍然要执行。

10. 关于行政干部的责任心。目前主要是不敢负责的问题。有些行政领导干部一方面感到党委包揽行政事务，另一方面却把一些应当由自己独立负责处理的问题也提交党委。为什么？一种想法是：怕人说自己有"一长制残余"，怕人说自己不尊重党委；还有一种想法：凡是经过党委讨论过的问题，工作容易贯彻，错了，也由党委负责。一句话，就是不敢负责。应当把主动负责精神和"一长制残余"加以区别，反对推诿思想。行政干部在党的委员会议上，既要提出情况和问题，也要提出解决问题的意见，树立勇于负责的工作态度。

11. 关于厂长和副厂长的关系。厂长领导副厂长，这一点是明确的。

有的同志不明确的是：副厂长对党委负责呢，还是对厂长负责呢？所以产生这个问题，主要是缺乏生产行政方面的集体领导。应当建立厂长、副厂长会议的制度，加强厂长对副厂长的领导，协调各个副厂长之间的关系，发挥副厂长和总工程师的积极性。如果副厂长和厂长有不同意见，应当执行厂长的意见，同时，可以保留自己的意见，也可以向党委提出自己的意见。

12. 关于集中统一的生产指挥。目前生产、技术的指挥不统一，生产调度系统不健全，生产副厂长在调度会议上对各个车间提出的问题应当当机立断的不能当机立断。看来，需要统一生产、技术指挥，建立第一副厂长制度和第一副厂长领导下的生产调度系统，加强对生产的及时、统一指挥。

13. 关于职能科室工作。这几年来由于企业内部体制的几度变化，规章制度的几度破立，组织机构的几度调整，科室职责不清，作用削弱，往往当不好行政领导的助手。现在需要把职能科室的分工、职责、人员、机构确定下来。

十三　党委领导下的职工代表大会制

（一）基本情况

北京第一机床厂第一次职工代表大会是在 1957 年 6 月召开的；到现在，先后召开过 10 次职工代表大会。代表采取常任制，从 1957 年下半年到现在共选举了两次代表（1957 年下半年一次，1960 年 9 月一次）。大会的召开是不定期的，平均半年一次。

代表大会的内容，主要有以下两方面：

1. 听取厂长工作报告，下达国家计划，组织动员全体职工讨论国家计划，并提出完成和超额完成国家计划的措施，共有 8 次。

2. 专题性问题的研究和讨论。如技术革新规划的讨论，整改问题的讨论，共 2 次。

代表的产生，一般是生产小组或科室的业务小组每 10—15 人选举 1

名代表，15 人以上的小组选举 2 名代表，每个小组都有代表。1960 年 9 月选举的代表，共有 605 名，其中，工人代表 402 名，占 66%，各类干部代表 203 名，占 34%；党、团员 412 名，占 68%；群众 193 名，占 33%。鉴于代表中干部多，工人少，党、团员多，群众少，所以，代表的组成，需要适当调整。

在职工代表大会进行期间，为了更好地贯彻民主集中制的原则，加强对大会的具体指导，职工代表大会设有主席团。但是主席团的成员不广泛，缺乏群众性；主席团的作用没有充分发挥，既没有分工主持会议，大会的报告也没有经过主席团研究讨论，更谈不到有不同的意见展开争论。所以工人说："主席团是开会上台，散会下台，走形式、摆样子。"

（二）作用和问题

广大职工群众对职工代表大会的反映是：职工代表大会不开不行，但开了又感觉不大解决问题。

为什么不开不行呢？这是因为召开职工代表大会有以下作用：

1. 职工代表大会是在全厂范围内发扬民主，吸收职工群众参加企业管理的一种很好的形式。有的工人代表说："在职工代表大会上，听了厂长的工作报告，我们有意见，能大胆地提，不管他解决不解决，不管他爱听不爱听，只要是工人正确的要求，一次提了不解决，第二次还要提。同时在代表会上，对问题讨论得较认真，有不同的意见敢讲，不像在车间或生产小组会上那样顾虑多，怕别人产生怀疑。"也有的代表说："领导成天喊要依靠工人办好企业，可是这么多的工人，领导哪能够一个一个地去征求意见！我们有了意见，也不可能什么事、什么时候都去找他解决。那么，有个工人代表，提给他转给领导，既方便，又省时间。"另外，大家对代表由职工群众直接选举，领导事先不提名的做法，也十分满意。工人可贵明说："我们选举代表时，不管他是谁，谁能代表我们，我们就选谁，这才是真民主。"

2. 通过职工代表大会能够起到鼓干劲，掀起学比赶帮的生产竞赛的作用。这主要是因为在每次大会召开以前，都大搞宣传鼓动工作，事先公布大会的中心议题，组织全体职工开展劳动竞赛，迎接大会的召开；在大会上表扬先进集体和先进工作者，对大家有鼓舞作用。工人代表张鹏玉说："在职工代表会上听了新的生产任务报告，就知道在这一年内我们的主要任务是什么，要完成这些任务，厂长的责任是什么，我们工人的责任是什么，干起活来心里就亮堂了。"

3. 有了职工代表，有些事情做起来较容易。职工代表对职工做工作比各级领导干部好做。厂工会主席说："工人代表对工人说话比我们灵。如房子问题，个别初进厂的徒工就忙于结婚，结婚就要房子。在国家还有困难，厂里房子还不能满足每一个职工需要的条件下，个别工人常因此问题和工会吵架。可是在成批车间一次工人座谈会上，有一个工人代表说，我们才进厂不到几年，手艺还没有学好，就向组织要条件。有好多老师博都30多岁了还没有结婚；现在若有了房子，他们要结婚，房子先让谁？结果好多要房子的新工人都说，应给老师傅。"

为什么大家又感到职工代表大会开了不大解决问题呢？这主要是职工代表大会还存在以下缺点：

1. 大会内容一般，重点不突出，报告长篇议论，不吸引人。据厂工会主席说："每次职工代表大会的工作报告，事前做了很多的准备，到处搜集材料，党委几次讨论，最后才拿到会上去报告。一报告就是两三个小时，总产值完成多少，劳动生产率提高多少，成本降低多少，就是措施不够具体，工人不爱听。"的确是这样。工人代表郑文清也说："这种报告是口号多，措施少，只适于干部听，不适于工人听。"另外，很多工人都对职工代表大会着重讨论生产问题很满意，但对大家最关心的生活问题讨论得少，有时只简单地提一下，很有意见。工人说："讲的是叫我们干点事，就不为我们着想点。"

2. 大会决议贯彻执行不严肃，缺乏检查。代表们反映，我们每次大会都作决议，叫代表提案，可是决而不行，提了也不解决。有时决议的起草没有充分的酝酿和研究，决议的措施不具体，事后也不好检查。厂工会主席说："这样的决议，想检查也找不着门。"有的单位甚至把代表的提案都丢掉了，更谈不到认真去办理。

3. 代表的权利、义务不明确，任期过长，作用发挥不够。代表有哪些权利和义务，对选举自己的小组应负些什么责任，代表经常做些什么工作，都不太明确。工人代表郑文清说："大家选了我，我对大家负些什么责任不清楚。现在的情况是，会前根据工会发给的提案登记表征求一下大家意见，到开会时去听听，会后是由工段、工会主席统一传达大会精神。在进行小组讨论时，大家有不清楚的地方我顺便补充补充就完了。至于在闭会期间，我想不到我是工人代表，也没有人因为我是工人代表，跟我反映情况。"同时，因前一届的代表任期3年之久，未曾改选，这期间由于工作调动使有的小组没有代表，有的又有几个代表，也影响到一些代表的责任心。

（三）几点改进意见

从以上情况看，要贯彻好职工代表大会制，充分发挥每个职工的主人翁责任感，加强对行政工作的监督，今后应当注意以下几点：

1. 应当注意代表的广泛性和群众性，要尽量照顾到各个方面。代表应当定期改选，最好一年一次。目前全厂平均每10—15人有1名代表的比例，是合理的。但是在全体职工中，工人占81%，干部占19%，而在全体代表中，工人代表仅占66%，干部代表占34%。又如党、团员占全厂职工总数的37%，而代表为党、团员的占代表总数的67%。这些情况今后应该改变。同时，大会的主席团成员也应该具有群众性，充分发扬民主。

2. 认真贯彻中央关于职工代表大会职权的规定。职工代表大会应一季或至少半年开会一次。全厂的职工代表大会，在听取和讨论厂长工作报告、审查和讨论企业的生产计划方面是做到了，但是对审查和讨论企业的技术计划、财务计划和劳动工资计划，定期地检查计划执行情况，特别是审查和讨论企业的奖励基金、福利费、医药费、劳动保护拨款、工会经费以及其他有关职工生活福利的经费开支方面做得不够，需要改进。

除了全厂职工代表大会外，也可以召开车间职工代表大会或车间全体职工大会，一般应一季开一次。

3. 大会内容应该重点突出，讨论企业中的重大问题和全体职工所最关心的问题。首先，要正确地确定职工代表大会的中心议题，中心议题应当是企业里的主要矛盾以及解决矛盾的意见和措施。其次，要做好会前的宣传工作。把职工代表大会将要研究讨论的议题，事前告诉全体职工，发动大家提意见。再次，厂长要准备好大会报告。这个报告要体现大会的中心议题，简短扼要，不要太长。

4. 要认真贯彻大会决议，处理代表提案。首先，大会决议应当体现大会中心议题的要求。凡是决议上规定要解决的问题，不但要有明确的方向，而且要有具体要求，有措施，有负责人，有完成时间，这样便于检查。其次，决议的贯彻执行，代表提案的处理，不单是工会和有关企业管理部门的任务，也是全厂的任务。一方面，要加强职工代表的经常工作，改变目前会散代表责任完结的情况；另一方面，加强工会与代表的联系，还要通过各级工会组织的工作，保证大会决议的贯彻执行。

要贯彻好职工代表大会制度，最重要的是要加强党的领导。在这一点上，这个厂过去做得还好。如大会的报告每次都经过党委常委会讨论；对会议中讨论的某些重大问题，党委都有指示，会后党委也指示行政工作的各个方面贯彻执行职工代表大会的决议，等等。但由于对决议的具体检查督促不够，所以决议贯彻得还不太好。

十四　两参一改三结合

（一）　干部参加劳动

在职干部参加劳动的制度，是从 1958 年下半年开始执行的。开始时厂内具体规定每个干部每周劳动至少两个半天，以后又规定每月下去一次，每次劳动 4—6 天，以便和业务更好地结合。干部每年完成劳动的情况，厂里也没有精确的统计。据厂干部科负责管理干部劳动的同志谈：1958 年平均每人完成 19 天，近两年因干部参加"苦战"比较多，一般干部平均每人每年完成了一个月，科级以上干部平均完成了半个月的劳动任务。1961 年到目前为止，干部基本上没参加过劳动。干部参加劳动制度的贯彻，使干部思想作风有了转变，和工人的关系也有了改进。

干部参加劳动还存在以下的问题：

1. 过去参加劳动的主要是一般干部，中层干部参加得较少，厂部主要领导干部基本上没有参加过劳动。同时，厂部对干部参加劳动缺乏统一领导，干部科对参加劳动的工作感到推不动，对参加劳动中存在的具体问题的解决也不够有力。

2. 参加劳动和业务结合得不够好。劳动的内容主要是整顿厂房、农场劳动、帮助铸工车间搬铸件和月末到车间帮助完成突击任务。干部能够把工作带下去，通过劳动发现问题、解决问题的情况很少。

（二）工人参加小组管理

工人参加管理的方式，主要有小组管理、职工代表大会和三结合三种形式。这里只谈一谈小组管理的情况。

从1958年5月以来，小组管理曾经三起三落，目前正处于四起的阶段。过去三次搞小组管理是有成绩的，如训练了干部，培养了八大员，摸索了小组管理工作的经验，提高了工人的主人翁责任感。

小组管理"三落"的原因何在呢？

1. 领导缺乏一抓到底的精神。3年来，曾经有3个厂长和1个党委书记抓过小组管理，但没有固定的人负责，因此每次搞小组管理时都是从训练八大员和建立制度开始，没有从过去的基础上提高。因此，领导抓得紧时，小组管理就有起色，高潮过去就没人抓了，小组管理也就垮了。

2. 思想工作不深不透，没有把群众真正发动起来。八大员名义上各有其责，实际上大多是有名无实，工人称之为"跑腿的小组长，挂名的八大员"。真正能起作用的只有考勤员，因为缺少了考勤，就会无法发工资。

3. 小组管理和专业管理没有结合起来。专业管理干部和小组管理员没有固定的联系，还有互不相干的现象，小组统计的原始记录和专业干部的统计报表衔接不起来，小组管理员遇到的困难也得不到专业管理员的支持和帮助，久而久之，有些工作就自流了。

4. 经济活动分析会议在大部分小组里没有真正开展起来，这样，小组管理的效果得不到检查总结，也就得不到巩固和提高。

目前厂部以成批车间为重点，发动群众，自下而上、由浅入深地搞小组管理；从整顿原始记录着手，逐步建立八大员职责制度和统计报表，充实核心组，坚持了四个会议（班前会或班后会，周末经济分析会，月初计划讨论会，月末季末评比会），比较扎实地做了一些工作。目前成批车间大部分小组都动起来了，基本上做到了原始记录及时、正确，小组制度坚持执行，特别是八大员基本上都有事做，经济活动分析会议内容比较充实，工人的积极性有所提高。摆在领导面前的，是如何把这些工作坚持下去，贯彻始终。

（三） 规章制度的改革

1958 年以前的一套规章制度，很多在 1958 年都被"破"了。1959年 7 月重订了规章制度，以后一直没有修订过。1959 年比起 1958 年以前的制度来，最突出的有两点不同：一点是有些制度中体现了部分权力下放和三结合的精神，另外一点是 1959 年的制度中责任制和奖惩制度不够明确。目前工厂中虽有规章制度，但为什么大家认为 1958 年以前是有制度的，现在却没有了呢？这主要是由以下四方面的原因造成的：

1. 制度本身不符合实际。这两年来企业的管理体制、职能机构以及生产组织情况经过了不少的变动，但不少制度没有及时修改。根据工厂 3月份的粗略估计，在 69 条汇编的制度中，就有 42 条需要加以修改，这就是说，有 3/5 的制度是不适用的。

2. 制度只是写在纸上，没有深入人心。1959 年制度订出后没有组织过学习讨论；几十个制度的下达，犹如倾盆大雨，下过就完了。现在还有不少工人、生产小组长和工段长不清楚工具室的领工具制度，甚至连有的主管人员都弄不清自己制定的制度了。

对于制度的贯彻执行情况的检查做得极少。1961 年 1 月因要向市委汇报，临时找人凑出了一些数字：69 条汇编的制度中执行较好的只有 12条，占总数的 17%；制度执行得不好和不够好的 57 条，占总数的 83%。但具体情况如何，厂部就不清楚了。

3. 现行的规章制度，又缺乏一套奖惩制度作为保证。1958 年以前对规章制度执行不好的一定要追查责任，做到赏罚分明，但目前对不执行规章制度的现象，并不追究责任。

4. 规章制度执行不好，和生产情况不正常有很大关系。计划指标不落实，材料供应不足，以及其他生产条件不正常的情况，使规章制度执行不下去，不得不临机应变，作一些"权宜之计"。如产品出厂根据规定是应该配套的，但因为产品不出去，企业就缺少资金，因此1960年有47%的机床都缺件发了货。再如制度规定要定期开三级经济活动分析会议，但由于计划指标不落实，计划数字多变，这样分析时就无所依据，经济活动分析会议也就无法坚持了。

（四）三结合

几年来运用"三结合"的方法，在技术工作方面取得的成绩是比较显著的，但在管理和生产方面，领导上没有认真地抓过，形成似有似无的状态。

技术工作方面的"三结合"，在工夹具的设计、大修理、产品设计三个方面做得比较好，使这些工作更结合实际了，工作的质量和效率提高了。举例来说，1956年工夹具设计项目中投入生产的仅占40%—50%，而1959年就提高到了81%。再如电渣焊等的质量问题，过去长期得不到解决；经过"三结合"之后，只用了3个月左右的时间就解决了。

技术工作方面的"三结合"，主要有以下几种形式：

1. "登门拜访"——领导人员和技术人员下车间找工人征求意见。这种方式简便易行，解决问题迅速，是厂内三结合中最常用的一种形式。

2. "请客上门"——请工人到科室来研究、讨论设计方案或关键性的问题。这种方式，适合于决定较大的问题，目前运用得比较少。

3. "跟班劳动"——在产品设计之前，技术人员先下去参加劳动，熟悉情况，了解生产中存在的问题，然后再决定设计方案。这种方式可以密切联系实际，解决问题较彻底，缺点是占用设计时间较长；目前除专门问题外，平时很少采用。

4. "固定挂钩"——结合每个人的专业，经常定期深入一个工段或小组，作为经常了解情况的对象，帮助下面解决生产中的问题，参加劳动时也到这里，把日常了解到的生产中存在的问题集中反映到改进设计上去。这种方式目前只有少数技术人员能够坚持。

5. "专线小组"——在解决生产上、技术上或者其他专门问题的时候，临时组织有领导人员，技术人员和工人参加的小组。这种方式适用于解决专门问题，目前机床大修理从预检一直到验收，都是采用这种方法。

6. "三结合设计院"——它是设计工作三结合的一种形式，由领导、设计人员和工人参加，讨论设计方案。"设计院"形式是固定的，但每次参加的人员是根据工作内容决定的。

7. 厂外三结合，是工厂和高等院校协作，搞尖端项目的设计和试验研究性的课题。从 1958 年以来，本厂曾和北京工业大学、华南工学院、北京机械学院、电器研究院等单位进行过协作，有时是以厂为主，把厂的需要作为研究对象，有时则以高等学校为主，由学校出题目，厂里派人联系。反映厂的要求和高等院校的协作，绝大多数是尖端项目，这对厂内推广先进技术和先进工艺起了很大作用，部分试验成功的项目已经投入生产。但是，搞的项目太多，有些与当前生产实际需要结合不够密切，大多数项目没有最后完成，这是今后值得注意的问题。

管理和生产方面的三结合没有形成固定的形式，但日常工作中有些也贯彻了三结合的做法。如计划指标的下达，经济活动分析会议，在制品管理等，都体现了三结合的精神。

目前"三结合"中的主要问题是：

1. 三结合贯彻得不经常，在很大程度上停留在口号上，没有真正扎根。

2. 各方面的三结合贯彻得不平衡，技术方面的三结合成绩较大，生产和管理方面创造的经验还不多，也没有得到系统的总结。

3. 三结合实际上只是两结合，只是技术人员和工人的结合，领导干部基本上没有参加过，这在很大程度上影响了三结合作用的进一步发挥。

十五　技术干部的政治思想情况及其对技术政策的看法

（一）技术干部的政治思想情况

全厂现有专职技术人员 220 人，兼职技术人员 25 人（都是工程师，在行政上担任工长、车间主任、科长、厂长等职务）。专职技术人员的情况是：

1. 从担任的职务来看，有工程师 26 人，技师 14 人，技术员 115 人，助理技术员 65 人。

2. 从政治力量来看，有党员 31 人，团员 97 人，群众 92 人。

3. 从个人成分来看，学生出身的 182 人，工人 32 人，职员 5 人（都是留用人员），革命军人 1 人。

4. 从家庭出身来看，剥削阶级家庭出身的 85 人，工人 25 人，中农 35 人，贫农 25 人，职员 30 人，其他 20 人。

5. 从文化程度来看，大专院校的 48 人，中等技术学校 131 人，高中或高中以下的 41 人。

6. 从工作岗位分布情况来看，有设计人员 51 人，工艺人员 48 人，施工人员 62 人，基建人员 17 人，质量检查和设备维修等 42 人。

总的来说，这支技术队伍的特点是党、团员多，解放后从学校里培养出来的青年学生多。技术人员的思想作风的主流是健康的，大部分人基本上能完成工作任务，在政治上也要求进步。

目前技术人员思想上存在的主要问题是：

1. 不敢说心里话。这是 1957 年整风、反右以来一个比较突出的问题。有些意见怕说出来挨"整"。在政治学习时，不是冷场就是作长篇大论不联系实际的空洞的发言，平时只谈业务上的零星问题，很少谈企业里的重大问题（如质量、品种、技术革新），更不谈党的一些政策措施（如压缩粮食定量、供应高级消费品）。同志间相处是一团和气，互不得罪，思想不见面，批评不开展。

2. 有一部分人觉得在"专"的方面还有可为，"红"的方面信心不足。这里有两种情况：一种人是政治历史上有问题或社会关系比较复杂，在政治上有自卑感，有的人还因此怀疑组织上对他们不信任，与党有距离。这种思想情况在一部分技术人员中是有代表性的。另一种人是历史上、社会关系上都没有什么问题，但在政治上安于现状，对自己要求不严格，值得注意的是这类情况比较普遍地存在于一些共青团员当中。这两种人有一个共同的特点是：对技术比较钻研。

3. 有些人对物资供应紧张、压缩粮食定量、工资冻结不满。他们认为生产、工作的紧张可以理解，生活上的紧张不能理解。特别是 1957 年以后来厂的技术人员对工资冻结意见较大。有个技术员就说过，夫妻两人都是大学生，连个孩子也养不活！

工作组征求了一些技术干部的意见，他们有如下的要求：

1. 经常找技术人员谈心，关心他们的进步，组织系统的党课学习和定期的形势报告等。

2. 对业务水平低、实际经验少的技术人员，要有计划地让他们到车间去结合业务参加劳动。同时希望成龙配套地派一些技术人员到国内其他工厂去学习。

3. 保证业务技术的学习时间，提高业余大学质量。

这些要求都是正当而合理的，应该采取措施满足他们的要求。

（二）部分技术干部对机械工业一些技术政策的看法

1. 关于边基建、边准备、边生产的问题。这个做法，可以缩短建厂周期，但也有缺点，即管理比较乱，同时因基建未完，厂房中灰尘大，对设备精度有影响。

2. 关于在新产品试制中"五边"（边研究，边设计，边准备，边试制，边试验）即平行交叉作业的问题。过去主要是因为东西要得急，不得不来个"高度平行交叉作业"，如果在正常情况下也这样做，反而会造成返工、浪费，不能保证质量。一般来说，试验和设计不能交叉，应该试验成功了再进行设计，设计与工艺不能交叉；设计总图不出来，先编制零部件的工艺，在实践中造成返工的现象是很严重的。编制工艺和工夹具的设计和制造完全可以平行交叉地进行，木型准备也可以交叉，特别是那些大型铸锻件和大型专用工夹具要提前做好安排，使之与加工很好地衔接起来。试制和生产不能交叉，必须在样品试制鉴定全部合格，设计工艺做了修改后，才能正式投入生产。

3. 关于积木式机床问题。对积木式机床有两种理解：一种是供应给用户一套零部件，由用户根据需要自己进行拆卸，装配成各种不同的机床。这种机床的好处是少占生产面积，成本低，但缺点是经常进行拆卸，对机床精度有影响，只能运用于零件加工精度要求不高、规模较小的生产单位。另一种是各种机床的零部件基本上相同，辅以少量的专用零件，就可以装配成各种不同的机床供应给用户。这类机床实际上就是零部件高度通用化，今后机床的发展应以后一种为主。

4. 关于机床的万能性和专用性问题。对单件小批生产来讲，需要万能性较高的机床。对成批大量生产来讲，需要专用性的机床。今后这两种机床还是要同时发展的，但在万能性机床的基础上发展专用机床，可以降低成本，缩短生产周期。关于万能性机床如何运用到自动线上去，是一个值得研究的课题。

5. 关于"蚂蚁啃骨头"问题。这是加工重型、大型零件必不可少的工艺装备，现在主要的是对这类装备研究得不够。究竟什么样的加工工序运用什么样的"蚂蚁啃骨头"的装备，需要在现有基础上加以总结、研究、分析、提高，并加以定型。那种将现有机床拆、卸、改装去"啃"大零件的做法是不好的，对机床精度有很大影响，应该制造一些专门从事于"蚂蚁啃骨头"的设备。

6. 关于机床结构的改进问题。这是一个有待进一步研究的重大课题。对于这个问题，有一种看法认为总的来说应该是由简到繁，由繁到简。例如，搞程序控制机件，是由简到繁；经过一定时间的研究、提高，将电器部分大大简化，这是由繁到简。但也不是绝对的，如采用液压传动结构来代替齿轮传动结构，从结构上来讲，由于减少了齿轮，是简化了，但从技术上来讲，较之齿轮传动要复杂得多，而一旦掌握了技术以后，从各方面都可以说是简化了，才真正算是由繁到简了。

十六 文化、技术教育

（一）基本情况

这个厂的职工业余教育已有 10 年的厂史。大体经历了三个阶段：第一个阶段从 1951—1953 年，以扫除文盲为主要任务；第二阶段从 1954—

1957 年，以普及初等教育为主要任务；第三阶段从 1958 年到现在，以普及中等教育为主要任务。从 1959 年起又办了业余大学班。

在办学的形式上，主要有以下几种：一种是工厂办学，即业余学校，主要开办高小班、初中班、中技班和重点培养班，参加学习的有 2586 人。一种是车间办学，主要开办初中以下的和结合当前生产的技术理论学习班，参加学习的有 423 人。一种是联合办学，即与附近的汽车厂等兄弟单位合办的北京建国业余工学院，一机床厂在这里学习的职工有 218 人。此外，他们还保送了 252 人到清华大学、人民大学和北京工业学院等所办的业余大学和业余中等技术学校学习。

为了加速培养技术力量，在普及中等教育的同时，又进行了重点培养。一种是对现有不到初中毕业程度的工段长，采取短期脱产轮训的办法，经过 6 个月的学习，使他们提高到初中毕业水平。已毕业的有 20 多人，在学的有 10 人。另一种是对部分具有初中文化程度，政治思想好，生产技术知识较丰富的三四级以上的技术工人，一部分采取"六二制"（每天 6 小时工作，2 小时学习）的学习办法，使其两三年内分别达到中技校毕业水平。现在参加学习的有 26 人。另一部分就采取短期脱产学习技术理论的办法，经过半年多的时间使他们达到中技校毕业的技术员的水平。参加这种学习的有 38 人。

从 1951 年办学到现在，一般入学人数都占职工总数的 60% 左右。最好的是 1960 年，入学人数占职工总数的 75% 以上，出勤率平均 85% 左右。1961 年以来因为领导不如以前抓得紧，在学人数和出勤率都有所下降。据教育科 1961 年 4 月统计，入学人数仅占职工总数的 42%，而出勤率只有 50% 左右。

目前，该厂业余技校共有专职教师 22 人，兼职教师 32 人。在专职教员中由工人培养出的有 6 个；在兼职教员中，有技术员 16 人，老工人 2 人，一般管理干部 8 人。业余大学没有专职教员。

由于党委重视职工的业余教育，全厂十年来职工的文化技术水平有了很大的变化。1951 年时，在全体职工中，文盲占 72%，高小程度占 18%，初中以上程度占 10%。现在，职工中文盲占 5‰，高小程度占

20%，初中程度占 54%，高中程度（包括中技）占 18%，大专程度占 7.5%。这样可以看出，十年前，职工中主要是文盲，而今天初中以上程度就占 75%。职工文化技术水平迅速提高，促进了一支工人阶级出身的干部队伍的成长、壮大。现在这个厂的党委副书记、党委宣传部长、工会主席、团委书记等厂级领导干部大都是从工人中提拔的。十年来提拔工人干部 401 名，在科长以上干部中工人出身的占 61%，在技术干部中占 14%。

同时，工厂还从老工人中培养出技师、工程师 26 名。

（二）存在的问题

1. 强调系统的文化学习多，对新工人的基本技术知识的教育注意不够。工人说："这是远水解不了近渴。"这个厂有 78% 以上的工人是 1956 年以后进厂的，目前大都是一二级工，他们一进厂就上床子干活。很多人没有经过基础技术的训练。这些工人对某一工序、某一种活比较熟悉，如遇到掉换工种，更换活件，就难以应付。有很大一部分人看不懂图纸，不懂得机床性能，甚至连刀都不会磨。所以，今后对新进厂不久的青年工人应当注意基础的技术教育，密切结合生产需要，学以致用，尽可能做到做什么，学什么。如认图、公差配合、工艺学（这应当是技术课中最重要的一部分）、一般金属切削知识和普通的材料知识等。经过一年或一年半的学习后即可升入中技、高中进行系统的文化技术学习；而对 1956 年以后进厂的部分新工人，要从"步兵操典"开始，普遍进行技术"补课"。

2. 系统的业余教学中，结合生产实际不够。很多工人反映，讲课内容枯燥乏味，举的例子都是书上的，不是太浅，就是太深，学了不解决问题。同时因为课程内容的划分上有问题，常因政治运动或生产情况变动而打乱原计划，致使有些课程学过再学。如生产组长刘万林就重复学习过四次代数。因此，引不起学习者的兴趣，也有的人因变动过多而未坚持学下来。

今后在教学工作中，首先，应结合生产中的具体事例进行讲授。如讲三角中的勾股定理，就可以结合钻孔求孔距，车涡轮算槽宽和刨铣平面算深度等。在语文课的教学中，也可以选择有关的文章。最近他们在工段长班的语文教材中选择了《党委会的工作方法》等教材。工人说："这种教材很好，既学了语文，懂得了词汇，词义，又学了工作方法，一举数得。"其次，在课程内容的安排上，最好把它分为若干单元，一个单元一个班，事前告诉每个职工，就可以使一些因临时问题而未坚持学下来的职工再学习时适当选择班级，使自己学习不重复，也不因此影响其他人的学习进度。

3. 不断地提高专职教师的业务、理论水平和生产技术知识水平，同时配备一定数量的兼职教员。全厂现共有专职教员 22 名，以 1960 年在学人数最多的时候计算，平均 196 名在学职工有 1 个专职教师。这个比例大体是合适的。问题是 2/3 的教员缺乏生产实践知识，而现有的 6 个由工人提拔的教师中，2 个又不能胜任，职工听他们的讲课兴趣不高，不大满意。因之今后加强教师的理论学习，充实他们的生产知识，很有必要。

另外，在工厂里使用兼职教员可以补充师资的不足。这些兼职教员可以是老工人、技术员，也可以是党群管理干部。同时为了使他们教得好，各级生产和行政部门在生产和工作上应给他们一些便利条件，使之有一定的备课时间，并给予适当的物质、荣誉奖励，以资鼓励。

4. 要办好业余教育，必须领导重视，层层负责。厂党委在业余教育方面是重视的，一开始就把培养工人阶级出身的管理干部和技术干部作为一项重要的政治任务。1958 年建立了业余教育层层负责的制度，即厂党委确定有一书记分管职工业余教育工作。厂级和车间都设有职工业余教育委员会，小组设有工人学习管理员。1960 年又进行了教学改革。问题是自从 1961 年以来由于领导重视不够，层层负责的制度有些流于形式。教育科王科长说："我们想给厂长汇报一下职工学习情况，一两个月都排不上队。"人事厂长忙于生活福利，照顾不上业余教育。工人说："他是丢了教育，抓了生活，忘了本行。"同时学习时间由过去每周 3 次，每次 2 小时（业余大学 3 小时），改为每周 1 次，每次 1.5 小时，职工不满意。他们说："这一周学的下周全忘了，什么时候才能达到中技毕业水平？"教育科的同志也说："这样学，要达到大学水平至少得 35 年。"因此，部分工人对能否长期学习下来的信心不足，有的也就干脆不学了。

从以上情况看出，要搞好职工业余教育，领导重视很重要。这样即使生产任务紧张，学习也能够坚持。为什么这个厂在 1960 年生产任务最紧张，而业余教育又搞得好呢？其原因就在于此。

十七　女工生活

（一）全厂概况

北京第一机床厂现有女职工 1081 人，约占全厂职工的 1/6。在 1957 年时全厂有女职工 294 名，占全厂职工的 1/9。3 年来，女职工增加了 3 倍多。在现有女职工中，有女工 868 名，占女职工的 83%。在女职工中，已结婚的 620 人，未结婚的 461 人。在已婚女工中，正在休产假的 25 人，怀孕的 73 人。

为了加强女工工作，保证女工的身体健康，使有孩子的女工能够安心生产和工作，工厂这几年来做了不少工作。如成立托儿所，成立妇产科和女工卫生室，在工会的各级组织中设立女工委员，等等。

从全厂来看，在女工工作方面存在三个问题：

1. 思想问题。女职工的思想情况基本上是健康的。绝大部分女工在生产上积极肯干，社会工作积极。特别是不少女党员、女共青团员起了模范带头作用。如闻名全厂的好徒工包庆玉、模范车工方秀兰等都是群众所钦佩的人物。但是，一小部分女工平时把精力过多地用在吃、穿和打扮上。在女工中早婚、早生孩子的现象也较普遍。另外，在一些已婚、有孩子的女工中，因为不会很好地处理家庭生活，思想负担大，安于现状，进取心不强。

2. 疾病问题。当前女职工的健康情况，基本上也是好的。问题是从 1960 年下半年以来闭经的较多，据厂卫生科 1961 年 2 月不完全统计共有 201 人，占女职工的 19%，其中 3 个月以上不来月经的 24 人。1960 年下半年对 614 名女职工进行身体检查的结果，发现患有其他妇女病的有 102 人。

3. 宿舍问题。由于厂内职工宿舍不足，生了小孩没地方住、暂时不能上班的女工 11 人，已怀孕没房住的 13 人，女职工结婚后，男女双方分住集体宿舍的 20 人，因无住处，申请结婚而不能结婚的 24 人。

（二）一个小组的典型调查

我们调查了成批车间装配工段升降台组女工的情况。这个组共有生产工人 17 名，其中女工 8 名，占 47% 强。

在这 8 个女工中，由农村来的 7 人，城市来的 1 人；1956 年进厂的 2 人，1958 年进厂的 6 人；原为家庭妇女的 2 人，学生 6 人；预备党员 1 人，共青团员 3 人，群众 4 人；二级工 2 人，一级工 5 人，徒工 1 人；已婚的 6 人，未婚的 2 人；在已婚的 6 人中有孩子的 2 人，怀孕的 1 人，其中来厂以后结婚的 4 人，爱人在本厂工作的 3 人。

在这个小组的女工调查会上，她们提出了以下意见：

1. 从车间、工段到小组对女工的特殊情况照顾不够。经期、孕期、哺乳期也要求女工和男工干一样的活。女工周国珍说："月经来时，肚子痛，向组长请假，他们说，就是你们女同志事多，真麻烦。有时卫生所也不给假，我们只得硬着头皮干活，也有的女工怀孕七八个月了还叫上夜班。"

2. 女工结了婚，尤其是有了孩子后，工段领导就另眼看待，感到麻烦，印象不好。她们都说，结了婚在工段就站不住脚，迟早都要被调出去。所以现在有人想结婚，就担心结婚后有了孩子在工段不吃香。

3. 托儿所小。几个有孩子的女工说："不是我们不想进步，也不怨领导把我们调走，的确我们在工段对生产有影响。这主要因为托儿所小，不能多收孩子；有的孩子放在托儿所，稍有点病，就要叫妈妈请假，有时接孩子去得晚点，阿姨就不高兴。"

4. 女工委员不反映女工的要求，有其名而无其实。她们说："女工委员都是职能科室的干部，不深入车间了解女工情况，我们都不认识她。"

（三）根据以上情况，今后在女工工作中，应注意以下几点

1. 各级领导在政治上、生产上和生活上对男女工应当同等对待；对已婚和有孩子的女工更应体贴她们的困难，使她们都能同样的进步，各尽所长，心情舒畅。同时，在变动工作等问题上，应视其不同情况分别处理，不要一概而论。如有些支部书记认为女工结了婚就一定不如婚前，有了孩子就很难进步的看法是应该改变的。同时在女工较多的工段或小组，应酌情吸收女工担任生产小组长、工人管理员等，以便培养和提高她们。

2. 对女工的经期、孕期、产期和哺乳期应适当地照顾，使其有休息的机会。目前劳动保护条例，除产期以外，对于经期、孕期和哺乳期女工的劳动保护，没有明确规定，致使有些问题不好处理，常常扯皮。建议有关部门根据需要和可能修订出女工劳动保护条例。

3. 适当地扩大托儿所，加强对保育员的政治思想教育和业务教育。目前全厂要求送孩子进托儿所的有 127 个，其中急需解决的有 35 个。这些女工有的因孩子无人照管而不能上班；有的上班了，思想也不安定。如果这些问题不能及时解决，将会进一步影响到这些女工的生产和工作。同时，今后应选择政治觉悟高、工作态度好的人做保育员工作。

4. 加强女工委员的工作。首先，各级工会的女工委员应当是车间的生产工人，因为她们同广大的女工同生产、同学习、同生活，就能够比较详细地了解女工情况，准确地反映情况，及时地解决问题。其次，女工委员应当建立自己经常的工作，改变那种每年"三八"节出来活动一次，平时就看不见的状况。再次，女工委员应当根据不同女工的不同情况进行工作，如已婚和未婚的，有孩子和没有孩子的，年老的和年轻的，等等，定期地和不定期地召开各种座谈会，随时发现问题，随时解决。

十八　职工家属工作

在全厂职工中，除 3100 个单身工人住在本厂的集体宿舍以外，其他有家属的工人分居在以下几个地方：住在本厂呼家楼家属宿舍的有 780 户；住在本厂豫王坟家属宿舍的有 310 多户；散居在东四、前门外等数十处零星宿舍里的有 800 多户，另外，还有 1000 多户是原住北京市内各处。

在呼家楼和豫王坟家属宿舍聚居的职工，都有职工家属委员会，设有宣传委员、生产委员、妇女委员、生活委员、卫生委员及治安保卫委员等，分管各方面工作。家属委员会和本厂有一定联系。散居的职工家属，则和本厂没有什么联系，厂内对他们的情况也不大了解。工厂对职工家属的工作，主要是由工会负责，由工会的组织委员和生活委员兼管，家属工作的开展情况可以分为三个阶段：

第一阶段是 1958 年以前。当时家属工作的口号是"三好"，即带好孩子，搞好卫生，照顾好职工。工会每月布置工作时，家属委员会主任都参加。事后，根据厂工会对家属工作的要求进行工作。在政治运动和形势教育时，工会还直接去做宣传工作。

第二阶段是从 1958 年开始的。当时家属工作的内容已远远超过了"三好"的范围，家属工作的中心转入了如何动员家属参加工作和如何办好集体福利事业。这时不少职工家属都参加了社会活动。厂内对家属的工作比过去加强了，除直接帮助职工家属委员会动员家属参加工作外，还参加各种集体福利事业的组织领导工作。当时厂工会主要从抓思想着手，帮助成立机构和解决各种困难。那时，工会干部几乎三天中两天要跑家属委员会，有时一连就去上几天。

第三阶段是 1960 年城市人民公社化以后，家属委员会划归人民公社领导，它所办的托儿所、加工厂、服务站等也移交给人民公社管理。工厂对家属的工作主要是结合运动进行宣传，思想工作和组织工作做得很少，从此厂工会和职工家属的联系就大大减少。

对于厂工会现在不大管家属工作，职工家属委员会很有意见。他们要求厂里加强对他们的帮助和领导，要求能像过去一样出席职工代表大会以及工会召开的布置工作会议，以便了解情况，配合工作；要求厂党委和工会也能像别的工厂那样直接来管家属工作，定期派些人帮助搞些黑板报、读报等宣传工作；希望厂工会支援缝纫组、洗衣组的工作，把厂里的这些工作交给他们做。

1958 年之后，职工家属的情况发生了变化，主要表现在：

1. 大量的职工家属参加了工作。呼家楼、豫王坟两处职工家属所参加的工作可分为以下三种：一种是参加本厂及附近其他工厂工作的大约有 200 人。第二种是参加家属委员会所创办的一些加工厂、服务站等工作的有 180 多人。第三种是半参加工作的，即接受一部分绣花、纳鞋底、洗衣服等活，拿回家做的有七八十人。从以上情况看，在职工中约有一半的家庭都有了新的就业人口，几乎是凡能就业的家属基本上都就业了。

来本厂就业的家属，一部分年龄较轻没有孩子拖累的，都当了学徒工，收入每月在15—20元之间。一部分年龄较大，当了辅助工，月工资收入在30元左右。参加加工厂和服务站工作的家属，一般没有什么文化，有孩子负担。这部分人常常要因事请假，也有一些在就业之后又退职，他们的月工资约24元。参加洗衣、绣花等工作的家属都是离不开家或者是不愿离家的家属，他们工作的情况一方面由家务事的多少来决定，另一方面也受来活多少的影响。他们每月收入多的有20元以上的，收入少的只有几元。

为了使参加工作的家属安心工作，摆脱家务劳动的拖累，呼家楼职工家属宿舍区扩大了托儿所，为职工组织了各种服务事业，如缝纫组、洗衣组、电器组，以及各种修理性的行业，成立了服务站，为职工代交房租，转送书报信件，代买公共汽车票等。这样，就代家属做了很多事情，给她们参加生产和工作创造了便利条件。

2. 家属之间的关系更加密切了。如有些职工因工作忙，早出晚归，邻近的家属就帮助买菜、买米、带孩子、照顾病人，等等。这样，家属之间争吵和纠纷的现象减少了。但在粮食减量以后，家庭内部的矛盾有所增加，如婆媳分伙、夫妇因吃粮多少吵架之事也有。

3. 职工家属与工厂的关系也有所变化。家属对工厂的生产比以前关心。家属委员会有时组织家属到车间进行宣传，鼓励职工完成和超额完成生产任务。有的家属还带针线到车间给职工缝补衣物，曾经有位老大娘撕下了自己衣服上的口袋给一个工人补上破衣服。这样对工人的生产情绪鼓舞很大。

目前在职工家属工作中存在的主要问题：

第一是工厂对职工家属工作应当怎样领导，应当做些什么工作不太明确。职工家属工作做不好会直接影响到厂内的生产，工厂党委应当关心家属工作，听取工会对职工家属工作的汇报并作必要的指示。工会应当把家属工作作为经常工作内容之一。工会应当经常去家属区进行访问，同时应当了解职工家属的意见和困难，并及时给予解决。

第二是职工家属委员会的工作比较薄弱。家属委员会在 1957 年前是每年选举一次，1958 年没有改选，1959 年改选以后到现在还没有重选过，应当定期进行民主改选。家属对某些委员闹小圈子，对副食品、日用品分配有私心意见不少。今后应当经常召开职工家属小组会议、家属代表会议，听取职工家属的意见，改进家属工作。

第三是目前对职工家属的文化学习以及政治思想教育工作进行得很少。在 1958 年以前文化学习搞得较好，许多家属在扫盲班坚持学习三四年，成绩很大。但是 1958 年大批年轻家属参加工作之后，这方面工作时断时续。对于职工家属的政治思想教育工作，是在 1958 年后的一个时期搞得比较好，当时有黑板报、读报组，同时家属参加会议也比较积极。以后这些活动比较少，甚至于没有了，今后应当加强这两方面的工作。

成批车间的情况调查

前　言

　　成批车间是于 1958 年 7 月间由原加工第一车间、第二车间和装配车间 3 个车间合并组成的。目前全车间拥有机器设备 332 台，职工 1334 人，分为 6 个基本生产工段（大件、中小件、轴、齿轮、套环、装配），6 个辅助部门（机修、检验、卡具、工具、磨刀、零件库）和 6 个职能组（计划、经济、定额、技术、人事、安全），有 21 条生产流水线，81 个生产小组。它是全厂的基本生产车间，也是最大的车间，成批生产 4 种规格的中型铣床。它是一个对象封闭车间，可以独立完成从投料（毛坯）到出成品的全部生产过程。因此，透过它可以看出全厂生产、工作的面貌。

　　这个车间在方家胡同旧址时期（1953—1957 年），推行了作业计划，建立了一系列制度，当时管理比较有条理，生产比较稳定。1958 年以来，生产有了很大提高。1960 年单位产品（万能铣）劳动量规定是 791 小时，比 1957 年的 1843 小时降低了 57.1%；1960 年完成铣床 2087 台，比 1957 年的 615 台提高了 239.3%，相当于第一个五年计划期间的 158.7%；1960 年劳动生产率比 1957 年提高了 112.7%。

　　这个成绩的取得，是同全体职工兢兢业业工作分不开的，这是基本方面。但另一方面，还存在不少缺点和问题，它集中表现于管理工作有些混乱，生产节奏性差，从客观上看来，生产发展得很快，管理工作没有相应跟上去；上面（厂部）下放了不少工作，车间管理人员却相对地减少了；计划不落实，材料有缺口，给车间工作带来一定困难。但车间领导工作中还存在脱离实际的缺点，约有一半时间坐在屋子里开会，相对地深入现场、到生产第一线解决问题、指挥生产的时间少，因此，有时对问题摸得不透，抓得不紧，解决不及时。目前，厂级和车间都通过"整风运动"，正在大力进行整改。

一　车间的组织机构和定员

1952 年开始试制万能铣床时，即成立一个加工车间，一个装配车间，职工 400 多人，管理人员占职工总数的 8%。

1953 年开始推行作业计划，建立原始记录工作。加工车间与装配车间职工人数仍为 400 多人，管理人员增加了，占职工总数的 10%。

1956 年由于铣床任务增加，加工车间又分为加工一车间和加工二车间，装配车间未动，职工人数增至 700 多人，管理人员占职工总数的 11%。

1957 年仍为加工一车间、加工二车间、装配车间，职工人数 900 多人，前半年管理人员占职工总数的 12%，后半年由于下放一部分干部到农村参加劳动，管理人员比重减少，降至 10%。

1958 年 7 月加工一车间、加工二车间、装配车间和热处理、铆焊等工段合并为成批车间。职工人数 1100 多人，管理人员比重又增至 12%。后半年招收了一大批徒工。

1959 年仍为成批车间，1 月全体职工 2166 人，管理干部 172 人，占职工总数的 7.94%，在 4 月份又将铆焊和热处理工段从成批车间分了出去。

1960 年 1 月，车间未动，职工减至 1962 人，管理干部 103 人，占职工总数的 5.24%；1960 年第四季度工人减为 1334 人，干部减为 71 人（其中党群干部 11 人），最后厂部确定该车间管理人员占其职工总数的 5.2%。

（一）目前的组织机构及其定员

1. 车间正主任直接领导的：

（1）二工段（大件），工长 3 人，干部 3 人，工人 251 人，平均每个干部管理 42 名工人。

（2）三工段（中小件），工长 1 人，干部 3 人，工人 85 人，平均每个干部管理 22 名工人。

（3）四工段（轴），工长 1 人，干部 2 人，工人 125 人，平均每个干部管理 42 名工人。

（4）五工段（齿轮），工长 1 人，干部 2 人，工人 119 人，平均每个干部管理 40 名工人。

（5）六工段（套环），工长 1 人，干部 3 人，工人 129 人，平均每个干部管理 32 名工人。

（6）检验组，工人 48 人。

（7）计划组，干部 4 人（包括零件库管理员 1 人），工人 8 人。组长 1 人，兼管计划调度，负责编排计划，进行日常生产调度工作，并负责领导全组工作。计划员 1 人，负责长短计划的编排，设备利用率按月分析，检查计划执行情况，完成计划情况的统计和分析。材料员 1 人，负责解决材料的供应和运输问题，编排用料计划，材料的统计和分析。

（8）经济组，干部 4 人。组长 1 人，兼经济员，负责领导全组工作及经济活动分析工作。统计员 1 人，负责原始资料的统计和分析。成本核算员 1 人，负责成本核算，兼管部分工资计算和发放。工资核算员 1 人，负责工资计算和发放，兼管工会互助会工作及工会财务工作。

（9）定额组，干部 3 人。定额员 2 人，1 人负责二、四、五工段定额。1 人负责一、三、六工段定额。抄写员 1 人。

（10）安全技术员 1 人，负责全车间安全技术工作。

（11）文书 1 人，负责收发文件及抄写等。

2. 生产副主任直接领导的（生产副主任兼一工段总工长）：

（12）一工段（装配），工长 3 人，干部 5 人，工人 382 人，平均每个干部管理 48 名工人。

3. 技术副主任直接领导的：

（13）技术组，干部 8 人。组长 1 人，负责领导全组工作及技术革新，并负责贯彻工艺。副组长 1 人，负责领导工夹具设计"摊子"及产品服务"摊子"。3 个技术员负责设计工夹具。2 个技术员负责老产品图纸修改。图纸管理员 1 人，负责管理各种产品图纸。

（14）工具室，工人 11 人。

（15）磨刀间，工人 15 人。

（16）工夹具修理与管理组，工人 13 人，实际有 2 人是管理干部。

4. 人事副主任直接领导的（人事副主任兼人事组长）：

（17）人事组，干部 3 人。1 人负责劳动工资及人事调配。1 人负责保卫及纪律处分。1 人负责实习、代替培训和教育工作。

5. 机修副主任直接领导的（机修副主任兼机修总工长）：

（18）机修工段，工长 1 人，干部 2 人，工人 66 人，平均每个干部管理 22 名工人。

（二）从目前的组织机构及其定员反映出以下的问题

1. 检验站和零件库受车间直接领导是不合适的。为了提高产品质量，检查工作应当接受厂部检查科领导。为了全面掌握生产情况，特别是零件成套的情况，加强对零件的管理，零件库应由厂部生产科领导。

2. 工段是指挥生产的第一线，可是目前各工段工长太少，加上最近调干学习，前线"指挥员"缺额严重。例如，现有工长 11 人，调去学文化 3 人，上党校学习 4 人，病假 1 人，实际上只有 3 个工长，其余均是临时找工人代理。由于他们不熟悉情况和业务，指挥不力。这种状况不符合加强生产第一线的要求。为了确实加强生产第一线，工段干部需要增加定员。从这个车间的工段定员反复考虑，摸索出一条经验，一个干部管理 20—30 名工人较宜，应当按照这个经验，并且考虑到每个倒班必须有一个工长的原则来确定定员。一工段是装配工段，生产任务很繁重，它的定员需 13 人：工长 5 人，施工员 2 人，计划、调度、统计员 6 人，平均每个干部管理 28 名工人。二工段是大件，是生产中的关键，它的定员需 10 人：工长 4 人，施工员 2 人，调整工 2 人，计划、调度、统计员 2 人，平均每个干部管理 26 名工人，一般工段需 5 人：工长 2 人，施工员 1 人，计划、调度、统计员 1 人，调整工 1 人。这样，6 个生产工段加上 1 个机修工段共需要定员 48 人，比原来的 31 人要增加 17 人。

3. 车间的组织机构及其定员也有问题，表现在以下几个方面：

计划组比较薄弱，名义上 4 人，实际上是 3 人。在 1956 年时，车间计划员 14 人，调度员 10 人，那时生产计划工作和调度工作都是职能人员做，现在从上到下不设调度员，实际上计划不能指导生产，调度指导生产，所以工段的支部书记、工长、施工员、计划员、调整工、生产小组长全当了调度员，这是一种极不正常的现象，因此我们认为计划组至少需增加 2 个人。5 个人的分工为：组长 1 人，负责领导全组工作，亲自抓作业计划安排，特别是给各工段下达的指标要亲自核算；生产调度员 1 人，负责生产上临时调度及参加生产调度会议；材料、工具调度 1 人，负责跑材料、跑工具；计划员 1 人，负责短计划安排，检查计划完成情况，分析设备利用情况；作业计划统计员 1 人，负责完成计划各项统计工作。

技术组人员不够，该做的事未做，不该做的事却花了很大力量。技术组没有专管工艺文件和生产准备工作的人，这是工作中突出的弱点。应当专设一个"摊子"，放 3 个人管，着重地加强生产技术文件的准备和工艺规程的贯彻。产品设计修改权应上交给设计科。工夹具"摊子"还可加 2 人，加强工夹具设计和备份工作。

人事组改名为人事劳资组，由 3 人增至 4 人。分工为：1 人负责人事保卫工作，2 人负责工资奖励和劳动组织工作，由 1 人负责文化技术教育及代替培训、实习工作。

工夹具修理组实际有管理干部 2 人，应当配备正式干部。

根据上述意见，共增加 10 人，连工段增加的 17 人，共 27 人。这样管理人员占职工总数达 8%，突破了厂部原来规定的 5.2% 比例。我们认为 5.2% 比例的规定是不现实的。因为这个车间是一个很大的封闭车间，实际上是一个分厂。它在生产上既管机械加工，又管装配，还管毛坯运输，工作任务是相当繁重的，因此适当增加一些定员是合理的。

这个车间为了增加新品种，最近成立了单件小批工段，计划从各工段抽调干部 6 人，工人 120 人。这样，管理人员还可能要突破 8% 的比例。

二　职工情况

（一）基本情况

全车间截至 1961 年 2 月底实有 1334 人。其中：生产工人 990 人（包括徒工 297 人）；辅助生产工人 262 人（包括徒工 15 人）；管理人员 71 人（其中：行政管理干部 44 人，技术干部 16 人），占车间职工总数的 5.3%；党群脱产干部 11 人，占车间职工总数的 0.8%。实际上尚有半脱产干部 15 人；下放干部 11 人。

生产工人和辅助生产工人 1252 人中，1958 年以来进厂的 691 人，占 51.8%；家庭出身为工、农和城市贫民的占 84%；本人成分为学生的占 77.2%；具备初中或初中以上文化水平的占 58.6%；年龄在 25 岁以下的占 73%；四级工以上技术工人占 10.1%；一级技术工人占 42%；全车间平均技术等级为 1.96 级；这些工人大多数在北京没有家，住单身集体宿舍的占 62.2%。总体来看，新入厂的青年工人多，技术级别低的工人多，技术工人很少。

行政人员 60 人：其中行政管理人员 44 人，技术人员 16 人。按职务分：车间主任 5 人，工长 11 人，技术员 15 人，计划员 9 人，一般人员 20 人。

党群脱产干部 11 人：党总支书记 2 人，工会主席 1 人，党总支宣委兼团委书记 1 人，党委干事 1 人，6 个生产工段的支部书记 6 人。机修、检验及管理支部书记不脱产，工段的工会主席及团支部书记均不脱产，实际上他们是临时从工人中抽调的。现在大家公认的这种干部 15 名，其中全部脱产的 4 人，绝大部分时间脱产的 11 人，特别是运动一来，全部脱产，还得临时再找几个。从实际情况来看，党群脱产干部少一些。

（二）技术人员使用情况

全车间技术人员 16 人（包括车间技术副主任），占全体职工总数的 1.2%。这个比例很少，技术力量相当薄弱。

车间技术组有技术员 7 人，工段施工员 8 人，共计 15 人。在这 15 人中，1949 年以前入厂的 1 人，1953 年入厂 1 人，1955 年入厂 2 人，1956 年入厂 9 人，1957 年入厂 2 人。从家庭出身看：工人 4 人，贫农 1 人，中农 4 人，地富 1 人，资本家 2 人，其他 3 人。从本人成分看：工人 1 人，学生 14 人。从年龄看：25 岁以下 2 人，30 岁以下 10 人，38 岁以下 3 人。从文化程度看：大学 1 人，中等专业学校 9 人，高中 2 人，技工学校 2 人，高小 1 人，从政治面目看：党员 3 人，团员 5 人，群众 7 人。

工段的 8 个施工员在组织上明确由工长直接领导，在业务上受技术组指导。目前他们做技术工作的时间还不到全部工作时间的一半。施工员对目前这种状况不大满意，反映："工长什么任务都派给，把施工员当做调度员用，跑工具、跑材料，是不合理的。"应该迅速改变目前这种状况。

1. 车间应加强生产技术准备工作，明确施工员的职责，把有限的技术力量确实保证用在技术工作上。

2. 调整工应作为技术力量来使用，明确规定调整工受施工员领导，他的职责规定为：

（1）调整精密的、复杂的机床，保证不出事故。

（2）帮助工人分析废品原因，提出改进措施，监督改进措施的实现。

（3）帮助工人提高操作技术水平。

（4）指导工人合理使用专用与通用工具。

逐渐地使调整工成长为技术干部。

3. 施工员放在工段生产第一线上的办法好，仍应坚持。并且应考虑厂部工艺科的技术人员和工段施工员经常交换，这样，既可互通情况，又可使大家得到在生产第一线锻炼的机会。

（三）对解放前的老技术工人使用情况

1949 年前的老工人 55 人，他们在京都有家眷，其中：已提拔为脱产管理干部的 16 人，占老工人的 29.1%；仍在生产岗位上的 39 人，占全车间生产工人的 3.1%；在这个车间生产第一线上的老工人很少。

当干部的 16 个老技术工人中，车间正副主任 4 人，正副工长 7 人，主任技术员 1 人，车间安全技术员 1 人，人事组长 1 人（已下放），工段党支书 1 人（已下放），车间党总支宣委 1 人。在 7 个工长中，五工段工长杨学孔又于 1960 年提拔为工程师。这些人在提拔前都是五六级以上的老技工。这 16 个人的个人成分全是工人，家庭出身有工人 2 人，贫农 6 人，中农 7 人，地主 1 人。从工龄和文化程度上看，工龄最长的已有 20 年（指本厂工龄），最短的 12 年。文化程度最高的已具备高中水平，多数是初中程度，最低的有 6 人，初小水平。这些人身体一般都比较好，也比较年轻，他们的平均年龄为 32 岁。其中 14 人是共产党员。

从上述情况可以看出，这个厂的领导对于选择、培养、提拔老工人当干部是比较重视的，所选拔的对象也是适当的。

目前这些工人成分的干部已成为车间的领导骨干，他们都能兢兢业业地工作，但由于工作忙，会议多，学习时间少，加上原有的文化基础较差，自修比较困难，因此目前除李振顺（车间主任）、杨学孔等部分同志业务水平和领导能力较强外，其余的担任领导工作尚有些吃力。

在生产岗位上的 39 个老技术工人中，三级工 1 人，四级工 1 人，五级工 10 人，六级工 14 人，七级工 7 人，八级工 6 人，平均技术等级为 6.1 级。有 38 人的个人成分是工人，1 人是革命军人。家庭出身为工人的 13 人，贫农 15 人，中农 10 人，地主 1 人。从他们的年龄上看，30—35 岁的 16 人，36—40 岁的 7 人，41—50 岁的 10 人，50—61 岁的 6 人，平均年龄为 40 岁。这些人平均工龄为 13.7 年。现有文化程度，高中 2 人，初中 12 人，高小 2 人，初小 23 人，没有文盲。从政治面貌上看，共产党员 11 人，超龄团员 3 人，群众 25 人。这些老技术工人一般身体都不够好，在 39 人中患有比较严重疾病的 9 人，占 23%，有 9 个人时常因病缺勤。担任生产组长的 19 人，工会组长 3 人，兼任工段工会正副主席的 2 人。

直接从事生产的 39 名老工人中，有 20 名放在质量检查、设备维修、专用工夹具管理等重要岗位，其余 19 名任生产小组长。这些说明了对老技术工人的使用是恰当的。

（四）高级技术工人的使用情况

全车间现有四级以上技术工人 134 人，占车间生产工人的 10.7%。

他们之中有 56 人是党员，占 41.8%，比 39 个老年工人中的党员比例高 13 个百分点。由此可见，党组织对于在年轻的高级技术工人中发展党员的工作是重视的。

这 134 名高级技术工人分布在装配工段的占 10%，大件工段的占 9.6%，中小件工段的占 10.5%，轴工段的占 6.4%，齿轮工段的占 8.4%，套环工段的占 7%，机修工段的占 9.1%，检验站的占 33.3%，工具、零件管理单位的占 29.2%。在生产小组中：没有高级技术工人的有 25 个小组，占 27.4%；有一个高级技术工人的有 34 个小组，占 37.3%；有两个高级技术工人的有 14 个小组，占 15.3%；有 3—5 个高级技术工人的有 18 个小组，占 19.7%。

从上述分布情况来看，生产中技术骨干是很薄弱的。自 1958 年以来，已经支援重型车间高级技术工人 56 个，看来还必须抽调一批政治素质较好的高级技术工人支援重型车间。因此，应当加速培养和训练新工人，使他们迅速成长起来。

（五）领导干部的情况

车间主要领导干部 9 人：党总支第一副书记刘凤岐、第二副书记李维廉、党总支宣委兼团总支书记张宝田、工会主席张柏君、车间主任李振顺、技术副主任李长富、生产副主任郑学增、设备副主任刘广据、人事副主任王廷杰。现将他们个人情况分别介绍如下：

刘凤岐同志，原是沙河铁厂的党委书记，后由市委工业部调来下放锻炼，据说期限半年。他是属市委管的干部。

李维廉同志，今年 30 岁，文化程度初中，1954 年入党，一直是本厂的保卫科长，1959 年 5 月到成批车间任党总支副书记。

张宝田同志，今年 26 岁，文化程度初中，1953 年入党，1957 年起担任现职。

张柏君同志，今年 36 岁，文化程度初中，1954 年入党。他是一个有 20 多年工龄的老电工，1958 年担任车间工会主席至今。

李振顺同志，今年 37 岁，文化程度中技二年，1950 年入党，自 1954 年担任车间副主任、主任至今。

李长富同志，今年 30 岁，文化程度高中，1958 年担任技术副主任至今。

郑学增同志，今年 27 岁，文化程度初中，1953 年入党。曾当 8 年工段和车间计划员，对计划工作业务较熟悉。

刘广据同志，今年 46 岁，文化程度高小，1944 年入党。他是一个老八级工人，有实际操作经验。

王廷杰同志，今年 38 岁，1950 年入党。同年提拔当干部，是从工人中提拔干部最早的一个。一直在人事组工作，1960 年第四季度提拔为车间副主任。

从领导干部情况来看，目前的党总支领导需要进一步加强，应迅速配备正书记，以加强党的领导。行政干部刘广据同志和王廷杰同志太弱，不能胜任现职，这是工人提拔干部的一个类型，是工厂中不好解决的问题之一，应进行培养与教育，具体帮助提高。通过这次车间干部初步排队来看，工作组感到党委看人还有不合实际情况之处。

三　政治力量分布情况

全车间有党员 155 人，占车间全员的 11.5%；团员 360 人，占车间全员的 26.9%。6 个基本生产工段和机修、检验、管理等 9 个行政单位都有党、团组织。各工段分布情况如下：

一工段党员 45 人，占该工段全员 390 人的 11.6%；团员 106 人，占 27.3%。

二工段党员 20 人，占该工段全员 257 人的 7.8%；团员 60 人，占 23.3%。

三工段党员 9 人，占该工段全员 89 人的 10.1%；团员 18 人，占 20.2%。

四工段党员 7 人，占该工段全员 128 人的 5.5%；团员 31 人，占 24.2%。

五工段党员 11 人，占该工段全员 122 人的 9%；团员 42 人，占 34.4%。

六工段党员 12 人，占该工段全员 133 人的 9%；团员 47 人，占 35.3%。

机修工段党员 13 人，占该工段全员 68 人的 19.1%；团员 18 人，占 26.5%。

检验工段党员 10 人，占该工段全员 48 人的 20.8%；团员 14 人，占 31.25%。

管理支部（指零件库、工具室）党员 7 人，占全员 47 人的 15.1%；团员 14 人，占 30%。

大部分生产工段（二、四、五、六工段）党员的比例比整个车间党员比例还低。二、三、四工段团员的比例比整个车间团员的比例还低。二工段自生产万能铣床以来，一直是生产的关键，可是二工段的党、团员很少，空白点也较多。四工段则更为严重，共有 13 个小组，就有 11 个空白点。

全车间共有 91 个生产和辅助生产小组，其中有 31 个小组没有党员，也就是说有 34% 的空白点。还有 4 个小组既没有党员，也没有团员（一、三、四、六工段的搬运清扫组）。生产小组中有党员一个到两个的共 53 个组，占 58.2%。党员最多的只有一工段的"826"生产小组，两个倒班组共 7 个党员。有党小组的只有 4 个生产小组（一工段技术革新小组、二工段辅助工小组、六工段辅助工小组、管理支部食堂小组）。六工段全部生产工人中只有一个党小组，这个党小组的成员分布在 7 个生产小组内。其他党小组的成员一般都分布在 2—4 个生产小组。一个生产小组内有一两个团员的有 29 个组，占 31.8%。团员最多的是一工段电工组，有 20 个团员，其他团小组也是跨几个生产小组。

上述情况说明生产第一线党的力量薄弱：有 1/3 强的空白点；而一个党小组或团小组都跨几个生产小组，难以发挥党、团组织在生产小组中的作用。

四　设备情况

全车间共有设备 332 台。其中金属切削机床 287 台，吊车 12 台，台钻 23 台，砂轮机 9 台，手压力 1 台，电瓶车 8 辆。

在 287 台金属切削机床中，用于直接生产的 283 台，用于机修的 4 台。从这些机床的入厂年限看：解放前入厂的 12 台，1958 年以前入厂的 123 台，1958 年以后入厂的 152 台。从生产厂来看：外国进口的 71 台，国内各兄弟工厂出产的 172 台，本厂自制的 44 台。从机床类别看：各种车床 96 台，占 33.4%；各种磨床 48 台，占 16.8%；各种铣床 41 台，占 14.3%；各种钻床 33 台，占 11.5%；各种齿轮机床 23 台，占 8%；各种刨床 21 台，占 7.3%；各种镗床 12 台，占 4.2%；插床 3 台，占 1%；其他机床 10 台，占 3.5%。

设备事故近几年来增多了：1957 年平均每月事故五六起，最多也不超过七八起；1959 年平均每月十五六起；1960 年平均每月二十四五起。对事故的看法也不同了：在 1957 年以前，床子的滑道面有了划痕就按事故上报；现在研了很深的沟也不报事故。为什么事故多了呢？主要原因是：（1）对新工人进行爱护设备教育不够。（2）厂部机械动力科和机修车间合并在一起，放松了全厂设备的管理与监督工作及预检修制度。机械动力科应独立存在，面向全厂机械设备的维护保养、预检修及指导各车间机修工作。（3）车间领导上重视生产任务，忙于生产任务，忽视设备的管理工作。

现有关键设备 14 台。操作使用关键设备的 42 名工人，无论在政治上、思想上和技术上都比一般机床上的人员好些。

五　生产组织

（一）车间生产组织及其变革

几年来，这个车间的生产组织曾作了几次调整。现在全车间包括机械加工和装配两个部分，计有工段 6 个，生产小组 76 个，此外还有辅助部门 6 个单位。车间总面积为 11196 平方米（其中机械加工 7740 平方米、装配 3456 平方米），共有金属切削机床 287 台，职工 1334 人（2 月底人数），其中工人 1155 名（见表 1）。

表1			成批车间的生产工段及辅助部门	
类别	单位名称	小组数	机床数	工人数
生产部门	装配工段	20	20	361
	大件工段	16	65	235
	杂件工段	8	34	81
	轴类工段	13	44	112
	齿轮工段	9	58	100
	套环工段	10	50	107
生产部门小计		76	271	996
辅助部门	机修段	3	4	66
	检验站	3	/	47
	卡具组	1	4	13
	工具室	1	/	11
	磨刀间	1	8	14
	零件库	1	/	8
辅助部门小计		10	16	159
车间合计		86	287	1155

（二）成批车间的组织

这个车间原是在1957年7月，将加工第一车间、加工第二车间及装配车间合并而成的，它是生产铣床的封闭车间。1958年下半年厂部又将零件库、毛坯库下放给车间，并将铆焊和热处理车间的一个工段划给这个车间统一领导。同时把老产品设计、工艺的修改、工夹具的设计和管理、产品零件质量检验、作业计划与调度、零部件的成套等权限下放到车间，因此成批车间就具有相当大的独立性。1959年整顿管理体制时，厂部将铆焊及热处理工段仍归还锻工及热处理车间，并将产品装配的检验权（加工的检验权仍然留在车间）和毛坯库收回（见图1）。

几年来成批车间的组织和管理体制进行过多次改革。

目前成批车间的组织形式，有其有利的方面。首先，在生产上，车间内部机械加工和装配在统一的指挥下配合比较密切，尤其在目前材料供应

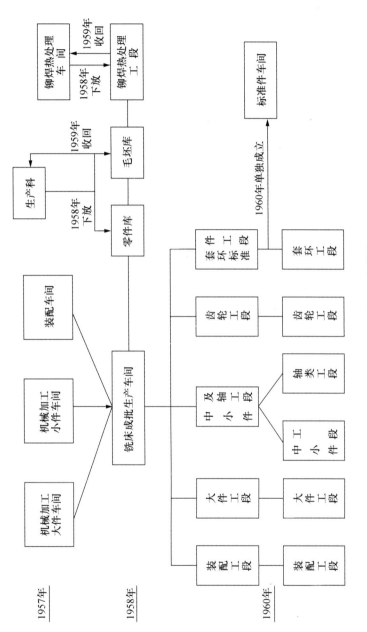

图 1　成批车间生产组织变革情况

紧张、生产不均衡的情况下，对于缩短生产周期，解决生产中的零部件成套和追补缺件等问题是有好处的。其次，在管理上，车间自投料到出成品都包下来了，简化了厂级的管理工作，有利于发挥车间的积极性，同时使生产过程各个环节的管理也容易协调起来。如改进产品结构及工艺方面，在加工和装配之间便于协同一致，计划调度也好衔接。另外还能够精简机构、节约管理人员。

但是，目前的组织形式也还存在着不少问题：

1. 厂部领导及职能科室对车间的联系削弱了。如对铣床的生产，厂部只掌握商品计划，没抓车间的生产作业计划。车间的一些关键问题和具体困难，往往不能直接如实地反映到厂部，甚至因此影响了生产。比如，因投料及外购件的供应问题解决得不及时，车间就难以按期出商品。

2. 成批车间本身的规模较大，相对来说管理干部力量比较薄弱，领导干部也有点顾不过来，有时抓了加工，就顾不到装配，生产准备工作也跟不上。如，车间管计划的主任郑学增又兼任装配工段的总工长，还得常常"跑零件"。车间的计划调度组和经济组都只有 3 人，忙不过来，管理工作做得比较粗些。

3. 车间"封闭"了，加工和装配统一了领导，有许多矛盾消除了。但是也有些事情缺乏必要的制约和监督。如月末突击生产时，为了赶任务，零件不交验就被抓去装配，零件质量不合格也就凑合使。从保证质量来看，责任制度不明，要求不严格。再如加工零件，常常不能按期成套交齐，装配工作就形成月初松、月末紧，因为反正是同一个车间的事，装配对加工的催促也就放松了。

上面这些问题，需要认真加以解决。我们认为：

首先，像这样的大型车间，实际上是一个分厂，需要适当地加强管理干部的力量，充实职能组。尤其是计划调度组的干部，应适当增加。

其次，要切实健全几项重要的制度，包括：零件交库检验制，零件加工成套指标考核制，严格执行局装、总装的质量检验制，等等。

再次，为加强厂部对车间的领导，可以考虑把零件库收回归厂部管理，以便掌握零件的库存及成套情况，检查零件质量，控制发放装配零件的数量。这样，抓住中间这一环节，就便于促进加工和装配这两头。

最后，产品的装配是保证完成品种、产量、质量等指标的终结环节，它能综合地反映出全厂各车间对商品生产的影响，如当前的材料供应、铸件质量、加工精度、生产节奏性、外购件配存等。鉴于这种情况，厂部更需要加强对装配部分的直接领导，以便于掌握产品质量和督促商品的成套，发现问题及时解决。至于是否要把装配部分独立组成为一个车间，还需要进一步研究。

（三）流水生产线的组织

1959 年第四季度，为进一步提高产量、改进生产管理，曾对车间内部的生产、劳动组织进行了一次大调整。根据铣床成批生产的要求，按着零件结构和工艺的特点，组织了 21 条机械加工流水生产线，它们是：

大件工段：

（1）床身与底座流水线

（2）工作台与悬梁流水线

（3）升降台流水线

（4）回转盘与工作台底座流水线

（5）变速器与进刀箱流水线

中小件工段：

（6）中件流水线

（7）小件流水线

（8）板类零件流水线

轴件工段：

（9）丝杠流水线

（10）小轴与齿条流水线

（11）主轴与芯轴流水线

（12）花键轴与中型轴流水线

齿轮工段：

（13）伞齿轮流水线

（14）大齿轮流水线

（15）中型齿轮流水线

（16）小型齿轮流水线

（17）齿轮热处理后精加工组

套环工段：

（18）法兰盘流水线

（19）钢套流水线

（20）铸铁套流水线

（21）紧帽流水线

这些流水生产线内部的劳动组织形式又有以下两种类型：

一种是大件工段的流水线。这种流水线使用情况较好，一直是按工艺路线顺序组织生产和传递零件，生产小组也是以流水线为单位按轮班划分的。其中比较典型的如床身加工流水线和升降台加工流水线，一般都经过画线、铣、刨、镗、钻等19道工序；基本上实行了定人、定机、定活的"三定"制度；机床的专业化程度较高，每台机床只担负一道或二三道工序的加工任务；并采用了一部分高效率的专用机床，如多轴龙门铣、专用组合镗床等；大部分机床都配备了专用的工艺装备（胎具）。这样，就逐步解决了工人技术等级比较低同技术要求较高之间的矛盾。大件工段两年来在生产中坚持并巩固了流水生产线，取得的效果是：零件自投料直到交库，上下工序连续顺序往下流，缩短了运行路线，又由于使用专用工夹具，工人熟练程度容易提高，生产水平逐步上升。如去年下半年床身加工的日产量由6.5个逐步提高到10个，并已稳定在8个左右；按流水线的轮班，成立生产小组，实行"三定"（人、机、活），一般每组15人—20人。这样生产计划和任务都好安排，也便于掌握成套。但是，流水生产也要求具有一定的条件：要按时按量供应铸件毛坯，不然全线就会停工待料；要有计划地维修好机床，否则就会因一台机床出事故，而使流水生产中断；要求生产小组掌握多种机床的特点，有较高的技术水平。实际生产中这几个条件还不能完全做到，因此就常影响流水生产的顺利进行，致使生产时断时续，设备负荷不平衡等。今后应大力改进这方面的工作。

另一种是齿轮工段的流水线，又有它的特点。这个工段的机床是按流水生产工艺路线排列的，其典型工艺是：粗车—精车—制齿—倒角—热处理（淬火、回火）—磨加工，共有 4 条线。但生产小组却不是按线组织，而是按工种即同类型机床（机群）划分的，如圆车组、铣床组、铣磨组、钳工组等。每个小组一般为 10—15 人。这种"纵向是生产线、横向是机群组"的生产劳动组织形式，是为了开展机台互助，执行机床联合互助而临时组织的，可以调整负荷，克服忙闲不均的现象，有利于提高设备的利用率；便于小组管理、进行技术指导和开展同工种竞赛。但它不能持久，因为它不能很好地保证上下工序（工种）之间的衔接，零件的流动和成套也较难掌握。虽然这些缺点可以通过工段给小组安排作业计划及加强调度的办法来加以克服，但是，从生产及管理的发展趋势来看，应以流水生产线为单位成立生产小组，它能充分发挥流水生产先进组织形式的作用。目前车间正在考虑要通过改进计划管理加以调整。

（四）车间的生产能力和主要技术经济指标水平

车间原设计能力为铣床年产量 2480 台，8665 吨，现在还没有全部建成。几年来铣床的实际商品产量水平是：1957 年 615 台，1958 年 1150 台，1959 年 1400 台，1960 年 2087 台。目前这个车间的机械加工产量已经超过设计水平。

1961 年第一季度对成批车间的生产能力进行了初步查定，查定的根据是法定的定额水平（工人普遍反映这个水平高一些，如 1961 年 1 月只完成 78%），我们可以从结果看出其趋势是：机械加工大件部分的年产水平，平均可达 3000 台；机械加工中小件部分的年产水平，平均可达 2400 台；装配部分中小件的年产水平，平均可达 2600 台；1961 年铣床的产量计划是 1552 台。

再看车间的生产率及设备利用率的水平：

1. 车间单位面积产量、机床和工人的生产率指标比较（见表 2）。

表 2

项目	单位	1960 年实际水平	1961 年计划水平	车间设计水平	1961 年水平为设计水平的百分比（%）
机械加工每平方米生产面积的产量	吨	1.5	1.5	2.5	62.9
装配每平方米生产面积的产量	吨	2.2	2.6	6.7	37.9
机械加工每台机床的产量	吨	37	32.5	59.3	54.8
机械加工每一生产工人的产量	吨	11.4	12.8	25.3	50.6
装配每一生产工人的产量	吨	21.8	24.2	62	39

通过表 2 比较可知：设计水平同车间现在达到的水平比较起来，相差较大。这意味着车间的设计水平可能要求过高，有脱离实际的可能。

2. 车间机床设备的利用率如表 3 所示。

表 3   **机床开工的班次及所占的比例**

机械加工各工段	开一班的占百分比（%）	开二班的占百分比（%）	开三班的占百分比（%）
大件工段	10.3	5.1	8.1
杂件工段	3	91.1	
轴类工段	14.6	44	41.4
齿轮工段	1.7	63.7	10.3
套环工段	4	80	4
车间合计	6.5	52.8	29.5

车间设计所采用的设备负荷率（利用率）为 77%—85%，而实际机床利用率的分组及所占的比例如表 4 所示。

表 4

机床利用率分组范围（%）	机床台数	每组机床占生产设备总数的百分比（%）
65—75	129	52.8
50—60	72	29.5
40 以下	20	8.1

由表 4 可看出，按照车间的设计，目前设备利用率是不高的。车间设计是否合理，尚待研究。就设备利用率不高来说，有两方面原因：一方面是生产任务不足、原材料供应不及时；另一方面是机床损坏、修理以及待料、待工具、待吊车等停工损失相当大。据 1960 年全年统计，机床的停工损失工时与生产总量（完成的定额工时总数）相比为 10%。

（五）　车间生产组织发展规划

今年工厂的生产任务除了继续成批生产 2 号及 3 号铣床外，还要大力增加新品种，试制和生产其他类型的铣床，如变型铣、圆工作台铣、圆弧铣及其他专用铣床。这些产品，都是单件小批生产性质的。为此，车间规划在铣床车间的厂房内成立一个单件小批生产工段。它的任务是对上述产品的大件（基本专用件）进行机械加工，并完成产品装配，而中小件则要与成批车间各有关工段进行协作，安排生产。可以预料，这将出现比较复杂的多品种的生产组织工作，需要很好地加以领导和管理。为此，应该考虑适当加强车间的领导力量。另外有人认为：为了适应大力发展产品品种、不断提高产品质量的要求，更好地加强领导和便于管理，需要将车间的规模适当划小分细一些，可以考虑成立 3 个车间，即成批加工车间、成批装配车间和单件小批生产车间。我们认为这是一个比较复杂的问题，需进一步作细致的研究。

再则，铣床备件及附件的生产组织问题，也将提到日程上来了。根据国内外用户的反映，为扩大铣床的用途，发挥铣床的效率，要求出厂的商品带有必备的附件，如万能分度头、万能回转工作台等。这种要求是合理的，是应当实现的。但是，生产这些附件的工作量，总的算起来是相当大的，需要做适当的安排。

六　技术革新

1950 年以来，这个厂就有技术革新的群众活动。那时是由工会组织合理化建议委员会，发动群众，找窍门，提合理化建议。1954 年，为了加强对技术革新的领导，行政上成立了合理化建议室，专门管理这一工作。合理化建议活动，于 1956 年达到高潮，全厂全年共提出课题 100 项，解决了 50 项，群众提出合理化建议 720 项，实现了 305 项。这些项目的实现，都改进了技术，促进了生产。当时推动技术改进的方法，主要还是靠经济鼓励。由于对工艺规程限制过严，所以当时一般是小修小改。

1958 年厂部成立了技术革新委员会，各车间也成立了分会，广泛发动群众，一年全厂共搞出各种简易设备 72 台，减少了笨重体力劳动。1959 年针对生产薄弱环节，技术革新有了进一步的发展。

1960 年一开始，这个车间的职工，在厂党委的领导下，和北京工学院、北京机械学院、武汉技校、华中工学院 4 个院校的师生合作搞机械化、自动化。

我们对这个车间 1960 年推行的 105 项技术革新项目作了重点调查，情况如下：第一类，投入生产、正常使用后，效果很好的有 44 项。第二类，投入生产后，能使用，效果好，但未巩固的共 20 项。第三类，没有搞成或搞成了不能用的共 41 项。

上述三类中的典型事例和具体情况如下：

第一类，使用正常、效果很好的：如自制土导轨磨床，代替手工刮研。刮研是重体力劳动，工作量大，费工多，是成批车间的一个生产关键。1958 年就已着手解决，搞出 3 台土导轨磨床，但因初次搞没经验，又全是利用废件，所以那时的土导轨磨床，震动大，保证不了质量。为了攻克刮研关键，在总结以往经验的基础上，改进了传动结构，用涡轮涡杆代替丝杠传动，又快又稳。在分析了各部件的性能以后，除主柱、横梁等仍然尽量利用废件代替外，将导轨、工作台、变速箱等部件，重新进行了设计。这样就对以前做的土导轨磨床进行改进和提高，并且新制作了 4 台导轨磨床。用这种床子加工出的零件误差和光洁度都达到了设计的要求。由于导轨磨床的投产，大大提高了效率，减轻了工人劳动，在增加生产的情况下，刮研工段由原来 100 多人，减少到 48 人。

第二类，可以使用，但未能巩固的 20 项，有三种原因：（1）没有纳入工艺，或有关部门没有管理起来的有 7 项。三酸（或五酸）处理刀具，延长刀具寿命一倍多，工人也爱用。但因没有纳入工艺、指定专人管理，磨刀间到仓库领酸时，仓库不零给，或一发就是一坛子，磨刀间不好保存；有时没有酸，领不到，于是这项新技术的推广，就此终止了。（2）条件变化，不能投入生产的共 10 项，如升降台的装配传送带，设计与制造都很好，因生产月初松，月末突击，返修活多，传送带不能正常开动，因而不能发挥作用。（3）考虑不周，脱离实际，不能投产的共 3 项。如二工段原是加工大件活的，车间也给下达了自动化指标，要他们搞出两台单机自动化。工段为了"完成任务"，便在一台立铣床上增加一套设备，搞成铣瓦盖单机自动化，但因瓦盖批量并不大，这台铣床还要加工别种零件，拆装一项自动化设备，也很麻烦，工人也就不使用它了。

第三类，没有搞成，或者基本上搞成了，但还不能用的有 41 项。其中有 4 种情况：（1）进一步调整后，便可以使用的，如铸铁套环生产自动线。这条自动线，从 1960 年 1 月开始，用了一个月零五天的时间，就将 6 台机床连在一起，能加工 9 道工序。当时曾拍了电影，上了银幕。后来发现这条自动线的缺点是：生产的套环都不合格，而且只能加工一种规格的套环，很不合算。现在正在改装，不久可正常运转起来。（2）技术上还没有过关的共 19 项。超声波切削、静电喷漆等虽然领导上用大力推广，但因技术上没有过关，至今还没有使用。（3）由于缺料，配不上套，未能投产的有 5 项。如珩磨齿轮，试验时用的是清华大学制造的齿形砂轮，试验成功后，清华将齿形砂轮带走，因为买不到齿形砂轮便停下来。（4）设计和制造粗劣，根本不能使用的有 16 项，如起重小吊车，制成后一经吊活就栽跟头，根本不能使用。

这个车间的技术革新方面还有一些问题：群众发动起来后，提出的项目很多，都想搞，有的认为"群众起来了，领导只要支持就行"，也有的认为"如果群众提出来了，不搞会挫伤群众积极性"，有的认为"项目越多越好，这样搞得快，可以迅速提高四化水平"，结果项目搞得太多，战线过长。有许多项目没有经过试验，就列入推广指标，要求实现日期，而对于推广中的具体问题很少帮助解决。工人说："那时候去找领导，领导便说：'措施就是千方百计，自力更生。'一切问题还得自己解决。"由于搞的项目多，缺乏全面安排，统一管理，因而发生了乱抄产品上的零件，甚至拆成品的零部件去搞技术革新的事情。运动的后期，对整顿、巩固、提高的工作抓得不紧，有些可以完成的项目，也没有抓紧完成。群众批评说："技术革新一阵风，有头无尾事难成。"

七　车间怎样安排生产作业计划

生产作业计划，是根据生产技术财务计划规定的产品任务，安排每个生产环节（车间、工段、工作地）、每个时间（月、旬、日、小时）生产活动的具体行动计划，因此，它是生产技术财务计划的继续，是按计划组织企业日常工作的中心环节。

1. 这个车间于1953年推行了生产作业计划。为了给实行作业计划铺平道路，首先，分期分批组织干部学习了作业计划的业务知识；其次，整顿了原始资料的统计记录工作，以正副工作票代替了单工序工票，建立了检查联络单，个人记录台账；清点了在制品，建立了账册。在此基础上，开始推行了作业计划。

1954年下半年，又将作业计划提高一步，组织有节奏的生产。1955—1956年，进而推行了"生产准备工作计划化"，即科室作业计划，建立了明确的责任制度，把企业各方面的工作组织起来，围绕着实现作业计划进行工作。

随着作业计划的推行，开展了调度工作，建立了调度系统，厂级生产调度科有调度组负责日常调度工作，与生产直接有关的供销、工艺等科室也指定了兼职调度员，车间、工段都设有专职调度人员，形成全厂的调度网。厂、车间、工段三级调度有明确分工：厂级调度组主要负责车间之间的相互衔接方面的日常调度；车间调度员集中解决车间内部工段之间的协作配合问题；工段调度员则是按短期计划进行工序之间以及每个工作地的具体调度工作。为了便于调度工作的进行，建立起一套调度工作的基本制度和基本账册，如厂、车间都建立调度日志，通过它及时向领导反映生产中的问题。调度会议的决议用书面下达给各个负责执行决议的单位，当执行决议遇到特殊困难，确实不能如期完成时，必须写完不成决议申请书，说明情况和提出可能完成日期，请领导批准延期执行。生产作业计划得到巩固和稳定，建立了正常的生产秩序，管理工作有了条理，领导生产心中有了数，工段长能够掌握住各道工序、各个工作地的情况，工人干完这个活，知道下个活干什么，机器能够正常开动（1956—1957 年月平均机床间断率为 1.3%—1.4%）。于是 1956—1957 年期间，不仅能够全面完成生产任务，而且计划完成得比较均衡。大件加工工序间的节奏性达到70% 以上（小件没有统计），出产商品均衡率 1954—1955 年为 60%，1956—1957 年达到 80% 左右。

　　1953—1957 年期间，这个车间作业计划稳定，生产秩序比较正常，是由于：

　　（1）材料供应情况比较好。据原生产科副科长韩丕纯同志说："那时材料有在库定额、在途定额、区别零件的类型，有不同的周转期。轴承周转期一年，电机半年，生铁 40 天，钢材 80—100 天，基本上没有因为原材料影响过生产。"

　　（2）在物质条件比较好的基础上，规定并实现了合理的期与量（指：合理的生产周期、料批数量与工序之间的占用量）。如床身的生产周期 1个月，占用 30—50 台份；轴、齿轮的生产周期 1 个月，按照一次集中加工的不同数量分别占用二批、一批；其他小件则组织了 3 个月一个轮番的生产周期。

　　（3）工作做得比较细，指标考核严格。指标的确定，要经过详细计算，相应地有技术组织措施。据车间主任李振顺同志说："那时考核指标严格，差一个小弹簧圈，或当月 30 日后半夜一时交活，成本指标就吹了（即不能算完成）；厂级竞赛评比条件，规定四大指标，只要有一个指标完不成，就连评比资格都没有了。"

　　（4）有明确的责任制度。设计、工艺、定额以及计划的编制、审批、下达等都有责任制度。从而，全厂各方面工作步调齐整，都能围绕生产有计划地进行工作。

　　（5）建立了强有力的调度机构。各级调度人员能够按照作业进度计划进行生产活动的检查，基本上发挥了生产调度工作对生产经常检查、监督、处理和预防偏差的作用。

但是，这个时期的作业计划，多少有过分强调机械地接头对缝的缺点。物质的储备量和零部件的占用量、保险系数等大了些。

2. 1958 年以来，这个车间全体干部和工人为了完成任务，不辞辛苦，干劲冲天，1960 年制造一台 2 号万能铣床只用 791 小时（不包括热加工），比 1957 年的 1843 小时降低了 57%；1960 年完成铣床 2087 台，比 1957 年提高了 239%，生产有显著成绩。

然而，在工作中还存在着一些问题，我们的调查也着重地了解了这方面的问题。主要是：生产作业计划不切实际，层层照转，计划不能发挥指导生产的作用；生产技术方面的责任制度，有些废弛了，它对生产作业计划发生了直接的影响。比如，修改图纸的审批手续不坚持了，往往上一道工序改了，下一道工序不改。今年 3 月份修改 X62W 万能铣床螺丝公差情况就是如此，床身孔改为 16 公厘，底座孔仍是 20 公厘，结果装配时互相"说不上话"，造成一批铣床生产任务不能按预计进度完成。

由于权力下放和作业计划的简化，调度网实际等于取消，厂级只在生产计划科内指定由负责每个车间的计划人员兼管，车间、工段各调度员，也是由计划员兼任，基本上是跑材料（毛坯）、催缺件。工段里都把缺件数量写在黑板上，没有日历图表记载，完成一种就抹去一种，这算是调度工作头等重要的任务。调度员史廷珍同志说："没材料采取跑和喊的办法，有了材料自己兼做搬运工作，十分忙乱。"零件流动情况凭脑子记，没有图表表示，生产情况的掌握只有依靠临时搜集一些材料；保留下来的调度会议形式，基本上是根据会议汇报的情况进行调度，对会议决议执行也不够严格。

为作业计划服务的原始资料的统计记录工作放松了，资料不全、不准，以"拍脑袋"代替科学计算。正是由于如此，在编制计划和执行计划中，就出现了如下一系列的不正常的情况。

（1）"多点比少点好。"编制计划根据是什么？这是计划工作人员经常谈论的。他们总的认为：厂过去在战略上藐视困难，这是对的，但在战术上重视困难很不够；领导热情很高，但缺乏调查研究和科学分析。生产计划科主管计划的科长说："生产力大大提高了，原来定额过时了，又没有新的数据做依据，只有党委指示多少，群众比武提多少，就编排多少，多点比少点好。"安排得多能不能完成？主管生产的科长说："我们也知道问题很多，但我们不能说；如果我们也喊有问题，那计划就下不去了。"有的计划人员埋怨车间主任不说实话："到月末 25 日明明知道完不成，厂长问时，他仍说能完成，这样就给计划工作造成被动。"其实车间主任也有难处，情况正如李振顺同志所说："去年每月计划都是经党委讨论通过的。在当时高指标的情况下，谁要说完不成就是右倾松劲；只有先接下来，硬压到工段，完成完不成再说。"为什么不说实话呢？生产计划科副科长黄继彦同志的话作了回答："厂长爱听好听的，作假报告的博得表扬，说真话的受批评。"岂止厂长，车间主任也有其事。据工人反映：车间主任下车间问工人："怎么样（意思是能否完成任务）？""没问题。""好。"点点头。如提出困难，主任则一抢胳膊："克服去。"就走了。

（2）"计划只能看看而已，不能指导生产。"厂级给车间的作业计划指标，是把年度产品计划分成 12 节，每月"照方吃药"，车间则是照搬厂部计划，至于工段再往下布置，便是五花八门了。齿轮工段计划员说："几年来安排计划没有算过账，摸摸装配的底，根据当月出产商品数，赶短线（薄弱环节），短线指导生产。"六工段计划员史廷珍同志说："计划只能看看而已，不能指导生产。"为了少窝工，多出产值，有料就下。全年计划指标 X62W 万能铣 656 台，年初已有的轴套达到 1114 台份，今年一季度仍继续生产，目前累计有 2429 台份，超过全年计划需要的 2.2 倍，造成"长线"。大件工段工长每天根据上一班生产进度情况，临时布置下一班的任务。小组长林道泉说："计划掌握在段长手里，小组心中无数，很被动。"装配工段根据车间按旬出商品的要求，一般安排上旬 20%—30%，中旬 30%—40%，下旬 40%—50%。实际上去年 5 月份以来，每月 60%—70% 的商品都集中到月末最后 5 天突击出来。由此，段长郭玉忠同志的结论是："计划只能作为奋斗目标，不能指导生产。"

（3）"怎样也完不成计划，怎样也能完成计划。"成批车间计划员房统权同志说："去年厂部下达了几本账，有的有文字通知，有的是会议决定。究竟以哪本账考核车间，连我这计划员也不知道。我们从来没有完成过四五本账，但一二本账还能完成，完不成厂部就修改。总之是怎样也完不成计划，怎样也能完成计划。"计划常修改，今年第一季度共计修改过14 次计划（包括厂部给成批车间改，成批车间给工段改），1 月份修改了7 次，最后一次是月末 31 日修改的，2 月份修改 5 次，3 月份修改 2 次。第一季度原计划完成 X62W 万能铣床 240 台，实际完成 165 台；3 月 20日，厂部根据车间预计完成情况，修改为 165 台，算成批车间完成了任务。又如 2 月份厂部布置成批车间完成 60 台立铣。车间根据只有 23 台份毛坯的实际情况，要求厂部加以修改。据说厂部当时为了维持计划的"严肃"性，没有采纳车间的意见。结果实际完成 9 台，厂部最后还是修改了计划。工段计划员说："现在完成指标好办了，只要领导上感到你确实努了力，一点头，就算完成任务。"由于计划指标不严肃，在群众中失去它应有的作用。工人赵乃鹏说："过去完不成任务，领导上（指段长）一动员，工人真吃劲干。现在摸着规律了，他无论怎么说，工人也不着忙，反正到月末准能完。"

（4）"月初到处碰壁，月末扬眉吐气。""月初松口气，月末加把劲"的思想从干部到工人普遍存在着。许多会议大都集中到月初开，领导干部下不去，有些问题解决不了。大件工段工人刘维忠说："过去生产上有问题，解决不了，工人真着急。现在摸着规律了，工人着急不顶用，让领导着急才能解决问题。"有的工人说："月初没活干，主任段长都不来；一有了活，都来了，逼着干。闲，闲死；忙，忙死。"装配工人说："月初事儿不好办，技术问题、材料问题解决不了，返修活拖拖拉拉，主任、段长还不急呢，等着吧！"月末生产突击时，"一切为商品开绿灯"，领导干部都来了，各方面都支援，党委书记、厂长亲自送茶送烟，主任、段长催缺件，盯返修活。装配工段小组长郭自强说："我们装配工人到月末说话可灵了，要什么有什么，真是'月初到处碰壁，月末扬眉吐气'。"但是，只顾完成当月任务，无力为下月进行准备，只要当月商品任务一完，"一块石头落了地"，由上而下都松了气，因此，月末大突击便成了"常规"。

3. 由于材料有缺口，作业计划不够切实，生产组织工作不细，缺乏责任制度，以致生产节奏性很差。工序之间不衔接，时断时续；流水线之间相互脱节，零件不成套；装配则是前松后紧，月末突击。

3月16日，我们对升降台生产流水线进行了一个班次的现场观察。这条线上共计17名工人，铣、刨、镗、钻等12台机床，负责升降台15道工序的加工。工序不衔接的情况是：头三道工序，即画线、四轴龙门铣、五轴龙门铣停工待料；第四道工序上的皮带龙门刨，因床子老、效率低，积压了24个活件，小组长刘万林称之为"水库"。他说"水库"经常存在，有时大，有时小。由于第四道工序出了"水库"，卡住活件流不下来，第五工序的单背刨、第六工序的双轴龙门铣、第七工序的四轴龙门铣、第八工序的平面铣、第九工序的二次画线，停工待工序；第十一工序的组合镗床因故障停车，积压了20多个活件；第十工序和第十二、十三工序的2台镗床，以及第十四工序的钻床、第十五工序的钳工，所以没有停工，是因为赶上批活的交库。总之，这条线流通不畅，在12台机器、15道工序中，有6台设备、8道工序停工。当天出勤的14名工人，8人干活，6人无事，有的找点劳务活干。所以流通不畅，出现"水库"，是由于：毛坯供应不足，而且不均衡。3月份升降台投料指标247台份，实际投入182台份，计上旬77台份，中旬18台份，下旬97台份。由此表明：第一旬投入的77台份基本上卡在第四和第十一两个工序上，第四工序前面工序是停工待料，后面工序则是待工序；设备能力不平衡。第二工序的四轴龙门铣、第三工序的五轴龙门铣、第十一工序的组合镗这三道工序，一班可加工8—13个活件。第四工序的皮带龙门刨、第六工序的双轴龙门铣，一班只加工3—6个活件。另外，机器故障多也是工序不衔接的原因之一。

流水线之间脱节，零件不成套。3月份累计成套指标是580台份。在成批车间加工的460种零件中，超过580台件的有164种（700—1000台件的66种，1000台件以上的98种），不足580台件的是86种。1月份

X62W 万能铣的 9 个大件都没有完成成套指标。成套指标是 81 台件，只完成床身 71 件，悬梁 42 件；回转盘 10 日应完成 49 件，实际只完成 14 件。负责加工中、小件的 4 个工段，3 月份都没有完成零件的成套指标。

零件不成套的因素很多，但基本原因有两个：毛坯数量不足，供应不及时；作业计划不切实，指标考核不严格。

表 5

月份	计划数	实际完成数	上旬	中旬	下旬			
					小计	前五天	后五天	后五天占全月产量的百分比（%）
1 月	150	80	2	0	78	9	69	86
2 月	130	70	10	13	47	21	26	37
3 月	230	215	39	63	113	50	63	29.3

显而易见，工序不衔接，零件不成套，必然影响商品的均衡完成。自去年 5 月以来，装配总是前松后紧，月末大突击，70%—80% 的产品集中在月末 5 天完成。今年第一季度，产品完成得也不均衡，如表 5 所示。

生产不能按节奏进行，经常出现脱节和突击现象，无论对生产或企业管理都是不利的。（1）影响计划的全面完成。就以产品产量来说，今年 1—2 月份都没有完成计划。（2）突击赶活，影响质量。加工粗粗糙糙，运送磕磕碰碰，不合格修修配配，装不上敲敲打打，装完还有丢三落四。装配段长郭裕忠说："去年每到月末都敲锣打鼓地送大字报催缺件，大件工段送来的床身是"堵嘴"（即补铅），60% 不合格；零件供得晚，我们干法就不正规了。刮研吃大刀；三道腻子打一道，腻子不干就喷漆。"又如工人郭自强说："前松后紧最大的坏处是质量差，拿出口产品来说，过去随便找出一台，电镀一下就成。现在产品出口，一要选择铸件，二要盯（监督的意思）零件，三要配外购件，真够费劲。"质量不好，返修报废多，不仅多消耗工时，而且浪费材料。（3）劳逸结合不好。去年二、三季度工作时间，每月中旬末"七到七"（从早 7 点到晚 7 点），下旬末"连轴转"（昼夜 24 小时）。小组长李连玉因疲劳过度，白天上厕所往墙上碰。（4）突击赶活不安全。每到月末，全厂许多人支援装配，人多手杂，常常发生碰手砸脚事故。（5）窝工时，设备潜力不能充分发挥。赶活时机器超负荷使用，容易造成事故。（6）冲击企业管理工作秩序，影响管理水平的提高。

4. 1960 年以来，这个车间的生产作业计划已经不能发挥它应有的作用了。这主要是，一方面由于指标不落实，材料有缺口。另一方面有些责任制度逐渐废弛了，工作抓得不细、不深，因而有些问题能解决的也没有解决，有些应抓紧解决的却拖拖拉拉，都对实现作业计划有很大影响。群众对这种生产不稳定的情况是有意见的，工人在一张大字报里写道："请问计划厂长，为什么计划不强？没有原材料，指标往下放；月初没活干，月末瞎着忙；任务大突击，质量也不强；人力浪费不少，影响职工健康；整风以后快改，多多算算细账。"

我们认为当前应趁"整风运动"的有利时机，大力地改进与加强生产作业计划工作，力求实现有节奏地进行生产。可参照过去作业计划的办法，重点总结 1958 年以来的经验，拟定出既符合科学管理要求，又便于发挥群众主观能动性的作业计划方案，经过自上而下、由下而上的反复讨论、修改补充后，切切实实地贯彻执行。结合贯彻作业计划，改进与提高管理工作。只有在生产的实践过程中建立起来的制度，才是切实可行的。为了搞好作业计划，必须相应地做好如下工作：

（1）为了加强作业计划，必须相应地改进在制品的管理，确定并力求实现在制品的合理的生产周期与周转量。如果在制品的家底不清，心中无数，制订的作业计划就很难切合实际。没有一定的合理的生产周期与周转量，生产就将接不上气。在制品的定额是作业计划的标准，而合理的生产周期与周转量是保证生产不断进行的必要条件。加强在制品的管理，当前应着重健全与切实贯彻制度，严格收发、领退手续，做到财物相符，不丢失，不损坏。期与量根据目前计划日产水平加以确定。以大件加工任务为例，根据生产周期 12 天、日产量 8 台的要求，大件的占用量即以 12 天乘 8 台，产量为 96 台；以后每天投料 8 台，这样大件各工序之间，可以像水渠一样畅通流转，每天生产 8 台。但是，如果每天不能投料 8 台，那么，水渠即将被冲断为若干小"水库"和若干块"旱地"，也就是说某些工序机床活儿干不完，某些工序机床停机待工序，不正常情况又反复出现。由此可见，生产中确定合理的生产周期与周转量及按期投入生产需要的材料或毛坯，是组织有节奏生产的先决条件。

（2）做好原始资料的统计工作。记好工时记录卡片和检查员值班报告表；做好设备利用系数、工时定额完成情况、在制品月末盘存等月报表，为编制计划和指导生产提供可靠资料。工时记录卡片和检查员值班统计表，主要依靠工人自己记。但在当前有些工人不会或不愿意记的情况下，工段计划统计员应当进行指导与帮助，使工人能够熟练地记好、记准。

（3）在加强作业计划的同时，必须积极地改进调度工作。调度工作是生产作业计划的不可分割的部分。因为生产作业计划编得再周密，在执行过程中总还会出现缺点和偏差。例如，材料没有及时供到或不合规格、前道工序生产误期、机器发生故障、工人缺勤、废品过多、有的工人完不成定额、临时停电、工具没有按时制成、图纸工艺有差错或没及时发交工作地等，都将影响到生产按计划进度进行。调度工作便是经常核算、监督，预防上述缺点和偏差，保证实现作业计划的手段。因此首先应该健全调度系统，厂、车间、工段都应设专职调度员，有关生产的职能科室也应指定兼职调度人员，在全厂形成强有力的调度网。其次，建立与健全为实现调度工作所必需的制度和账册。再次，明确调度会议决议的执行者和检查者，每次调度会议都应认真检查上次会议决议执行情况，执行好的及时表扬，执行不好的及时批评，严肃贯彻会议决议。

（4）建立与健全责任制度，并切实贯彻执行。当前根据加强作业计划的需要，应建立与健全下列制度：材料领发制度，严格按指标投料；在制品的收发、保管及废品的处理、退修、回用制度；机器维修、保养和修理验收及精度登记制度；设计、工艺修改的审批会签制度；工卡胎具的设计、保管、使用、鉴定、检修、报损、报废制度。

（5）加强生产前的准备工作。根据成批生产的特点，结合当前物资供应情况，主要应做好材料和工具的准备。车间计划组应设专人主管这项工作。施工组应根据准备工作计划，做好生产前的技术准备工作。

（6）进一步开展小组管理工作。搞好小组管理是实现作业计划的基础。当前应以执行上述制度和做好原始记录作为开展小组管理的主要内容。

这个厂的生产作业计划工作，自去年11月份以来，已经有了不少改进。从今年第一季度指标修改情况看，是一月比一月少，4月份计划编制得比较细致切实了。目前正在全面研究，准备进行系统改进。

八　在制品管理

在制品是保证生产过程不间断的必要条件。所谓在制品，就是尚未做完的成品。一个车间、一个工作地以及零件库，都必须有相当数量的在制品，不然，一批任务完成后，另一批任务接不上，就有停工的可能。在制品是生产过程中的重要环节，管理好在制品，是一项经常的、重要的细致工作。

1958年以来，在制品的管理有一些改进。就以零件库来说，1957年以前零件的存放是按件号顺序排列；配一台铣床的零件，要走遍所有零件架子。现在改为按成套要求排列，在一个架子上就能配齐几十台的零件。过去零件库工人按零件种类分工，每人和所有装配小组都发生关系，责任不专，忙闲不均；现在一人固定一个小组，包干到底，既便利小组，又加强了零件库工人的责任感。但是，从整个在制品的管理来看，确实还存在不少缺点和问题。

1. 在制品账物严重不符，丢失很多。去年11月盘点了398种零件，盘亏的115种，盘盈的138种，账物不符的占65%；全年丢失零件31261件。今年3月24日抽查了万能铣和立铣的11个大件，只有1种零件账物相符，其余10种零件都有差错。如表6所示。

表 6

	领料数	交库数	应在制数	实在制数	差数
床身	360	255	105	84	− 21
床底	359	351	8	17	+ 9
悬梁	297	240	57	90	+ 33
变速箱	602	396	206	124	− 82
变速器	453	444	9	102	+ 93
升降台	467	321	146	124	− 22
回转盘	312	240	72	105	+ 33
工作台底座	299	245	64	48	− 6
立铣床身	143	93	50	45	− 5
立铣工作台底座	131	80	51	54	+ 3
回转头	133	82	51	51	正确

为什么会这样？制度执行不严，手续不清，有些工人不爱护零件，乱抄乱扔是主要原因。

据过去零件库管理人员姜树群、库工朱茂有反映："1957 年以前，在制品的每个流转环节都按制度办事。投料后及时登账，交一次库对一次账。废品减数，回用增数，工段计划员于 3 日内开具小票，写明原因，通知生产科；生产科汇集，半月通知各有关部门。所以那时每年盘点，账物相符程度都在 90% 以上，很少有丢失现象。"1958 年以来，有时投料不登账，交库不点数，废品不减数，回用不增数。有时因急用，不办收发手续，加工部门直接到毛坯库拉毛坯，装配部门又直接到加工部门取零件。大铸件（500—1000 公斤的），加工车间想拉就拉，拉多少算多少，生产科称之为"门户开放"。铸工车间常常交库没有交库单，交库后向毛坯库要数字再补交库单，作为登账凭证。最近抽查的 13 个大件中的差错，经初步查问，因为废品未从统计数中刨去，所以底座多 9 件，床身少 21 个。姜树群说："现在增数减数都由工段自己办，少了就写个减数，没有人追问原因，到月末突击时一喊叫，厂长就决定补。"

1957 年以前，毛坯、零件仓库统由生产科领导。那时制度执行得严格，对丢失零件要认真处理。自 1958 年零件库下放给车间后，一些制度形同虚设了。零件库管理员杨忠堂说："过去生产工人不能随便进零件库，现在工人有时用零件就来拿；加以制止，就说，'反正不往家拿，就不犯法，拿零件是为了生产'。有的段长认为工人乱抄零件是好现象，是发挥主观能动性。"车间主任有时带领夜班工人越墙到零件库拿零件（零件库没有夜班）。过去没有借零件的情况，因为丢失了，经批准后才给补，不合格的可以持原件换；去年以来借零件的情况很多，零件库为了配合完成生产任务，经车间主任批准后就借。在 20 日以前，车间主任还亲自批；到月末突击生产时，往往委托一个工人专门开借条。就这样党总支书记还嫌慢，他认为需要就给。杨忠堂说："生产的混乱，把零件库的手续制度都冲击乱了。"过去丢失零件 3 件以上要经厂长批，现在不然了。3 月 1 日总装三组工人张天凤开了个借螺丝 500 条的借条，车间主任是这样批的："因补件丢失掉，请零件库见条借给。"零件库将螺丝借出后，在借条上加注"丢失处理"了事。

由于领导上坚持制度不够，对丢失零件处理不严肃，客观上助长了有些工人（主要是青年工人）对零件不爱护，乱抄乱扔。老工人王世茂说："1957 年以前，丢个零件要追查原因，首先是师傅追原因，其次是组长追原因，轻则写检讨，重则得赔偿，现在没有制度，丢了就补。去年小组里打坏 80 多套轴承，20 多元一个，没有人过问。过去丢个螺丝钉都很着急，现在到月末突击时，一个小组放上两个人专捡零件也捡不过来。有些工人零件稍不合用就一扔。丢了零件开条领是守规矩的，有的干脆去偷。"总装丢了零件要局部装配的补。以前部件转出，如件不全要填缺件表，根据缺件表补零件；现在这项手续没有了，缺不缺心中无数，叫补就补。总装每月完工后，都清理出几箱子零件。

2. 在 1957 年以前，每月月末零件、毛坯仓库都做月末在制品盘存月报，生产科据以给车间安排作业计划。那时计划安排得细，具体安排零件进度。1958 年以后，在制品盘存月报不做了，因此，生产科、车间组织安排生产缺乏依据。正如杨忠堂所说："现在生产科、车间都心中无数。车间主任为了突击当月任务，每到月末只要个短线项目数，而生产科被动得很，车间一叫喊就跟着跑。由于不掌握在制品情况，计划编排粗了。生产科给车间安排的计划，是要求台份进度，而车间照搬厂部计划，小组则是有啥干啥，造成在制品长短不齐。当然，在制品长短不齐，与企业内部管理是有直接关系的。目前，根据零件库的统计，到3月份累计零件成套指标为580台份；在成批车间加工的460种零件中，大于成套指标的有146种，小于成套指标的是68种，与成套指标吻合的为246种。

过去对成套指标考核严格。如果成套指标完不成，车间主任可急了。现在成套指标是形式。调度员说完成就算完成，实际上调度员并不十分了解情况。

3. 在制品的管理，今年在去冬"反浪费运动"的基础上，进行了一些整顿，已收得成效。但制度贯彻得还不够好，因此，还应进一步改进。

（1）进一步加强在制品的管理。零件库人员认为，零件库仍由生产科领导，是坚持制度、加强管理的前提条件。据杨忠堂、朱茂有说："过去零件库由生产科领导，能够坚持制度，零件丢失很少。自1958年下放车间后，车间只顾便利当前生产，很少从管理角度考虑，特别到月末突击生产时，置一切制度于不顾，车间主任批条，总支打电话，谁说了都得听，无法坚持手续制度。"也有的人认为把零件库放在车间"方便"。我们认为零件库应收上来归生产科领导。所谓"方便"正是不能很好执行制度的原因。矛盾不能掩盖，有些制约是必要的。当然，在制品的某些混乱现象，不能统统归结于零件库的下放，而是有主观的原因，也有客观的因素。但无论根据过去的经验和当前情况，零件库收上来，比在车间好处多。首先，有利于管理制度的贯彻；其次，生产科掌握了情况，有利于编排计划和指挥生产。

（2）应将成套指标作为考核生产成绩的一项重要内容。要健全与恢复"成套指标考核报表"等手续制度；完不成成套指标，不能算完成任务，不予计奖，不过指标也应符合实际，不然，将会影响群众情绪。

九　车间党总支怎样领导生产

自1958年成立成批车间以来，党总支书记换了3次。第一任书记是李天弼同志，从1953—1960年1月；第二任书记李维廉同志（名义是第一副书记，实际是由他负责），从 1960 年 1 月—1960 年 8 月；第三任书记刘凤岐同志（名义上是第一副书记，实际上是由他负责），自 1960 年 8 月到现在。为了了解几年来党总支怎样领导生产，我们邀集前后三任书记进行了座谈，他们的谈话内容纪要如下。

李天弼同志说：在 1957 年以前，党领导生产是统一思想，统一对生产指标的认识，明确生产中关键问题，抓薄弱环节，抓思想工作。生产上日常行政调度都由行政上负责，那时支部不直接解决问题，不找工具，不找零件，工人也不找支部解决生产上的问题；只是行政上某个干部老不解决问题，工人到支部告行政干部的状。那时支部只我一个书记脱产，下班后或星期天经常找工人谈心，做思想工作。如在 1956 年前半年，全市先进生产者和厂先进生产者邓仍陕和秦九忠，他俩闹不团结。为了解决他们的团结问题，星期天约他俩一起到北海去玩，边玩边谈心，就这样解决了他们的团结问题。那时还经常深入到宿舍去做思想工作。对群众的思想状况还通过党的小组进行了解。党小组长有一个笔记本子，上面记载着每个人的思想活动，每周交给支部看，作为书面汇报。支书在星期天像批改"作业"一样，审阅批示意见，提出党小组长应进一步注意什么问题。

自从 1958 年以来，逐步转入大会战，书记什么都挂帅。1958 年 8 月确定万能铣翻番到 1300 台，大型机床任务也上来了；领导生产的方法改变了，分片包干，总支书记负责 8 米龙门刨床和 5 米滚齿机，总支工作也顾不了，日日夜夜盯在 8 米龙门刨、5 米滚齿机旁边。两个月内，一天顶多睡 4 个小时，困得厉害，就睡在桌子上，也不脱鞋袜，洗脸不管脖子，偶尔洗头发还洗出铁末子。自 1958 年以后，一脑子生产数字。小件是关键到小件工段去，大件是关键到大件工段去。后来工人说：李天弼到哪里去，哪里准是关键。一直到一个工人缺材料找书记，搬运不了找书记，缺一个刀也找书记。找就真解决，例如，5 米滚齿机拖了进度，就是因为铣刀不好用，所以我夜里 9 点坐汽车到天津机床厂去取刀，后半夜 2 点拿着铣刀回厂，又派汽车去呼家楼宿舍把工人接回厂修铲铣刀，第二天早上又把铣刀送到天津机床厂去，就这样亲自解决具体问题。总之，一切包起来了，不分党、政、工、团，一切分片包干。

　　抓生产抓法变了，自己冷静地坐着想，感到不太好。曾在党委会上，我和顾金池提出：书记当大调度，包办了行政工作，放松了思想工作，不能这样做党的工作。结果受到了批判。后来党委书记还找我谈话，自己感到"自己思想是有些守旧"，可是也没有很好地想通，总感到思想工作做得太少了，党的建设工作做得太少了。

　　为什么党包办行政的事多了？在我的脑子里印象最深的是在1959年整风时，《人民日报》转载了《河南日报》一篇社论，文章内容主要是批判有些人说党管宽了、管细了，影响行政人员发挥作用，这是不对的，实际上是给党画圈子，党想管什么就管什么。在当时党委把它列为整风学习的参考材料。此后行政上事事找党。不找党好像工作不合法，动员力量不大；找了党，书记讲了话，事情就好办了。行政上开会就找书记参加，行政主任说：书记不讲话只要在座，也能起解决问题作用。一表明通过了党；二表明党是重视的，工作就好推行，从此书记就成了第一忙人。

　　李维廉同志说：1958年以来，人们脑子里尽是数字和生产问题。抓生产：上半月抓成套（即抓机械加工任务），下半月抓商品（即抓装配商品任务）；在月末突击时，当了大调度，工人喊缺件，自己就亲自去调度，甚至到机床前去帮助工人拿缺件。那时不这样抓生产，到党委就无法汇报；狠抓生产了，会议接着也就更多了。群众对我们老开会很有意见，据我们车间党总支宣委兼团总支书记张宝田同志反映：在去年6月间的一个星期天，六工段有十几个工人一起往宿舍走，张宝田走在他们后面，其中有几个人一人一句以表演的形式来嘲笑公式的、单调的生产会议。李说："现在开会啦，今天的会议……"王说："关系着咱车间生产计划能不能完成问题，今天的会议……"赵说："主要是赶缺件，为什么要赶缺件呢？……"郑说："为了不使装配苦战、不突击，所以……"朱说："所以星期天必须加班……"最后一个人好像是代表工人的意见，以质问的口吻说："这些我们都听烦啦，耳朵里都磨出了跰子，你们还有新鲜的没有？"说到这里，几个人相互对视了一下，哈哈大笑起来。然后故意回头看张宝田说："呀！你在后边？我们怎么没有看见你？"其实他们是说给张宝田听的。

刘凤岐同志说：党的工作注意活的因素差些，分析人的工作更做得少，了解人不是从发展过程中分析研究，而是抓一个人的某一点或几点。

工作组对刘凤岐同志进行了一周工作（从 3 月 20—25 日）的写实。实际工作时间累计为 3655 分钟，折合 60 小时零 55 分钟，平均每天工作10 小时多。从其工作内容看：（1）抓整风运动和处理有关整风问题合计41 小时零 5 分钟，占全部时间的 67.4%；（2）到车间生产现场察看生产情况合计 7 小时零 55 分钟，占全部时间的 13%；（3）看报纸、文件和参加干部学习合计 7 小时，占全部时间的 11.5%；（4）了解种菜、养猪等副业生产及研究解决职工生活问题合计 4 小时零 20 分钟，占全部生产时间的 7.1%；（5）检查去年国庆节前夕由丰台桥梁厂借来的电钻退还问题合计 35 分钟，占全部时间的 1% 弱。从其工作方法看：一周内开会 15次，平均每天开两个半会，用去时间 29 小时零 15 分钟，占全部时间的48.8%。其中参加厂党委召开的会议占 16 小时，自己召开会议 12 小时 45分钟，参加车间行政生产会议 30 分钟；在办公室里研究工作或看文件用去 20 小时零 30 分钟，占全部时间的 33.6%；把坐办公室的时间和开会的时间加在一起共 49 小时零 45 分钟，占全部时间的 81.6%。深入生产现场、参加支部召开的党团员会议及党团员小组；整风鸣放小组会等共计10 小时零 15 分钟，占全部时间的 16.8%；其余 55 分钟的时间用于找党委戴书记反映整风鸣放问题、同工会张主席研究食堂问题。开会成为主要工作方法，可是会前没有花时间做准备，会后也不下去做调查研究。例如，最近为了工人中午吃饭时间是规定半小时为宜，还是一小时为宜，党总支连续开了 5 次会，在会议中又不认真做笔记，所以承上启下的传达工作也很难做得准确。

十　车间主任李振顺同志谈几年来的生产管理和怎样当好车间主任

1954 年时，学习一长制，学习下命令，什么事都讲命令，依靠党依靠群众不够。那时行政权力有点太大了，命令主义有点抬头。后来市委发现有问题，就没有再贯彻。

依靠党支部（总支）的领导办法是：年、季、月计划都提交支委会讨论，工资奖励、干部调动、修改定额、突破生产关键和克服薄弱环节等，行政都提出意见提交支委会讨论。在这方面，过去和现在没有多大变化。不过1958年以前，支委会讨论生产问题比较少，那时支部不直接抓生产。

1954年推行作业计划，组织有节奏的生产，实行计件工资制，搞经济活动分析等，对指标考核得比较全面，除产值、成套性、废品率、劳动生产率、安全（后来又加上成本）五大指标外，还有回用率、均衡率、定额超额系数、间断率、工具消耗、辅料消耗等十来项参考指标。那时管理干部也多，都经过学习，业务也熟悉，因此车间掌握的资料也健全。当时车间主任每月都要将各种指标与生产能力平衡算一算，生产准备抓得多，考虑问题较长远，完成计划的把握也比较大（当时是以销定产，昼夜开两班，任务还不足）。那时材料和工具，供应充足，最少也有一个月的储备量；对在制品的管理抓得紧，逢年过节都要清查一次。后来因管理健全了，问题不大了，就由普查改为抽查。抽查时90%以上都能账物相符。设备管理方面，有定期检修制度；机修部门的技术力量强，人也多，星期天都来做检修。徒工或新工人进厂时，得先进行教育。对事故的分析处理也严格，车间要发生一起停机3天以上的事故，就没有竞赛评比资格了（1958年以后松了，1960年一季度出了大事故还被评为先进车间）。对工人要求更严格。坏一个小钻头，就不能得奖；出了责任事故，除酌情赔偿外，只发给75%的工资；工人对出事故真害怕。那时机器事故很少，机床间断率也很低，只有1.3%—1.4%。厂部对成套性卡得也很严，短个螺丝也不算完成计划。对劳动生产率也很注意，车间里不让富余一个人；多余的人，都抽出来，交给劳资科（当时管它叫"人库"）去培训。对各项指标都很注意，废品率也是逐渐下降的。那时每月有一次经济活动分析；通过分析，作出的决议，一般都能够实现。那时组织竞赛，评比的条件具体，有个人台账，每个人的成绩缺点（完成指标的数字），各职能组都给提供详细资料，后来每人还发给个人竞赛手册，月终评比时，容易进行，而且评得比较符合实际。除工人评比外，职能科室、职能组也进行评比。通过评比，提高了他们的工作积极性，发挥的作用很好。1958 年以来也有评奖，但没有具体条件和资料了，搞得比较粗糙。当时推行作业计划、计件工资、经济核算等都先由我们车间开始，我们曾一连 12 个月被评为先进车间，也确实建立了一套管理制度。当时工作抓得细，还有个客观条件，就是那时车间规模小，哪个零件在哪里，弄得很清楚。工作虽然紧张，可是并不感觉吃力，我一直坚持了夜校学习，得到学习奖励和好评。

到 1958 年大破大立时，思想跟不上形势发展，对以往一套经验有些留恋。我是属于保守的一个，曾提出：大破以后立怎么办呢？本厂在搞下放时，比较粗糙，只由科室草拟了制度，车间干部没有很好地讨论，就合并了科室。车间也合并了。厂里还放下来 9 个权力，下放后就没有管起来。制度破时容易立时可就难了。

1958 年 9 月和 12 月是两次突击生产高潮，任务是突击 8 米龙门刨和 5 米滚齿机。任务很急，不容许计算周期。其次，干那么大的活儿，也没有经验。蚂蚁啃骨头，可是怎样啃法，谱儿也不大，要计算也计算不了。再说群众一起来，一连干 30 来个小时，工时定额也没法说了。那时领导上反复批判见物不见人的思想，所以什么周期不周期，就不管那一套了，别的指标也就不考虑它了。当时就是要活儿，就凭干劲了。那时书记、厂长，分片包干，亲自盯，亲自跑料，跑工具。工具材料的管理，也没有什么制度了，到那里就拿呀，全厂都给开绿灯。曾有一台机床，开得转数飞快，一个月损坏 120 把刀具。我总结工作时，提出二工段个别机床野蛮生产，因此受了一顿批评。当时任务虽然那么多，那么急，可是如果尽量计算一下，从设计就开始，抓好准备工作，特别是关键件的生产周期，也不见得就慢，可能比领导干部分片包干还会快一点。

要完成老产品任务，9 大件是关键。书记、厂长都下来，分别盯大件，指挥机床生产。那时二工段（大件工段）的工长很消极，各机床都由厂级领导亲自盯着，他还指挥谁呀！那时车间主任也没法统一指挥了。我认为任务紧急时，集中领导干部分片包干，具体分工盯零件，直接指挥机床生产，就有些事务化了。企业的事很复杂，一环套一环，摘开一环就不行，何况全摘开。

总体来说，应当吸取 1958 年以后的教训，也要总结 1958 年以前的经验。通过几年来的实践，取得一条经验，就是群众热情高涨时，领导就要冷静点。

抓工作，各个时期有不同的重点。当前是抓质量、抓技术管理、抓节奏生产，关键还是抓好技术后方和生产准备工作。要做好这些工作，首先得心里有数，得弄清情况。现在车间正在大力抓原始记录，以便通过各个环节，把情况反映上来，因为统计不真实，情况弄不明，就不能掌握主动。现在，好多是新干部，不懂业务，为了改进管理，还得抓干部的业务学习。

怎样当好车间主任，这个题目很大，谈一点个人体会：

1. 在党的领导下，将重大问题提到党组织去讨论、决定，经常向党组织汇报和请示工作，依靠党组织并取得党组织的支持，在自己的职责范围内勇于大胆负责。

2. 正确领会党的方针、政策，善于统一各个副主任之间的思想认识，并充分发挥他们的作用，正确贯彻党的方针、政策和厂部各项决议，形成车间强有力的生产指挥部。

3. 经常注意行政干部的思想活动，加强对干部的教育和培养，特别要加强对党的方针、政策的学习、政治理论学习，以及文化和业务学习。

4. 在党的统一领导下，善于取得工会、共青团配合作战，搞好发动群众、开展竞赛与评比工作。

5. 树立群众观点，善于放手发动群众。当群众尚未发动起来时，领导要热些；当群众运动高潮时，领导要冷静一点。善于领导群众运动向正确方向发展。

6. 主任要懂得全厂业务，尤其要熟悉车间内部的各项业务，以及干部情况、劳动力分布情况、设备情况，否则就不能准确解决问题。

7. 全面地、客观地向厂长汇报生产工作，使厂长对车间生产工作有全面了解，以便更好地取得厂长的领导与支持。

8. 根据厂部下达的指标，主任要亲自组织各职能组细致地安排国家计划，使计划落实，措施落实。

9. 要抓各项管理制度，建立与健全适用于生产的管理制度，经常注意加强责任制。

10. 要善于总结经验，学习先进经验，因地制宜地推广先进经验。

11. 要经常深入车间了解情况，检查工作；从思想入手，了解生产问题，才能正确解决生产问题，指挥生产才有力。

12. 争取工作主动，必须先从生产准备工作入手，抓早不抓晚，一手抓准备，一手抓生产。

13. 搞好调查研究与经济分析工作，深入准确地发现生产中的关键问题和薄弱环节。

14. 经常注意和兄弟车间的关系，加强团结，搞好协作，先人后己。

15. 经常注意和厂部科室关系，争取科室对车间的业务指导和帮助，改进工作。

16. 经常教育工人注意安全生产，注意职工的文化技术教育，以及生活方面问题。

17. 要订出必要会议制度，防止开会过多，会前要做好准备，使会短质量高。

18. 搞好小组管理工作。要搞好小组管理，必须先抓原始记录和统计工作。

19. 要不断地围绕生产关键进行技术革新活动。

20. 根据生产的发展，要不断地调整生产组织，提高劳动生产率。

21. 从工作方法上，要善于以点带面地抓工作重点，突破一点取得经验之后，再认真地推动全面工作。

附录

车间主任李振顺同志六个工作日写实

3 月 23 日（星期四）

7：30—8：30，到各工段巡回了解生产情况，发现问题。

8：30—10：00，回到办公室处理日常事务（工具不好用，干部闹纠纷，厂部征求对工作服的意见）。

10：00—11：30，开车间生产调度会。

12：30—13：40，根据上午生产调度会提出的大丝杠加工速度低，齿轮工段缺拉刀等问题，到各工段巡回，作深入了解。

13：40—17：00，回到办公室打电话给供销科，要求供应刀具等及处理日常事务，并在空隙时间向工作组同志介绍车间情况。

18：00—21：30，学习。

3 月 24 日（星期五）

7：40—8：00，到八点在办公室摊开日记，考虑问题。

8：00—9：00，开车间主任碰头会，研究 4 月工作安排，准备向厂部提出建议。

9：00—12：00，参加厂部召开的 4 月份工作会议。

13：00—14：30，与计划组同志研究原始记录试点工作问题，与经济组等研究 4 月厂部下达的指标，让经济组再核算一下。

14：30—15：10，深入现场，发现大件加工时眼打得不正确，升降台部件装配不上，便把工段的干部和工人找来，让他们研究解决。

15：10—15：40，又与经济组研究确定 4 月指标。

15：40—16：30，到党总支汇报上午厂部会议情况，并商量总支讨论 4 月工作计划的时间。

16：30—17：00，召开车间各职能组会议，传达厂部对 4 月工作的布置。

18：30—21：30，写 4 月工作计划。

3 月 25 日（星期六）

8：00—9：30，根据党委指示到汽车厂看整风大字报。

9：30—10：00，处理日常工作。

10：00—12：00，参加厂部召开的整风兑现会议（组长以上干部参加）。

13：00—17：00，参加总支会议，研究整风问题。

17：00—19：00，各主任碰头，研究 4 月工作计划。

3 月 27 日（星期一）

7：30—8：15，到车间各工段巡回。

8：15—9：00，向工作组介绍车间情况。

9：00—9：45，召开职能组长、工长会议，要求各王段讨论 4 月生产计划，并抓紧 3 月生产关键。

9：45—10：30，到车间巡回，到毛坯库了解库存毛坯情况，并到重型厂房看产品的保管情况。

10：00—11：40，与计划组同志研究原始记录试点问题。

13：00—16：00，到车间巡回，督促解决二工段立车修理问题（这是当前生产关键）。

16：00—17：00，参加党总支会议，研究整风问题。

18：30—21：30，写 4 月工作计划。

3 月 28 日（星期二）

8：00—8：40，接待人大同学来厂实习，并安排他们的工作。

8：40—9：00，处理日常事务。

9：00—11：30，召开车间干部大会布置 4 月份工作。

13：00—17：00，参加党总支会议，向总支汇报 3 月生产完成情况，提出 4 月工作计划请总支研究，并讨论竞赛、建党和干部配备问题。

18：30—19：30，研究原始记录试点问题。

19：30—21：30，到车间巡回。

3 月 29 日（星期三）

8：00—8：30，处理日常事务。

8：30—9：30，找二工段工长研究生产上的薄弱环节。

9：30—10：00，与原始记录试点的干部谈话，解决思想问题。

10：00—11：40，参加总支会议，研究改变吃饭时间问题。

13：00—15：00，参加总支召开的支书会议，研究倒班时间问题。

15：00—17：00，参加总支会议，学习《北京工作》的1961年宣传工作纲要。

17：00—17：30，到车间巡回。发现二工段加工的回转盘质量不好，段长当着生产工人的面就将检验工的军，检验工有意见，李主任支持了检验工。

18：30—19：30，在办公室看厂部发来的文件。

19：30—22：00，各主任碰头研究成立单件小批工段的筹备工作。

从李振顺同志六个工作日写实看他的工作时间和分配情况：

1. 6天中，最少1天工作10小时，多时为12小时零10分钟，平均每天工作11小时零8分钟，工作是比较紧张的，也比较辛苦。

2. 6天中用于巡回车间的时间为540分钟，占总时间的13.4%；处理日常事务（大多是生产中的材料工具等问题）为250分钟，占6.2%；用于研究工作为740分钟，占18.4%；开生产调度会90分钟，占2.2%。上述4项直接用于生产上的时间为1620分钟，占40.4%。

3. 6天中开各种会议1285分钟，占总工作时间的32%。其中参加厂部召集的会议2次，共计5小时，占23.3%，参加总支召集的会议5次，共计12小时40分钟，占59.1%，自己召集的车间干部会3次，共计3小时45分钟，占17.6%。各种会议按内容分，研究生产工作的525分钟，占40.9%，讨论整风的420分钟，占32.7%，其他问题340分钟，占26.4%。可以看出，主任自己召集的会议较少，会议的绝大部分时间是讨论生产和整风问题。

直接用于生产的时间，加上讨论生产工作的会议时间，共计为2145分钟，占总工作时间的53.6%。

4. 6天内学习时间为450分钟，占11.2%，制订计划用了360分钟，占 8.9%；其他是去汽车厂看大字报、接待来访等共用 295 分钟，占 7.3%。

总体来看工作时间的分配还是比较合理的，因为是月底忙于安排下月份工作，又因为正在整风，所以有些会议多了，而生产调度会就减少了一些（本来规定每两天一次）。就这 6 天中的会议来分析，如果能提高会议质量，再缩短一些会议时间，是完全可能的。

成批车间大件工段的调查

前　　言

　　大件工段生产的是铣床上的 9 大部件（床身、床身底座、悬梁、工作台、回转盘、回转盘底座、变速箱、变速器、升降台）。它是成批车间的一个关键工段。所以说它是一个关键工段，是由于这 9 大部件不但对于铣床的质量有着重大的影响，而且这些部件经常是生产中的"短线"（薄弱环节）。抓住这个关键，发现问题，解决问题，对于成批车间的生产具有重大的作用。

　　这个工段是一个对象封闭工段，从铸件投入到 9 大部件全部加工完毕，都是在这个工段内完成。据 1961 年 4 月上旬的统计，这个工段共有 5 条生产线，15 个生产小组，两个辅助小组，244 个职工，63 台金属切削机床。党员 18 人，占总人数的 7.4%；团员 58 人，占总人数的 23.8%。工人平均技术等级为 1.9 级。

　　厂党委把这个工段划为一类工段，即先进工段。在全厂 29 个工段中，属于一类的有 16 个。这个工段领导核心是团结的，干部队伍基本上是纯洁的，职工是积极肯干的。几年来生产发展很快，平均日产量从 1958 年的 3.8 台份增加到 1960 年的 7.8 台份（最高月份日平均产量达到 10.7 台份），翻了一番还多。1960 年实现了很多技术革新项目，大多数坚持巩固下来了。近一年多来，给别的单位（主要是新建的重型车间）输送了一批技术骨干力量：组长7个、段长3个和一些老工人。在抽出老工人，新工人比重大为增加的条件下，基本上保证了9大部件关键部位的质量。这是基本的方面。

另一方面，由于生产发展得很快，新工人增加很多，组织上和思想上比较复杂，没有来得及进行彻底整顿；同时，日常生产的组织、管理工作一时还跟不上来，因而生产效率较低，生产的节奏性较差，设备事故较多，加工返修率较高。这些，是需要在今后工作中逐步解决的问题。

一　职工队伍

大件工段共有职工244名，其中工人237名，干部7名。

（一）工人

在大件工段的237名工人中，从农村来的175名，占73%；家在城市的62名，占27%。大部分工人来自农村。

1. 工人队伍的组织和思想状况。有相当数量的工人出身于剥削阶级家庭。在237名工人中，出身于地主、富农、资本家等城乡剥削阶级家庭的45名，占19%；出身于中农、小商贩等中产阶级家庭的94名，占40%；出身于工人、贫农、城市贫民等贫苦的劳动人民家庭的98名，占41%。这就是说，有一大半的工人出身于城乡剥削阶级和小资产阶级的家庭。在237名工人中，入厂以前，绝大多数是青年学生，工人很少，血统工人更少。入厂以前是工人的17名，占工人总数的7%，而其中血统工人只有4名，占工人总数的1.7%；是农民的7名，是店员的3名，是小业主、和尚、军人的各1名，这些人占工人总数的6%；其余205名都是青年学生，占87%。

1958年以来，许多工人突击苦战，干劲十足，发扬了工人阶级的本色。但是，由于新工人增长很多，目前在工人队伍中也存在着不少非无产阶级的思想表现。在这方面比较突出的有：不遵守劳动纪律，缺勤旷工，迟到早退，特别是在夜班的时候，借故不干活；不爱护公共财物，不注意维护机床，乱抄工具；不重视质量；干活时挑挑拣拣，把方便留给自己，把困难推给别人；在政治上、技术上的进取心不足；也有少数工人认为当工人不光彩，有"脱离工人窝"的思想。可见，进一步地加强工人的政治思想教育工作，克服各种非工人阶级的思想意识，是一项极其重要的任务。

2. 这支工人队伍的技术水平较低。在237名工人中，解放以前进厂的只有5名，占2%；恢复时期进厂的19名，占8%；第一个五年计划时期进厂的73名，占30%；1958年以来进厂的140名，占60%。这支年轻的工人队伍，除了思想上、组织上的问题以外，还有一个突出的问题，就是技术水平比较低。目前全工段工人的平均技术等级是1.9级，而在1957年时平均约为四级。现在三级以下的技工和徒工有211名，占全部工人的89%（一级工110名，二级工61名，三级工9名，徒工31名）；四级以上的工人26名，占11%。目前在机床上干活的基本上是三级以下的技工和徒工，而在1957年，徒工和一、二级工主要是帮床子，在机床上独立干活的生产工人一般是三级以上的工人。

由于1957年以前，工人大体上一年升一级。1958年以后，工人大体上两年升一级，因此，目前工人的技术等级并不能完全反映工人的实际技术水平。

那么，目前工人的实际技术水平究竟怎样呢？这应当从两方面来看。由于生产的需要，1958年以来进厂的这批工人，在进厂不久以后，就上床子独立干活，而且都是专干一门，于是很快地就掌握了一定的操作技术，这是很大的优点。但是，他们缺乏一些必需的技术知识，主要是看不懂图纸，不会磨刀，不了解设备的基本构造，不清楚工艺的基本要求（如公差配合、光洁度、精度等），也就是说他们还不懂得"立正"、"稍息"。这是目前新工人在技术上的一个主要的弱点。所以产生这个弱点，是和下述几种情况密切联系的。

（1）由于1958年以来，生产任务紧，突击生产多，进厂后的训练时间短，基本技术训练进行得少，工人在上床子干活以后，业余技术学习也很少，来不及进行比较系统的基本技术知识训练，这是应当"补课"的。

今年以来强调劳逸结合，规定每周上业余文化课的时间只有一次（没有技术课），有时时间还缺乏保证。而且过分强调自愿，有些自流，旷课的人不少。同时着重于提高文化，不大结合当前生产的实际需要。今后除了有计划地脱产轮训以外，更重要的是加强业余技术学习的领导，适当地增加业余技术学习的时间，学习的内容要和生产密切结合。

（2）1958 年进厂工人的师傅，大部分是 1956 年进厂的工人，实际上是"新手带新手"。这些"小师傅"在技术上还不够熟练和全面，对徒弟要求也不够严格，培养出来的徒弟，技术上就更差一些。

（3）工人的流动性大。1958 年以来，生产小组曾经有过三次大的变动：1959 年把生产小件的工人划归其他工段，小组变动一次；为了领导方便，将生产小组划小，1960 年 11 月将原来的 9 个小组划为 12 个小组；1961 年 1 月又由 12 个小组划为现在的 15 个小组。还由于本工段的工人不断外调，工段内部由于突击任务、补充缺额等，小组内部成员的变动也很频繁。以蔚建业小组为例，1958 年 8 月有工人 22 名，11 月调出 4 名，调进 18 名徒工，增至 36 名；1959 年制作小件的工作划归其他工段，又调出 8 名，以后又调出调进 3 名；1960 年 11 月，又从本组分出一个组，本组只剩下 10 名工人；1960 年年底和 1961 年年初又调出 2 名，现有工人 8 名。小组成员的流动，除了不利于加强小组管理工作以外，对于提高技术水平也是不利的。今后应当相对地稳定下来。

（4）由于管理制度不够健全，生产秩序不正常，原始记录不够准确，赏罚不够严明，也影响一些工人不大关心自己技术的提高。还有少数工人，觉得自己已经能够在机床上独立干活了，和老师傅也差不多了，产生了某些自满情绪，不肯刻苦钻研技术。今后应当加强思想工作和制定切实可行的考工升级制度，来鼓励和促进工人提高技术。

3. 在老工人少、高级技术工人少的情况下，如何更好地发挥他们的骨干作用是一个很重要的问题。全工段现有四级以上技术工人 26 名，其中担任生产小组长的 14 名，在生产小组参加生产的 12 名。在这 12 名工人中配备在关键机床上的有 4 名，担任工会副主席的 1 名。对这些老工人的使用，基本上是合理的。在老工人少、新工人多的情况下，每个小组最少应当配备一个老工人当生产小组长或者作为小组生产技术的骨干。这不但对于提高小组的生产技术水平，而且对于培养新工人的无产阶级意识，都有很大好处。因为总的来看老工人无论在生产经验、技术知识、阶级意识锻炼以及组织性、纪律性等方面，都是值得青年工人学习的。有些青年工人和青年干部看不起老工人，这是不正确的。我们不但要在生产技术上充分发挥老工人的作用，而且要在政治思想上充分发挥老工人的作用。同时，我们应当在政治上、技术上对于老工人进行不断的培养，对少数思想落后的老工人，要耐心地帮助他们进步，注意发挥他们的积极性，不断地提高他们的觉悟水平。

以上情况表明，目前这支工人队伍正处于成长的过程中，即处于变农业人口为工业人口，变其他阶级成分为工人阶级成分，并且使他们从思想上工人阶级化的过程中。在今后几年内，如何使这支队伍成长为政治上有觉悟、组织上纯洁、技术上熟练的队伍，技术是摆在我们面前的严重任务。完成这个任务，要解决两个问题，一个是提高新工人技术的问题，一个是发挥老工人作用的问题。很好地解决这两个问题，应当是贯彻执行党的"调整、巩固、充实、提高"方针的一项重要内容。

接受过去的经验，今后对于学徒工的培养，要和生产密切结合，进行系统的教育。教育的内容应当是技术学习加思想改造。经过3年学徒时期的锻炼，使年轻的学徒，由技术上的"白丁"变成某一专业方面技术熟练的工人，并逐渐树立起为人民服务的人生观，真正成为工人阶级的一分子。

（二）干部

大件工段共有干部7名，其中有代理党支部书记1名，代理总工长1名，值班工长2名，施工员、计划员、统计员各1名。4月初全工段职工总数为244名，干部占2.9%，工人和干部的比例大体是35∶1。

1. 干部队伍基本上是纯洁的。干部的来源，可以分两种情况：一种是由工人提拔的，有5名：工段长3名和党支部代理书记1名；统计员1名，他原是私营首饰店的店员，于1951年考入本厂当普通工，过了5个月提拔为干部。另一种是一进厂就当干部的，有2名：施工员1名，是

1956年由中等技术学校毕业分配来的；计划员1名，是由军队复员分配来厂工作的。

干部的家庭出身：在7人中，出身于贫农、城市贫民的3名，出身于地主、富农的3名，出身于中农的1名。

干部的本人成分：进本厂之前是工人的3名，是学生的2名，是店员的1名，是军人的1名。

干部的政治思想情况：党员5名，占71%。党支部代理书记、3个工长、1个施工员都是党员。非党干部2名（计划员、统计员各1名）。

从以上情况来看，这个工段的干部队伍基本上是纯洁的，领导骨干是老工人，政治上是好的。

2. 干部对于目前工作，基本上是胜任的，但还需要提高政治水平和管理能力。这些从工人提拔起来的主要领导干部，熟悉生产，实际经验较多，在技术上是胜任的，能够千方百计地完成生产任务。但是他们的政治水平不高，管理能力较差。主要是对党的政策学习不够，缺乏管理业务知识，日常工作计划性差，工作忙乱，不善于总结经验。从1958年以来，由于生产任务忙，必要的政治、业务学习也放松了。目前三个工长对一些工段必须掌握的经济指标都不很懂。计划员和统计员对于业务也不很熟悉。

今后要注意培养和提高干部，定期轮训。加强政治教育，加强工作方法和业务知识的学习，如开办支部书记训练班、工长训练班和其他专业的训练班，等等。

在加强政治、业务训练的同时，要继续提高干部的文化水平。这些干部在进厂以后，文化程度都有不同程度的提高。由老工人提拔的4名干部中，有3名已由初小文化程度提高到高小文化程度；有1名已经提高到初中文化程度。今后还应当进一步做好这一方面的工作。

3. 干部和群众关系基本上是好的，但还不够密切。目前工段里的主要干部，工作很辛苦，他们每天在厂里工作的时间平均约为13—14小时。工人对他们的干劲和责任心，是佩服的，也是满意的。但是对于他们在工作中和群众商量不够，方法简单生硬是有意见的。在这方面，这次整风，群众对他们提了不少意见。

4. 目前脱产干部的数量够不够？这需要具体分析。目前工段主要干部工作时间很长，缺少跟班指挥的工长，还有一个从工人中抽调上来临时帮助工作的搞支部工作。从这些情况看来，干部数量是不够的。但是，工段干部的工作不够得法，会议过多，职能人员的作用发挥得不够，而且由于工人过多，任务不足，目前开三班的，多数将改为开两班，有的甚至要改为开一班。从这些情况看来，干部的力量还有潜力。当前首先是要改进干部的工作方法，少开会议，搞好班组管理。这样，现有的干部一般来说，还是够用的。但是，如果能够增加一个跟班指挥的工长和一个人事生活员，那对于加强夜班生产的领导，减少党政工会干部的行政事务工作，是有好处的。

在 7 名干部中，有 2 名不在册。1 名是代理总工段长吴振山，他从 1959 年担任工会主席以来就基本上脱产，1961 年 2 月担任代理总工长，但一直没有履行干部任命手续，干部听报告时，也没有他的份。车间人事组的人员名单上把他报为七级调整工（原是七级刨工）。另一名是党支部代理书记张玉明，他从 1960 年下半年就开始担任支部书记工作，车间人事组的人员名单上直到现在仍将他报为四级调整工（原是四级钻工）。像吴振山、张玉明这样的干部，工作中需要，已经担任脱产干部的职务一两年，本人也胜任现任的工作，因此应当把他们变为正式的脱产干部。

此外，在工段中，还有所谓"黑干部"，这实际上也是脱离生产的人员。目前支部有 1 名"黑干部"，是 1960 年 10 月由生产小组调上来的，他的工作是给支部书记抄抄写写，整理材料，实际上变成了支部书记的秘书。像这类"黑干部"在反劳动力浪费时反掉了，但一搞别的运动又"应运而生"。主要原因是因为运动中要搞统计，搞书面材料，支部书记忙于行政事务，忙于开会，自己没有时间去搞，只好委托他人。这不仅是支部书记本身的问题，更主要的是自上而下的工作方法问题。就支部书记本身来说，应当摆脱日常行政事务工作，减少会议，亲自做调查，搞第一手材料，取消这类"黑干部"。还有担任社会工作的干部，如工会正副主席，共青团正副支部书记，他们名义上不脱产，实际上至少是半脱产的，这种现象很普遍。产生这种现象的原因，主要是很多生活事务工作，下放给工段去做，工段没有生活事务员，主要由工会去办，如组织打扫卫生、买饭票、发烟票、领发饭碗、春节回家买车票，等等，这些行政事务工作都由工会来做。工会变成了生活总务组。考虑到工段没有专人管理人事方面的工作，因此可以增设一个人事生活员，工会应当用主要的力量来领导劳动竞赛和搞职工福利方面工作，工会主席脱产的现状应当改变。至于工段的共青团的正副支部书记，应当从减少不必要的会议、减少行政事务工作，来改变这种半脱产的状况。

二　工时的利用

几年来，特别是自从 1958 年以来，大件工段的生产效率有了很大的提高。以主要加工部件——2 号万能铣床的 9 大部件来说，加工一台的工时定额，在 1959 年 5 月的时候是 137.48 分钟，同年 12 月降低到 108.49 分钟，1960 年 4 月调整工时定额时，又压缩到 79.58 分钟。在一年的时间内，每台的制造工时，就节约了 57.50 分钟，即提高了效率 42.03%。再以 3 号万能铣的加工部件为例，1959 年 5 月的工时定额是 195.56 分钟，同年 12 月为 152.20 分钟，1960 年 7 月调整工时定额减少至 112.33 分钟，与上年同期相比，节约了工时 83.23 分钟，而提高了效率 42.6%。其他如 2 号、3 号立铣的加工部件的生产效率，也都有较大的提高。

（一）现行工时定额是 1960 年 4 月确定的，并不算高

但是，从今年第一季度工时计划执行的情况来看，完成得并不好；除了 3 月份以外，1—2 月份都没有完成。1 月份计划工时为 21000 个，实际完成 13498.12 个工时，亏 7501.48 个工时。这个月份，在机床上工作的工人（包括徒工和帮床的）平均应完成 100 个工时，实际完成 64.3 个工时；每日平均应完成 4 个工时，实际完成 2.54 个工时。2 月份完成工时计划的情况，也大致如此。3 月份完成工时计划的情况较好，超额完成了 660 个工时，每人平均完成了 105.45 个工时，每日平均完成 3.55 个工时。按每班每个工人应完成 7 个工时计算，工时利用率只有 35%—50%，也就是说两个人干一个人的活。

（二）工效较低，工时没有充分利用，主要原因是：生产不正常，停工太多

根据工段不大精确的统计，3 个月停工的时间共有 19109.44 小时，以每个工作日七个半小时计算，合 2547 个工作日，即等于 100 个有工时定额的工人在 1 个月内没有活干。

停工的原因是什么呢？

1. 停工待料或者待工序。这个工段的生产是按流水线进行的，一道工序紧扣一道工序，联系非常紧密。发生停工待料，或者一道工序发生故障，就直接影响到以下各道工序的工作，同时，机器、工夹具又多是专用的，这个机床加工的部件，放到别的机床上又不好做。因此，这就更加需要生产的正常进行。但是，目前的情况是生产很不正常，不是原材料供应发生问题，就是设备发生故障，致使流水线时断时流，加工部件时而在这道工序上堆积起来，而下道工序又没有活干，处于待工、待工序状态。3 个月来，由于待料、待工序而占去的时间计 9409 小时，占全部停工时间的 49%，即将近一半。

2. 设备事故多。全工段 63 台设备中，经常有七八台处于机修或待修状态，多的时候到过十几台；因为非计划的机修或待修而停工的时间，有 6122 小时以上，占全部停工时间的 32%。

3. 待吊车。吊车本来不充裕，加以维修不善，毛病较多，一停就是几个小时，再加上生产不正常，往返调运等，增加了吊运量，以致更加不能满足生产的需要。因待吊车而占去的工作时间有 1952.49 小时，占全部停工时间的 10.2%。

另外，待刀、待工具也占去了不少的工作时间，计 1225.15 个小时。

上述统计，虽然不十分精确（工人填写停工项目不完全一致，如待工、待工序、待料等项目往往混淆起来；有些数字甚至偏高；同时，这里所统计的只是有工时定额工人的停工时间，没有工时定额的，还未统计在内），但是也可以看出停工现象是严重的，大量的工作时间没有利用起来，许多工人没有活干。

工效不高，工时没有充分利用的另一原因是，返修活多。由于铸件质量不好，工人的技术水平不高，更重要的是对质量不够重视等，因此，加工质量不好，返修活多。3 个月来，返修工时计 3198 个，相当于实际完成工时的 6.39%。返修活多，不仅花费了许多生产时间，浪费了人力、物力，而且对正常生产也是有影响的。

管理方面的问题，也是工效不高、工时不能充分利用的一个重要原因。三个工段长和大部分生产小组长都是 1960 年下半年从老工人中提拔起来的，他们工作热情高，生产经验也比较丰富，但是，组织能力较差，缺乏领导生产和管理工作的经验，加上生产不正常，因此工作中常常感到忙乱被动，指挥调度不过来，还不能根据可能的条件及时地解决生产中的问题，充分发挥每个人的作用。计划员、统计员业务不熟悉，通过自己的业务活动，帮助工长做好管理工作也是不够的。

（三）　为了充分利用工时，当前首要的问题是，做好原材料的供应工作，加强设备的维护检修，尽力做到正常生产

根据今年的生产任务比 1960 年有所减少，而工人和设备能力有富余等情况，应当将现在的三班制改为两班制。目前全工段还有 80% 以上的机床是开三班的。根据今年的生产任务，除了个别机床需要开三班以外，一般的都应改为开两班，个别的还可以开一班。这样做的好处是：

1. 便于提高劳动效率。实行三班制，工人上夜班感到劳累，劳动纪律也不好，常有打瞌睡或者睡觉的，因此，夜班的生产效率一般要比白班低些，而且事故也较多。改为两班制，这个问题即可得到解决。同时，改两班后，一些生产准备工作可以在生产时间以外进行，这样在每个班中能够减少非生产时间，便于充分利用工时。最近车间第一跨间的两台摇臂钻床，由三班制改为两班制，效果良好，出的活接近三班的产量，质量也比过去好。看来，开两班比开三班劳动效率是高得多的。

2. 便于节省人力。从这个工段来看，减少一个班次，至少可以抽出 37 名工人。这样不仅可以充实人力薄弱的岗位，充分发挥设备效能，而且还能抽出一部分人来实行轮训，提高技术，或者支援其他单位。

3. 对于设备的维护有好处。两班制可以使生产时间和机器的检修时间错开，既使生产照常进行，又有一定的时间对机器有计划地进行检修，加强预防措施，减少被迫停工检修的现象。这样有利于延长设备寿命和生产的正常进行。

4. 便于管理。两班相互接替，相互联系、相互依赖性加强，因而可以加强班与班之间的团结与协作；发生了设备、质量等问题，容易追查责任，避免责任不清，互相推诿的现象；实行两班制交接班更加明确，各班对完成产品的数量、质量以及机器的运转情况，都心中有数，对保证完成生产任务和设备维护是有好处的；班次少了，也相应地减少了计划员、统计员的工作量，使他们能够有较多的时间钻研业务，改进工作。同时，把三班改为两班，也便于节省管理费用，如夜班费、照明费就可以大大节省。

（四）为了提高工效，应当加强新工人的技术培训工作

鉴于大部分工人是 1958 年以来进厂的新工人，他们技术水平低，技术基础知识差，进厂以后这几年差不多一直是干一种活，虽然熟练程度有了很大的提高，做着高出他们技术等级的活，但是换换机床或者改做和它相近的其他活，就很难胜任，甚至干不了。这种情况，使工人的全面发展和进一步提高技术水平受到一定限制，不利于充分发挥每个工人的作用，提高劳动效率也受到限制。目前的情况是：有的机床上的工人忙不过来，急需别人帮助，但是有的机床上的工人没有活干，由于没有干过那种活，也插不上手。因此，努力提高工人的技术水平，注意培养一专多能的多面手是提高劳动生产率的一个重要问题。厂部、车间和工段应加强这方面的工作，从技术理论知识方面和生产实践中不断提高工人的技术水平。现在生产不正常，停工的时间很多，工段和生产小组应当充分利用这个时间，组织工人学习技术，进行基本训练，通过总结生产经验，请老工人讲解操作技术等方式，提高工人的技术水平和基础理论知识水平，并且有意识地培养多面手。

三　设备的利用和管理

（一）大件工段设备的主要特点是量重，尺寸大，专用的机床多

目前共有设备 63 台，其中镗床 19 台（专用镗床 7 台，普通卧式镗床

12 台），刨床 15 台（龙门刨床 11 台，单臂刨床 3 台，牛头刨 1 台），钻床 10 台（摇臂钻 9 台，小立钻 1 台），铣床 13 台（万能铣床 5 台，龙门铣 8 台），立车 2 台，圆车 1 台，行磨机 1 台，磨瓦盖机 1 台，插齿机 1 台。还有由大件工段管理，而供全车间使用的电火花机 1 台；另外，有吊车 5 台（3 吨的 1 台，2 吨的 3 台、1 吨的 1 台），画线台 3 台。

在 63 台设备中，由国外进口的 12 台。由国内制造的 51 台中，本厂自己设计、自己制造的专用机床 9 台，由工段自己设计、自己制造的土设备 2 台。

在 63 台设备中，解放以前的有 4 台，其他都是在解放后新增加的，而且绝大部分是在 1958 年以后安装的，其中 1960 年新安装的有 10 台。

从设备利用的情况来看，目前开三班的有 44 台，占 70%；开两班的有 10 台，占 16%；开一班的有 3 台，占 4.7%；正在调整、稳装即将投产的有 2 台，占 3.2%；因为设计不合理、工作物工艺改变，需要重新调整、尚不能立即投产的有 4 台，占 6.1%。

在目前开动的 59 台设备中，使用起来顺手，没有损坏，能够保证加工精度的有 12 台，占 21%；使用起来多少有点毛病，经常坏，经常修，但问题不大的有 37 台，占 62%；已有严重损坏，带病工作，急待大、中修理的有 10 台，占 18%。

（二）在设备管理方面的主要问题是设备事故多

1957 年平均每月每台机床事故五六起，1958 年平均每月每台机床事故 13—15 起，1959 年和 1960 年平均每月每台机床 14—18 起，其中最多的是 1960 年 6—11 月之间。

1961 年 1 月以来，从厂部、车间到工段都比过去注意了设备的计划检修和日常维护，初步加强了设备的管理，并开始建立了一部分责任制度，某些设备的事故有所减少。但是，由于有些设备长期带"病"运转，计划检修需要有个过程，所以设备事故还不断发生。如 1961 年 1 月全车间共发生设备事故 28 起，其中大件工段就有 13 起，占 46%；1961 年 2 月全车间共发生设备事故 11 起，属于大件工段的就有 8 起，占 72% 强。发生事故的原因，有 30% 左右是由于设备本身设计、制造有毛病，而 70% 左右是由于计划检修不够，操作者不经心，交接不清，责任不明所造成的。

1957 年以来，由于设备事故增多，造成了部分设备不能充分利用，直接影响到工段生产任务的完成。如工段的关键设备德国制的单臂刨（1953 年进厂的），在 1960 年 7—10 月的 4 个月中，就有 71 天发生过故障，停机 426 小时 50 分。1961 年 1 月全工段因设备事故停工 552 小时，2月因设备事故停工 168 小时。这 2 个月的生产任务之所以没有完成，设备事故多是一个重要原因。

为什么大件工段设备事故多呢？

1. 最直接的原因是由于设备不能按计划检修，有些设备长期带病运转，临时故障很多。例如，在 1960 年计划大修的有 5 台机床，结果 1 台也未修理。至于中修、小修也不能按计划进行。设备之所以不能按计划检修，主要是由于生产任务"忙"，越"忙"越没有时间检修，越不检修，设备事故越多，事故越多，任务就越"忙"，突击抢修越多，检修的质量越差，形成了一个恶性循环。例如，德国单臂刨、捷克 3 米龙门刨、6642龙门铣及 H63 型镗床，都是关键设备；1953 年进厂的，1958 年就应当大修，但始终未修，到 1960 年差不多每季都列入计划，也都没有完成；直到 1961 年 1—3 月，才分别进行了修理。特别严重的是 6642 龙门铣，整个床面已研去了 1 厘米左右，而且有很深的沟痕，漏油也很严重，一直拖到 1961 年 1 月才进行了大修。

2. 机修质量不高。有的工人反映："大修不如中修，中修不如小修，小修不如不修。"这句话当然有夸大之处，但也反映了机修质量上存在着不少问题。一般的大修 10 台床子，有五六台达不到应有的要求。如匈牙利产的单臂刨原有变速装置，中修后没有变速了，修理后还不好用。四轴龙门铣电器不灵、漏油，机修后依旧如初。

机修质量不高，首先，因为机修车间担负过多的制造任务，机修的备件不能及时供应，临时赶制，加工质量不好，容易坏。其次，修理工人本身技术水平不高。成批车间机修组共有机修工人 64 名，有一半以上是1958 年一进厂就学修理的新工人，他们在修理机器时，常常找不出毛病。其次，个别工人机修时不认真，机修的质量就更难保证。再次，设备检修以后，缺乏严格的验收标准和验收手续。因为大件工段生产任务"忙"，常常床子还未完全修好，就催着用；机修工段看能凑合着用，有时不验证就移交了，有时验证也不认真，对于达到什么标准才算合格也不清楚。

3. 在设备管理制度方面，也存在着问题。如新设备正式投入生产以后，没有设备卡片；设备发生事故以后，也不登"病历"卡片。对事故处理不严，有些事故发生以后，不及时上报，不认真追究原因，严肃处理，因此没能引起事故责任者的警惕，以致类似事故一再发生。有些设备管理制度形式上有，实际上不执行。如成批车间1960年订立了设备的计划预修和维护制度，规定了设备维修组和生产工段的职责；但制度制订了以后，也没有检查过哪些行得通，哪些行不通，哪些实现了，哪些没有实现，结果流于形式。目前车间正在开始调查研究，准备加以修订。

4. 新工人多，操作经验少，对他们的教育不够。尤其是1958年进厂的徒工，没有学习过关于爱护、保养设备的基本知识。他们大部分不了解自己所使用设备的性能和结构，也不知道怎样去爱护和保养设备；甚至有个别操作者不了解自己机床上有多少油孔，每个油孔应当多少时间加一次油，因此经常造成一些不应有的事故。

除以上原因外，在设备的日常维护方面（如加油、擦洗、清扫等），做得不好。尤其自1960年下半年以来，棉丝减少，工人交班时就更不认真擦床子了。

（三）　要加强设备管理，扭转事故多的局面，今后首要的是要健全和认真执行各种有关的制度

1. 要真正建立起设备定期的检修制度，不要等设备坏了才被迫检修，以防止设备的过分磨损，减少以至消灭设备事故。那种"随坏随修"的思想和做法是不正确的。

要使设备定期的检修制度贯彻执行，应当改进工段和设备检修组的工作。从工段来说，要重视设备的管理，应当有一个工长专门负责设备的管理工作，定期向工段生产调度会报告设备的使用和维护情况；同时车间、工段在安排季度或月度生产计划时，应当把设备的大、中、小修计划考虑在内，确定哪几台设备停修和停修的时间，以免临到修理时抽不出来。从设备检修组来说，在订检修计划时，既要考虑到车间的生产任务，又要考虑到设备运转情况，与有关方面商量妥当，合理安排。

工段和设备检修组要加强工作上的联系。在 1961 年以前，没有定期的联系制度来督促大家共同研究设备管理中的问题，一般的都是发生了事故以后要突击抢修时才研究，有时修理组说是责任事故，生产工段说是自然事故，常因为责任不清扯皮。

2. 严格执行日常的维护制度（如加油、清洗等），贯彻预防为主的原则。首先，要经常教育工人爱护机器设备，依靠操作者做好维护保养工作。在检修设备的时候，尽量吸收操作者参加，以便使操作者了解设备的性能和结构，善于保养，并逐步地学会一般的修理工作。其次，对今后新入厂的徒工，要组织学习有关机床使用和维护的基本知识。对 1958 年入厂的工人应当补上这一课。工段已经决定在 5 月左右，组织老师傅对同类型机床工人讲解一次有关维护设备的基本知识，同时对一部分最爱发生事故的设备，作一次分析。另外，在目前擦洗机器的棉丝供应不足的情况下，应组织工人节约使用和回用。

3. 要建立设备管理的责任制度。工段长和生产小组长应当担负起以下职责：

（1）要对本工段和本小组设备的运用和维护负责，无论是责任事故还是自然事故都要认真研究。

（2）每天上班后或下班前，巡回检查一遍所有机床的运转情况。

（3）组织工人及时地润滑、冷却和擦洗设备。

（4）发生了事故，要及时上报。工长一定要参加车间每月一次的设备事故分析会。

生产工人应当负起以下职责：

（1）在使用设备前，要检查机床手柄、各种保险、保护装置是否正常完整，紧固螺钉有无松动，各部油孔是否注油，机床周围有无障碍物。

（2）在操作过程中要集中精力，离开机床要关车，床面上不应乱放工件及工、卡具等。

（3）每班工作后，要擦净机器，整理和清扫工作地。

（4）要认真填写交接班记录。若设备有故障或不安全的地方，应立即告诉生产小组长。

设备检修组和检修工人应当负起以下职责：

（1）建立配件的准备制度，不要等设备坏了，才东挪西借。为此，要有备品目录、备品图纸，及时地提出设备备件的制造或外购任务。

（2）督促机床的使用、润滑、清扫和交接班制度的执行。

（3）修理工作要保证质量，并按时完成修理计划。

（4）同工段认真地分析、处理设备事故，并参与制定防止事故的措施。

（5）指导和帮助生产小组安全管理员的工作。

4. 要有设备的原始资料。所有设备都应当填写设备卡片。卡片的内容应包括设备名称、型号、主要规格、制造厂出产年份、开始使用日期、修理复杂系数以及设备性能、保管、使用、维护的说明，等等。新设备在正式投入生产以后要有设备运行情况的记录卡片。内容应包括设备的验收单、设备的性能、结构和使用情况说明，以及设备所发生事故的日常记录。这样，就便于加强设备的日常维护，检修时也能对症下药，防止类似的设备事故一再发生。另外，设备检修后，必须严格验收，认真填写验收单。验收时检修组组长、工长和生产工人都必须出席，以便明确责任，保证质量。

设备管理的责任制度是必不可少的，没有它，就无从消除设备维修方面的无人负责现象。但是，建立起制度，这仅仅是工作的开头；各项责任制度建立以后，要使其得到切实的执行，还要做一系列的工作。根据过去的经验，关键在于领导的决心、恒心、正确安排和群众路线，否则再好的制度也保证不了预期的效果。

四　技术革新

（一）大件工段的技术革新运动，从整个车间来说，是开展得比较好的

根据工段不完全的统计，在 1960 年共实现革新项目 300 余项，其中有 90% 以上的项目是由工段发动工人自提、自改，自己制造的，其余不

到 10% 的项目是由厂部、车间、工段提出和组织实现的。

1. 在工人提出的项目中，比较重大的有：（1）套扣机械化，67 项；（2）画线样板化，30 项；（3）切削多刀化，22 项；（4）自制和推广宽刨刀、强力刨刀等 8 种先进刀具；此外，还有工人自提、自改、自制的工夹具、吊具、钻模等 150 余项。这些项目大部分都在坚持使用，是有利于提高生产效率、缩短辅助时间的。

以上都是工人利用生产空隙时间完成的。

2. 由车间或工段提出，并且组织工段的领导干部、技术人员、生产工人参加的三结合小组来完成的，有 8 个项目：（1）行磨机；（2）磨瓦盖机；（3）6021 改进组合机；（4）106 刨胎；（5）浓度刀；（6）铣瓦盖机（单机半自动）；（7）铣油槽机；（8）3106 镗床。前 5 项，仍在坚持使用，有的效果很好，有的还要改进；后 3 项，没有投入生产或者暂停使用。

3. 在厂部组织实现的技术革新项目中，比较重大的是 5 台专用多轴龙门铣床和 4 台组合机床。用这些设备可以解决工段镗刨能力不足（按照设计要求，可提高工效 5—10 倍）和质量不稳定的关键问题，1958 年由设计科设计，1959 年由设备动力科制造，1960 年移交本工段使用，但使用情况不够好，主要存在下列问题：（1）5 台专用龙门铣床的马达能力不足，吃刀量达不到要求，胎具定位不合适等，同时还缺少辅助工具影响效率的提高；（2）4 台组合机床有 2 台已投入生产，但刀具供应不及时，其余 2 台投入生产后不到 2 个月，就停下来修理，至今未恢复生产。

在 1960 年 5—6 月，厂部在全厂推广了超声波和导电切削，大件工段曾发动工人用了两天两夜的时间突击装置出来，但由于切削铸件不适宜使用超声波吹（把铁屑吹得到处都是，工人很难睁眼，而且容易研坏床子）；导电切削绝缘情况不好，电器又常损坏。因此到 11 月份，这两项装置，已全部拆除。

（二）大件工段在技术革新项目中坚持用于生产的经验和没有能很好地坚持下来的原因

1. 大部分技术革新项目之所以能在生产中坚持使用，主要经验是：

（1）是同当前的生产需要密切结合的。这些项目对于加强当前生产中的薄弱环节和减轻工人的体力劳动，效果显著，得到工人的热烈支持。例如，原来在大摇臂钻床上加工立铣头，要用两个工人扳动摇把，一班下来，工人累得腰酸胳膊痛，只能出两个成品，成为工段生产的薄弱环节。针对这个情况，工段提出自制一台珩磨机来代替在大摇臂钻床上钻孔的工序，做到了加工过程全部自动化。过去完成生产任务很费劲，现在是任务吃不饱；过去工人都不愿意做这道工序，现在操作起来容易，几乎每个工人都可以胜任。

（2）是同工人的日常操作过程密切联系的。这类革新项目主要是改进工夹具，改进操作方法。例如，零件钻孔的工序在这个工段是比较多的，过去都要逐个画线、找准，效率很低，现在事先按各种零件外形和孔的尺寸做好钻模，在钻孔时将钻模贴在零件上就可以进行加工，简化了操作方法。

（3）是工人自提、自改、自做的。如前所说，凡是坚持下来的项目，多是以改进工夹具、改进操作方法为主要内容的，因此实行起来，简单易行。工人提出以后，能够自行设计，自找材料，自己制作，直接使用在生产上，而不需要进行比较复杂的技术准备和生产准备工作。例如，画线使用的样板，每个工人基本上都能做，因此画线样板化已在全工厂推广，而且一直在坚持使用。

（4）是土洋结合、技术上较易过关、易于为工人所掌握的。如珩磨机、磨瓦盖机，都是工段自己设计、自己制造的，技术上比较容易过关，工人在使用中对其性能、结构基本上能够掌握，即使遇到一些问题，也能自己进行检修、调整，因此比较易于坚持。

（5）在创造和推广过程中经过领导干部、技术人员和工人相结合的，其中是否和工人结合很重要。当工人对改革的目的、要求十分明确，并且亲身参与了设计、制造后，他们对这些项目的实现以及坚持使用，都给予最大的关心和支持，因而使它们的巩固、推广具备了更广泛的群众基础。前面所讲的一些坚持得比较好的技术革新项目，基本上都具备了这个特点。

（6）是及时地进行了试验、鉴定并纳入工艺规程的。这就使那些已经实现了的技术革新项目的巩固、使用，从制度上得到一定保证，如套扣机械化和一些自制设备纳入工艺后，车间可以按照手续向工具车间领取需要的工夹具，可以与机修部门联系设备维修问题，使其能顺利进行生产。

以上各点是相互联系的，而不是孤立的。

2. 同上述经验相反，那些不能坚持，或坚持得不够好的主要原因是：

（1）有的与当前生产结合得不够紧密。如铣瓦盖单机半自动，是在当时厂和车间号召大搞自动化的情况下，工段为了完成任务而突击出来的，虽然可以提高工效，但是使用起来很麻烦；工段对这项革新在要求上并不十分迫切，也就放松了事后的巩固工作。

（2）有的技术上不易过关。如厂部组织试制的专用多轴龙门铣床和组合机床都是精度要求比较高，技术比较复杂的"洋"设备。工厂自己设计试制了这些设备，但由于经验不足，在使用中不能达到设计要求的性能，技术并未最后过关，需要组织一定力量，花费一定时间去改进才行。这项工作厂部、车间、工段虽然都订了计划，但抓得不紧。至于超声波切削、导电切削，更是由于技术上没有过关，生产效果不显著，因而很快就销声匿迹了。

（3）有的在设计、制造、使用三者的结合方面，做得不够好。如专用多轴龙门铣床和组合机床，制造部门（动力车间）和使用部门（成批车间）推来推去，前者说已经完成试制任务，移交给生产部门，自己没事了；后者说制造上还有问题，制造部门应该负责。设计部门也不过问此事；厂部曾经组织过一个专门小组，要解决这个问题，但是，没有抓到底，问题至今未彻底解决。

（4）有的未能及时纳入工艺规程。有些技术革新项目所需的工夹具是工人在运动中突击出来的，要长期使用，就需要由工具部门制造。因此纳入工艺规程的工作，必须及时跟上，才能保证这些工夹具的经常供应。但有一部分项目，如铣瓦盖单机自动和有些工夹具的改进，由于没有及时纳入工艺规程，结果在运动过后就流产了。

（5）有的虽已纳入工艺规程，但生产准备工作跟不上。如工段推广的 8 种先进刀具不能正常使用的主要原因，就是因为经常没有备份；另外，磨刀的质量不高，有时不能达到所要求的角度，影响使用效率和加工质量，工人就不大愿意使用。专用多轴龙门铣床和组合机床还有很多生产准备工作要做，但现在这方面的工作都未及时跟上去。

（三）　进一步做好大件工段技术革新的领导工作

如何进一步加强对技术革新经常性的领导，既要把革新成果及时加以巩固，使之在生产中发挥更大的作用，又要不断发动群众以新的革新创造来推动生产（今年以来，工段所实现的新的革新项目极少），工段领导已开始注意到这个问题，正准备采取措施来加强这方面的工作。

就整个运动来说，目前大件工段的技术革新是处于巩固、提高的阶段，因此，工段的主要力量在目前应放在对前一阶段技术革新成果的巩固、提高工作上。但同时也要注意围绕当前生产关键，提出技术革新的课题，组织工人群众和技术人员的力量加以突破。经常性的革新应以结合工人日常生产需要的工夹具、操作方法、工艺规程的改进为主；对于生产需要、力所能及、技术能够过关的重大革新项目，也要集中力量坚持进行。不重视这个重要方面，知难而退，也是不正确的。在做法上要充分运用工段过去在领导技术革新运动方面行之有效的经验：

1. 加强对技术革新的领导。在这方面，过去由工段领导干部、技术人员、老工人组成的三结合小组，定期研究工作，这是好的经验，应当坚持实行。

2. 要组织力量对已经实现的技术革新项目，逐项摸清它们在生产中的使用情况。对那些确实有利于生产，但未能坚持或者坚持得不够好的项目，要分析原因，提出切实可行的措施，限期解决，其中属于应当由车间或者厂部解决的问题也要及时提出报告，请求有关方面协助解决。

3. 每季每月都要有技术革新计划，向群众提出明确的目标和要求。战线不要拉长，对重大的项目，要集中力量打歼灭战，在时间上、人力上、物力上给予保证。必需的材料，厂部应列入计划，保证供应。

4. 对工人提出的革新项目，要及时审查、鉴定，成功的要纳入工艺，建立和健全统计资料，以便于检查。

5. 对技术革新的成果要计算其实际效果，列为评比条件之一。不断教育工人重视技术革新在生产上的重大作用，从政治上、物质上鼓舞工人经常进行技术革新的积极性。

五 产品质量

大件工段加工的 9 个部件，都是铣床的基本部件。除了床身底座和回转盘底座以外，其余 7 个部件，工艺都比较复杂，有很多高精度的平面、内圆柱面以及用来安装定位销和固定螺丝用的平滑孔、螺纹孔，质量要求都很高。以铣床主体的床身为例，它的孔的直径、三孔的同心度、主轴孔的中心线、立滑道平面的垂直度的公差都不能超过 1‰ 毫米（床身的精度是检查整个铣床 15 项精度的基准）。要使这些部件达到质量标准是很不容易的，但是又必须使它们的质量得到保证，因为它们的质量对于整个万能铣床的质量有很大的影响。

（一）9 大部件的质量状况

从 1958 年以来，在产量大幅度增长的情况下，工段以及车间为了保证 9 大部件的质量曾经做了不少的工作；例如，添置专用的组合机床和工夹具，改进技术管理，配备了政治上和技术上水平都比较高的检验人员等；而且工作是有成绩的，特别是今年以来，从上到下对于质量抓得比过去紧了，使 9 大部件的质量有新的起色。

几年来大件的质量状况究竟如何呢？在工段里看法并不是一致的。一部分干部（工长、小组长）和新工人认为大件的质量基本上是稳定的，或者有某些提高；检验人员和一部分老工人则普遍认为不如 1956 年和 1957 年。由于统计资料不全和不尽准确，要进行详细的比较是很困难的。根据初步的材料和调查中所得到的印象看来，后一种看法比较接近实际。在这次"整风运动"中，全厂职工对产品质量方面提了 1557 条意见，主要是反映大件加工质量低。

9 大部件的质量标准从 1953 年成批生产万能铣床以来，是没有大的变动的。而据多数职工同志反映，过去几年 9 大件加工质量实际情况的变

化却是比较大的，时高时低。变化的情况大致是：1956 年最好，1957 年
到 1958 年上半年也比较好，1958 年下半年差些，1959 年第一季度好转，
后来又有降低，1960 年上半年好些，下半年最差。一个集中的表现是，
1956—1957 年，大件有 90% 左右符合图纸要求（据成批车间检验组长、
八级工沈兆田讲的），而 1959—1960 年合格的还不到一半。据 1960 年统
计，大件工段全年总共交了 33785 件活，合乎图纸要求的为 16118 件，占
47%；回用的（即勉强可用的）占 11%；返修的占 30%；工废占 5.7%；
料废占 6.3%。相差这样大，主要是由于铸件和加工质量降低；另外一个
原因是以前活做得不规矩时，工作者自己修好再送去检验，而这几年不管
好坏甚至自己都不看就送去检验，因此由检验组统计的回用和返修率大大
提高了（有些经过稍许修理即合格的，应当认为是合格的）。与此相联系
的，1957 年以前这个工段没有专做返修活的后道工序；这几年不但形成
了后道工序，而且这道工序的人员不断增加，1958 年为 12 人，1960 年增
加到 20 人（多半是高级技工），还常另外抽人突击返修。在回用、返修
的部件中，主要的是镗孔大小不一，镶套多，精度不够，互换性差和光洁
度低，等等。例如，床身三孔同心的公差实际上经常在五六道（一道即
1% 毫米），有时差十多道，甚至差二十几道，而按图纸要求只能差一道。
孔的光洁度要求是 6 级（光洁度共分 14 个等级），实际上只有 4—5 级，
有明显的刀纹。升降台镶套很多，而且由于互换性差，在装配时有 90%
左右需要锉修。悬梁的直线性差，两头大、中间小，精度也不够。变速
箱、变速器镗孔时大时小，孔距也不固定。工作台刮量大小不一，规定为
0.15 毫米，可是有时大到 0.8 毫米，小的在 0.1 毫米以下，等等。这种
种情况，对于整个铣床的精度、效能和使用年限都是不利的。比如，床身
主轴孔三孔不同心就将影响主轴灵活转动，当转速按设计每分钟达到一千
五六百转时，主轴的滚珠就会发热甚至烧毁；光洁度不够，就会使滚珠和
孔结合得不紧，影响铣床的效率和寿命。虽然大件质量的这些问题，过去
在投入装配前都经过返修，大部分都得到了解决，但是对于铣床的质量总
会有些影响。比如镶套，按照严格的技术要求，在 2 级精度的铣床上这是
不应当允许的。由于过去厂里对用户访问和成品质量抽验工作做得很少，

因此实际上的影响程度如何，一时还考察不出来。

同时，由于返修、回用和废品增多，也浪费了大量的工时、材料，相对地提高了成本，并且加重了生产的待工、待料和突击现象。还应当提到，由于有些质量问题长期不能彻底解决，习以为常，也助长了某些工人忽视产品质量的思想，影响到工段有的干部对提高质量信心不足。

今年以来工段、车间从各方面采取措施解决大件的质量问题。根据第一季度的情况看，质量有比较显著的好转，合格率提高，返修、回用率降低，有些质量关键问题开始得到解决。据统计，第一季度大件工段共交活6936件，合格的占53.9%；回用占9.3%；返修占23.7%；料废占7%；工废占6.1%。在检验方面，也比过去严格了。床身的振摆、悬梁的直线性基本上都达到了图纸要求；床身主轴三孔不同心问题比过去有好转；镶套也有所减少。其他问题虽然解决得比较缓慢或者没有起色，但没有发现新的比较大的质量问题。不过从进一步的要求来说，合格率提高得还不显著，已经取得的成绩还不巩固，有的质量问题有些"回生"。因此，巩固初步取得的成绩，争取大件的质量全面达到和超过历史上的最高水平，仍然需要坚持做很多的工作。

（二）存在的问题和改进的意见

9大部件的质量为什么不大好呢？要改进这种状况从工段工作方面来说，有哪些问题需要解决和怎样来解决呢？

1. 偏重数量、忽视质量的思想要彻底克服，真正地树立起质量第一的思想。在过去几年中，工段以及车间领导上抓产值、产量多（这是对的），而对质量过问得少。据工长桂平安同志说："车间主任、党支书一下工段，首先问的是工时完成了没有，质量那是次要的，有时连问也不问。"几个月都难得认真进行一次质量分析，很少找检验组（站）认真了解质量的情况（据检验组同志谈，三年来没有一次）。产量达不到大家都很着急，质量差些却不大在意，有时也抓抓质量，这多半是在由于大量返修和出了废品严重影响到产量计划不能完成的时候。工人批评领导"抢数量不顾质量，有凑数思想"。今年以来领导对质量抓得比过去紧多了，每月都对质量情况进行分析，加强了检验工作。但是工人反映从厂到车间、工段领导上决心还不够大，"布置搞质量，可是下面怎样做也不大管"；在布置时提出解决质量问题要有个过渡时期，可是究竟这个时期需要多长，解决哪些问题，解决到什么程度，却没有个限度，"没完没了，老是过渡"。

决心不大，主要是由于情况不明。有些同志不大了解情况，又有些回避问题。不久前，我们同这个工段负责一跨间（加工床身）的工长谈了两次，他说床身的精度这几年比 1957 年提高了，主要是由于有了联合镗和钢套；他并且说 1957 年大件合格率也不到一半。经过我们了解：联合镗在 1959 年搞起来以后，经常不能正常生产，目前这部床子本身的精度就差五道，经过它加工的床身精度还不如老五孔机（这部组合机床也不是新的，1955 年就用它），至于钢套，今年 2 月才投入生产。这位工长在 1957 年以前是个刨工，对当时 9 大部件的合格率和对床身的实际达到的精度并不很清楚。当我们进一步向他说明这种情况，并且提出：老床子、新工人、铸件质量差、刀具不全、制度不严、经常突击生产，在这种情况下通过什么措施提高加工精度的呢？他不做正面回答，却说："不能那样说；那样说，质量不就是降低了吗？"也有些干部和工人有顾虑（1959 年曾经对质量问题进行过专题辩论），认为说质量差就是否定成绩，不敢如实反映情况。

由于部分干部对情况不够明了，对质量缺乏应有的重视，因此对于工人特别是新工人不能经常进行关于提高质量的思想教育，有相当一部分工人做活时粗心大意，认为"镶套没什么，反正大件砸不了铁（全废的意思），领导上会凑合着用"，"丢个孔、掉个眼，没关系，有人修"。今年 1—2 月在机床加工返修的 117 件活中，有 87 件是由于操作者不注意造成的。

要提高大件的质量，解决思想问题仍然是第一位的工作。特别是工段以及车间的领导干部应当以十分严肃的态度对待质量问题。认真调查研究，随时掌握质量的情况和坚持进行质量分析，做到心中有数。对于据实反映质量问题并且积极设法解决问题的干部和工人，应当加以鼓励。要抓住典型事例对工人经常进行具体的质量教育。目前，工段对这方面的工作已经有所加强，应当坚持进行，做得更好。

2. 有关保证质量的制度比较松弛，应当加以整顿，使之健全起来，贯彻下去。

（1）对于质量标准、工艺要求，一部分工人不大清楚。图纸不够和没有工艺操作卡片，有些工人也不愿意看图纸或者看不懂图纸，就单凭记忆、习惯来干，做出的活常常不大规矩。例如，回转盘的滑油槽，要求槽深15毫米，但是1960年8月间有一天三班都凭经验做，不看图纸，结果都做成20毫米深，全部报废。有时有的部件的图纸修改了，工作者不知道或者不经心，仍旧照老样子干，造成返修。今后应当把图纸、工艺要求向工人交代清楚，有改动的，要及时通知工作者，并且教育工人按照图纸、工艺干活，坚决纠正凭印象干活的现象，否则应该认为是违反工艺纪律，予以批评。

（2）检验制度执行得不够严格。一部分干部和工人对检验人员缺乏应有的支持，有一个时期把检验人员应负的责任说成是"特权思想表现"。突击生产时就要求检验人员"配合生产"（实际上是要求放弃检验标准）。有时检验人员把不合格的部件卡住，而车间或工段干部却给开"绿灯"；也有一些工作者设法逃检、闯关，甚至把不合格部件不加修理再三再四地送去检验。也有些检验人员责任心不强，不能坚持质量标准，说话不顶事，又怕有"特权思想"，部件质量差一差二也就睁一只眼、闭一只眼地放了过去，人们称之为"和平共处"；也有的检验人员水平较低，不能发现问题。

同时，在检验体制上和方法上也有问题。车间检验组在1958年曾经下放给工段领导，后来收归车间；产品质量能否通过，主要是由车间的行政领导做主，检验人员要求质量，行政干部不答理，常常有"你卡我放"的情形，并且把检验人员视为"绊脚石"。9大件是已经做了七八年的老产品，按理说对于一般部位完全可以采取抽验的方法，可是由于经常有大量不合格的部件工人不自检即交库，还不得不逐孔地检验，检验人员说"这不是检验，是过数"，"这是原始的检验方法"；实际上又做不到这样，因为检验人员少。例如，检验一个升降台，每个孔都检查，一个熟手在工具齐备的条件下要用 48 分钟，而根据检验人员的力量，在生产正常的情况下，实际上平均只能有 15 分钟的检验时间，特别是往往到旬末、月末集中交验，装配又催得紧，以致常发生整个部件的漏检、错检。小组的质量检查员本来可以协助检验组进行一些初检的工作，实际上又常常有名无实。由于加工过程中没有必要的质量检验，有时到最后成批报废或者大量返修。例如，1961 年 3 月 20 日这一天，加工升降台的组合机床换刀后，没有进行首件检验，结果因都把孔镗大了，报废了 12 件。这种情形，以前也有。此外，在检验人员和工作者之间的关系上，也有不够协调的地方。以前有的检验人员确实卡得过严，而就近一两年的情况看来，主要的问题是一部分工人没有根据地认为检验人员不放过不合格的部件就是"为难"、"找麻烦"，甚至说返修活是"给检验修的"，同检验人员配合得不够好。

　　加强检验工作是保证质量的一个关键环节。工段和车间领导对检验工作应当切实给予支持，并教育工作者同检验人员密切合作；专业检验人员应当树立勇于负责的工作态度，提高检验工作的准确性和效率，协助小组充分发挥自检、互检的作用，大家一条心、一股劲儿，使质量检验标准得到切实的执行。应当做到不合格的部件不能计入产量、计算工时。检验人员同工段领导或工人在质量检验工作中发生重要的意见分歧时，应该呈报上级，采取行政领导、工人、检验人员"三结合"的办法，由上级主持仲裁，任何人不能自作主张。检验的力量需要加强，应当挑选政治进步、作风正派、技术熟练、身体健康的工人来担任检验工作，不能把学徒、一贯落后或者经常闹病的工人放到检验这样重要的岗位上。现在车间检验组的主要检验人员，兼职多，有 3 个人半脱产，精力分散，应当适当解决。对于必要的检验工具应当如质如量地加以补充。检验体制应当改进，检验的权利应当适当地集中，并保证检验工作有一定的独立性。工段和车间都无权用行政命令的方法使不合格的部件过"关"。在领导关系上，应当改变目前以车间为主、厂检验科为辅的状况，实行以上级为主的双重领导，也可以考虑实行由检验科垂直领导，不然，"两个婆婆都来管"，也有困难。对于检验人员的奖惩、调动，车间、工段可以提出意见，但应由上级检验机构和厂部决定。

（3）责任制度不健全。1957年以前谁把活做错了由自己修，近几年，由于责任制度松弛，有不少的返修活和废活都找不到责任者。有些工人认为干错了活，反正专门有人修；即使找到了是谁做的，也很少进行严肃的批评和处理，实际上使返修活"合法化"了。1957年镶套要厂长批准，最近一两年甚至工人就可以自己做主确定镶套，比如孔略微镗大了，工作者索性就把它镗得再大些准备镶套。1957年以前做废了一个大件，全车间震动，要上报厂部、通报全厂，并且要酌予赔偿，工人自己也感到很不好看，走路都低着头；而前一两年以至目前，常常是干废了也就废了，既没有赔偿，也很少上报，即使废了几件，有些工作者也不大在乎。例如，林道泉小组有个二级工去年11月在进行粗镗时马虎大意，一连废了5个床身（就是徒工只要用心干，粗镗时也不能做废了）。今年2月才给予记过处分，而这个二级工当时竟表示，要给处分，就不干了。刚刚受了处分，竟在3月又废了一个床身。同时，在表扬时、评奖时主要看完成多少工时，不问或很少过问质量如何。生产小组长刘万林说："干废了活，有时不但受不到批评，一走运或许还得了奖。"这无论在政治上或物质上都不能鼓励职工向先进的质量看齐。

目前工段随着管理工作的加强，在责任制度方面也开始有了改进。开始进行定期的质量分析。应当坚持把它作为每月经济活动分析的最主要内容之一，加以充实和坚持实行下去。小组原始记录正在整顿，应当有关于质量的情况的记载，逐步地做到错了活能查出责任者，并且应当规定谁做错了由谁修，返修工时由责任者自负。对于发生重大质量事故的责任者，应当及时予以处理，并且加以通报。在评选先进工作者和评奖时，应当首先考察质量的完成情况，对于经常保持优质的工作者，应当给予必要的政治鼓励和物质鼓励。

3. 工人技术水平较低，应当加以提高。由于新工人大量增加和部分老工人脱产当了干部，大件工段生产工人的平均技术等级由1957年的三级以上降为1960年的1.5级（这同近三年来升级较慢有关系。以前大体上一年升一级，这几年两年升一级，因此不能完全反映目前实际的技术水平）。1958 年新进厂的工人大都没有经过正规的技术训练，他们的师傅多半是 1956 年进厂的工人，这些师傅根底就比较差。因此这些新工人基本知识差，甚至连公差配合、光洁度要求、如何测量等都不大清楚，工艺装备出了毛病也不知道，对于专用工夹具也使不大好；另一方面，由于进厂以来没有经过多工种训练，学专业，操作时靠专用工具，掌握单一的操作技术较快，有些人满足现有的水平，不肯进一步钻研技术。这对于保证和提高质量是不利的。今后应当有计划地分批组织新工人脱产或业余进技校学习，首先进行基础知识的补课，学习基本的操作技术知识、机床和工具的性能和保养，以及部件加工的工艺要求，等等，打好技术根底。

4. 工艺装备的管理、运用不够正常，需要改进。几年来，特别是 1960 年，通过大搞技术革新，工段改进了专用设备、工夹具等工艺装备。关键部位的加工，有了专用设备，各加工工序，有了专用工夹具、胎具、钻模和样板，为新工人进行独立操作和在技术上保证质量提供了有利条件。老工人反映："若是没有这些专用工夹具，1958 年进厂的一部分工人，现在连活也未必夹得上。"但是，由于维护和检修、校验工作做得不够好，或者没有备份和不配套，这些工艺装备和专用工夹具没有能够充分发挥作用。目前在工段全部运转的 59 台设备中，有 17 台因维修不好，不能保证加工的质量。例如，加工床身的联合镗床本身的精度就差五道，这个床子所用的专用刀具，没备份，用钝了只好将就使，镗孔的精度不准。刘万林小组做升降台的刨面工序时，有 80% 的返修活是由于设备保养得不好、技术质量降低所造成的。目前虽然车间、工段已经开始加强了工艺装备的维修、管理和工夹具的配备工作，但尚未形成制度。今后应当规定出制度，加强设备的保养，定期检修，提高修理质量，经常进行工艺装备、专用工夹具的检查、清洗、校验工作。一些容易磨损的、精度要求较高的样板、对刀块，目前没有备份的要补充起来。

如上所说，9 大部件质量不够好，主要的是工段和车间内部的原因造成的。今后改进大件质量也主要地应该从工段和车间内部加强工作。当然前面所说的各项工作也同外部有联系。因此，还必须解决两个主要应当由外部来解决的问题。

1. 铸件质量很差的问题要继续大力解决。1959 年以来，铸件质量很不好，气孔、砂眼很多以及常发生孔偏和"肥头大耳"（据抽查 9 大件每台份就超重 85 公斤），这是造成大件加工中返修、回用和废件增多的一个重要原因。据大件工段工长桂平安估计，前两年在全部返修活中，有 60% 左右是由于铸件不好造成的。今年以来铸件质量虽有提高，但加工中仍有 40% 左右的返修活是由于铸件不好造成的。在 1960 年下半年，9 大部件中除床身，悬梁外，其余 7 大部件经常需要补铅，烧焊的达 80% 左右，用于补铅、烧焊共耗用铅 886.5 公斤，比 1959 年下半年用铅 279 公斤多用了 2.3 倍（同一时期产量增加 60%）。而且据补铅工人反映，有时由于铅不够用，还采取"土洋"结合的办法，先堵砂、石、铁屑，然后在外边补铅。铸件质量不好，不仅影响大件加工精度，而且也使大件的硬度降低（过去硬度不合格要报废，这两三年无人检查）。同时，铸件本来就供应不足，由于大量报废（1958 年的废品率为 5.95%，1960 年上升为 8.7%），更加深了这种紧张程度，以致铸件应有的老化期间也无形中被挤掉了，甚至铸件刚冲完砂就热乎乎地上了床子。这样，即使加工质量在检验时能够合格，以后也会由于松缩而变形（有的工人很担心厂里出口的床子，到了国外由于气候变化，原来检查合格的精度靠不住）。铸件质量不好，有铸造的技术问题，但是，主要是受生铁、焦炭含硫大、杂质多的影响。1960 年 1—10 月进厂的生铁中白口铁即占 50.6%，而且今天是沙河来的铁，过几天又换了别的地方的铁，在技术上很不好掌握。因此，要解决铸件质量低的问题，在提高铸造技术，彻底解决孔偏、"肥头大耳"等技术问题的同时，还必须由有关方面多调拨一些质量较好的生铁、焦炭，并且尽可能做到定点供应。

2. 计划安排要落实，不必要的突击生产要减少，以便使生产比较有节奏地进行，这是保证质量的必要条件。质量问题也同过去一个时期计划层层加码、指标偏高有关。由于指标偏高，完不成就组织大突击（即使这样，1960 年工段每个月的计划也都未完成）。在大突击的时候，正如工人同志普遍反映的，"那时什么工艺规程、检验制度、交接手续统统不顾了"。总装配工段有的同志化装到各处打躬施礼，要求支援。为了赶制缺件，使五六台床子干一种活，工艺装备不敷应用，工具乱抄，检验人员也直接参加了生产，有时过去检验不合格的部件，这时也顺利通过了。在这种情况下，保证质量当然是很困难的。而产品质量不好，废品、返修多，反过来又使生产更缺乏节奏性。因此，要解决质量问题，必须使计划安排得积极可靠，并且要改进生产组织、材料供应工作，建立良好的生产秩序。今年以来在这方面有显著改进，但是值得注意的是，如同有的工人所说的"不突击了，可是质量还是不大好"。这就要求根据"调整、巩固、充实、提高"的方针，在保持一定数量的基础上，利用当前比较有利的条件，做好各方面的工作，真正使质量大进一步。

六　劳动竞赛

大件工段的竞赛活动是由工会领导和组织的。竞赛的名目很多，1960年全年共开展了50多种竞赛，例如，献宝大战、三种红旗赛、百面红旗赛、十百千红旗赛、金星赛、夺红榜赛、夺高地赛、攻堡垒赛、七比红旗赛、提前跨进1961年标兵赛等。

竞赛的形式也是多种多样，有生产运动会、擂台比武、大会战等，一般的都搞得很热闹，敲锣打鼓，大送喜报。

（一）在这50多种竞赛中，基本上可以分为以下两种类型

第一种是围绕当前生产的中心，提出一定时期（如一旬、一月）的竞赛目标。如以经常性生产任务为中心的班、组竞赛，以高质、高产、消灭事故为中心的"两高一灭"竞赛等。这种竞赛在发动之前有准备，如为竞赛准备了工具和铸件，为竞赛建立了一套原始记录，工段领导也深入基层解决具体问题，因此在竞赛开始，生产指标很快上去了。但由于管理工作跟不上，后期仍然发生待工具、待原料、待机床等问题，造成生产下降，竞赛中达到的生产水平，常常不能巩固。

第二种是为解决生产中的某一个关键问题开展的突击性的竞赛。生产中突击任务多，竞赛名目也就多。某一个突击任务完成了，竞赛也就结束了。一般来说，每到月末、季末或者在发生问题完不成任务的时候，都开

展这种竞赛。例如，1960年2月，钻床上的活积压太多，下道工序待工，影响任务的完成，针对这种情况开展了师徒对手赛，师傅一班，徒弟一班，这样一赛，任务就完成了。1960年开展的竞赛中有90%是这种竞赛。这种竞赛，往往没有评比条件；竞赛完毕，按完成工时情况，对于优胜者在职工大会上进行口头表扬或者在黑板报上表扬。这种竞赛当时看来是解决问题，但是在竞赛过后，同样的问题，又重复发生。工人形容这种竞赛说："完不成任务，等着赛吧！"

（二）劳动竞赛中的几个问题和解决问题的意见

1. 目前的劳动竞赛不够经常化。每当生产上不来了，才搞劳动竞赛。通过劳动竞赛生产指标马上就上来了，但竞赛一结束，生产指标又下去了，很不稳定。为了巩固和发展劳动竞赛的成果，应当更多地组织第一种形式的劳动竞赛，以全面完成国家计划为中心，既有常年的奋斗目标，又有分阶段（季、月、旬、日）的具体目标，定期进行评比。实现了一个新指标以后，要进行巩固工作，提出有关巩固工作的具体竞赛目标，等到这些新的指标巩固下来了，再提出更高的竞赛指标。

2. 劳动竞赛中管理工作跟不上。劳动竞赛开展得好坏，管理工作关系很大。在这方面，存在着两个问题。一个是在每次劳动竞赛中，都遇到待料、待工具、待修理机床等问题，有时生产中断，无法竞赛。另一个是原始记录不准确，工人中有虚报工时和做废了活也计算工时的现象，在评奖的时候，常常赏罚不明。因此，应当把为劳动竞赛而进行的各种工作，如建立可靠的原始记录、生产前的各种准备工作等和日常管理工作的改进结合起来。也应当把改进管理的具体措施（节约刀具、机床管理责任制等）作为竞赛的内容，互相促进。

3. 竞赛和奖励制度结合得不够。1960年以来开展的竞赛，荣誉奖励多，物质奖励少。在1961年以前综合奖采取季奖季评的办法，和竞赛结合不上，工人有意见。为了使工人保持经常性的饱满情绪，适当的物质奖励也是必要的。要把综合奖和竞赛结合起来，把竞赛的成绩作为评奖的重要内容之一，实行月评月奖。

七　计划管理和生产调度

目前，在计划工作人员中流行着这样一句话："长计划、短安排；短计划、巧安排。"在大件工段里，不编年度和季度等"长计划"，只编月、旬（周）、日（班）等"短计划"。"短安排"是指把年、季等长计划具体安排为月、旬（周）、日（班）等短的计划，而"巧安排"就不单是指短计划的必要调整，同时也包括计划执行中的部分调度工作。

由于计划不能完全落实，长计划就和短计划"说不上话"。年计划、季计划和月计划不衔接；月计划和旬（周）计划，甚至旬（周）计划和日（班）计划也不衔接，于是就只好求助"巧安排"了。这里所说的"巧安排"并不是真正的巧安排，而是因为计划不切实际，只好由工长、小组长根据当日、当班的生产情况，按日、按班给各机床派活，这实际上已经不是按计划进行生产，而是由临时调度来指挥生产了。这种半计划甚至无计划的做法，是目前生产管理比较混乱和某些干部瞎指挥生产的一个重要原因。

这次整风运动，干部和工人对于计划工作进行了非常中肯的批评。有一张大字报写得很好："计划一月三变，工人就得瞎干。究竟原因何在？计划管理混乱。"

下面，分别地说一说工段计划工作的实际情况。

（一）大件工段是怎样安排计划的

工段根据车间逐月下达的指标来安排计划，车间下达的主要指标是逐月分旬的产量任务（台份数）。除此之外，还有月度的投料数字以及下列各项经济指标：

1. 主要考核的有：生产总量（工时），生产总值（元），废品率（％），劳动生产率（％）。

2. 次要考核的有：回用率（％），油料消耗（元），劳务工时（小时）（劳务工时是指为生产服务而又不计入定额工时的工时消耗，例如，修理和制造工具、进行技术革新、换砂轮、擦床子等）。

3. 下达但不考核的指标有：工具损坏（元），间断工时（小时），出勤率（%），定额工时的超额系数（%）。

在这些指标中，车间最关心的是产量任务。因为如果产量完不成，就会影响车间的装配工作，其他指标车间抓得也不如产量那么紧，所以工段关心得也就比较差了。

从 1961 年年初起，车间下达的计划已基本改变了"层层加码"的现象，但还存在下列问题：

1. 计划指标仍然不落实，到时候完不成，计划指标就改变了。第一季度的计划产量，车间原来定的是 440 台，但到季末总结时，因为没有完成，就将实际完成数 360 台作为季度计划数字了。其他经济指标也有在完不成的时候临时改变的现象。所以在人们思想中，对于计划指标逐步地形成了这样一种认识："计划怎么样也完不成，怎么样也能完成。"工段同志们对讨论计划时很少考虑计划数字是否能够完成的做法，很有意见。总工长常志超说："讨论计划时，明明知道计划数字不能完成，也只得说保证完成任务；到月中，看看任务差得远，也不敢大声讲；到月底时任务没有完成，总可以说出许多实在解决不了的客观困难，其实这些困难，在制订计划的时候早就知道。"

计划指标不落实的问题，从计划指标实际完成的情况看得很清楚。大件工段自 1960 年 2 月以来，除了 1961 年 3 月以外，从没有 1 个月的产量是能够按计划完成的（见表 1）。

其他经济计划指标也完成得不够好。自 1960 年 2 月到 1961 年 2 月的 12 个月份中，生产总量（工时）只有 1 个月完成了计划；总产值只有 3 个月完成了计划；废品率几乎月月超过很多；劳动生产率指标大多数月份也没有能够完成。1961 年 3 月由于产量任务完成得好，经济指标完成的情况也有所好转。

主要经济指标完成情况（以计划数字为 100%）如表 2 所示。

2. 车间对工段的计划任务，常常临时安排和变动。如：在 1961 年 3 月，车间对大件工段在产量方面只下了一个月度的总任务；1620 件，车间主任在 3 月 13 日又布置 14 日要交产品 80 件，18 日要交出 110 件。结果这种临时的安排，就把原来的计划打乱了。

表 1

	计划产量（台）		实际完成产量（台）	
	月计划数	平均日产量	月完成数	平均日产量
1960 年 2 月	235	9.5	110	4.6
3 月	253	10.8	174	6.4
4 月	222	8.5	182	7.0
5 月	229	9.2	162	6.2
6 月	260	10.3	181	6.9
7 月	467	18.0	169	6.5
8 月	230	8.5	187	6.9
9 月	410	12.0	137	5.2
10 月	304	12.6	270	10.7
11 月	325	13.5	178	6.8
12 月	325	11.3	301	7.4
1961 年 1 月	191	7.6	101	3.5
2 月	205	9.7	95	4.1
3 月	180	6.7	182	6.74

表 2

	生产总量（工时）	总产值（元）	劳动生产率（%）	废品率%（注）
1960 年 2 月	90.6	89.8	106.6	—
3 月	99.4	97.1	106.4	—
4 月	108.1	98.9	80.9	—
5 月	80.1	82.2	76.3	0.6
6 月	98.5	100.5	89.8	—
7 月	98.2	100.5	102.0	0.5
8 月	91.5	94.8	87.2	2.5
9 月	88.5	93.8	89.8	12
10 月	85.0	89.6	80.0	8.9
11 月	92.7	101.8	90.8	19
12 月	68.1	70.5	61.4	16
1961 年 1 月	62.7	66.7	50.7	—
2 月	77.8	74.4	70.8	—
3 月	102.5	103.8	100.0	4.5

（注）废品率中数字指的是实际发生率，计划废品率为 2%。

3. 车间交下的各项指标之间"互相说不上话"。如 1961 年 3 月按原计划产量的定额算来,工时应为 17638 小时,但车间下的是 20560 小时。其他指标之间,也有类似的情况。

(二)工段是怎样对小组下达任务的,小组是怎样安排的

工段对小组下达的只有产量指标和工时指标,其他的指标并不分到小组去,而是由工段干部掌握,因此,除了产量和工时两个指标以外,其他指标对小组不起直接作用。

工段对生产线(包括三个轮班的小组)下达月度分周(分旬)的产量任务和对各小组下达工时任务,对各机床下达分周产量任务。工段下达计划主要是把车间发下的指标分下去,把短计划分成更短的计划,使生产线和工人对月和周(旬)的产量心中有个数。

目前车间和工段给小组下达的计划都不落实,计划中只有任务数而缺乏相应的措施做保证。在研究计划时,只提出产量任务,而没有对生产能力、投料、机修等方面的情况进行综合平衡,对各种生产准备也没有制订相应的生产准备工作的计划。

现在,小组对计划的安排情况是:大件工段中每天早班的组长一上班来,就开始填写昼夜作业计划表中的任务数字,对三班的工人进行派活。在 1958 年以前,这项工作是由工段计划员填写的,现在改由组长派活。这样做的好处是:可以更结合现场的具体情况,计划比较接近实际。但是,这种每天派活的方式往往受当时现场的情况所左右,和旬(周)计划的要求距离很大,和工段计划脱节。

小组长每天派活的办法,能否正确地指导当日的生产呢?这要看组长对待工作的态度以及他对情况掌握的程度。目前工段中的大部分组长都做到了每天填写昼夜作业计划表,但也有少数的组长没有填写,而是由工人自己干完活之后按照实际完成数填写的。这种做法,实际上已不是计划,而只是工作记录了。

(三)工段的生产调度工作

工段进行的生产调度工作,主要有下列两项:一项是工长每天早晨上班后先到现场,对工人工作的安排进行调整。工人干的活是原来已由组长安排好了的，但由于目前组长掌握生产中的情况不全，所以工长必须每天先到现场，一方面了解生产情况；另一方面对组长所派的活进行调整。另一项是各种临时安排的调度工作。目前这种调度工作很繁重，工长们大部分的时间都在现场进行这种调度，现场几乎离不开工长，连工长去开会时也经常会被找出来。

工长们都忙些什么调度工作呢？

1. 最忙的是抓投料工作。目前投料是无计划的，第一，投料不按时；第二，不按需要的品种；第三，料废又很多（如1961年2月17日前送来工段46个立铣头铸件，其中料废即有21件），使得流水生产线常常要停工待料，生产很被动。再加上厂部和车间把投料的责任下放到工段来，而工段既没有卡车，又不了解铸工车间的生产情况，因此，工长们老是要四处央告，为投料而奔波。

2. 忙于处理设备事故。过去设备没有按时修理，机修质量也不够好，因此，设备运转不正常，经常发生停车事故。一个机床停车，就会发生连锁反应，影响到整个流水生产线的正常生产。这时工长就必须找人修理，重新派活。

3. 忙于组织干返修活。返修活多，是由于铸件不好，设备精度不够以及工艺设计图纸错误，或加工时不注意而引起的。

4. 忙于找工具、刀具。这主要是由于工具、刀具质量差，备件少，工具、刀具管理不合理所造成的。在缺少工具、刀具时，工人领不来，换组长去跑，组长再领不来，就得工长去跑；工具库没有，就满厂跑，去找代用的，有时一跑就是半天一天的。

总之，调度工作是相当复杂的，内容包括从投料、加工、运输、工夹具、设备、人员、劳动组织、技术安全一直到商品入库，凡是工段里所有的工作都得管。过去调度主要是对工段内部的，现在和外部发生的联系很多，要经常跑机修组、工具库、运输股、厂部，等等。

大件工段是采用流水生产线生产的，如果有一样工作跟不上，不马上补救，就会影响到整个生产的正常进行。因此，就是最周密的计划也很难预测到生产发展的全部进程，这需要调度工作来及时处理，才能保证生产计划的顺利实现。但是，目前的调度工作缺乏切实的生产计划做依据，再加上生产准备工作做得不好，因此调度工作就完全处于撞上什么处理什么的被动局面。

（四）怎样进一步做好工段的计划管理和生产调度工作

1. 计划不落实和调度工作被动，主要是由工段外部的因素造成的。今后车间和厂部要解决以下几个问题：

（1）计划要落实，真正做到一本账。对工段下达的临时任务要和月度计划衔接起来，月度指标要和长期计划衔接起来。产量数字要有原材料、机修、工夹具等的保证。在下达计划之前，要首先做好生产准备计划，并且切实兑现。

（2）权利职责要划分清楚。大件工段的投料计划应当集中厂部掌握，铸件的运输也应由厂部负责。

（3）要健全和切实贯彻制度。对工具、胎具的设计、保管使用制度，设计工艺修改的审批会审制度、机修验收制度等都要有明确的规定和切实执行。

2. 从工段本身来看，主要是从以下两方面来进行整顿：

（1）工段在制订月度计划的同时，要搞好各项生产准备工作，要制订切实的措施来保证计划的完成。在安排工作的时候，工段要向小组交底，帮助小组制订周的或旬的日历进度表，而不是一天编一次计划。工段为了使计划先进、落实，还需要切实做好各项定额、统计和原始记录工作。

（2）工段要建立起强有力的调度系统和制度，对调度工作实行严密的分工负责制，避免多头领导或者无人负责的现象。同时，要根据生产情况制订调度工作计划，建立各项调度制度，使调度工作逐步由被动走向主动。

八　党的状况和支部工作

（一）大件工段党支部是全厂第一类（工作先进）支部中的一个

大件工段党支部现有党员 18 名（正式党员 10 名，预备党员 8 名），占全部职工人数的 7%。其中，脱产干部党员 5 名，占全部脱产干部的 70%；工人党员 13 名，占全部工人的 5.4%（全厂工人党员占工人总数的 8.7%）。在 17 个生产小组和辅助小组中，有 8 个小组没有党员。由此可见，在工人和干部中党的力量的分布是很不平衡的，在生产第一线上党的力量也是不够的，需要进一步加强。

现有党员在政治上基本是纯洁的，有 3/4 的党员，在生产中和工作中是能够起积极作用的。有 1/4 的党员作用不大，其中有两个是预备党员。

这个支部共分 5 个党小组，1 个是工段干部小组，4 个是工人小组。工人小组是按班次划分的，上早班的、上中班的、上夜班的和上正常班的各一组。在目前党员不太多的条件下，党小组这样划分，便于小组分班活动。但是这种划分小组的办法，一个党小组的党员，不在一条生产线上，不属于一个生产小组，党员之间在生产上联系较少，不便于发挥党小组的作用。

支部委员会原有支部委员 5 名。这一届支委会是 1959 年 8 月选举产生的，以后再没有改选过。那时选出的支委，都已陆续调走，支委随缺随补，补缺的支委是由总支指定的，其中多数没有提交支部大会讨论通过。目前尚缺两个支委未补上。

总的来看，这个支部的工作，成绩很大。支部抓生产是明确的，完成任务的态度是坚决的，党政工团的步调是一致的，支部在群众中是有威信的。这是基本方面，是必须肯定的。这次着重地调查了支部工作中的问题，并且初步地探讨了解决这些问题的办法。

在这个支部中存在的主要问题是什么呢？这就是在支部工作中存在着把党的工作行政事务化的偏向，因而在一定程度上降低了党的领导作用。

（二）党的工作行政事务化的主要表现和后果

1. 支部书记成为变相的总工长。在日常工作中，支部书记主持生产调度工作，对现场指挥工作也常常亲自插手。

2. 支委会成了变相的生产调度会。支委会和生产调度会在实际工作中没有严格区分。在 1961 年 3 月 6—11 日的一周内，由支部书记张玉明同志亲自主持召开的工段一级的会议有 6 次，其中除了两次是支委会以外，其他都是生产调度会议。支委会和碰头会主要讨论什么问题呢？据支书张玉明同志说，讨论的内容主要是生产进度问题。如果把它排个队，一是机修，二是材料，三是工人干劲，四是工具。这种情况，已非一日。在1960年1—6月的半年之内，有记录可查的支委会和扩大支委会一共开了59次，平均每月10次（实际上要超过这个数字，因为还有很多碰头会没有记录）。其中：主要是讨论生产行政工作的35次，主要是讨论支部工作计划和总结的8次，传达上级党组织（总支到市委）指示的4次，讨论发展党员、处分党员和调整支委人选的7次，讨论工人社会主义教育和整风问题的4次，讨论其他问题的1次。在35次讨论生产行政工作的会议上，大多数是研究生产进度的问题，也有少数几次研究技术革新问题和部署生产运动（如大会战）。

3. 工段里事无大小，都要支部书记经手；不由支部书记经手，好多事情就办不了。党支部书记不仅做了生产行政工作，也做了不少青年团和工会的工作。一是出头解决生产中的具体问题，如运输材料、安排机修、管理刀具等。支部书记张玉明同志曾经自己管理丝锥，谁要用，就到他那里去领。二是安排和解决职工生活中的一些问题，如组织工人打扫卫生、解决工人吃饭问题，调人种菜、储蓄、职工春节回家买票、退票等。三是处理违反劳动纪律问题，如旷工、损坏设备、刀具和小偷小摸等。这些工作本来主要是应当由车间和工段有关的行政领导人员和职能人员或者青年团、工会去办，现在主要的也由支部书记经手去办，就使支部书记的工作陷入事务的圈子里去。

这样，支部书记每天就需要用80%的时间来处理行政事务工作，可以用来进行政治思想工作的时间就很少了。这种工作方法，起始于1958年下半年，直到1961年"整风运动"开始的时候还是如此。1961年3月中旬开展全面大鸣大放的"整风运动"，工厂党委检查了包揽行政事务工作、放松政治思想工作的缺点，要求企业各级党的组织正确地贯彻执行党委领导下的厂长负责制，正确地实行政治挂帅。工段支部书记表示，积重难返，工段党支部的领导方法恐怕一时还改不过来。

党的工作行政事务化的一个严重后果，就是"党不管党"，放松了党的政治思想工作：

1. 不大了解群众的基本政治情况和思想动态，不大注意解决实际存在的政治思想问题。支部书记原来就是这个工段的工人，又当过一年多的共青团支部书记，做党的工作也将近一年了。根据他自己的估计，对全工段240多个职工，深知深解的极少，一般了解的只占40%左右，不了解的占60%左右。也就是说，不了解的比了解的还多。特别应当指出的，有10%以上的工人他还不认识，面孔和名字对不上号；有的知道是大件工段的工人，不知其名，也有的只知其名，不知其人。

（1）对群众的家庭出身、个人成分、政治历史、工作经历等基本情况缺乏调查研究，有的甚至张冠李戴，闹出笑话。这个工段有个青年工人，在生产上和政治上表现不好，曾经因为冒充国家机关干部和违反劳动纪律，支部书记找他谈过几次话，他本人也向支部写过几次自我检查。按理说，支部书记对他应当有一些了解。可是支部书记听别人反映：这个青年工人经常出外不回宿舍，也经常有人来找他，于是认为他的"社会关系复杂"，而且在支部书记的小本本上，记着他还有"海外关系"。这个青年工人究竟有些什么"复杂的社会关系"和"海外关系"呢？原来他有两个舅舅，一个在外交部工作，一个在青年出版社工作，他的母亲住在舅父家里，他常常到那里去看望母亲。在外交部工作的那个舅舅，曾经当过我国驻南斯拉夫大使馆参赞，这就是他的"海外关系"的由来。

（2）对于群众的思想动态，往往只是笼统地谈，而不能具体地一个人一个人地分析。支部书记同职工群众的个别谈话很少，有许多工人找不到人谈知心话，闷在心里。这样，对于群众具体的思想动态就了解得少。以当前企业的整风为例，支部书记在给工人作动员报告时，把厂党委的分析套下来，指出群众中有三种思想顾虑：怕说错了将来挨整，怕穿小鞋，怕不解决问题。但是，究竟谁怕说错了将来挨整，谁怕穿小鞋，谁怕不解决问题，这些思想顾虑的根源在张三是什么，在李四又是什么，或者除了党委已经指出的思想问题以外，在本工段的工人中间还有什么其他的思想问题，支部书记心里都不摸底，因而也就不能具体地帮助工人解决思想问题。

（3）对于群众的政治态度缺乏本质的考察。现在在工人中流行一个口头语：谁挂帅，谁不挂帅。"挂帅"就是政治挂帅的简化语。可是对"挂帅"的看法，却有各种理解。在这个工段里最流行的看法是：凡是开会都到，参加苦战，参加业余工作（写标语、写黑板报、参加报喜队等）的都叫做"挂帅"；相反，凡是开会缺席、对苦战有意见、不搞业余工作的，都叫做"不挂帅"。这种理解，有一定的道理，但是，过于简单化。支部的负责人就是这样认识政治挂帅的，并且拿这个标准来衡量工人的政治态度，以及用这样的标准来作为职工评奖的依据。还有，有时只是抓住谁说了几句"不中听"的话，就看做是政治上的落后分子，而对于那些能说会道，顺着领导说话，但不肯暴露自己真实思想的人，往往听了他的几句好话就当做政治上的先进分子。

这里，不仅是工作深入不深入的问题，更重要的是基层干部的政治水平问题。在这样的认识基础上，综合起来的某些政治情况的材料，是需要复查的。

2. 对党员的思想教育抓得不紧。这个支部的一个特点是新党员多，预备党员占40%。我们调查了8个工人党员，最早是1956年8月入党的；入党以后，从来没有上过党课。据支部书记反映，1959年以后，党委把党课"下放"给支部。由于支部书记一方面忙于行政事务，另一方面"本钱"不够，对于党员的教育进行得很少。党员在入党之前，一般虽然都看过党章，对于党员的权利和义务、党的纪律等几个问题还了解一些，对于其他问题都不甚了解，至于如何在群众中做思想工作，办法很少。有的只是把群众说了些什么落后话反映给支部（这当然是需要的），不能主动地去帮助群众提高认识。

3. 党的小组活动不经常，党内民主发扬不够，支委会长期不改选。5个党小组中，不经常开会的有3个。调查组从1961年2月初进厂到3月底止的2个月内，多的开过三次小组会，少的开过一次小组会。这一届支委会选出一年半以上了，原有支委都已调动工作，但还没有改选，现在的支委是总支指定的。究竟哪几个人是支委，支部书记一个说法，总支又一个说法。

4. 支部对于加强生产第一线的党的发展工作，缺乏有力的措施。这个工段共有 17 个生产小组和辅助小组，有 8 个小组没有党员，也就是说，有一半是"空白点"。而全工段有 18 个积极分子（一般表现不错，提出过入党要求），其中 11 个分布在上述 8 个空白小组里，但是，支部对他们培养教育不够，没有抓紧解决已经合乎入党条件的工人的组织问题。在这方面，一些积极分子对党是有意见的。

5. 支部对群众中的一些不良倾向斗争不力。像这个工段工人乱报工时、多报工时的现象比较普遍。这个现象，虽然同管理制度不健全有很大关系，但是，支部没有从思想工作的角度出发，教育工人如实填报。特别是支部没有抓住典型的不良思想，进行批判，教育群众。像刘万林小组的一个工人，自己做了废活，怀疑别人动了他的刀，于是他也偷偷地动了别人的刀，好让人家也出废活。对这种错误的思想行为，也没有给予严肃的批判，使大家吸取教训。对于不重视质量，不爱护机器设备，乱抄（抄，不告而取的意思）、乱拿和损坏工具的思想行为，也很少过问；有时管一管，只是给予处分，贴个布告了事，而没抓住典型，大做思想工作。

上述这些问题的存在，一方面，主要是由于放松党的政治思想工作；另一方面，和支部这一级的党的工作人员政治水平不高有很大关系。

党的工作行政事务化的另一个后果，就是削弱了生产行政工作的集中领导和责任制度。

1. 总工长和值班工长减弱了独立负责的主动精神，增长了依赖思想。大件工段的总工长和值班工长都认为"天塌了有支部顶着"，生产中遇到一些具体问题就提到支委会或碰头会上去解决，用代理总工长吴振山的话说，把问题提到支委会和碰头会上，就可以"找点保险，免出娄子"，实际上形成无人负责现象。

2. 随着生产行政工作的集中领导的削弱，必要的分工往往被临时的指挥所代替，行政上的一套职能机构也就跟着"散"了。这个工段行政脱产干部一共 6 个人（总工长 1 人，值班工长 2 人，计划员、统计员、施工员各 1 人），他们各抱一业，各"专"其职，互不联系。特别是几个职能员，总工长和值班工长基本上放弃了对他们的领导，而支部书记也只有在要数字资料的时候才找到他们，平常不指导和研究他们的业务工作。车间主任李振顺说："党委书记、厂长都下来分别盯大件，指挥机床生产，各机床都有厂级领导亲自盯着，工长还指挥谁呀？于是也就不起作用了，车间也就无法统一指挥了，行政机构也不能发挥应有的作用了。"

（三）党的工作行政事务化偏向的产生，大体上有以下三方面的原因

1. 由于对党委领导下的厂长负责制有片面的了解。支部书记说："党委和总支抓什么，我们也就抓什么；党委和总支怎样抓，我们也就怎样抓。前厂党委书记赵澄同志经常下来抓成套，抓缺件，盯机床，我们也跟着抓成套，抓缺件，盯机床。""党委要我们汇报什么，我们就得抓什么。党委会什么都抓，我们也就什么都抓。""党委对生产行政工作规定得挺细，抓得挺细，我们也就跟着抓得挺细。党委对于职工思想和支部工作很少问过，我们也就忽视了。"

2. 某些干部对于政治挂帅的了解不正确。以为政治挂帅就是党的书记说了算，只有书记说了话才顶事。工段的干部（包括支部书记在内）认为很多问题，党的支部书记不挂帅就不好解决。因此，随便开什么会，做什么工作，都要支部书记去指示，以便取得支持。有人说："工段的领导分三层，值班工长是一层，总工长是一层，支部书记又是一层。值班工长解决问题（指的不是技术问题，而是行政事务工作）不如总工长，总工长不如支部书记。"事实确实是这样，不管什么问题，凡是由书记出头解决，就会快一些；否则就解决得慢，而且，有的问题就难以解决。

3. 在干部的配备上，工段支部书记都是比较年轻、学生出身的，他们说话和整理个材料比较有条理，而总工长、工长则都是由老工人提拔的，文化水平低些，支部书记尊重他们的职权和听取他们的意见是不够的。同时，批判了"一长制"之后，在某些行政干部中产生了不敢负责的倾向，也是值得注意的。

（四）为了发挥支部的战斗堡垒作用，首先应当克服党的工作行政事务化的偏向，正确实行集体领导、分工负责的原则

为此要注意以下几个问题。

1. 党的工作行政事务化，在这个工段已经成了一种"习惯势力"，因此，要解决这个问题，并不是很容易的。在成批车间六个支部书记参加的座谈会上，提出如下几个问题需要解决：我不干这些行政工作，究竟干些什么呢？我不干这些行政工作，工长能不能把它抓起来？过去支部书记的话才算数，今后对于生产行政工作，支部书记不出头了，群众听不听工长的话？群众对有关行政工作的事，找到支部书记头上来，你不解决怎么能行呢？针对这种情况，既要帮助支部书记在思想上认识清楚，又要正确地解决支部书记、工长如何做好工作的问题。

2. 工段里的主要问题，由支委集体讨论决定，分工负责进行。凡是工段每月、每旬的生产任务、进度和措施，工段的技术革新规划，劳动组织的大的改变，工资奖励，职工思想动态，干部的提拔和配备，发动群众的步调和方法等问题，应当根据企业党委和行政的指示，有的由总工长提出初步意见，有的由工会或青年团提出初步意见，有的由支部书记提出初步意见，由支委会讨论决定，分工去办。至于党、政、工、团干部的碰头会，不作硬性规定，有事即碰，无事不碰，主要是沟通情况；凡是需要作决定的问题，应当召开支委会解决。一般生产中的具体问题，应当在调度会上决定，不要提到支委会上来。支委会大体是一周或者一旬开一次。

3. 在生产行政上明确总工长的职责，树立起以总工长为首的集中统一的指挥制度。支部应当经常教育群众服从指挥调度和遵守规章制度，维护行政的指挥系统，反对对生产瞎指挥的各种表现。工长碰头会是行政干部集体办公性质的调度会议，应当由总工长主持。工长碰头会大体要天天开或每两天开一次。支部书记根据自己工作的需要决定参加或者不参加。

4. 加强对党员的教育，健全组织生活。首先要恢复党课制度，进行党的各项基本政策方针、党的基础知识和国际、国内形势教育；健全党的民主生活，在"整风运动"后，民主选举党的支委会，今后应当根据党章的规定，定期改选支委会；坚持经常的小组生活会议，开展批评与自我批评，要求党员在各种活动中起带头作用；支委会和支部大会要有准备地召开，主要应当分析职工的思想动态和抓住生产中的关键问题进行讨论。

5. 支部委员都应当深入群众，特别是支部书记应当以主要精力抓政治思想工作。支委和工段党员干部都要联系一个或几个空白小组，帮助小组搞好生产、管理，培养积极分子，发展党员。在没有党员的小组，注意发挥团员的作用。支部书记摆脱行政事务以后，要多找工人谈心，要多参加党的、团的、群众的小组会议，要多和工人一起活动，要多到职工宿舍里去，逐步做到对全工段的职工深知深解，交上一些知心朋友；同时，应当注意对落后分子的工作，了解他们的情况，分析落后的原因，帮助他们解决问题，关心他们的进步，促进他们改变"老落后"的状况。

九　党支部书记的活动

（一）工段党支部书记张玉明同志一周工作活动的调查

1. 在 1961 年 3 月 6—11 日的一周内，张玉明同志在厂活动的时间，不算晚上值班时间，共有 3975 分钟，平均每日在厂时间 662 分钟，即 11 个小时。

2. 在他的全部在厂活动时间中：

会议时间 1870 分钟，占 47.1%；

为会议准备材料和写书面资料的时间 1235 分钟，占 31.1%；

工作间隙、在办公室里没有目的性的活动的时间 330 分钟，占 8.3%；

在车间看一看、转一转的时间 210 分钟，占 5.3%；

处理具体问题（如师徒吵架问题）120 分钟，占 3%；

听汇报的时间 85 分钟，占 2.1%；

看报的时间 75 分钟，占 1.9%；

总支副书记来了解情况，谈话 50 分钟，占 1.2%。

3. 一周之内张玉明同志参加大、小会议共 17 个，平均每天开 3 个会。在这一周里，厂里还举行过一次全厂性的比武大会，规定车间和工段的干部都要出席，张玉明因为挤不出时间没有参加。他参加的 7 个大会，共用 730 分钟，占会议时间的 39%。其中：两个是厂党委召开的，传达市委的报告和文件；一个是车间召开的，讲的是车间经济活动分析问题；四个是工段自己召开的，三个是"两高一灭"（质量高、效率高，消灭事故）竞赛动员大会，内容完全一样，因为三班倒的缘故，一个会必须分 3 次开；还有一个是党员大会。他参加的 10 个小会，共用 1140 分钟，占会议时间的 61%，其中：1 个是厂党委召集的，这个会议主要是布置支部搞材料；2 个是车间总支和主任召集的，一个汇报反右倾鼓干劲的情况，一个是讨论小组管理试点问题；7 个是工段自己召开的，两个是支委会，一个是找几个工人座谈效率问题的座谈会，一个研究小组管理的讨论会，还有三次都是工段干部碰头会，谈的都是生产中的具体问题。

4. 为会议准备材料和写书面资料的时间中，为厂党委搞的材料，用 850 分钟（包括考试答题用 170 分钟），占这方面全部时间的 47%；向总支汇报准备资料用 30 分钟，占 2.4%；为工段自己搞书面资料用 625 分钟，占 50.6%（其中一些书面资料支部自己要，总支也要）。

5. 在这一周没有去过工人宿舍；除了处理一对师徒吵架问题，做了些说服教育工作外，没有找工人个别谈过话。

（二）从上面的活动分析中看出：会议时间多、办公室活动多，车间活动少、学习时间少

会议时间多、办公室活动多的原因有四：一是党委和总支主要依靠听下面汇报，看下面材料来了解情况，深入第一线了解情况较少，增加了支部书记的负担。二是支部书记的工作有行政事务化的偏向。三是工段管理工作不健全，很多资料现用、现要、现找、现分析。四是支部书记比较熟悉开大会、发号召的工作方法（有些是需要的），还不善于运用个别谈话、交知心朋友的方式，不善于依靠党、团组织来进行政治思想工作。

支部书记怎样在车间活动，是一个需要研究的问题。现在主要是在工作地走一遭，在机床旁边转一转、看一看、问一问，一般地了解生产动态，有时检查一下缺件情况，这样，他仍然不大了解工人脑子里想些什么，要求些什么。看来，支部书记在车间活动，除了了解一般动态以外，更应当有计划、有目的地去了解一个工人、帮助一个小组，培养典型，总结经验。此外，还应当在业余时间，到工人宿舍里去，跟工人多聊天、多谈心，书记下寝室，政治到宿舍。

（三）成批车间9个支部书记中，工作水平和张玉明同志差不多的有7个

他们都很年轻，工龄都比较短，政治水平不能适应工作发展的要求，因此，学习这两个字，对他们具有特殊重要的意义。但是，他们都是"忙人"，越"忙"越少学习，越少学习越"忙"。这些同志在脱产当干部之前，都能坚持文化学习；当了干部后，多数人的文化学习中断了。现在连看报的时间也很少，某些车间和工段干部觉得"不好意思坐下来看看报"，也有人认为"有毛病的人才去住党校、上训练班"，所以有的干部住过几次训练班，而那些迫切需要提高的却一次也没上过。这种情况，对加强企业党的政治思想工作极为不利。为了转变这个状况，企业党委应当创造条件，制造舆论，促使支部书记加紧学习；应当选择最迫切需要提高的和具有培养前途的人去住党校；开办支部书记训练班，学习怎样做好支部工作，发挥支部的堡垒作用。

（四）厂党委规定干部每年劳动1个月，调查组在2月初进厂到4月10日止，没有看见支部书记劳动过

据支部书记自己说，1960年党委发了劳动手册，也曾经零零星星地劳动过（抬抬料，帮工人上、下活件），但最后没有检查、考核；1961年还没有劳动过，连劳动手册还没有发。像这类生产最前线的指挥员，如何参加生产领导生产，是需要总支和厂党委的督促检查的。

附录

支部书记张玉明同志
自1961年3月6—11日的活动情况

时　　间	做什么事情	用多少时间（分）
3月6日		
6：30—7：30	给青年突击队讲话（早班）	60
7：30—8：00	准备向总支汇报	30

时　　间	做什么事情	用多少时间（分）
8：00—11：30	向总支汇报	210
12：30—14：00	工作间隙	90
14：00—14：50	给青年突击队讲话（中班）	50
14：50—15：30	工作间隙	40
15：30—16：00	找施工员谈技术革新计划，去工具车间催刀具	30
16：00—16：30	准备2月工作总结	30
16：30—17：10	工作间隙	40
17：10—18：00	主持干部碰头会	50
19：00—20：00	听全厂党员干部大会报告	60
20：00—21：50	写3月支部计划	110
21：50—22：40	给青年突击队讲话（晚班）	50
3月7日		
8：00—10：00	继续写支部计划	100
	总支副书记来了解情况	20
10：00—10：10	准备党员大会材料	10
10：10—10：45	到车间转一转	35
10：45—11：30	继续写支部计划	45
12：00—15：00	继续写支部计划	150
15：00—16：30	处理师徒吵架问题	90
16：30—16：55	工作间隙	25
16：55—17：30	支委会讨论3月支部计划	35
17：30—19：00	主持支部党员大会，报告2月总结和3月计划	90
3月8日		
8：00—9：00	听团小组长汇报	60
9：00—9：25	听青年突击队队长汇报	25

时　　间	做什么事情	用多少时间（分）
9：25—10：30	到车间转一转	65
10：30—11：15	工作间隙,议论党委发下来的试题	45
11：15—11：30	看报	15
12：30—13：50	答试题	80
13：50—15：00	党委召集会议	60
15：00—18：40	和总工长商量党委要的材料	220
19：30—22：40	写党委要的党组织状况的分析材料	190
22：40—23：00	到车间看一看	20
3月9日		
8：00—9：30	主持支委会,通过党委要的材料	90
9：30—10：00	总支副书记来了解生产情况	30
10：00—11：00	抄党组织状况的分析材料	60
11：00—11：30	工作间隙，看报	30
12：30—14：30	拟定工会、共青团的汇报要求	120
14：30—16：30	找青年工人座谈质量、工效问题	120
16：30—19：00	工段干部和车间工作组会议	150
3月10日		
8：00—9：00	到车间了解缺件情况	60
9：00—9：30	工作间隙	30
9：30—10：00	看报	30
10：00—11：30	继续答试题	90
12：30—13：00	工作间隙	30
13：00—16：30	听车间经济活动报告	210
16：30—17：00	工作间隙	30
17：00—18：40	工段碰头会	100

23点起值夜班

时　　间	做什么事情	用多少时间（分）
3 月 11 日		
8：00—11：30	讨论小组管理试点问题	210
12：30—13：00	在车间看一看	30
13：00—16：30	听传达报告	210
16：30—18：15	工段碰头会	105

十　总工长的工作

（一）工段代理总工长吴振山同志一周工作的调查

吴振山同志原来是七级刨工，在 1961 年 2 月由本工段工会主席提升为代理总工长职务的，最近因为领导第一跨间的工长张德福调去党校短期学习，吴振山同志除了担任总工长的职务以外，还兼任第一跨间的工长工作。通过对吴振山同志一周工作（1961 年 3 月 13—18 日）的记录和观察，可以看出以下问题：

1. 总工长的工作时间很长，一周中共工作了 4950 分钟，平均每天工作时间长达 13 小时又 45 分钟，星期天还加班工作了 10 小时。

2. 在一周工作时间中，从事于生产工作的时间占了第一位，为72.4%；从事于政治活动的时间，占了第二位，为 16.1%；其余 11.5%的时间，从事于行政事务工作，占第三位。这样的安排，大体是合理的，既抓紧了生产指挥工作，同时又兼顾了政治活动和行政工作。

3. 从事于生产工作的时间，又可以分为两部分：一部分在现场进行指挥调度，占了总时间的 41.6%；另外一部分在办公室内通过会议研究布置工作，占总时间的 30.8%。这两部分时间相比较，在现场指挥调度时间多于在室内办公的时间，这也是合理的。

在现场指挥调度的工作中，总工长主要做两种工作。第一种是帮助组长派活，每天至少一次，有时还要两次，每次的时间平均是 91 分钟。这种派活占了总工作时间的 15%。总工长之所以要每天亲临现场派活，主要原因是计划不落实和生产不正常。第二种是各种临时调度工作，占总工作时间的 26.9%，其中跑材料和组织成品交库，占总工作时间的 16%；跑工具和检查质量占总工作时间的 6.8%，其余为各种零星调度工作时间。现在所做的这种临时调度工作，大部分是由于不适当的"权力下放"和缺乏各种制度所造成的，总工长做着许多原来不应该做的活。

在办公室参加生产方面会议，可以分为三种。第一种是各种生产调度和研究生产的会议，占了总时间的 14.8%。其中包括出席车间的调度会 4 次，平均每周 90 分钟，占总时间的 7.3%；生产小组联席会议 2 次；生产专线会（车间召集的工段干部会议，研究工段生产中专门问题）2 次；工段干部碰头会议 2 次。第二种是专门研究小组管理的会议。工段正总结刘万林小组管理的经验，本周内共召开了 6 次会议，其中 3 次是干部会议，3 次是工人会议，占总时间的 5.6%。以上两种会议的特点是规模不大，时间紧凑（平均每次 54 分钟，车间调度会议时间要长一些），并且能够解决生产中的主要问题，是组织生产所不可缺少的。第三种是职工奖励评比讨论和评比发奖大会，在本周内共举行了 4 次，平均每次两小时以上，占总时间的 1/10 多，这类会议应当适当压缩时间和精简次数。

4. 一周中参加政治活动和整风学习会议共 5 次，另外还开 1 次支委会，平均每次会议时间为 133 分钟，占总时间的 16.1%。

5. 一周中从事的行政事务工作，包括组织大扫除，做人事工作，向市委、经委工作组介绍情况等，占了总时间的 11.5%。

（二）如何克服工作中的忙乱被动现象，当好工长

目前在生产第一线上直接指挥生产的基层干部相当辛苦，每天在厂时间很长，经常要有 14 小时左右，这是很普遍的现象。从大件工段的总工长以及两个工长看来，他们对待工作是积极苦干的，对于工作中的困难，能够千方百计地去解决。他们原来都是由老工人提拔上来的，对生产和技术熟悉，并且能联系群众。但是，他们一天到晚地辛辛苦苦，忙不出一个头绪来，经常受到上级的批评和群众的埋怨，心情不够舒畅。

造成工长工作忙乱被动的主要原因究竟在哪里呢？怎样才能进一步当好工长呢？

1. 工作计划性不强，工长不是根据计划来指挥生产，实际上是靠临时的调度来指挥生产，这样就不能不使工长们陷入"东来东挡，西来西挡"的被动局面。这种被动局面，和材料供应缺乏保证有很大的关系。要改变这种状况，除了改善材料的供应情况，加强厂部和车间的计划工作外，工段要做好生产和投料、设备利用、吊车检修等计划，由粗到细地逐步制定工段、小组、个人的作业计划。

2. 工段干部之间缺乏明确的分工负责的制度，工作中存在无人负责和多头领导的现象。今后总工长对工段的生产工作要全面负起责任来。遇有重大问题要提交支委会集体讨论，然后分工负责进行。要充分发挥工段长、计划员、统计员及调整工等的助手作用，在总工长的领导下建立起强有力的生产领导和指挥调度的体系。

3. 小组管理工作比较薄弱。目前工段对工人的派活、劳动纪律的督促，往往不是由组长来执行，而是工长代替了组长的职务，这和小组长目前领导能力比较差有关。今后应当加强对小组长的培养和教育，以便加强小组管理工作，充分发挥小组的主动性。这样，就可以使整个工段的领导工作得到加强。

4. 会议过多，一周中总工长共参加了大小会议 26 次之多，平均每天有 4.3 次会议，每次时间要花 90 分钟，占了总时间的 47% 还多。26 次会议中除 7 次是属于厂部和车间召开的之外，其余 19 次都是工段召开的。能够适当地精简会议次数和压缩会议时间，对于工段工作的改进将有很大的作用。

此外，从厂部到车间权力都下放过多，或者有些权力可以下放，工段中由于干部精减一时无力办好，而职能科室（组）干部又缺乏积极的态度协助工段进行工作，结果形成"困难下放"，这也是造成工段长工作忙乱的一个重要原因。这种情况主要地应从全厂管理体制上解决。

附录

总工长吴振山同志一周工作的记录

起止时间	延续时间 （分）	工　作　内　容
3 月 13 日，星期一		
7：30—9：00	90	工段干部会议，研究奖励评比事项
9：00—10：00	60	去现场派活，巡视生产
10：00—10：20	20	找工人抬机器
10：20—11：30	70	研究刘万林小组原始记录表格
11：30—12：00	30	午饭
12：00—14：30	90	工段干部会，研究奖励评比事项
14：30—16：00	150	工段评比给奖大会
16：00—17：00	60	跑材料
17：00—19：00	120	给经委工作组介绍生产组织情况
19：00—20：00	60	晚饭
20：00—22：00	120	去现场指挥调度
		（一天工作共 780 分钟，合 13 小时）
3 月 14 日，星期二		
7：40—10：00	140	去现场派活，巡视生产
10：00—11：40	100	出席车间调度会，研究 18 日成套产量
11：40—12：10	30	午饭
12：10—16：00	230	去现场指挥调度，抓成套
16：00—17：00	60	参加刘万林小组会议，研究原始记录
17：00—19：00	120	出席工段党团员大会，内容是反右倾鼓干劲
19：00—20：30	90	晚饭

起止时间	延续时间 （分）	工作内容
20：30—23：00	150	处理工具及质量问题 （一天工作共 800 分钟，合 13 小时 20 分钟）

3 月 15 日，星期三

7：05—8：00	55	开生产线专线会
8：00—9：45	105	去现场派活，巡视生产，并处理大身镗孔振板
9：45—10：40	55	参加刘万林小组管理工作干部会
10：40—11：40	60	与施工组研究 7021 工作台加工技术问题
11：40—12：10	30	午饭
12：10—14：30	140	去现场组织产品交库及找人催料
14：30—15：10	40	参加史正逊小组工人会议，研究原始记录填写问题
15：10—16：10	60	去现场派活，巡视生产，组织给一工段修活
16：10—17：00	50	行政工作，与医生联系病人请假问题，与人事组联系一个工人调去别厂后的工资及组织关系问题
17：00—18：00	60	工段干部碰头会
18：00—18：30	30	研究刘万林小组管理问题
18：30—20：00	90	晚饭
20：00—23：00	180	工段干部研究评奖问题 （一天工作共 835 分钟，合 13 小时 55 分钟）

3 月 16 日，星期四

7：45—10：00	135	去现场派活，巡视生产
10：00—11：40	100	参加车间调度会，中间被叫出去两次处理现场临时问题

起止时间	延续时间（分）	工 作 内 容
11：40—12：10	30	午饭
12：10—14：00	110	去现场指挥调度，抓产品交库
14：00—16：30	150	出席厂部会议，听整风动员报告
16：30—19：30	180	干部讨论整风报告
19：30—20：30	60	晚饭
20：30—21：30	60	出席工、团小组长会议，研究整风问题
21：30—22：30	60	吊车组会议
22：30—23：30	60	指挥中班、夜班交接工作
23：30—1：40	130	处理临时事故 到工具室要钻头等（值夜班）
1：40—5：40	240	休息，中间起床两次，去现场检查劳动纪律及处理临时事故（一天工作共 955 分钟，合 15 小时 55 分钟）

3 月 17 日，星期五

5：40—7：00	80	指挥夜班、早班交接工作
7：00—9：00	120	组织卫生大扫除，调整在制品安放位置
9：00—10：30	90	去现场派活，巡视生产
10：30—11：40	70	出席车间召开的临时调度会议，研究产品提前交库问题
11：40—14：50	190	午饭及休息（因昨天值夜班）
14：50—16：00	70	和市委工作组谈今后机修的几个制度
16：00—17：00	60	去现场指挥调度
17：00—17：40	40	工段干部碰头会
17：40—19：00	80	出席支委会，传达整风报告，过组织生活以及总结上旬工作
19：00—21：00	120	和经委工作组谈生产计划 （一天工作共 730 分钟，合 12 小时 10 分钟）

起止时间	延续时间 （分）	工　作　内　容
3 月 18 日，星期六		
7：00—8：00	60	早班组长开会布置交库任务
8：00—8：30	30	和车间组织的小组管理工作组朱庆泉同志研究班组计划
8：30—10：00	90	和工人个别谈话,解决思想问题;布置生产工人冯西诚工作,并找组长帮助;664 零件退修,因无人干活,上机床干了一阵
10：00—11：30	90	出席车间调度会议
11：30—11：50	20	午饭
11：50—13：00	70	在现场指挥调度,组织产品交库工作,并找人联系材料供应事宜
13：00—17：00	240	出席车间整风会议，中间出去一次，处理 7022 大件新老设计问题
17：00—20：00	180	在现场指挥调度，组织产品交库工作
20：00—21：30	90	晚饭
21：30—23：00	90	研究并布置明天加班任务

（一天共工作 850 分钟，合 14 小时 10 分钟）

一周工作记录的分析、整理

一周工作共 4950 分钟，平均每天工作 13 小时 45 分钟。

工作 内容	工　作 总时间 （分）	工作 次数	平均一 次延续 时间(分)	占总工 作时间 的比例(%)
（一）生产	3580	—	—	72.4
1. 现场指挥调度	2060	—	—	41.6
（1）派活	730	8	91	14.7

（2）跑材料，赶交库	790	6	131	16.0
（3）找工具，查质量	340	4	85	6.8
（4）零星调度指挥	200	8	66	4.1
2. 会议	1520	—	—	30.8
（1）车间调度会	360	4	40	7.3
（2）生产专线会	115	2	57	2.4
（3）小组长会	150	2	75	3.1
（4）工段干部碰头会	100	2	50	2.0
（5）奖励评比会	510	4	128	10.4
（6）小组管理会	285	6	47	5.6
（二）政治活动和 整风学习	800	6	133	16.1
（三）行政事务工作	570	—	—	11.5
（1）大扫除	120	1	120	2.4
（2）人事工作	140	2	70	2.8
（3）给市委、经委工 作组介绍情况	310	8	103	6.3

成批车间两个生产小组的调查

林道泉生产小组调查

前　言

　　成批车间大件工段的林道泉小组原来和石鲁岩小组是一个生产小组，为了便于管理，于 1961 年 1 月划分成两个小组。石鲁岩小组在 1959 年是出席北京市群英会的先进小组，目前工厂又评选其为出席 1960 年北京市群英会的先进小组。

　　这个小组有 18 个工人，14 台机床，其中有 3 台进口的机床。加工的工件是 2 号、3 号万能铣和立铣的床身和底座。2 号万能铣成批生产已 8 年了，3 号万能铣和 2 号、3 号立铣只是近一二年才小批生产的，产量在逐渐增加。床身是整个铣床的主体，是检查铣床全部精度的基准。它是一个比较复杂的工作物，技术条件规定它是五至六级工作物。按正常规矩，五至六级工作物必须五至六级技术工人负责加工。这个小组 18 个工人中，现在没有一个老年技术工人，他们平均年龄为 20.7 岁，平均技术等级 1.56 级，比全厂平均技术等级 1.92 级还要低，工人的技术等级和他们承担的加工任务的技术复杂情况是不相称的。由于铣床是已经生产了 8 年的老产品，又有了相当数量的工艺装备和一些专用设备，这些青年工人还是能够担负起现在的生产任务的。在这一点上成批车间其他小组同林道泉小组的情况相类似，因此，林道泉小组的情况在成批车间是有一定的代表性的。

这个小组的生产是很有成绩的。年年超额完成国家生产计划；经过多年的生产锻炼，培养了一批新工人；在技术革新中，创造和改进了一批工艺装备，从而提高了生产效率。这是成绩的主要方面。但是，通过这次调查了解，发现这个小组也还存在着一些缺点和问题，这些缺点和问题集中地反映了工厂管理工作相当落后，还不能适应生产发展的需要，要迅速加以改进。

一　小组成员

这个小组现有 18 人，其中技工 16 人，徒工 2 人。这 18 人的家庭出身是：地主 2 人，富农 1 人，中农 6 人，贫农 4 人，工人 1 人，小业主 4 人。他们的个人成分都是学生；初中毕业和初中肄业的 8 人，高小毕业的 10 人。年龄最大的 25 岁，最小的 19 岁，平均年龄 20.7 岁。1951 年入厂的 1 人，1956 年入厂的 5 人，1958 年入厂的 12 人，平均工龄为 3.27 年。五级技工 1 人，二级技工 5 人，一级技工 10 人，平均技术等级 1.56 级。家在本市的 6 人，由农村来的 12 人。全组没有党员，有团员 4 人。

这个小组的成员年岁轻，工龄短，技术低，经验少。1956 年入厂的二级技工就是生产中的骨干。生产小组长林道泉，是 1956 年入厂的，现为二级技工。1958 年入厂的一级技工占该组技术工人的 62.5%，他们已经在关键机床上操作，生产关键零件。

这个小组的生产是成批进行的，长年累月固定加工两种零件，而且又有专用工具、夹具，生产技术不难掌握，虽然老工人很少，也可以过得去，但精益求精，并不容易。现在，有些青年工人满足现状，对文化和技术学习不太积极，说："当个工人，初中文化程度就行了，再学也没有什么用。"

小组的绝大部分工人在政治上是要求进步的。一些青年工人有加入共青团的要求，他们觉得团组织对他们关心不够。青年工人刘维忠说："团组织只会组织生产突击队，不了解青年的思想和要求。"由此可见从政治思想上、文化技术上提高青年工人，是企业党团组织的一项重要任务。

二　生产组织

林道泉小组是按"对象原则"组织起来的封闭式生产小组，从原料、材料投入到部件全部加工完毕，都在一个生产小组内完成。这个小组由铣、刨、镗、钻多种设备、多工种组成一条生产流水线，它可以全部完成床身和底座的整个机械加工过程。

这种生产组织形式的好处，正如工段代理工长吴振山所评论的：单一工序，专业化生产，可以提高生产效率；克服工件加工技术复杂、工人技术水平低的矛盾；工序间的制约性强，促使工人群众巩固集体主义思想。他认为不好的地方是：这种专业化的生产组织，比较不好管理，要求组长是生产的多面手，而现在的生产小组长只会一二道工序的加工技术，对生产小组进行技术领导是有困难的。

现在，这个小组在生产的组织上，由于毛坯供应不能满足需要，有时工序之间衔接不好，引起机床停工，特别是前头的工序一停工，以下的一系列机床就随着停工等待上道工序的活；工种设备不平衡，专用铣床有余力，镗床任务紧，忙闲不均，不好调配；作业面积比较窄小，工作地比较乱。

这个小组的设备平面布置，是在1958年年底改为封闭式车间后，按工艺过程路线安排的，虽然还有某些个别工序间工艺路线往返移动，不够完善，但是它和当前生产组织形式基本上是相适应的。

三　工艺装备

这个小组加工的床身和底座，是铣床的两个最大的部件，特别是床身，是铣床生产的关键部件，生产工艺复杂，周期长，质量很不容易保证。在过去主要使用万能机床，依靠七、八级技术工人，凭多年的经验和手艺来笨干。加工一个 2 号万能铣床的床身，在 1953 年需用 200 个小时左右，尚须高级钳工再以手工用刮研方法找精度，才能达到质量要求。为了改变这种状况，技术人员和工人相结合，年年有创造，到 1960 年年底共创造出 84 件专用工具、夹具（其中两种万能铣的床身占 70% 以上，平均每道工序有 3 件，立铣的专用工夹具很少），其中刨床用的刨具两件及样板，量具等 18 件，镗床用的镗具 24 件，钻床用的钻具 38 件，铣床用的铣胎 2 件。由于有了这些专用工夹具，万能机床变为具有一定专用性能的机床，使低级工能比较快地独立进行操作。这有助于保证产品质量，又可提高效率。

现在的主要问题是工艺装备不配套。84 件工艺装备中，真正称得上夹具而又成套的只有 7 种，其余都不配套。由于不配套，保证质量和提高效率的作用就很不显著。

不配套主要是设计、制造和使用部门没有抓紧验证等原因造成的。例如，106 床身回转钻模早已设计完毕，但至今未全部制造出来。如能及早制造出来并抓紧投入生产，就可以代替 30 多件小钻模，就可以节省 3/4 的吊车时间，大大提高产品质量和生产效率。工艺装备从设计、制造和使用都注意成龙配套是十分重要的，而制造部门保证及时加工出来，并保证加工质量又是其中的关键。

有了一定数量的工艺装备，对于产品质量来说，就有了保证的条件，但不等于产品质量就完全有了把握。要确保产品质量，必须对工艺装备建立适当的备份，定期鉴定，定期检修，以及对鉴定用的量具进行定期的校验，使它本身保持准确的精度。

在现有的 84 件工艺装备中，只有 39 件有备份，即 9 套刀杆备份各 5 件，28 件钻模，样板备份各 2—3 件，2 件反划刀杆备份各 15 件。这些有备份的工艺装备，多半是小型和简单的。没有备份的 45 件中，除 4 件大型胎具因不易磨损可以没有备份外，其余 41 件不少是大型的、关键的工艺装备，应当有备份 1—2 件。目前没有备份，对生产的正常进行有很大的威胁：一旦损坏了，就得被迫停止生产。工人对这些专用工具、夹具没有备份意见很大，曾提过很多意见。现在已引起车间领导的重视，正在赶制备份。但因图纸不全，特别是关键的大型夹具没有图纸，如果不狠狠抓，在一两个季度内也解决不了这个问题。

工艺装备的定期鉴定、定期检修以及对鉴定用的量具进行定期校验，过去没有制度，也未进行过工作。从 1961 年 1 月起车间开始对专用工具、夹具进行鉴定，尚未确定周期，也未形成制度。定期检修及量具校验尚未开始工作，打算在第二季度开始工作。目前这些工作完全由车间来担负，厂部检验科基本上不管，这是一个很值得研究的问题。

四　产品质量

这个小组加工的床身，是整个铣床 3000 多零件的主体，是检查 15 项精度的基准。它在铣床的生产过程中占很重要的地位，因此对它的精度要求很高。孔的直径、三孔的同心度、主轴孔的中心线、立滑道平面的垂直度都不允许差 1% 毫米。要达到这样高的精度是很难的。

自从 1958 年以来，工人群众制造了不少工具、夹具。在 15 道工序中，就有 12 道工序采用胎具、钻模、样板等专用工具、夹具和多轴龙门铣，基本保证了加工质量。但是在质量上还存在以下问题：

1. 不少的床身轴孔镶套。按技术条件要求轴孔不允许镶套，自 1960 年下半年以来，镶套的数量却逐渐增多。

一种是铸件毛坯孔偏，就得把不正的孔镗大再镶套。1960 年下半年因铸件孔偏而镶套的占产量的 7% 左右。一种是由于工作者不细心，孔镗大了，不得不镶套，1960 年下半年占产量的 1% 左右。轴孔的另外一个质量问题是，由于铸件孔偏，虽然孔壁全能镗到，但有的地方仍然带有黑皮，这样滚珠轴承配合接触不好，虽然未镶套，对产品质量也有影响。这种情况在 1960 年下半年占产量的 25%。

2. 三孔不同心。按技术条件要求三个孔公差不得超过 1% 毫米，但加工出来的工件实际是差 10% 毫米还要多。三孔不同心影响主轴转动灵活，转速到 1500—1600 转时，主轴的滚珠就会烧毁。三孔不同心是影响床身加工质量的主要关键。

3. 孔的光洁度不高。按图纸要求光洁度是 6 级，但加工后的工件只有 4—5 级，有明显的刀纹。光洁度不高，滚珠和孔的接触不紧固，影响铣床的寿命。

除此之外，有时两个立滑道面不平行和稍面角度不对，这样容易造成升降台一头松一头紧的现象（上下配合间隙不一致），影响升降台的上下平稳走动。

由于上述情况，造成的返修、报废现象是十分严重的。就以精镗轴孔这道工序来说，1960 年在交验的 1893 个床身中，一次检验合格的 273 个，占 14.9%；料废的 229 个，占 12.1%；工废的 69 个，占 3.6%；返修回用 1322 个，占 69.3%，这些经过返修大部分可以回用。某些经过稍许的修理，费工很少就合格，是允许的。不过在二级精度的铣床上，采用镶套，尤其是主轴孔的镶套，在技术上是不应当允许的，今后应从积极方面加以解决，杜绝这种镶套。同时，要努力降低返修回用活的比例，力争少返修以至不返修。

造成上述质量问题的原因是：

1. 用工人们的话说："领导上有求数量思想，只要你出的活多就表扬，但对质量不好的不加批评。领导上要的是数量，工人在操作中抢数量，也就难免忽视质量了。"

2. 有些工人认为自己做的活质量差点或废了活没有关系，反正有专门修理活的人（小组有一个专负责修理活的工人），他会把活修好，镗大了可以镶套，工段给了一台机床，专供镶套使用。我们认为谁干的活，应当归谁修。小组里设专门修理活的工人，意味着废品是合理合法的，对提高产品质量没有好处。

3. 质量检验制度没有严格执行，特别是当生产节奏性较差，在月末突击时，专职检验人员就放松了对产品质量的检验。

4. 铸件的砂眼多，孔偏，对质量的影响很大。据二工段计划员说，去年 11 月加工的工件料废的约占 50%。有个工人写了首打油诗："一只蜜蜂要搭窝，飞来飞去忙如梭；一飞飞到二工段，看见铸孔笑呵呵：窟窿多，窟窿多，砂眼多得像蜂窝，住着坚实又暖和，多谢铸工老大哥！"这里可以看出铸件砂眼多的严重情况和加工工人对此的不满。

5. 机器设备失修，工艺装备不定期鉴定检修。比如镗孔用的五孔机上的镗杆底磨损了，因忙于生产任务，又没有备件，所以不能及时更换，因而影响了加工精度。

今年以来，小组加强了质量的管理。发生质量事故后，在小组里要分析原因。为了按三孔同心度要求操作，在 1 月份检修了五孔机的镗具。

五　技术革新

这个小组 1960 年推行新技术新工艺 3 项，实现技术革新项目 32 项。目前仍在使用的 26 项，其中，工具、夹具 11 项，样板 8 项，对刀板 5 项，以钻代镗。以铣代刨 2 项。这些革新项目，制造简便，用工用料不多，效果好。如铣床大身的画线，在采用画线样板前，一个大身的画线要用 3 小时，采用样板后只需 1.5 小时。改变加工工艺，采取以钻代镗，加工铣床大身的效率提高了半倍到一倍，而且解决了镗床不足的问题。

与此同时，还试用了超声波、导电切削，并推行了强力刨刀、宽刨刀等 8 种先进刀具。超声波和导电切削因为技术上没有过关，所以没有巩固下来。而先进刀具的效果好，采用强力刨刀和宽刨刀比用普通刀具的效率约提高半倍。因为工具车间不继续供应这种刀具，不满两个月的时间，先进刀具在这个小组也不再采用了。

这个小组技术革新的实践，告诉我们如下经验：

1. 技术革新必须紧紧围绕生产薄弱环节进行，实现的革新项目真能解决生产技术问题，就能够巩固持久。这个小组实现的工具、夹具、样板等 26 项革新项目，之所以能够巩固，是因为工艺复杂，操作技术不易掌握，而且新工人又多，如果没有这些专用工具、夹具，就很难完成任务。有了这些专用工具、夹具，低级工就可以干高级活，就可以完成生产任务。

2. 为使技术革新成果巩固持久，企业管理工作必须迎头赶上。先进刀具之所以不能巩固持久，正是由于只注意了组织推广，而没有及时地把先进刀具列入工具目录，纳入工艺规程，工具车间因为没有根据也就不能安排生产，因此，没有巩固下来。

3. 技术革新必须扎扎实实地进行科学试验和理论研究工作。不然，即便一时推广，也不能持久。超声波和导电切削没有巩固下来，就是因为一系列的技术问题和理论问题在实际应用中没有解决。

六　工资奖励

（一）三个工人逐年收入变化的情况

王祖义：

1951 年 10 月进厂，定为一级徒工，月工资 19.87 元。

1952 年升为二级徒工，月工资 22.26 元。另有冬季煤贴费 18 元，年终"双薪"10 元，全年总收入为 294.92 元，平均每月收入 24.58 元，比 1951 年平均每月收入 19.87 元，提高 23.7%。其他收入相当于工资的 9.5%。

1953 年升为三级徒工，月工资 25.97 元。另有煤贴费 18 元，年终"双薪"12 元，全年总收入为 341.64 元，平均每月收入为 28.47 元，比 1952 年的 24.58 元，提高了 15.8%。其他收入相当于工资的 8.8%。

1954 年 7 月升为一级技工，月工资 33.39 元。另有煤贴费 18 元，奖金 10 元，全年总收入 428.68 元，平均每月收入 35.72 元，比 1953 年平均每月收入 28.47 元，提高了 25.5%。其他收入相当于工资收入的 6.5%。

1955 年升为二级技工，月工资 38.58 元，1—3 月总得工资 115.74 元，4 月份起实行计件工资，全年工资收入为 556 元。另有煤贴费 18 元，奖金 15 元，全年总收入为 589 元，月平均收入为 49 元，比 1954 年月平均收入 35.72 元提高 13.7%。其他收入相当于工资的 5.6%。

1956 年跳一级升为四级技工，月工资 55.6 元，全年计件工资收入 1150 元，另有夜班费 15 元，节约刀具奖金 12 元，培训徒工奖 30 元，加班费 20 元，全年总收入 1227 元，平均每月收入 102.25 元，比 1955 年月平均收入 49 元提高 108.7%。其他收入相当于工资的 6.3%。

1957 年仍实行计件工资，年工资 900 元。另有夜班费 15 元，节约刀具奖 12 元，培训徒工奖 8 元，季度个人优胜奖 5 元，加班费 18 元，全年总收入 958 元，平均每月收入为 80 元，比 1956 年平均每月收入 102.25 元降低 22%。其他收入相当于工资的 6.1%。

1958 年未升级，月工资 55.6 元，1—6 月仍实行计件工资，7 月由计件工资改为计时工资。年工资收入为 800 元。另有夜班费 18 元，超额奖 20 元，加班费 50 元，苦战费 20 元，季度个人优胜奖 6 元，年终跃进奖 28 元，全年总收入为 942 元，平均每月收入 78.5 元，比 1957 年平均 80 元降低 1.9%。其他收入相当于工资的 15.14%。

1959 年 1—7 月仍为四级工，8 月份升为五级工，月工资 65.5 元，年工资 716.7 元。另有超额奖 40 元，加班费 25 元，年终跃进奖 32 元，全年总收入为 813 元，平均每月收入 67.75 元，比 1958 年平均 78.5 元降低 13.7%。其他收入相当于工资的 11.8%。

1960 年仍为五级工，月工资 65.5 元，年工资 786 元。奖金 63 元（包括个人先进奖 3 元），加班费 20 元，夜班费 25 元，全年总收入 894 元，平均每月收入为 74.5 元，比 1959 年每月平均收入 67.75 元提高 10%。其他收入相当于工资的 12.1%。

王祖义逐年收入的变化说明了以下的情况：

1. 用两年零八个月时间由学徒升为一级技工。

2. 从 1951 年起到 1956 年连续 6 年，每年都升级并加工资，1957 年和 1958 年未升级，1959 年升级，1960 年未升级。

3. 在学徒期间基本工资每年都有增加，比较均衡，升技工以后每年也有上升，但级差不太大。

4. 1956 年是计件工资登峰造极的一年，他月工资 55.6 元，而他实际平均月收入 102.25 元，较原工资提高 83.9%。

5. 从 1957 年开始，每年总收入逐年有所下降，1960 年开始上升一些。

6. 1956 年、1957 年有节约工具奖金，以后就没有了。

林道泉：

1956 年 5 月入厂，月工资 19.8 元，同年 8 月升为二级徒工，月工资 29 元。1956 年工资收入 204.4 元，夜班费 8 元，全年总收入为 212.4 元，平均每月收入为 26.55 元。其他收入相当于工资收入的 3.8%。

1957 年从 1 月起升为三级徒工，月工资 34 元（亦即一级技工的工资）。全年工资为 408 元，夜班费 15 元，全年总收入为 423 元，平均每月收入为 35.25 元，比 1956 年平均每月收入 26.55 元提高 32.8%。其他收入相当于工资收入的 3.5%。

1958 年 6 月升为一级技工，工资未动，仍为 34 元，年工资为 408 元。1958 年曾实行过 3 个月计件工资，每月多收入 13 元，全年工资为 447 元，另有加班费 40 元，夜班费 15 元，年终跃进奖 17 元，全年总收入 519 元，平均每月收入为 43.25 元，比 1957 年平均每月收入 35.25 元提高 22.7%。其他收入相当于工资收入的 13.9%。

1959 年 1—7 月，月工资 34 元，8 月份升为二级技工，月工资升为 40.1 元，全年工资为 438 元。另有超额奖 40 元，夜班费 15 元，加班费 26 元，煤贴费 16 元，年终跃进奖 20 元，全年总收入 555 元，平均每月收入为 46.25 元，比 1958 年平均收入 43.25 元提高 6.9%。其他收入相当于工资收入的 21.1%。

1960 年未升级，月工资仍为 40.1 元，年工资 481 元，奖金 63 元（包括个人优胜奖 3 元），夜班费 30 元，煤贴费 16 元，加班费 15 元。全年总收入为 605 元，平均每月收入为 50.4 元，比 1959 年平均收入 46.25 元提高 9%。其他收入相当于工资收入的 20.5%。

林道泉逐年收入的变化说明了以下情况：

1. 名义上用两年时间由学徒升为一级技工，实际上他只用 8 个月时间（1957 年 1 月升为三级徒工）即拿到一级技工月工资 34 元（三级徒工与一级技工都是 34 元）。

2. 在学徒期间基本工资较王祖义高得多。

3. 工资升级虽比王祖义慢了些，其实际收入却比王祖义多。

他入厂后第四年即 1959 年升为二级技工，全年平均每月收入 43.25 元。比王祖义进厂后第四年即 1954 年，全年平均每月收入 35.72 元高 7.43 元。

4. 在学徒期间其他收入少。

张会元：

1958 年 8 月入厂，8—11 月在该厂技工学校学习，月工资 13 元，12 月正式分配到车间学徒，月工资 15 元。衣服补助费 25 元。1958 年总收入为 92 元，平均每月收入 18.4 元。其他收入相当于工资收入的 40%。

1959 年 1—7 月，月工资 15 元，8—12 月月工资 17 元，年工资为 190 元。另有奖金 16 元，衣服补助费 25 元，夜班费 7 元，全年总收入为 238 元，平均每月收入 19.83 元，比 1958 年平均每月收入 18.4 元提高 7.8%。其他收入相当于工资收入的 20.2%。

1960 年，1—7 月月工资 17 元，8—9 月月工资 20 元，10—12 月升为一级技工，月工资 34 元，年工资收入 261 元。另有奖金 34 元，衣服补助费 18 元，夜班费 7 元。全年总收入 320 元，平均每月收入为 26.7 元，比 1959 年月平均收入 19.83 元提高 34.7%。其他收入相当于工资收入的 18.4%。

张会元逐年收入说明了以下情况：

1. 用两年零两个月时间由学徒升为一级技工。

2. 学徒期间基本工资很低，其他收入较王祖义、林道泉高得多，实际收入较王祖义低 2—3 元。

3. 1960 年 1 年内连升 3 次，月工资由 17 元跃升至 34 元。

（二）工资政策方面的问题

从以上三个不同时期进厂的工人所得工资及实际收入的不同，可以看出工资政策上有以下几个问题：

1. 学徒工期限究竟多长才算合理？王祖义 1951 年进厂，经过两年零八个月的时间升为一级技工；林道泉 1956 年进厂，实际上只经过 8 个月的时间升为一级技工；张会元 1958 年进厂，经过两年零两个月升为一级技工。王祖义学徒期长些，由于每年升级长工资，学的技术比较扎实些，一直积极参加业余学习；林道泉学徒期短些，很快拿到一级技工的工资，从其谈话中表露出好似后期工资升慢了一点，影响了他的上进心；张会元学徒期较林道泉长，较王祖义短 6 个月。严格来说，由于学徒时间短，他们的基本技术尚未掌握好。由于生产发展，老工人调到重型车间去，不得不让新工人担任铣床生产任务。他们之所以能够独立操作并担任关键件大身镗孔任务，主要是由于有专用工具、卡具，离开工具、卡具就不行了。可是这些新工人并不完全明白这一点，反感到自己已掌握了生产技术，有些满足现状。从这三个人来看，我们认为学徒工期限不能太短，以三年为宜，最低期限也须两年半。通过较长的学徒期，艰苦锻炼一个时期，不但对打好技术基础有很大作用，而且对增强工人阶级意识有好处。在学徒期间基本工资宜低不宜高，最低可定为 20 元，最高不超过 30 元，等级多些，级差小些。经过实际操作和技术课程的考试，学习成绩优良的可以升级；一年之内可以升两级，学习成绩不好不予升级，以鼓励不断努力学技术，力求上进。徒工的最高工资与一级技工的工资也不要交叉。

2. 1956 年以前工资等级多些，级差小些，工人升级机会可以多些；1956 年实行八级工资制以后，等级少，级差大，升级机会就少一些。通过这个小组的了解，工人喜欢工资等级线长些，等级多些，级差小些，年年能有一部分人（30% 以下的人）升级，既可以鼓励大家积极上进，又可以避免集中在一次升级时面过宽，工资猛升，冲击市场的缺点。同时还可以解决七、八级技工没奔头的想法。

（三）奖励问题

1953 年以前，奖励形式主要是年终双薪，1954 年以后开始推行计时超额奖；1955 年 4 月以后开始推行计件工资；到 1956 年奖励名目很多，如安全运转奖、质量奖、节约刀具奖、培训徒工奖、设备维修奖、合理化建议奖、工段长奖、调整工奖、超额奖、季度奖、劳动竞赛奖等十多种；到 1957 年感到奖励种类太多，进行了整顿，除保留了季度奖和超额奖之外，其他奖都取消了；1958 年第二、三季度什么奖也没有了，到第四季度又恢复了季度奖，并发了年终跃进奖，一直到 1960 年。

目前，只有综合性季度奖。每个季度一次，奖励面在 90% 左右。分为甲、乙、丙三等，每等之间差 2 元。奖励条件厂部规定工人为：（1）完成车间分配的任务；（2）达到定额水平；（3）不超过车间废品指标。

现在工段实际执行的评奖条件：

甲等奖：政治挂帅（指参加业余会议，参加社会活动，写标语、参加苦战等），生产数量多，质量好，有革新项目。

乙等奖：思想、生产（数量与质量）都一般，既不算好也不算坏。

丙等奖：政治不挂帅，生产数量少（工时），质量差（返修回用活多），劳动纪律差。

不给奖：在一个季度内请假超过 15 天或有 3 天旷工，或发生重大设备和人身事故，或犯有重大错误。

在 1960 年第四季度，这个组 18 人中，评为甲等 1 人，得 16 元奖金；评为乙等 11 人，每人 14 元奖金；评为丙等 4 人，每人奖金 12 元；免奖的 2 人；1 人因请了 20 天病假，1 人因违反粮食政策，去年第四季度给在大同的哥哥寄大米 28 斤，被邮局发现后制止。

有个工人在第四季度受了处分，仍评为丙等奖。群众有意见，说："能说会道的人，怎样也能得奖。"

从这个组评综合季度奖来看，条件降低了，已经把它变为变相工资。实际上对生产起的作用不大。

我们认为，综合性季度奖，应当结合小组工作，严格地根据生产数量、质量、节约工具、安全运转和维护设备等各方面条件进行评比，政治挂帅应指拥护党的路线，响应党的号召，团结互助，积极帮助他人，努力学习等方面，不能把政治简化为参加不参加会议、参加不参加社会活动和参加不参加苦战。凡是达到条件的都奖也可以，达不到条件的就不奖，使奖励能够起着鼓励人们不断前进的作用。同时，对工人小组来说，综合性季度奖时间太长了，对生产推动作用不大，最好改为按月评比，按月发奖。

附录

工人生活开支情况

这个小组 18 个人中，生活较为富裕的有王祖义等 4 人，不困难的有林道泉等 14 人。

我们调查了工人王祖义、林道泉、张会元等典型工人 1957 年和 1960 年的生活状况。

王祖义：

1957 年全年总收入 958 元，每月平均收入 80 元。全年总支出 540 元，富余 418 元。

支出情况：在厂内伙食 300 元，假期在饭馆吃饭 40 元，零食 60 元，共计 400 元，占收入的 41.8%；买皮鞋 2 双，毛衣 1 件，汗衫 2 件，背心 2 件，布裤 2 条，共计 100 元左右，占收入的 10%；买床单 2 个，普通木箱 1 个，枕套 1 对，以及卫生用品等约计 40 元，占收入的 4.2%；看戏、看电影 40 元，占收入的 4.2%。总共支出 540 元。

1960 年全年总收入 894 元，每月平均 74.5 元。全年总支出 894 元。

支出情况：在厂内伙食 130 元，在饭馆吃饭 30 元，零食 10 元，共计 170 元，占收入的 19.1%；买布裤 2 条，汗衫 2 件，背心 2 件，雨衣 1 件，台布 2 块，共计 110 元左右，占收入的 12.3%；买暖水瓶 1 个，闹钟 1 个，铝水壶 1 个及其他用品共计 40 元，占收入的 4.5%；看戏、看电影 40 元，占收入的 4.5%；给家庭生活费 140 元，结婚用 400 元，共计 540 元，占收入的 60%。

他从 1956—1959 年买的主要东西有：手表 2 块，自行车 1 辆，收音机 1 台，呢子裤 3 条。

他的家里有父母和新婚爱人，共 4 口人。父亲每月收入 30 元，王祖义每月平均收入 74.5 元，全家平均每月收入 104.5 元，平均每人收入 26 元，生活比较富裕。

林道泉：

1957年全年总收入423元，每月平均收入35.25元。全年总支出423元。

支出情况：伙食192元，零食12元，共计204元，占收入的48.2%；买制服1套，布鞋2双，皮鞋1双，袜子4双，共计33元，占收入的7.8%；汽车月票、日用品等52元，占收入的12.3%；看戏、看电影24元，占收入的5.7%；给家庭生活费106元，占收入的25%。总共开支423元。

1960年全年总收入605元，每月平均收入50.4元。全年总支出585元，富余20元。

开支情况：伙食168元，占收入的27.8%；买呢子裤1条，汗衫1件，皮鞋1双，布裤1条，球衣2件，袜子2双，共计83元，占收入的13.7%；汽车月票、日用品等共计52元，占收入的8.6%；看戏、看电影共计24元，占收入的4%；给家庭生活费258元，占收入的42.6%；现有存款26元，占收入的3.3%。

他的家庭有父母、姐、妹（两人，上学）、弟（两人，上学），共8口人。父亲每月收入45元，姐姐每月收入60元，本人每月收入50.4元，全家每月平均收入155元，平均每人收入19.3元。生活尚无困难。

张会元：

1958年8—12月总收入92元，平均每月收入18.4元。1958年8—12月总支出92元。

开支情况：伙食55元，在饭馆吃饭1.5元，零食1.5元，共计58元，占收入的63.1%；买制服1套，布鞋1双，袜子2双，共计15元，占收入的16.4%；买洋瓷盆1个，肥皂及其他卫生用品共18.9元，占收入的20.5%；看电影2次0.1元。总支出92元。

1960年总收入320元，每月平均收入26.7元。全年总支出320元。

开支情况：伙食132元，在饭馆吃饭6元，零食7元，共计145元，占收入的45.3%；买制服1套，背心2件，棉鞋1双，布鞋3双，皮鞋1双，袜子3双，共计46元，占收入的14.4%；买被单1条及其他日用品

11 元，春节回家车费以及给舅舅小孩零花 4 元，共计 56 元，占收入的 17.5%；看戏、看电影 9 元，占收入的 2.8%；给家庭生活费 58 元，现有银行存款 6 元，共计 64 元，占收入的 20%。

他家里有父母、大哥、大嫂、侄子、妹妹（两人）、二嫂在农村，二哥在本厂锻工车间，连本人共 11 口。二哥平均每月收入 34 元，本人每月收入 40 元，家在农村。生活不困难。

七　业余活动

小组的业余集体活动，每周都有具体安排。在贯彻执行劳逸结合的方针以前，星期一、三、五上文化或技术课，学习时间两三个小时。星期二、四、六为会议时间，除厂级、车间、工段召开的会议以外，小组生活会，党、团活动，电影晚会都占这个时间。贯彻执行劳逸结合的方针以后，星期一、三学习文化或技术，星期五为开会时间。星期二、四、六为无会议日（党、团活动仍占星期四），由群众自由支配。

以上是在统一安排下的集体活动。业余时间的个人活动，我们调查了两个人，一个是在京有家，住在家里的，一个是单身汉住集体宿舍的，他们的活动情况是：

王祖义：家在北京，在贯彻执行劳逸结合的方针以前，因为经常加班苦战，会议又多，也住在集体宿舍里。早班是六点半上，两点半下，下班接着开生产会，五点吃饭，六点又开会，八点钟才回宿舍休息，有时一天开两三个会。夜班是晚十点半上，早六点半下，下班后接着开会，早九点回去睡觉，下午五点又回厂开会。总之，由于会议多，时间长，加上有时生产加班，基本上没有自由支配的业余时间。在贯彻执行劳逸结合的方针以后，因为离家远些，在星期一、三、五还住在集体宿舍，但由于会议减少了，不论白班或夜班都能有 8 小时以上的睡觉时间。星期二、四、六无会议日，回家搞些家务事，担水、买东西或看看报纸、技术书。

张会元：住集体宿舍，在贯彻执行劳逸结合的方针以前和王祖义的活动情况一样；贯彻执行劳逸结合的方针以后，每星期一、三、五学习和参加集体业余活动。每星期二、四、六无会议日，洗衣服、睡觉、看小说、看电影。爱看《青春之歌》、《三国演义》、《水浒》、《朝鲜前线》等小说或电影，不看政治和技术书籍。

刘万林生产小组调查

前　　言

刘万林生产小组，是成批车间大件工段的一个小组。它是以"对象封闭"原则组织起来的。全组共有 17 个工人，配备 10 台机器、两部吊车，组成一条生产线，承担铣床关键部件升降台和立铣头的加工任务。工作地点在成批车间的第二跨间。

在这条生产线上日夜倒班的，共有 3 个生产小组。他们使用一样的设备，人数也大体相同，而刘万林生产小组完成的工作量较少。在 1960 年，这个小组完成 19914 个工时的工作量，比在同一生产线上工作的史正逊生产小组少完成 854 个工时，比左志仁生产小组少完成 1263 个工时。

刘万林生产小组没有一个共产党员，有 3 个共青团员。新工人占80%，大多数是学生出身的新工人。像刘万林小组这样没有共产党员的生产小组，全厂共有 61 个，占全厂 235 个生产小组的 26%。

这个生产小组的平均技术等级为 2.2 级，在这个车间还是比较高的。组长刘万林为六级刨工，是这个小组和这个工段技术等级最高的工人。

刘万林对小组的生产领导抓得还紧，可是他不大善于团结群众。

根据大件工段党支部委员会的介绍，在这个工段的 17 个生产小组中，刘万林生产小组是一个工作比较落后的组。据我们的观察，这个生产小组的工作并不太差。产量的增长仍然是很快的，而且对产品质量比较重视，返修活及时；技术革新项目同生产结合得较好，坚持的也比较多；小组管理工作最近已有起色。至于这个小组所存在的许多问题，不但在那些工作中等的生产小组存在，甚至在那些工作先进的生产小组也是存在的，只是程度有所不同而已。就这个意义来说，刘万林生产小组的情况，具有一定的代表性。

一　设备

刘万林小组有机床 10 台，两吨、三吨的吊车各 1 台。在 10 台机床中，龙门铣床 2 台，简易铣床 1 台，镗床 2 台，龙门刨床 2 台，单臂刨床 1 台，摇臂钻床 2 台。

在 10 台机床中，进口的 3 台，国产的 7 台，其中有本厂制造的 2 台。

从设备出产的年份来看，解放前的 2 台，1954 年出产的 2 台，1955 年出产的 1 台，1958 年出产的 2 台，1959 年出产的 2 台，1960 年出产的 1 台。

从机床传动的情况来看，齿轮传动的 8 台，皮带传动的 2 台。

从目前机床的利用情况来看，在 10 台机床中有 9 台是开三班的；有 1 台简易铣床是开两班的。在开三班的 9 台机床中，生产时间最多的 16 小时，最少的 12 小时，平均生产时间在 13 小时左右，利用率（按三班每日作业 22 小时半计算）最高的是 71%，最低的是 53%，平均是 58%。

目前设备的状况是：使用起来顺手、问题不大的有 3 台（两台钻床、1 台刨床），带病运转和急待大、中修理的 3 台（2 台镗床、1 台刨床），经常坏经常修的 3 台（铣床 2 台、刨床 1 台），已经严重损坏，正在修理的 1 台（简易万能铣床）。

从生产任务和设备能力的平衡来看，设备是够用的。工人反映，只要设备保养得好，按计划检修，完成当前的生产任务是没有问题的。但是，由于连续 3 年的紧张生产，没有很好地进行设备的检修，因而当前设备带病工作的多，发生临时故障多，被迫检修多，真正无毛病的少，有时影响生产任务的完成。在 1958 年到 1960 年之间安装的 7 台床子，没有 1 台大修过，只有 1 台钻床中修过 2 次，而在 1961 年准备大修的也只有 1 台。在经常的维护保养方面，是头痛医头，脚痛医脚，平时保养较差。1958年以前，车间润滑室每周要下车间检查油泵，负责加油、润滑，后来不来了，由生产工人自己加油；生产工人因不了解机床的性能和结构，想起了加一点，忘记了也就算了。1960 年下半年以来，因为棉丝缺少（在节约使用的原则下，平均每台机床一昼夜三班要用棉丝二两五钱，现在实际上平均拿不到一半），设备不能定期擦洗，工人交班时都不认真擦床子。

机床的计划检修和日常的维护保养不好，其结果是：（1）设备性能达不到原来设计的要求，降低了机床的生产效率。如 1958 年进厂的 1 台镗床，最高设计转数每分钟 1000 转，最大进刀量 16 毫米，现在因齿轮箱打坏，电器有毛病，转数只能达到每分钟 650 转，进刀量只有 10 毫米左右。1955 年进厂的龙门刨床，原系无级变速，工作台行程每分钟 750 毫米，现因电器损坏，无级变速不灵，行程每分钟只能达到 400 毫米左右。（2）影响加工的精度，如该组做升降台的刨面工序时，有 80% 的返修率是由于设备的技术质量降低所造成的。（3）因为机床随坏随修，停工时间大大增加，生产时间大为减少。两台龙门铣床每月每台都有两三天停修。同时，经常发生小事故，从 1960 年以来，能记忆起的大小事故计有 8 次。事故的内容，多为电器损坏、齿轮磨损、跑车、溜车和导轨面研磨，等等。

据工人反映，设备不按计划修理、维护保养不好的主要原因是：（1）生产任务压得太紧，抽不出空来，只得带病运转。（2）制度不健全，有的是形式，如计划检修制度没有执行；平时设备损坏、大小事故没有病历登记。在 1958 年以前，是有设备档案的，但是在同年 7 月调整组织机构以后，设备档案失散，病历登记制度也不坚持执行了。（3）对新徒工缺乏基本知识教育，尤其是 1958 年以后入厂的新徒工，不了解自己所使用机床的结构和性能，不懂得特别应当注意的地方。

二　铸件供应

这个小组的劳动对象，都是铸铁件，铸铁件由本厂生产科所属的毛坯库负责供应。每一个 2 号万能铣升降台毛坯的重量是 400 公斤，加工时上、下活都需要用吊车。

目前，在铸件供应上的主要问题是：

1. 投料的节奏性比较差。用工人的话来说，就是"几天不来料，一来几十个"。有时毛坯供不上，或者投料太迟，造成这条生产线的某些设备停工待料。1961年春节以后第一个星期内，就有两台机床因为待料没有做活。表1是今年头两个月的投料情况：

表1

投料日期	投料数量（个）
1月7日	28
9日	3
14日	16
19日	15
26日	26
2月1日	25
9日	39
10日	6
11日	29
12日	10
20日	3
23日	16

2. 和投料的节奏性有关的是在制品周转问题。升降台生产线有15道工序。目前经常保存的在制品100多个，平均每道工序占有在制品不过六七个，这个数量不能保证生产不间断地进行，每当投料过少或太迟的时候，只好吃"在制品"，继之而来的就是整个一条生产线停下来，造成"待料一条龙"。据这个工段的工长桂平安说，为了保证生产的顺利进行，每道工序要有在制品12—15个；放这么多在制品，作业面积是够用的。以此计算，在制品共需200个左右。

3. 毛坯供应不及时的一个重要原因是运输问题。目前由毛坯库到车间距离约300米，厂内运输，无人负责。为了不影响及时投料，由工段组织各小组的工人自己去运。工人对于这样的安排是不满意的，说："我们尽做些圈外的事儿。"

4. 在加工过程中，由于吊车不够，常常出现停工待吊车的现象，不能及时上活和下活，延长加工的辅助时间。一方面是吊装能力不足；另一方面吊车又经常发生故障，使加工和吊运能力不相适应的矛盾更加突出。1961年春节"开门红"劳动竞赛中，第一天（2月19日），这个小组只完成29个工时的工作量，第二天仍只完成30个工时，大体上为应完成任务的一半。主要原因就是有1台吊车出了毛病，而这台吊车在春节假日里，又没有抓住时机检修，出了问题才着手解决，因而影响了生产。

三　工效

从1952年制造铣床以来，生产升降台耗用的工时有很大的降低。这个工段的总工长常志超是八级镗工，过去是镗升降台的。据他的估计，做一个升降台，从粗加工到成活，1953年要200多个工时（当时是小批生产），1957年降低为40多个工时，1958年以后又降为20多个工时，目前又降为14个工时左右。工效之所以这样快的提高，主要是由于增加了不少工艺装备，把笨干改为巧干，有效地发挥了人们的积极性。在1958年以前，已经有了刨床、镗床的夹具；1958年以后，不仅进一步改进了原有的镗、刨夹具，而且实现了钻孔钻模化，增加了1台五轴龙门铣和2台组合镗床，使得工效又大大地提高了。

现行工时定额是1960年4月修订的。工人们反映，2号万能铣的工时定额是大体切合实际的，也就是说，在正常的生产条件下（机器不坏，工夹具顺手，工序之间衔接好，不停工待料）都能够完成工时定额，并且还可以略有超过；3号万能铣的工时定额宽了一些，一般超额较多。

根据对每个工人逐道工序的调查，2号万能铣升降台各道工序的定额和在正常生产条件下实际达到的水平，比较如表2所示。

表 2

工序名称	操作者	定额		正常生产条件下实际达到的水平（一班落几个活）
		做一个活的时间（分）	一班落几个活	
1. 第一次画线	李宝玉	28	15	20
2. 铣底面	可贵明	30	14	17
3. 铣左右侧	凌能进	50	8	8
4. 铣上面	可贵明	120	21	20
5. 刨上面	张庆祥、王振清	110	4	6
6. 切边	葛守镇	90	5	5
7. 刨前后面	刘万林、张宝南	125	4	4
8. 铣小立面	可贵明	20	20	25
9. 第二次画线	李宝玉	35	12	15
10. 粗镗	庞瑞鑫（张清奎）	60	7	7
11. 半精镗、精镗		45	10	未调查
12. 镗二次	张清奎（庞瑞鑫）	90	5	5—9
13. 镗三次	张清奎（庞瑞鑫）	20	21	30
14. 镗孔套扣	赵乃鹏（马跃增）	150	3	3—4

目前的生产条件不正常或者很不正常，因此，生产效率没有充分发挥，潜力很大。

下面是 2 号万能铣升降台各道工序在三种不同生产条件下的实际效率。

工效不高，主要是由于停工太多。停工的主要原因，第一是待料，第二是机器发生毛病，第三是等吊车，第四是待工具。按照不很准确的统计，全工段平均，1 月份每台机床每班停工 3 小时，2 月份 1—20 日停工 2.5 小时。

表3 单位：一班几个活

	正常	不够正常	很不正常
第一次画线	20	15	—
铣底面	17	12—15	7—8
铣左右侧	8	6	3—4
铣上面	20	12—15	10
刨上面	6	3	1
切边	5	4	1—2
刨前后面	4	2—3	1
铣小立面	25	20	10
第二次画线	15	12	8—9
粗镗	7	4—5	2—3
半精镗、精镗	—	—	—
镗二次	5—9	4	2
镗三次	30	18—20	5—6
镗孔套扣	3—4	2—3	1

鉴于目前生产效率不高，1961年的生产任务又比1960年有所减少，所以应当考虑这个组把目前的三班制改为两班制。

1. 从设备能力来看，是可能的。加工一个升降台，在各个工序中需要台时多的是龙门刨上加工，因此，龙门刨是这条生产线上的一个薄弱的环节。就拿这个薄弱环节来说，在比较正常的生产条件下，每天两班至少平均可以生产7个升降台，1个月25个工作日，可以完成170多个升降台，对于完成今年的生产任务是有保证的。

2. 从企业管理来说，改为两班制也比较合理，各种生产准备工作可以不占生产时间。例如，改为两班以后，机修时间就可以和生产时间错开。

3. 抽出一班人来可以干别的活，从而提高劳动生产率。或者组织他们集中脱产学习技术知识，提高技术文化水平；或者下乡支援农业。工人是拥护这样做的。

当然，要做这样的改变，企业要有一个比较正常的生产秩序。在目前条件下，可以考虑逐步改为两班制，哪一台设备能力有余，就先改；哪一台设备能力"不足"，可以第二步再改。

四 小组管理

这个小组从 1958 年以来年年搞小组管理，但是一直没有搞起来。最近又在搞，开始有起色，局面还没有打开。小组长刘万林对过去的小组管理工作的评论是："有些精神贯彻下来了，可是实际上是空的！"工人反映："反正是那么回事。"突出的问题是，小组管理员有名无实，权力放了未接，原始记录很乱，没有责任制度。用刘万林的话说："糊涂人，糊涂账，糊涂制度。"

1. 小组里设有 9 个工人管理员，是由全组工人讨论通过的。他们的工作也就是小组管理的主要内容。这九大员是：（1）计划员，由赵乃鹏担任，管编排和检查计划。这个工作以前归工段计划员管，1960 年春天下放的。（2）统计员，由马跃增担任，管统计工时。现在这个工作归计划员了。（3）核算员，由张庆奎担任，管核算定额工时。1960 年车间将这一工作下放给小组，后来又收回去了。（4）考勤员，由庞瑞鑫担任，管统计迟到、早退、旷工、病假、事假等；过去归车间经济组管，1957年下放归小组管的。（5）工具管理员，由张庆祥担任，管领工具和保管工具；过去归工段工具室管，1960 年 10 月下放的。（6）技术革新员，由凌能进担任，管登记革新建议和帮助找材料。（7）安全员，由葛守镇担任，出了事故，办个登记手续。（8）质量检查员，由鲁宪启担任，统计废品，通知工作者以后注意。（9）宣传员，由团小组长可贵明兼任，主要管给黑板报、广播站写稿，表扬好人好事；最近生活事多了，也兼管起来。

看来，九大员都各有其事，实际上大多是有名无实，经常有工作的就是考勤员、计划员、工具员，而真正能负起责任的，只有考勤员，这也是"逼"出来的，因为没有考勤，就无法发工资。上边有些事情放下去了，小组没有真正接过来，两不管，工具管理就是这样；小组管了的也没有坚持下来，如小组核算。工人总的反映是：权力下放多了些，如工段计划员，只管投料和要交库票，抓两头不管中间，小组管不了，专业管理人员"甩手"；也有的权力该放不放，比如发棉丝，连工长也不能做主。

小组管理员的设置是照搬其他单位情况，不是因事设人，不完全切合实际。

小组管理员归核心组指挥。核心组以生产小组长为主，包括团小组长和工会小组长共同组成，有事碰头商量。九大员没有专门的会议，统一在班前会来布置工作，组长随时有事随时找小组管理员。

2. 小组原始记录很不准。统计单由工作者自填，没人进行必要的核对和检查，工时统计、废品统计等都是糊涂账。如从废除计件工资制以来，小工序的工时合到一块总是大于小组合计的合格工时。因此，反映不出真实的生产动态，很难做出正确的经济分析，而且有不少弊病，有人把上一班的工时算到自己头上，谎报了工时也无法核对；废品责任追查不清，有时末班废了活，要扣前班以至前两班的工时。评奖和表扬缺少可靠的依据，只好凭印象，往往造成工人间有意见。如可贵明说："自己尽做'瞎眼的活'（修前班找不到主的废活），废时间（修活要用加倍的时间），还要替人负担工时，评奖也没份。"他对此就很有意见。

3. 责任制度很不健全。小组现在实行的考勤制度、班前会制度、交接班制度，1957年以来一直有，1958年废除了，1961年2月8日才正式恢复。其他制度或者没有建立，或者没有实行。这种情况对生产很不利。在小组里除了前面说到的工时、废品方面没有健全的管理制度以外，最突出的是工具管理很乱。车间发过工具台账，小组自己搞过账，都是半途而废了；工具箱也变了"质"，里边什么东西都放，等于虚设。坏刀、抄刀（乱拿别人的刀具）现象严重，宿舍里面也有刀。坏了刀、丢了刀找不到责任者，找到责任者也不严肃处理。由于大件工段专用刀具多，缺刀对生产影响很大。不久前，曾经有三个镗床，因为丢了刀，各停了半班。

小组管理比较乱的原因，初步分析有以下几点：

1. 车间、工段对这个组不大管，只顾抓先进。运动一来也抓一抓，过后又松下来。同时，政治力量薄弱，老工人少，群众团结差，小组长不放手，管理员也不大负责任。

2. 思想工作做得不好，群众没有发动起来。实行小组管理时，不是充分发动群众，而是发下条文叫小组照办。有的工人思想不通，说是把干部工作硬加在工人头上。有些权力放下来连小组长也不大清楚；收回去也不向群众讲清理由。由于思想工作差，很难使工人树立起责任感。放就放，收就收，工人不大关心。

3. 专业管理员同工人管理员挂不上钩。对工人参加管理的业务训练工作做得不好。工人不懂得表格如何填和怎样进行核算，专业管理员对他们帮助不够，因此常常填错、算错，专业管理员就另搞一套。

4. 小组管理员活动时间如何安排，值得研究。小组管理员的活动不能占用生产时间，也不能占用过多的业余时间。于是不少事情不得不挤给小组长亲自去做，或者临时找待工的人去干，结果，还是小组长当"光杆司令"，小组管理员的分工久而久之也流于形式。

总之，这个小组管理工作没有搞好。有些问题，例如，无人负责现象在其他组里也不同程度地存在着。问题是需要整顿、提高。

五　工人生活

全组 14 名技工中收入 80 元以上的 1 名，60 元以上的 2 名，45 元左右的 6 名，40 元左右的 5 名。徒工 3 名，月工资收入 20 元。

（一）工人的收入主要靠工资和奖金，此外还有津贴和福利

1. 夜班津贴：凡在夜间零时以后从事工作的人，每人每夜加发夜班费 0.3 元，每月按夜班次数和工资一起发给本人。每人每月按做 9 个夜班计算，约得 2.7 元夜班费。

1958 年以前，夜班费是 0.12 元，1959 年改为 0.18 元，1960 年改为 0.3 元。

2. 加班费：1958 年以前加班 1 天按日工资 150% 计算发给加班费；节日、假日加班按 200% 计算。1958 年取消加班费。1959 年星期日加班

改为按 100% 计算，节日加班仍按 200% 计算。1960 年 2 月规定全厂加班费不得超过工资总额的 1/10，规定在工作时间外连续工作 4 小时的补助 0.3 元，连续工作 8 小时的补助 0.5 元；节日加班每人补助 1 元饭费。自 1960 年年底认真贯彻劳逸结合的方针以后，平时加班很少，节日加班也严格控制。

3. 保健津贴：从事高温作业的工人享受。刘万林小组没有领保健津贴的。

4. 冬季取暖补助：凡有暖气设备的，一律由公家免费供应暖气；有家属的住户，按取暖面积每平方米收费 0.1 元。凡没有暖气设备者，每人发给取暖津贴 16 元。工人反映：1960 年冬季暖气供应不足，住在有暖气的房子里，暖气费扣得多。

5. 工人福利：职工看病免费，职工家属治病半费优待。炊事员的工资和购置大的炊事用具以及托儿所、洗澡房等处的费用，从福利基金中开支。

在本厂澡堂免费洗澡，在本厂理发室半费理发。

毛巾肥皂补助：1955—1958 年 4 月，每人每年发 6 条毛巾，1960 年下半年改为每季度发 0.6 元钱（一条毛巾折价）。1960 年 12 月以前每人每月发给一块洗手用的肥皂，洗工作服用的一块碱、一块肥皂，从 1960 年 12 月改为半块肥皂、半袋洗衣粉。工人反映不够用。

（二）根据个人收入和家庭负担，这个小组工人生活的情况，可以划分为三类

第一类，家庭负担少，生活安排得比较好，每月有节余的，共 8 个人。其中又可分三种类型：一种是收入较高，家在农村的；一种是收入较高，没有结婚，家庭负担也不多的；还有一种是自己收入虽然不多，但家庭经济条件较好的。

刘万林：每月收入 83 元，爱人、孩子在农村，爱人参加农业生产。他每月给家约 30 元，其余自己花，生活富裕。本人在吃的方面开支较多，每月存款不多。有毛衣、毛裤、皮夹克、皮鞋、手表、毛料裤子，等等。

赵乃鹏：未结婚，每月收入 40 元左右。全家 4 口人，父亲在内蒙古医院当中医，母亲在内蒙古护士学校当教员，妹妹在北京读书，读书费用由父亲供给。他自己的收入完全自己用，生活也比较富裕。有时父亲还给他寄钱。

第二类，一般能维持自己生活，没有节余的，共 7 个人。主要是徒工和低级工。

可贵明（一级工）：1960 年 9 月升级，以前每月 20 元，升级后 40 元，现在钱多了，买点衣服，有时给家寄 5—10 元，没有什么存款。

第三类，收入较少，家庭人口多，生活较困难的共 2 名。

李元利：每月工资收入约 50 元，全家 5 口人，只够吃用，生活较困难。

于久霄：每月工资收入 45 元，全家 4 口人，爱人在缝纫社工作（每月收入只够本人吃饭），生活也较困难。

六　文化、技术学习

全小组的业余文化、技术学习，可分为以下 3 种情况：

1. 基本上坚持学习的有 5 名，其中上夜大的 2 名，上高中的 1 名，上初中的 2 名。

2. 参加学习但经常旷课的 5 名。

3. 根本不去学习的 7 名。

学习比较好的主要是第一个五年计划初期进厂的工人，像李宝玉、刘万林等。

李宝玉 1952 年 9 月进厂当徒工，文化程度是高小毕业。1953 年下半年开始上本厂的业余中学，当时每星期上 3 次课，有时因为开会或者私人有事才缺席。1956 年学完初中，上高中。1957 年 9 月因为生产任务不多，脱产学习，开始学习文明生产、操作规程和各项规章制度，以后学习文化约一年时间。1958 年下半年起停课一年。1959 年下半年高中毕业，9 月考入业余工学院，现在仍坚持学习。1961 年以来，学校上课很少。

刘万林：1952 年进厂当徒工，当年开始上本厂业余文化学校学习，基本上能坚持上课，现在学高中文化课程。他认为 1957 年脱产学习 8 个月，收效最好。目前他用自学的方法已经看完了刨工工艺学、铣工工艺学等技术书籍。

大多数工人学习不好，自觉性差。原因有两个：一方面，领导上抓得时松时紧。如在 1960 年，党政工团都重视，党支部书记带头上学，领导上保证学习时间，大家思想上也都比较重视，大多数人都上了学。但是持续了半年就松下来了。8 月份开始形势教育，接着"三反运动"，几个月没上课，有些人把学到的也忘了，对学习兴趣就差了。强调劳逸结合以后，领导上对业余学习抓得也不紧了。现在有些人贪玩，不参加学习，也没人督促。另一方面，一部分工人上进心不强，对学习存在不少糊涂看法。有的认为现在生活有保障了，有了"铁饭碗"，只要不违反劳动纪律，就不会开除，满足现状。有的过去不愿当工人，想当干部，现在看干部也不好当，不如当工人省心，而当个工人有了初中文化，也够用了，再多学也没啥用处。

根本不去学习的有两种人：一种是年纪比较大，家务事情多的；另一种是初中毕业、家在北京市内住的，下班就回家；吃了饭"在家愿意干啥就干啥，听听收音机，看看报纸，帮助家里排排队，买买东西，时间就过去了"。

七　生产小组长的工作

（一）生产小组长刘万林的工作日记

1961 年 3 月 17 日

早 6 点 10 分接班。6 点 20 分开班前会。6 点 35 分检查各机床生产情况及交库的准备。7 点解决四轴龙门铣床待工问题。7 点 30 分辅助四轴龙门铣上活。8 点领刀，联系领工作服问题。8 点 45 分与工作组张盘同志谈话。9 点解决分配交库修活和给装配修活问题。9 点 30 分领刀和替工长送一个零件去修理。9 点 50 分准备吃饭，9 点 55 分吃饭。10 点 25 分检查原始记录和交库活件，直到 14 点 40 分上业余学校。

3 月 19 日

早 6 点 10 分接班。6 点 25 分开班前会。6 点 35 分布置当天任务。7 点 20 分在机床上干活，到 9 点 50 分洗手吃饭。10 点 30 分继续在机床上干活，到 13 点 50 分检查交库情况及写工作票。14 点 40 分交班完毕，离车间回宿舍。

3 月 20 日

22 点接班。22 点 10 分开班前会。22 点 25 分检查各机床生产情况，看姜文祥的工时统计。22 点 45 分回机床干活。23 点 15 分解决镗床的工具问题。0 点 30 分吃饭。1 点与北京机械学院帮助工作的张思福研究统计。1 点 15 分检查交库情况。2 点继续解决镗床卡头的套扣问题。3 点帮助统计员统计工作量。3 点 20 分交库。5 点 20 分解决套扣问题，革新工具。5 点 50 分检查各机床生产及交库情况，6 点 20 分交班。6 点 35 分看统计工时的结果。6 点 50 分离车间。

3 月 21 日

22 点接班，22 点 15 分开班前会，因为停电，开到 22 点 35 分才散会。来电后到各机床查看，重点检查了五轴龙门铣的加工尺寸问题。23 点 20 分检查完毕，与北京机械学院帮助工作的张思福商量改进小组管理所用的统计表问题。到 0 点 25 分吃夜饭，本来有半小时就够了，因为食堂排队长，误了 10 分钟时间。1 点 10 分上班，继续研究表格问题。因为没有活，这一晚都是待工。3 点帮助交库。6 点下班。

（二）从生产小组长刘万林的工作日记来看，他每天在床子上干活的时间并不多

刘万林说，以前他没有徒弟，自己包一个床子，虽然当组长，一班也能做五六个小时的活。现在有了能独立干活的徒弟，他每班干活的时间，平均只有两三个小时，其他时间，都是做全组的工作。他认为只要把全组的工作搞好了，就是自己少干点活，对国家来说，也是合算的。

刘万林除了参加生产以外，每班干一些什么工作呢？

（1）派活。给每个人分配任务，组织成套生产。

（2）进行技术指导。帮助工人上活、干活、量活、修活。

（3）跑材料，跑工具。

（4）把成品交库。不合格的加工件，指定专人、专床返修。

（5）检查每个人出勤的情况和执行劳动纪律的情况。

（6）调解工人内部的纠纷，解开思想上的疙瘩。

据刘万林自己说，目前跑材料、跑工具、跑成品交库所花费的时间是相当多的；如果把材料供应、工具管理、质量检验的责任制搞起来，也就是说厂部、车间、工段把那些下放过多的权力收上去，生产小组长有许多跑腿时间是可以节省的。节省了这些跑腿的时间，就可以有更多的时间来参加生产、进行技术指导和做思想工作。目前，在帮助工人改进工具、改进操作方面做得很不够。特别是对那些常出废活、常坏刀具、常坏床子、常出人身事故的工人，帮助不够。同全组的人谈心也少，不了解大家的心思，还不能把大家扭成一股劲。刘万林的这种意见是中肯的。

八　组与组之间的关系

组与组之间，有两种关系。一种是横的关系，也就是这条生产线和另一条生产线之间的关系。刘万林小组承担的立铣头生产任务中，有几个工序是别的小组负责加工的。这两个小组之间的协作关系基本上是好的，没有发生过扯皮的事情。另一种是竖的关系，就是在同一条生产线上三个倒班之间的交接班关系。过去交接班主要是组长之间碰一下头，交代任务，同一机床的上一班工人为下一班工人说明干什么活，刀具准备如何。自从本年2月9日重新实行交接班记录的制度以后，规定交班人填写设备、刀具、任务状况，工段长应抽查并提出意见。但有些工人，对这个工作很不认真，随便填写，不管设备有什么问题都填个"正常"，不管任务有什么改变都填个"接着干"。交接记录本还规定工长要检查签字，但没有一个工长在上面签过字，提过意见。由于交班不清，原始记录不准确，三班之间存在以下几个问题：

（1）活儿干完，不当班检验，本班人不知道哪些合格，哪些作废，发现废活和修活后，找不到责任者；也有损坏刀具、设备，找不出责任者，互相扯皮的。

（2）重复报工时。大件生产的特点是一个班往往干不完一个活，需要跨班加工，各班独自计算工作量（工时），但三班工作量的总计要比实际工作量大，减谁的谁也不愿意。

（3）日班为夜班准备工作条件不够，夜里发生一些问题，由于工长不值夜班，解决不了，只有等到第二天再说。

十三位工人的谈话

在调查中，先后同几十位工人同志多次地谈过话，重点调查了 8 位老工人和 13 位中青年工人的情况，直接听取了他们的意见和要求。其中包括工段的总工长、工长、党支部书记、工会副主席、生产小组长、检验工和生产工人，也包括由工人提拔起来的技师。在这些人中间，有共产党员，也有共青团员；有进步分子，也有表现一般和比较差的。这里，我们保留了 13 位工人同志的谈话。从这些谈话中，可以看到工人对于工业生产、企业管理和其他方面的意见，也可以看到工业企业基层工作的一些基本情况。

一　常志超（成批车间大件工段总工长，八级镗工，党员）

男，38 岁，河北省交河县人。家庭出身是上中农，原有文化程度为小学五年，现有文化程度初中。1954 年 7 月入党。

家里有 7 口人：父、母都年近七旬，体弱多病，爱人主持家务，3 个孩子；还有一个妹妹，26 岁。全家生活主要依靠本人工资收入维持，月工资 105 元，每个季度还可得 10 元左右的奖金。另外，妹妹在公社家属工厂做工，每月收入计 20 元左右。

下边是常志超的谈话的主要内容：

1937 年 7 月来京，在兴记铁工厂学徒，4 年后出师。在该厂做工一年，因挣钱少，于 1942 年 8 月投考日本人办的"北支"军工厂做工；因为受不了日本人的气，干了半年，就回家种地。1943 年下半年去张家口诚宝工厂做工。1944 年 8 月又来京，考入和记铁工厂当车工，干了一年多。于 1945 年又在慈型铁工厂、通州修械所、天桥大中铁厂做工。解放前夕，经人介绍考入第八修械所当车工。解放后并入本厂。

我学徒时是 4 年期满。一去只管饭吃，要立个手续，打个铺保，言明：4 年当中出了死亡事故柜上概不负责；中途不干要退回全部饭费。学徒期间除了管饭以外，什么也没有。进厂头 3 个月先做杂活，一年多一点就可以正式操作了，但后两年多还是不挣钱，名义上是赔偿柜上在学徒期间的花销，实际上是资本家剥削。因此，在 10 个徒弟中，就有三五个干一两年学到些技术以后就逃跑了。

解放前我的工资每月是 210 斤小米，折成钱发给，但发工钱晚，物价天天上涨，实际上连一半的粮食也买不到。解放初工人分为三等，我是二等工匠，每月工资 380 斤小米，哪一天开支就从哪一天算，有时提前，从没错后，发一个钱顶一个钱用。1952 年工人定级，我定为五级，每月工资 230 分。1953 年评级，被评为六级，1954 年又升为七级。1957 年经过评议和考试升为八级工。

从 1955 年下半年起，离开车床做调整工，半年后即任值班工长，后来又任总工长。

担任工长后，文化也够不上，感到很吃力。学习不如以前了，上课时老是想着工段的事，担心生产出了问题会给国家造成损失，自己有责任。工长不好当，做管理工作有困难。工人技术水平低，任务急，工具、材料供应不及时，一有问题工人就找工长说："……不给解决我就没事干了。"可是自己解决不了，去找车间主任，主任就叫自己想办法，有时还要"扣"你，真是"夹道婆婆不好当"。

车间做生产计划缺乏调查研究，统统不落实。车间主任光"扣"任务，很少帮助研究怎样完成任务，到时交不出活就说："你们自己说的能完成多少，说了不算，这叫什么段长，该受处分"，而不去分析完不成任务的原因。这样使工长很为难，有问题去找主任，怕挨"扣"，不去吧，自己又解决不了。没有完成任务，有话说不出口，只有检查主观，实际上还是不能解决问题。不管怎样，自己是党员，任务是党的任务，还是要干。

怎样才能当好工长？情况要明，对本工段工人、设备情况都要很清楚，这样才能向小组提出具体要求，使小组按照领导的意图进行工作。布置任务时要把什么时候完成什么、完成多少，有什么困难，怎样克服等都交代清楚，使小组心中有数。注意检查计划完成情况，这样可以起到督促、鼓励的作用。完成计划了会高兴，更加鼓干劲；没有完成的，促使他想办法完成，不能马马虎虎。赏罚要分明，好的表扬，不好的批评，但批评时要注意方式方法，不要生硬地死"扣"，那样效果不好。要指出他的问题所在，还要指出今后努力方向，使他感到批评得有道理，对自己有帮助，心里服气。在技术方面，要运用自己的经验，把小组长培养起来。

关于质量。总的来说有进步，但还是有不少问题，有些加工件的质量还是差的，如眼大、不光等。主要原因是对质量没有严格的要求。在宣传上只讲数量，不讲质量，质量不好，无人过问。不反复宣传质量，思想上就不注意。新工人不如老工人注意质量，老工人废了活感到很不好看，走路低着头，新工人则觉得没有什么，废了就废了，好像很有理！新工人掌握技术还不够，基础没有打好，师傅对徒弟要求也不严格，出了废品说说就算了。检验也不如以前严格，过去每道工序都验，现在是抽验。质量检验的权力由厂部下放，检验员由车间领导以后，把得不那么严格了。过去装配工段发现不合规格的部件，要找检验员，由检验员找大件工段修理。现在是装配工段直接找大件工段交涉，这样检验员没有责任了。

要保证质量，首先要有严格的要求。在发动群众搞数量的时候，一定要把质量放在头里；在宣传数量的时候，一定要到检验人员那里查一查，合格的才宣传，不合格的，干得多，也不算，还要受到批评。除此以外，还要做到以下几点：（1）大件活不同于小件，各道工序检验员都应当检查；（2）把图纸和实际操作结合起来教育工人；（3）工长亲临机床，观察操作方法，及时进行指导，使工人懂得哪一种方法最好，懂得为什么要这样做的道理；（4）在组织群众自检互检的同时，小组的质量检验员进行经常的检查；（5）经常注意工夹具的测量和检查。

设备维修问题。1958 年后对设备的维护检修注意不够，老用，不坏不修。去年下半年进行检查，大修机床很有必要。对此，厂部要有决心，动力科要保证按期检修，按期查，不能等着坏了再修。工段也要定期地、有计划地进行检查，检查电器、机器构造有无问题等。

工段的干部要到工人宿舍去进行工作。在厂里开会和学习技术，工人思想容易"溜号"；你讲了半天，他还不知道是什么。最近我和技术员到工人集体宿舍里去，采取聊天的办法讲技术，工人都围上来，细心听，比在车间思想集中了，效果好。工人说工长来聊一聊，可以使我们长经验。这个办法最好能坚持下来。

二　桂平安（成批车间大件工段工长，七级镗工，党员）

男，33 岁，本市密云县宁村人，家庭成分贫农，本人出身工人，原有文化水平是高小程度。1955 年 8 月入党。

桂平安在两岁时父亲就去世了，母亲带着他和姐姐靠给别人做零活维持生活。解放前，他只上过 3 年私塾，从 13 岁开始先后在北京东门仓织布厂、东华织布厂、朝外张记车铺等处当学徒，当时最多每月收入 240 斤小米，勉强可以维持生活。解放后，1951 年 2 月到北京卫生工程局铁木工厂当工人，当时月工资 188 分，40 元左右（当时可买 320 斤小米），1952 年 9 月到北京第一机床厂，任三级镗工，月工资收入 40 元。1955 年经小组评定、上级批准升为四级工，月工资 50 多元。1956 年年初和 1956 年年底，经过考工连升两级，为六级工，月工资 77 元左右。1958 年经评定又升为七级技工，月工资 90 元。

现在家中共有 8 口人。5 个孩子，最大的 5 岁。1959 年妻子就业，家庭收入增加了。按工资收入计算，过去每人平均 12 元左右，现在增加到

15 元左右。

桂平安几次谈话的要点如下：

提起在旧社会当学徒，真够呛，吃不饱、穿不暖是常事，根本学不到什么技术。1943 年到东华织布厂当徒弟，一去就给掌柜带了半年多的孩子；1946 年在张记车铺当学徒，每月挣 100 多斤老玉米；1947 年年底因车铺倒闭，一个钱不给，没有工作，就回老家种地。自己又没有钱买地，只得上山砍柴，风雨不避，有时冬季，山上没有柴火，就得挨饿。1949 年北京解放了，因自己有一点手艺，又来到北京安内大街邢记车铺当工人，从此以后生活有了保障，真正翻了身。尤其是到第一机床厂后，变化可大了：一方面家中经济生活一天比一天好，结了婚，把母亲也接到北京，家中每人都有一套新衣服，又有收音机，桌子、箱柜、日用炊具都是新购置的，而原来的家底只是一条褥子，两条破被子，其他什么都没有，现在的一切全是新添的。另一方面就是自己觉悟提高了。回忆过去，看看现在，心里很感动，如果不把生产搞好，觉得理亏，对不起党和毛主席。虽然工作中碰过钉子，挨过"扣"，但没有灰心，暗暗立下决心，不把它搞好不罢休，尤其是 1955 年入党后，想到自己责任更大了，不努力，更不行。

我们工段生产上存在的主要问题是效率低，质量差。

为什么效率低呢？这要从 1958 年谈起：1958 年生产效率和质量都不太好，那一年做升降台粗镗、精镗的有三台镗床，三班的日产量，都没有达到 8 个活的，而现在两台的日产量就可以做 10 个活。当时工废的现象比现在严重得多，有时简直无法统计，孔的同心度差 20‰ 也上装配了（规定不能超过 2‰）；装配好后，不敢开快车，到每分钟 1000 多转（按规定可以达到 1800 转），轴承就烧了（指当时个别的简易铣床）。那时，机床事故也比现在多，哪里出了问题，临时打"强心针"，可是老打还是老坏。

现在效率还不够高的原因，我认为有两点：

一是有些领导干部对劳逸结合理解不全面，在贯彻执行上，过严过死，究竟劳到什么程度，逸到什么程度，二者如何结合，并未很好地解决。过去我们每天下午都有生产组长碰头会；劳逸结合后，一星期也不开一次。还有一条，上级规定 8 点钟以后，工长一律得离厂，可是晚上任务没有安排好，我走了心也放不下。有一次，我没有按时走，被车间主任还"扣"了一顿。

二是生产管理上还比较混乱，计划员也不起作用。工段的计划员应当比工长对生产情况掌握得还全面，生产进度、设备能力平衡、在制品管理，都应知晓。工长主要解决技术问题。现在这些事都落到工长一人身上。

现在质量不够好的原因，是以下一些：

第一，有些新工人不如老工人对质量重视，有些领导者有凑数思想，过去废一个活，全车间震动，现在废几个活都习以为常了，谁还在意！我1956 年在五孔机上镗大身时，一天干几个小时关系不大，要是废一个活，那面子上可过不去，常为半道公差和检验员吵架，铸件有一点毛病也得找车间主任说清楚（因当时实行计件工资，出了废品，也影响自己收入）。现在，车间主任、党支书一下工段，首先问的是工时完成了没有，质量那是次要的，有时连问也不问。

第二，新工人技术太差，缺乏基本知识教育，有些工人凭记忆和师傅传授干活。最近我调查了三个徒工的情况，是这样：

一个是 262 镗床徒工，我问他：你加工的升降台直径 44 孔的名义公差多大？

他说：不超过半个公厘（答得对）。

问：直径 100 孔的名义公差多大？

他说：也不超过半个公厘（不对）。

一个是龙门刨床徒工，我问他：你这个胎具加工升降台的小立面到底脚多少距离？

他说：大概是 75 公厘吧（答得对）。

问：如果没有专用的胎具，你如何保证做到这个距离？

他说：我过去跟师傅时，算过，就是没有实际干过，现在忘了，不知道。

一个是龙门铣床徒工，我问他：你铣的立铣头前面光洁度要求达到多少？

他说：跟升降台一样（答得对）。

又问：升降台要求多少？

他说：我不知道。

另外，有的学徒加工零件，专用工夹具不合格，他也不知道，也不问师傅，废了30多个活，十多天找不出原因，老以为铣床铣过尺寸了，后来才发现是换上的新胎具造成的。也有的徒弟为了赶数量，图快，图省事，不遵守操作规程。本来是应当用三道工序，现在改用两道，结果出了废品。

如何提高质量？我认为，首先是要各级领导从思想上重视，并且要有具体的措施，不能空喊。其次是加强对新工人的基本知识教育，像公差配合、光洁度要求、如何测量等，必须知道。在技术上主要是不断地进行技术革新，改革工艺装备。

近几年来，我们工段机床真正保护好的没有几个，主要是生产忙，没有时间检修，再加上新徒工多，没有受过基本教育，对机床的爱护、保养差，问题就显得比较突出。但是也有好的，如王绍祖和石鲁岩，他们两人是1952年前后进厂的，开始跟师傅操作就非常注意床子的擦洗，每天上班前加油，操作时工具、刀具不在床面子上乱放，班后清理工具，打扫工作地，擦床子等，已经成了习惯，所以他们的工具、刀具到现在都是放得有条有理，工作地整洁，设备事故也少。

目前床子事故多，保养不好，除了对新工人的教育不够外，主要是交接班制度贯彻执行不好。我检查了40个交接班记录本，认真填写的不到10本，有两本一个字未写，有五六本已残缺不全，撕了当手纸、做卷烟纸用的也有。为什么填写不好？我认为是开始执行时，没有给工人讲清楚，为什么要填，怎么填。

我认为工长主要的职责是组织生产和解决生产中的技术问题。在处理具体问题的时候，必须向前看，有长远观点。一切工作要从提高生产效率和产品质量出发。不能来什么干什么。不然，事情老干不完，也干不好。

要干好，还必须注意技术革新。1958 年我在 106 小组做生产组长时，解决效率低、质量差的根本办法就是搞革新。那一年就实现了 13 项革新，用浮动刀解决了床身镗深孔的问题，用回转胎解决了升降台和有关箱体因多面加工来回装卡活的问题。1960 年技术革新搞得不错，实现了画线样板化、钻孔钻模化，1961 年以来，革新不提了，也没有人具体抓这事了。

现在工长存在的主要问题是陷入在日常琐碎事务上，一天老跟缺件转，今天没钻头就解决钻头，明天没刀就跑刀。1961 年 3 月 14 日我就是跑了一天腿。早上 7 点上班，跑工具库找钻头 1 小时；8 点跑机修，研究机床的检修问题，找了车间主任、车间中小修检修组组长、设备科成批车间检修组大组长，到 11 点才解决；后来就看了一下各工序完成生产的情况，连前一天的废品情况也检查。下午 1 点电钻坏了，到工具科想找一个旧的，工具库不让拿，说叫我去找厂电工班。到电工班，人家要事故单，否则不给修。来回跑了几次，用两个多小时。4 点钟刨床又坏了，钳工、电工来了，都找不出毛病。电工说是床子毛病，机工说是马达毛病，叫来检修组长说是螺丝毛病，一下午也没有解决，这样一天就算完了。

三　张玉明（成批车间大件工段党支部代理书记，四级钻工）

河北省黄骅县人。1936 年生，现年 25 岁。1950 年高小毕业后，来北京在一个私立中学读了半年书，又在一个会计补习学校学过 3 个月的簿记。1953 年 8 月经人介绍进北京第一机床厂当徒工。

入厂以后，受了 3 个月政治教育，学习内容主要有社会发展史和中共党史等，接着，受了半年多的技术训练。1954 年正式干活，当画线工，后来又改做钻工的活。

1956 年 3 月由厂部抽出来在本厂脱产学习技术、文化，差不多 1 年的时间，达到初中毕业的文化程度。1957 年 3 月离开技术、文化学习班，调去当一个工人政治训练班的班主任。

张玉明 1955 年入团，1956 年 6 月入党，同年 12 月转正。1958 年担任车间团支部的组织委员。1959 年上半年担任团支部的副书记，实际上成了一个半脱产干部，一半的时间做团的工作，一半的时间干活。1959年下半年担任团支部书记，基本脱产。1960年下半年担任大件工段党支部副书记，同年11月调到第四工段担任代理党支部书记，1961年1月又调回大件工段当代理党支部书记。现在车间人事组还是把他作为四级调整工发工资的。

张玉明工作很积极，进步较快，有魄力，有活动能力，脑子比较灵活，但是党龄比较短，党的工作经验比较少，真正干活的时间不长，生产技术的知识也不多。成批车间一共有9个支部。在9个支部书记中，除了车间科室支部书记（车间人事副主任）和机修工段支部书记（老工人、段长）以外，像张玉明这样党龄、工龄比较短，经验比较少的有7个人。这些同志是生产第一线的指挥员，像一个连队的指导员一样。企业生产的好坏和工人队伍的觉悟水平能否迅速提高，同这些同志的工作水平是有很大关系的。因此，提高他们的政治水平、思想水平，是企业党的工作中的一个重要问题，也是这些同志的迫切愿望。

下面是张玉明对某些问题的看法：

解放以后不久进厂的工人和最近进厂的工人，思想上有些不同。过去的学徒，上进心比较强，挤时间学技术，谁要调皮捣蛋，厂里可以开除；现在的学徒对学技术抓得不紧。这是因为过去徒工的家庭经济多数比较困难，学习刻苦，老手带新手，要求严格；现在的徒工家庭经济状况要好些，又是新手带新手，要求不那么严格。还有一个思想上的变化：过去工人想当干部，干部钱多事少，看报喝茶。我爱人1956年进厂，当工段计划员，一个月工资就是44元，同干了几年活的工人的收入一样，工人有意见，认为还是当干部好。现在工人不想当干部。1959年工人调整工资，而干部的工资没有动，干部的工作也不好做，上下挨"扣"。生产小组长蔚建业对副段长桂平安说："看你们当干部的，皮包骨头，早来晚走，多么辛苦。"

我当党支部书记，是有不少困难的。刚开始当支书，党龄不如人家长，技术不如人家高，有些工长不服气，我对他们也不敢批评。我对党的基本知识学习少，工作方法也少。开始找工人谈话，常常谈僵，谈几句话不对头，我就冒火，工人嚷嚷："我大错不犯、小错不断，看你怎么办？你能把我枪毙了！"对这种情况，我就没有办法。碰了这些钉子，慢慢地懂得对工人千万不能谈僵，要多启发，勤勉励，少批评，经常通过两种思想、两种方法、两种作风的典型人、典型事的对比，发动群众自我教育。这些工作方法作用大，效果好。话是这样说，我在工段里，这方面的工作做得还很不够。

不少工段工长都不大积极学习党的政策、方针，连报纸也不看。他们说，我忠心耿耿，为党工作，有这一条就行了。我和工长都有这种想法，不好意思坐下来看报纸。自从当了脱产干部，我们的业余文化学习也就中断了（据我们了解，工段一级的干部，学习都不大好，这是一个值得注意的问题）。

支委会研究生产问题特别是生产中的具体问题很多，研究政治思想工作少。生产上的有些问题，支部不亲自动手就不好解决（我们感到，生产上的一些具体问题，应该让工长去解决，目前大件工段党的支部工作有一定程度的行政事务化的毛病）。有一次，为了赶任务，支委会作了一个决定，书记负责搞材料，青年团负责跑机修，工长负责盯住关键机床。向总支汇报工作时，总支"抠"得很细，支委会对生产上的细节、具体问题谈少了，经不住总支的"抠"。车间开生产调度会议，也要让书记参加。有些事情工长不做主。从工段里调两个人去种菜，也得问我；工人违反劳动纪律，也推到支部处理。工长有这种想法：天塌了有支部顶着。如果我不组织开会，几个工长也不开会，开支委会（工长都是支委，都是老工人）也要催几次才来，他们在支委会上发言少。

现在支部工作中存在的问题，一个是成天开会，不能深入下去；另一个是对党的方针、政策学习不够；再一个是没有抓紧党员的政治思想工作。

总支抓什么，我也抓什么。前一个时候总支抓形势教育，我也抓形势教育，但那时生产任务很紧。有一次，车间李主任责问我："不搞形势教育行不行？"（从这里看出，怎样把政治思想工作和生产紧密结合起来，在某一时期解决得还不够好。）

总支、党委深入工段了解情况很少。我自 1959 年下半年当脱产干部以来，只有前党委书记赵澄同志找我谈过两次话。一次在党委办公室，除我之外，还有成批车间的几个支部书记，实际是开会汇报的性质；另一次在车间，向我了解大件工段生产情况，大约谈了半小时。这两次都是因为大件工段成了"关键"（薄弱环节），才找我谈的；至于谈心里的事情，那是没有过的。

四　蔚建业（成批车间大件工段生产组长，五级铣工，团员）

男，29 岁，山西省汾阳县裴会镇人，家庭成分中农，个人出身工人，原有文化水平小学程度，1949 年入团。现为成批车间大件工段加工变速箱的生产组长。

蔚建业几次谈话的要点如下：

质量问题，1961 年以来有好转，问题最大的是 1958—1959 年之间。因为当时有些做活的人，对质量重视不够，认为孔大点小点没关系，反正有人修，认为注意了质量，就会影响工时。我们做变速箱体的这条生产线，专门有两台镗床和两个人做修理活，返修成了一道必需的工序。可是在 1956 年实行计件工资时，不让返修，谁也不愿意返修，因为返修完不成工时，对自己不利，修了再不合格，也不给工资。

返修多的现象，现在也存在，个别的较严重，如 4021 变速箱因镗具有问题，差不多每一个活都要修理。原因主要是：

第一，铸件有砂眼。问题大都发生在中间工序，如钻孔走斜，孔不同心，等等。每天三班干十个多活，差不多就有一两个是有这种毛病的。

第二，工人缺乏基本技术知识。尤其是 1958 年进厂的新徒工，基础不扎实，没有养成细致工作的习惯。现在领导一再强调质量，对他们作用也不大。

第三，工具、刀具供应不及时，不合规格。在过去，坏了工具，要拿上坏的才能换来新的，缺多少，损坏多少，都知道，备件有准备。现在，坏工具、丢工具是平常现象，不交坏的，一样能领到新的，有时候领来新的不是角度不对，就是刀杆短。

第四，不加强首道工序检查，现在只是抽查。第一道工序不合格，依旧进入第二道工序，以此类推。到最后做坏了，非返修不行。

人总不会全面优秀，什么都好。拿评奖来说，一般有这样两种人：一种是生产任务完成得好，加工质量好，踏踏实实，就是不爱开会，社会工作差点；另一种人是生产一般，就是社会工作积极，能说，能写，能画。可是评奖时，前一种人多是乙等，后一种人多是甲等。这样的评奖，对生产不利。

这几年有些干部解决问题不如以前及时。尤其是对一些简单的、一般的问题不重视。如机床上使用的榔头、钢板尺、活扳子等再提也不管，这只要他们一句话就行了，并不是什么贵重的、技术高的东西，实在办不到。可是对大的、洋的抓得满紧。高效率机床、自动化，这些也需要，要搞，就是有些搞出来，不应当放在那里不用，轰隆半天，白搭。

我在1953年就申请过入党，申请书交了后，无人管；1956年听说党内"冻结"，暂时不发展，自己也松了气。我到厂十多年了，从来没有一个工段以上的领导干部找我谈过家庭生活、个人思想和生产工作情况。因为我表现一般，不好也不坏，每次政治运动还表现不错。领导上找谈话的都是"挂了牌"的，一定是有问题，不解决不行。

五　孙宝林（成批车间大件工段五级钳工）

男，50岁，贫农出身，原籍河北省东光县人。念过5年书。

现在家里有5口人，爱人是哑巴，主持家务；3个小孩，最大的11岁。本人每月工资收入65元，养活5口人，生活困难。

本人于1930年进南京工厂当学徒工，后来换了几个厂当钳工。1937—1943年同姐夫（也是机器工人）等合伙开小铁工厂，自己没有钱股，只参加人股，年节分红。以后又进厂当工人。

1948年6月进入第六修械所。当时每月工资收入按280斤小米发钞票，实际上有时连一半实物也买不到。1949年北京解放后并入本厂，工资调整为 315 斤小米。1951 年下半年改为四级钳工，月工资 55 元左右。1952 年升为五级钳工，月工资 65 元左右，至今一直没升级。

下面是孙宝林的谈话要点：

老不升级，人就没有盼头。在 1956 年以前，年年有人升级，有的人几个月就升一级。青年人升级快，因为他们理论上进步快；领导上认为，理论上进步快，就是技术进步了，其实他们的技术并没有提高。老工人政治条件好的，对新事物认识清楚的，升得也快。1954 年以前我对新社会有认识，在工会担任组织干事和小组长，年底升级时，小组和车间讨论都同意我升级，结果厂部没批准，从此就灰心丧气。曾向工长提过意见。工长说，好好干，这次不升级，下次给你升级。1956 年升级时是经过考试的，领导上说，照顾老工人。当时我在工具室工作，领导提了我和另外一个老工人，结果也未批准我升级。1959 年升级时，厂部有百分数限制，可是大部分钳工都升了级，只剩下我和其他两个钳工没升级。我认为工人只要工作好，两三年升一次级有鼓励作用。可是两三个月升一次级也不好，因为人的技术并不会提高得那样快。

我 1954 年没升级，思想就开始消极，以后步步落后下去，两三年来一直没参加过会。自己也常想：这样下去不好，但是，升级问题解决不了，思想不安定，在工作中常常犯冷热病。

家庭生活困难，老婆总埋怨我赚的钱少。从 1952 年以来，自己家庭人口增加，收入却不增加。1958 年以前，家住北新桥时，距离厂子远，老婆、孩子一生病就得请假，一请假，工资就少发，思想上不通，感到我只有少收入的时候，总也没有多收入的时候。

现在的社会有钱买不到东西。家里的锅坏了，想买个新的，却买不到。街道委员会压着锅票不给发；合作社一个姓王的，一来锅他自己先拿一个用。直到 3 月 6 日才给我一个锅票，但只能买小的，不能买大的，一家人不够用，也没办法。

五级工不当五级工使用。1956 年下半年我调到二工段当钳工，但一直没干钳工活，整天做返修活（堵砂眼，钻眼套扣）。这些活，连一级徒弟也能干。我向工长提过意见，要求把我调到适当的工作岗位去，结果不同意调动。

1960 年曾调我到机修车间干活，我不愿去，因为在机修车间，过去同我一起干过活的老工人多，现在他们都是七、八级工了，我和他们一起干活，心里不痛快。

现在万能铣的质量不如 1956 年那时候好。原因很多，主要是铸件质量差，这可能是因为铁的质量不好，焦炭的质量也不好。加工质量也不好，返修活多，镶套活多，这是因为工人技术低。过去我当检验工。1956年、1957 年时由五、六级工人干的活，现在由一、二级工干。同时，老工人干活心细，很少出现废活，废了一个活，就像出了什么大事，几乎全车间都知道，自己也感觉非常不好意思；现在年轻工人，只图数量，废了活，满不在乎。

六　嵩寿炽（成批车间齿轮工段八级调整工）

男，42 岁，北京市人，满族，家庭和个人都是工人成分。本人原是小学毕业，现在厂内上业余高中。现在月工资 108 元，没有其他收入。

本人从 14 岁开始学徒（学车工），期限 3 年，只管饭吃，没有工资，干活好年终给二三元零花钱。该厂有百十来人，主要生产织布机和织袜机。半年后即能独立干活，每天工作 14 小时。到"七七事变"前一直做工。每月工资最多时 14 元。当时一袋面粉不到两元钱，一尺普通的布是一毛多钱。日寇占领北京后失业。后考入北京市警察局，当了两年多户籍警。于 1940 年又回到"小系"铁工厂当工人，三年里先后跳了三次厂。每跳一次厂，工资总要增加一点，最多时一个月工资可以买 10 袋白面。他说："跳厂，这是旧社会耍手艺的人一种办法。如果老待在一个工厂，一辈子也没有增加工资的希望。"1945 年日本投降以后，工厂停工，本人失业。后来考入伪京津区铁路交警第一大队当兵，无工资。半年后又到广安门外修械所，直到北京解放都在这个工厂做工。解放初期月工资 380 斤小米；1952 年定为五级技工，月工资 240 分，折合 480 斤小米；1953 年升为六级技工，月工资 270 分，1955 年升为七级技工，月工资 313 分；

1956 年升为八级技工，月工资 108 元。

下面是嵩寿炽的谈话要点：

要是关起门来说心里话，我认为产品质量有些降低了。

现在突击生产质量不好，不突击质量也不好。质量不好，还不能说质量不好，对外或者在会上，你都说质量提高了，不敢说质量降低了，真是问心有愧。

"每月月末都要突击完成产量，连检验人员都帮着干活，谁还注意质量。你要求质量，车间和厂里领导也不答理。从我们国家工业的发展来说，现在这种质量是不行的。我们生产万能铣已经有 8 年的历史了，应当正规化了，要紧的地方一定不要放松。我觉得现在应该严格保证质量，放宽数量。现在活并不忙，为什么要那样强调数量呢？但是都没有人敢说一句'不怕你慢点，出了废品可不成'的话。"

"说完成任务也是瞎胡弄，月末把大件往起一垛就报完成，下月还得修理。"

"1958 年以前有赔偿制度，谁出了废品要赔，那时质量就是好。没有制度不行，教育也教育了，废品还是一样多。"

"对于机床不爱护。如从德国进口的磨齿机，是高级精密床子，可是我们把它当一般床子用，现在都不能磨一级光洁度，只能磨二级的。现在有两台已经用坏了，停了半个多月都不能开动。照德国专家的意见，这种床子如果保养得好，使用十年八年是不会出毛病的，而我们只用三四年就坏了。"

"机床要谁用谁保养，不能单靠检修。机床润滑不够，油眼都堵了。本来应当每周换一次机油，可是现在七八个月都不换一次。工人在机床主轴箱、走刀箱里乱放东西，又常常敲打齿轮，怎么不坏呢？"

"工具丢失、损坏很严重。过去对工具管理得好，有箱有锁，现在工具箱上连个门都没有，大家乱抄乱用。有些人使用工具，哪里用了哪里扔，再用再领。工具损坏、丢失无人过问，没有人敢说个'赔'字。没有严格制度，光强调教育不行，有些人当做了耳旁风，全不在乎了。"

"过去学徒用心，想快挣钱养家。现在的学徒能挣钱，又不顾家，不好好学。1956 年进厂的工人，技术水平还不如过去学二年徒的。过去学徒是学多工种，现在是学专业，又靠专用工具，容易掌握技术，而有些人就自满起来，以为自己的技术已经差不多了，不肯虚心学习，这是很不好的。"

"奖金应当奖给那些对万能铣床真正出了大力的人，也就是给国家出了力的人。干活不好的，给国家造成损失的，不应当给奖。现在，评奖不考虑生产和技术，只要社会工作好，就可以得奖。比如，五工段李俊谦，他平日生产积极，技术也好，因对粮食定量低有点意见，去年第四季度小组给他评为二等奖，工段给降为三等，说他政治不挂帅，思想落后。相反的有的工人上夜班，借口搞社会工作到地下室睡觉。他生产不好，干活不多，支部书记来了他干活，支部书记走了他不干。小组给他评为二等，到工段评委会上，支部书记提出改为一等，6 个人，5 个不发言，结果给了一等奖。评技术升级也有类似现象。工厂是靠万能铣床吃饭的，生产不好，任务完不成，吃什么？"

"近两年来使人觉得给上级提意见对自己没有好处，因此，提意见的没有以前多了。不少工人不敢向上级提意见，认为向上级提意见，受害难免。提了意见感谢你，现在觉悟程度还没有到这种地步，要做到这种地步还要一段很长的路。工人之间提意见没有多大顾虑，给直接领导自己的人提意见顾虑就很大。现在的工长、支部书记比过去的工头要公正得多，有的毛病也是小小的毛病，但是他如果对你印象不好，那就不好混。现在什么都是支部书记说了算，这也值得考虑。"

七 王祥起（铸工车间七级检验工）

八 王文阁（厂部检验科工人技师，党员）

王祥起、王文阁是北京第一机床厂两个工龄最长的老工人。王祥起现年 63 岁，有 43 年工龄；王文阁现年 58 岁，有 41 年工龄。两个人都是河北省人：王祥起家在深县，王文阁家在武邑；都是贫农家庭出身，小时候都念过4年私塾。两个人身体都不大好。王文阁患高血压，半日工作；王祥起厂里早就让他退休了，因家庭负担重，自己不愿意退休，也做不了多少工作。

两个人是师兄弟，都是永增铁工厂的工人。永增铁工厂是在1912年由当时北京的大民族资本家封竹轩开办的。在日本统治时期逐渐地衰落了，铁工厂归了日本人。抗战胜利后，封竹轩的儿子封心偿花了许多钱想把铁工厂弄回来，国民党不放，钱白花了，人也被气死了。

当年王文阁、王祥起学徒的时候是很难的，要打两家殷实的铺保，托人才能进厂。5年满徒，前3年白干活，后2年给少量工钱，供饭不供穿，只准不要，不准不干，逃亡不干还要退饭钱。王文阁学钳工，王祥起学车工。5年出师后，王祥起一直留在永增厂，随着这个厂的演变，没有挪过地方。王文阁就是另外一种情形，换了不少地方，大部分时间做工人。

谈到新社会，他们俩都讲到解放后我们国家有很大的发展，工厂发展得这样大，这样好，这在旧社会怎么能想得到呢！王文阁讲，自己能从工人当上技师，这完全是由于党的教育和提拔。王祥起说，我这么老了，也干不了多少活，若是在旧社会早就没人要了。现在党为了照顾我，也因为工作需要，还让我留在岗位上，将来退休每月还发给退休费。

两个人的生活状况，王文阁宽裕些，王祥起困难些。王文阁月收入124元，爱人在社办绝缘材料厂做工，每月还有20元左右收入。5个孩子都大了；大女儿在这个厂工艺科学徒，其余4个都在念书。去年减粮时，他由40斤减到28斤，问他够吃不，他说"已经习惯了，可以过得去，因为自己是在旧社会里饿过来的。13岁家乡闹水灾才跑进城，到包子铺学徒，经常挨饿挨打；17岁家乡又闹旱灾，又跑出来进工厂学徒，后来去陕西机器局（兵工厂）做工时，陕甘大旱，两年颗粒不收，工人几个月都不发薪，饿着肚子还得干活。有三个工人忍受不了逃跑了，在卡子上被抓回来，有两个当场被枪毙，然后把相片放在大门口示众。工人迟到几分钟就要打军棍，然后戴上脚镣再让干活。老百姓更苦，白面20多元一袋，可是在西安市西门外有个贩卖人口的地方，一个女人或者一个孩子只值一元钱！满街都是饿死的人，真是人间地狱！"

谈到当前的生活，王祥起说，尽是好地方，一点意见没有（实际上是有不少意见，但有顾虑）。40斤粮也还够吃。现在肉比前几年少了，可是多了我也吃不起。耕牛还没有饲料呢，怎么能谈上吃肉。去年收成不好，这是因为前年粮就少，人没力气，我们家乡那边草比庄稼高。年景不好，可是收成不一样，我们家那边十里地外收成就好些。因为地不一样，干部也不一样。有的地是好地，可是多报了粮，国家收得多，日子倒不好过；有的地不好，没多报也没多收，日子倒好过。许久没有回家乡去，这些都是听说的。在乡下有个哥哥，是个贫农。我的家里生活现在比较困难，前几年孩子小，更困难。如果不是家里困难，早就退休了。以前每月收入80元，要养活老婆和5个孩子。这么困难，过去连一次也没给补助。我1949年入厂时是六级工，1958年才升为七级工，月收入90元。现在生活稍好些，老婆当了保育员，有两个孩子工作了。我升级慢是因为人老，文化低，脑筋死，进步慢，再就是级别本来就高，再升就到头了，工资只有八级。检验工升级的就是少，也没有计过件，我始终是检验工。让我讲讲在老永增做工时候的生活。那时候工人地位没有现在这么高，工人学手艺也没有现在这样好的条件，也没有什么劳保。不过那时永增的生活水平比别的厂高，学徒和正式当工人时吃饭都不要钱，吃的是大米、白面，不吃窝头，两顿饭管饱，初一、十五还吃肉，洗澡、理发、住宿也都不要钱。工资开始是六七块银元，当工头时最多也只有十五元。那时白面两元左右一袋，最好的毛蓝布也不过一角钱。

谈到新老工人的团结问题，王祥起说，还处得来，没有什么隔阂。至于干部和工人、党和群众的关系，我进厂以来除了开会、听报告，十多年来没有几个党员、干部找我谈过话。工作出了娄子上边找组长，组长才来找我们；除了谈工作，谈心、谈生活，记不起来有过这种事。现在厂里的好几个干部过去在二分厂都是和我一起干活的，那时还谈得来；当了干部以后，他们也不来干活了，谈得就很少了。入党的事，也想过，年老了不大热心，也没有人来领。现在车间里谁是支书、总支书，也不知道。现在上了班就干活，别的事不管也不问。

　　谈到全厂的和铸工车间的产品质量，王文阁认为，1956 年、1957 年铣床质量最好，不过当时产量少，每月产量不过三四十台。1960 年就不同了，每月 200 台，质量也就不如过去细致，不过差得不多。我看产品质量 70% 靠铸件，目前铸件质量不好。可是，在王祥起看来，铸件质量也没降低，有点毛病不大，不过没有提高，若说提高也是提得慢了，这就是落后了（从谈话观察，王祥起的实际看法并不完全如此，有时话到嘴边留半句）。

　　铣床质量不够好的原因，王文阁认为主要是因材料不足、代用，铁的含硫率高，焦煤少，硬煤多，影响铸件气孔、气泡多。这一点王祥起也承认，他说材料供应不稳定，七拼八凑，比过去差多了，经常换料，等到掌握了这批料，料也快完了，又要新的。再一个原因是新工人多。现在老工人干活的很少了，可以说一个也没有，都当了甩手干部，不过设备、工夹具比过去好得多。若是老工人能多参加些生产，质量会好些。还有个原因，王文阁认为 1958 年、1959 年领导上抓数量、抓产值多，抓质量少，现在数量上去了，应该在这个基础上好好抓抓质量，这样做一点没毛病。另外，王祥起认为，铸件质量本来不那么坏，加工方面活紧，废品多，完不成，就怨铸工，结果大家都"反映"铸工。铸件只检验毛坯，没有专门仪器检验内部，里边的事儿看也看不出来。

　　这两年质量检验工作松了，这是两个人共同的看法。这对产品质量自然会有些影响。全厂的检验工作的变化情况是，1958 年以前产品检验都归检验科，1958 年取消了检验科，因为车间有意见，说它是"绊脚石"。检验工作下放给车间领导以后，车间主任说了算，说放就放。厂里留个质量监督组，3 个人，归设计科管，实际上什么也不管。1960 年又把检验科成立起来，半管半不管，抓两头（一头是材料进厂、入库、出库；一头是最后工序，即装配和包装），放中间。就铸工车间来说，铸件检验仍归车间主任负责，检验科又像管又像不管。

　　检验工作到底怎样管好呢？王文阁讲，听说别的厂子全收回来了，去年二局苏联专家组长建议一定要全收，厂里检验科的大多数干部也主张全收。厂长不说话，只是让检验科自己立个方案，既要保证质量，又不能影响产量。我看全收回来对保证质量有好处，也不会影响产量，不过不容易办，车间有意见，怕过不了关，管生产的厂长实际上也有意见，明着不说。厂长说是管生产，实际上看数量看得多，将来完不成数量时又要批评检查科。全收回来同工人也会增加一些扯皮的事，比如，现在的材料，供应科买不到好的，合格的很少。工人一定要按图纸收材料，他们会说："你在质量上卡我，我就在材料上卡你。"我看，现在不能收，将来有好材料时却一定要收。收了以后，检验手续要简化，不过时间上多少有点影响。对于收或不收，王祥起认为谁管都差不太多，可能收回来好些，但是，小组的群众检验员应当保留，可以帮助起监督作用。

九　刘万林（成批车间大件工段生产组长，六级刨工）

男，31 岁，昌平沙河人，家庭成分中农，原是小学毕业，现在是高中程度，从 1946—1951 年在粮食店学徒，1952 年年初进厂。

刘万林三次谈话的要点：

1958 年以来，有些什么变化呢？过去干活没有现在紧张，加班很少，定额也松，很少突击。过去工艺文件卡得太紧太死，现在干活儿，有的不按工艺文件，有的自己修改工艺，工艺文件的作用不大。

取消计件工资，也好，也不好。计件工资制对工人有刺激作用，特别是低级工干高级活，刺激作用更大，不过，这种刺激作用是有限度的，超额到一定程度以后工人就不好好干了。也有的工人为了多挣钱，胡来乱来。

关于加工质量，1958 年以后领导上数量抓得多，质量抓得少，宣传鼓动，只讲谁完成多少，不讲质量怎么样。但做出来的活儿，基本上保证了质量。为什么？因为过去用笨办法做，现在使用了工艺装备。当然，有时也出废活和返修活，第一是由于工人粗心大意，第二是由于工具不合格，第三是漏检漏验，因为现在的检验工，一进厂就学检验，看不懂图纸，不懂得哪里最重要，哪里最关键。

苦战实际上不多出活。在大突击的时候，有"耗"（窝工）的现象。龙多四靠，你靠我靠，不分好赖。人的精力就是这些，不干这，就干那。苦战后睡在车间里，睡觉是"官"的（合法的意思），就有人钻空子，白天出去玩，夜里回厂睡大觉。

厂里设计的一些工具，是拍脑袋拍出来的。制造出来后，不跟着往下走（不一抓到底的意思），不管合用不合用。去年技术革新运动中，做了许多工具，展览会上也展出了，但都没有用上，现在还在"养鱼池"里（被水淹着的意思）呢！而我们自己做的合用的工具却是"黑工具"，"黑工具"是没有备份的！坏了就要临时做，影响生产。工具车间只挂个名儿，实际不做工具，却做产品。我们工段要用很多螺丝，究竟谁负责供应？通用工具室推专用工具室管，专用工具室推通用工具室管。有的工具下放给小组，磨损了没人管，找谁，谁也不负责。最倒霉的是工人、组长和段长。以前扯皮的事情很少，现在扯皮的事多，工段专门有一个人办工具扯皮的事。我认为应当建立工具的借、还、检、修的制度。

用刀的不会磨，磨刀的不会用。过去工人自己磨刀，后来改为磨刀组集中磨刀。现在磨刀组的人都是1958年进厂的，没有上床子干过活，磨出来的刀具角度不合适。没有好刀，不出好活。磨刀也要排队，特别在上班以后，一等就要二三十分钟。我的看法，谁用谁磨好。最近把"刀权"下放，工具室把自己的工作推给小组，每月交给你一两百把刀，废刀也不收回去。这些刀是很宝贵的，扔在那里，多么可惜。

我认为设备维护高于一切。现在设备问题很多。润滑油老不清理，棉丝也不够。任务紧，星期天老加班，设备没有时间检修。不是从预防着手，出了问题去"堵"，"堵"的时间花得多。二工段最多一下子停十六七台（共有58台床子），吊车更严重，一停就几班。检修备件没有，机油不够，但机床漏油的情况很严重，到处流油，好像油矿。修理质量不高，工人也多是1958年进厂的，会拆会卸，就是不懂得各个零件的作用。机器能动就算修好。想把设备维护好，第一，要加强教育，现在有人开电钮用脚踢，不爱护设备；第二，要定期检修，定期换零件；第三，加强机修力量，现在发油就抢，机修排队，这是领导的问题。不知道机器什么时候出毛病，向领导上"保证完成任务"就是胡说。机器一坏，成天不干活，聊天溜达，组长也不好多说，劳动纪律不好，也和这有关系。

这两年收的徒工，各有所长，各有所短。1956年进厂的徒工，多数是城市里来的，有些还是初中毕业，他们掌握技术比较快，但劳动态度差一些，有20%—30%的人游游荡荡，干活不认真。1958年进厂的徒工，多数是农村来的，劳动态度比1956年进厂的要好一些，技术上却差劲。现在很多徒工看不懂图纸。

工人参加小组管理是有好处的。1957年以前，小组长不大清楚小组一共完成了多少工时和部件交库的情况，不知道谁废了活，谁坏了工具，现在小组能够自己掌握了。工人管理员中，常起作用的是计划员、统计员、考勤员；其他如经济核算员、革新员、质量检查员作用不大，挂个名儿。现在，有时小组管得太多，工长管的事更多，车间里的灯泡也要工长管，最让人脑袋疼的就是这两层。

去年技术革新，作用不小，但有些盲目性，敲锣打鼓，施工员只记多少项，而对于革新项目，没有帮助工人制造工夹具，没有记载，没有鉴定，没有巩固，没有坚持，没有奖励。组里工人提出的革新建议，一般通过组长，倒没有胡来的。运动中工段有个技术革新的核心组，以后就不起作用了。

厂里对工人福利关心不够，应当解决的问题没有解决。一个是住的问题。我们工厂6000多名职工，住房管局房子的只有600多个（不算单身宿舍）。有些女同志带了孩子住单身宿舍。工会占用住房不少，放体育用品占一间，评剧团占一间，京剧团占一间，等等。机床厂宿舍像鸽子窝，两人并着上楼要挤死一个。再一个是吃的问题。现在工人自己带米蒸饭的很多，食堂办得好，谁愿意找这个麻烦？

入党问题，桂师傅（党员，工段副段长）找我说过，要我考虑考虑。我的脾气不好，有时压不住，爱和人吵嘴，还是锻炼一个时期好。我是不愿意离开生产、不愿意离开本行的。

十　陈永敏（成批车间齿轮工段二级女磨工，团员）

24 岁，河北省武邑县人，家庭出身中农。

谈话要点如下：

我 1956 年进厂，到 1959 年一直在齿轮工段。那时，没有结婚，家务事少，生产和社会工作都搞得比较好，先后担任团小组长、团支部组织干事，领导也重视。那时心情真舒畅，现在想起来还有些留恋，可是，这样的日子，对我是不会再有了。

1959 年结了婚，接着怀了孕，身体不好，这一下可倒霉了，工段领导就把我调到技校学习。学习，本是个好机会，提高技术知识水平，可以更好地工作。可是，我们的技校成了收容所，凡是怀孕的，有孩子的，有病的，都放在那里。我在技校待了 6 个月，生了孩子后，又回到工段。

回到工段来，领导上对我的态度可不如以前了。处处对我表示厌烦。工段几个怀孕、有孩子的女工都被调出，只剩下我一个有孩子的女工了，真有点害怕，怕自己也被调出。因此，暗暗下定决心，自己可不能落后，宁愿孩子、大人受点委屈，也不要影响生产。可是决心再有，实际问题解决不了也是白搭。想来想去，还是后悔自己不该早结婚。

我爱人在北京市供电局工作。现在家住九龙山供电局机关宿舍。我每天早晨 4 点起床，打好水，准备好做饭的东西，晚上下班后回到家再做饭、洗衣、带孩子，每天都是 10 点钟以后睡觉。有时上夜校、在厂里开会，回家晚了，婆婆就大发脾气，有时连理都不理，自己只得忍气吞声。最近，宿舍被划入农具厂搞基本建设，3 月 15 日已动工，催我们搬家；供电局叫我们把家搬到丰台去，那我怎么来上班呢？向厂里要房子，工会说没有。人家催得实在没办法，给厂子写了信，工会也不管。劳保委员对我说："你不要搬，他们绝不会把你的被子抛到外边去。"另外，我想把孩子送到厂托儿所，自己住集体宿舍。托儿所又说："你的孩子已一岁半了，我们规定只从 56 天起才要，中间不收。"就因为这个问题和我爱人的关系也搞得不好，都想不出办法；想离婚，孩子又没处发落，真是有苦没处说。

我想我们厂招女工，就得为女工着想。不然，就干脆不要招收女工，或者说考北京第一机床厂的女工不准结婚。当然这是气话，也不是一个共青团员应当说的，可是实际问题解决不了，真叫人生气。

另外，我认为工段领导对女工结婚后，特别是有了孩子以后的看法不正确，不是体贴帮助，而是讨厌。就拿我来说，自己有多大的困难，也不影响生产，很少请假，可是支部书记对我仍不如以前好。在1960年春节申请入党，支部连理都不理。我主动找党支部组织委员征求她的意见，她说："没有什么意见。"我也不知道如何努力。我看，结婚后，有了孩子，进步是困难了，想入党，更是难上加难。

十一　庞瑞新（成批车间大件工段一级镗工）

男，20岁，河北涿县四庄乡人，1958年8月进厂，1960年8月升为一级工。

下面是谈话纪要：

入厂后的头一年尽是打"补丁"了，没有好好学手艺。先是进本厂的技校学习，忠诚老实、交心，后来帮基建搞卫生；11月到方家胡同去大炼钢铁，回车间后又脱产学习了1个多月；3月份下车间在联合镗床上当徒弟，不到20天，增产节约运动来了，又调出去脱产搞统计，过了1个多月又去支援麦收；回来到技校学政治、整风、提意见，2000多人"闹"了两个月；1959年国庆前后才下车间正式跟师傅，在卧式镗床上从头干起；1960年3月师傅走了，自己开始独立操作，现在没有带徒弟。

生产好多了。现在劳逸结合，不那么突击，可是活也不少出，质量也好了。从前退修现象比较多，出一个活要上三回床子，今年做的这批活基本上都是合格的。

劳动纪律最近有点松。过去上班都能来（事多事少都来），现在迟到早退多了。也有人做活"泡汤"。

定额不紧。二号升降台的精镗定额一个半小时，能达到；也有经常达不到定额的，原因是劳动态度不好，有的是技术水平低。

爱护设备、工具很差。工人不大小心，基础知识没打好。棉丝少，用旧棉丝擦床子，常把床子研了；刀废的也很多。主要是使用时不经心，磨的刀不合标准，有的刀体不合格，要5厘的给8厘的，磨后只剩下了合金刀片，焊接上也有问题，料硬、有砂眼也坏刀。

跑工具、跑灯泡很影响生产。一套工具两个床子用，你用我停；灯泡少，你吃饭去别人就给"抄"跑了，没灯就只好停车。

小组管理还不错。有八大员，分管考勤、计划、统计、质量检查、安全、工具管理、技术革新、宣传教育，都是群众选的，归小组长指挥。在班前会上照例要碰个头。这个小组工作调度得还不错，很少甩手的，没活就帮别人床子干。大家互相帮助，交库的活就多。组长虽然不常在床子上，照顾全面，活并不少，大家没有多大意见。自己原来当统计员，现在管考勤。考勤要公私分明：考少了，别人有意见；考多了，国家吃亏。自己当了一年多考勤员，还没有来算账的。

小组里大多数是1956年和1958年进厂的新工人。1956年来的多半是城里的，1958年都是乡下来的。这两部分人有点合不上群，不愿在一起聊，有点分别：1958年来的，对"苦战"没负担，不怕脏。1956年来的这方面就差些，这些人懂得文明生产，讲干净，对计件印象深。

对粮食定量、食堂，有点意见。自己的定量从49斤减到39斤，最近又增了1斤，安排好了还够吃。定量不大合理，小件工段比大件工段定得高，他们有43斤的，我们最高的是41斤。重型车间活并不重，一站一两个钟头用不着动机器，可是粮食比成批车间多。食堂给的量少，粥稀窝头小，给得一般多，吃得不实诚，好些人自己做饭。

十二 李永康（成批车间大件工段一级镗工）

男，22岁，河北省武清县人，家庭成分贫农，1956年在农村曾加入共青团，任团支部组织委员；因1958年来厂未取得公社同意，所以公社一直不给转组织关系。

几次谈话的要点如下：

1952 年高小毕业后，因父亲去世，生活困难，就没有继续上学。当时在社里是一个强劳动力，还担任生产队记工员。1958 年北京第一机床厂招收徒工，经考试录取进厂。

当时来工厂的目的是为了使家中生活好一点，自己也可以在城市过活。经过两年多，觉悟有了提高，现在党提出大办农业，支援农业第一线时，心里很难受，悔恨不该不安心农业生产。我想回农村去，1960 年 12 月曾给工段领导写了一个申请书，他们没有理。目前我还想回农村去，不知行不行。

为什么我要回农村去呢？是看到工厂人多，事好办，缺一两个没有关系。可是这几年农村变化可大了，很多人都到了城市，当了工人，当了干部，农村劳动力缺乏。如我们村共 70 户人家，1958 年和我一起来这个厂的就有 11 个，都是壮劳动力。我来了，大队找不到记工员，去年叫一个地主的儿子做，听说他不负责任，社员意见很大。

我们的公社这几年收成不好。1957 年因公社领导被坏人把持，造成人为减产。1958 年以后，别的公社好点，我们公社农民生活很苦，公社干部作风也差劲。去年 10 月左右，治安保卫主任吊起来打一个普通农民，公社党委书记也阻止不住。后来，这个主任被法办。

1961 年元旦我回了一次家，看到农村很乱。中农听到十二条后乐得很，说："十二条后退了，我们的发展有了办法。"凡是遇到公社出问题，他们就高兴。另外也有人说："实行十二条是怕农民起义"，"共产党哪样都好，就是粮食卡得太厉害"，等等。又听说，农村现在夜里有人砸门、抢东西。在天津南边蜂窝，好多人都到那里烧香磕头，求神仙保佑。

为什么会产生这些问题呢？我的看法，主要是基层干部作风不好，有国民党习气，他们不做思想工作，强制劳动，办法是："不干活，不给你饭吃。"他们有些人忠心耿耿，想把事情搞好，就是办法不对，把党群关系搞坏了，自己还不觉得。另外公社化后，一天只知道叫干活，党的方针、政策没有及时传达给群众。分配还有平均主义的问题：有的是一家 10 口人一个劳动力，有的是 3 口人一个劳动力；有的人一月干一月，有的人一月干半月，可是都同样吃饭，因此造成生产起不来。至于十二条是不是后退了，我感觉有点后退；后退好不好，应不应该，也不十分清楚。

我们工厂的变化很大，问题比农村少，但还是有一些。我们车间主要是任务老不能按时完成，铸件质量不好，床子爱坏。因为床子不好，对产品质量也有影响，如床身镗孔最多的时候，十个活就有七八个因孔不圆要返修。定额在1959年4月时是4小时，1960年8月改为3.5小时，实际上都不能完成。

评奖对生产有促进作用。目前的评法不好，只要是能说会道的就评得上，对生产上踏踏实实干的注意不够。像我这个人不爱说话，就评不上。到工厂4年了，只得过两次奖。1960年11月得了11元，年终得了12元。工人反映："这里是嘴吃香，你干得多好，不会说，也得不到领导的满意，卖力气有什么用？"

1958年以后，有些制度不如以前严了，没活干随便聊天，也无人管；过去可不行，没活就得帮别人的床子。再一个是领导抓思想工作不够。支书是工人出身，现在也不干活了。我到这里4年多了，从来没有一个领导找我谈过思想问题。思想问题根本不了解。哥儿俩之间表面上看来和和气气，实际各有各的想法。下班后都是谈吃的、穿的，谈生产、说集体的事很少。

十三　李哲荣（成批车间大件工段徒工）

男，23岁，初中毕业，家庭出身贫农。1958年入厂，在1960年徒工升级时没升级。

下边是谈话要点：

生产时间爱困，和师傅关系搞得不好。在"苦战"中，每天都不能保持6小时睡眠。家住在永定门外，坐汽车还要1个小时。每天回去得都很晚，回去现点火做饭，油、盐、菜买不上，打水的时间也没有（冬天水管子下午1点开5点关），做饭时现向街坊要水吃。过去要求领导开不太重要的会让早回去一些，领导上批评我政治不上进。师傅是小组的工会组长，甩手不干活，在领导面前说一不二，小组的人对他很有意见。在评季度奖的会上给他提了意见，他就大闹起来。会后，开吊车的工人对我说："他现在多红啊，你怎么给他提意见。"师傅背后也讲："和我闹意见有什么好处，升级不升级全凭师傅一句话。"

工具箱上没有锁，乱抄工具，用时找不着，每班找工具的时间半小时到一小时。提意见买把锁，工长说："有锁都砸坏了，买锁也无用。"

大件加工采用组合机床，效率大大提高了；铣床床身的镗孔，用普通镗床4小时一个，用组合机床15分钟一个。床身的加工，不够组合机床"吃"的。镗床经常停工，浪费了不少工时。

二工段的机床常坏，上道工序的设备一坏，以下各工序都停。665龙门刨的滑道研坏了，修理十多天，目前还没修好。刨床、镗床、钻床都停了下来。

去年农业歉收，现在还能保证菜的供应，这就很好。粮食定量原为46斤，去年11月间压缩到38斤半，目前又给增加了1斤半，计算着用，够吃的。